21世纪开放大学规划教材——经济管理类

U0873264

工商企业经营管理案例教程

主　编　边明伟

西南交通大学出版社
·成　都·

图书在版编目（CIP）数据

工商企业经营管理案例教程 / 边明伟主编. —成都：西南交通大学出版社，2011.9（2015.7 重印）
21 世纪开放大学规划教材. 经营管理类
ISBN 978-7-5643-1359-3

Ⅰ. ①工… Ⅱ. ①边… Ⅲ. ①工商企业－企业管理－电视大学－教材 Ⅳ. ①F276. 4

中国版本图书馆 CIP 数据核字（2011）第 174340 号

21 世纪开放大学规划教材——经营管理类

工商企业经营管理案例教程

主编　边明伟

责任编辑	刘　立
特邀编辑	周　杨
封面设计	原谋书装
出版发行	西南交通大学出版社 （四川省成都市金牛区交大路 146 号）
发行部电话	028-87600564　87600533
邮政编码	610031
网　址	http: //www.xnjdcbs.com
印　刷	四川森林印务有限责任公司
成品尺寸	185 mm×260 mm
印　张	21
字　数	524 千字
版　次	2011 年 9 月第 1 版
印　次	2015 年 7 月第 2 次
书　号	ISBN 978-7-5643-1359-3
定　价	39.80 元

图书如有印装质量问题　本社负责退换
版权所有　盗版必究　举报电话：028-87600562

前　言

2010 年 7 月 29 日备受关注的《国家中长期教育改革和发展规划纲要（2010—2020 年）》正式全文发布。这是中国进入 21 世纪之后的第一个教育规划，是今后一个时期指导全国教育改革和发展的纲领性文件。

《国家中长期教育改革和发展规划纲要（2010—2020 年）》第二十五条明确提出：“构建灵活开放的终身教育体系。发展和规范教育培训服务，统筹扩大继续教育资源。鼓励学校、科研院所、企业等相关组织开展继续教育。加强城乡社区教育机构和网络建设，开发社区教育资源。大力发展现代远程教育，建设以卫星、电视和互联网等为载体的远程开放继续教育及公共服务平台，为学习者提供方便、灵活、个性化的学习条件。搭建终身学习‘立交桥’。促进各级各类教育纵向衔接、横向沟通，提供多次选择机会，满足个人多样化的学习和发展需要。健全宽进严出的学习制度，办好开放大学，改革和完善高等教育自学考试制度。建立继续教育学分积累与转换制度，实现不同类型学习成果的互认和衔接。”《国家中长期教育改革和发展规划纲要（2010—2020 年）》为电大指明的跨越式发展的方向就是办好国家开放大学。

2011 年 5 月 26 日，教育部部长、党组书记袁贵仁主持召开教育部党组会议，听取了中央电大关于国家开放大学建设方案的汇报，就开放大学建设工作进行了研究。会议原则通过了国家开放大学建设方案，责成中央电大按照会议要求分步实施、扎实推进。会议强调，办好开放大学，是落实教育规划纲要的重大举措，要坚定不移地扎实推进。要通过国家开放大学建设，利用先进的信息技术手段、灵活开放的体制机制，按照“宽进严出”的学习制度，满足全民学习、终身学习的学习型社会建设需要。会议指出，国家开放大学要科学定位，办出特色；在国家层面要办好国家开放大学，同时制定地方开放大学独立设置的标准，符合条件的经过专家论证和教育部审批后方可独立举办；国家开放大学作为办学实体，应赋予其学位授予权，但要制定“宽进严出”的严格授予办法，审议报批后实施，切实保证办学质量。会议要求，在中央电大向国家开放大学转型过渡时期，要做好平稳衔接工作。原广播电视大学的学生仍按照电大原有的运行方式管理，国家开放大学挂牌以后，新进入学习的学生按照新政策执行。

本书就是在全国各地广播电视大学积极创办开放大学的大背景下完成的。众所周知，我国企业管理一类的教材更多偏向于理论介绍，理论介绍与实践操作能够有机结合的可读性教材甚少，本书在编写过程之中力求实现理论与实践的有机结合，引导学生利用所学的理论知识解决实践问题。

本书最大的特色在于实现了“理论讲解+案例分析+管理流程+拓展资源”的有机结合，有效地将学生的理论知识与案例材料、管理流程进行相互渗透、相互佐证，实现学生理论与实践的有机结合。教材附录中介绍了大量的学习参考书目及教学资源，供学生进行有效地拓展管理视野之用。

上篇是理论篇，以企业经营管理的逻辑流程组建章节，完全从企业管理的实践出发，重点探讨了工商企业经营管理的十一个方面的问题，依次为：企业管理概述、企业计划管理、企业经营决策、企业生产与运作管理、企业采购管理、企业质量管理、企业财务管理、企业人力资源管理、企业营销管理、企业文化管理和企业变革管理。在各章节的具体内容的组建过程之中，充分融合了中西方企业经营管理方面的精粹，既有中式教材的格调，又有西式教材的情趣。

中篇是案例篇，以35个企业经营管理方面的经典案例为基本内容，每一个案例都配有学习目标，以便案例教学使用的有的放矢，避免盲目性。本篇各案例的基本素材来源于中央电大和上海电大等全国电大系统内的课程资源，在此一并表示感谢。绝大多数案例都是综合案例，并非单一问题的探讨，涉及企业经营管理的诸多方面，教学双方一定要以发散性思维来挖掘案例表象下的本质根源，充分理解企业经营管理的系统性和综合性。

下篇是流程篇，以广州福思特科技有限公司开发的用于全国电大工商管理专业的《企业管理模拟实验》为素材组建企业管理的逻辑流程，依次为企业总的逻辑流程图、营销部逻辑流程图、生产部逻辑流程图、技术部逻辑流程图、设备动力逻辑流程图、品质部逻辑流程图、采购部逻辑流程图、仓库管理逻辑流程图、人力资源逻辑流程图、财务部逻辑流程图、总查询逻辑流程图和基础数据逻辑流程图。本篇的内容旨在让教学双方充分认识和理解企业真实的经营运作流程，缩短学生理论与管理实践之间的距离，企业的管理并非是单一部门可以完成的，需要各个部门之间的通力配合和相互协助方可实现组织目标。

附录是资源篇，以拓展学生的管理视野为宗旨，其内容依次为中文期刊类、外文期刊类、中文经济管理类报纸、外文经济管理类报纸、管理类中文工具书、管理类外文工具书、丛书类和推荐阅读书目。中西方经典的企业经营管理方面的名著、报纸、期刊、工具书等内容的基本介绍，旨在丰富本书编写过程之中的不足之处，让学生利用自己的空闲时间去书店和图书馆寻找企业经营管理方面更多的精神粮食，了解企业经营管理方面最新、最热的问题，把自己培养成为一个勤于学习、善于思考，勇于实践、敢于创新的企业管理精英，与此同时，为构建“人人可学、时时能学、处处皆学”的全民终身学习的学习型社会奠定坚实的基础。

本书倡导的教学方法为案例教学法。案例教学的着眼点在于学生创造能力以及实际解决问题能力的发展，而不仅仅是获得那些固定的原理、规则。这倒不是说这样的知识不重要，相反，它所指的是如何用更有效的方式（而不仅仅是传授、讲座）获得这些知识。与此同时，通过案例教学，学生不仅可以从中获得认知的知识，而且有助于提高其表达、讨论技能，增强其面对困难的自信心。在案例教学中，学生有着较大的自主权，他们参与的讨论与交流是其中至关重要的一个组成部分。教师实际上更多地从讲台前站到了学生的背后，这既可调动学生的积极性，也可使学生有展示自己能力的机会。学生通过案例教学得到的知识是内化了的知识，虽然他不一定把所学到的东西一一罗列或用书面的形式展现出来，但他逐渐学会了如何处理众多的疑难问题。案例教学大大缩短了教学情境与实际生活情境的差距。学生在学的过程中，就能设身处地地从实际的场景出发，设想可能遇到的种种障碍，自己有可能产生的种种偏见，以及解决问题的多种可能方案。一旦他们走上工作岗位，就可以把这些真才实学应用于工作中，这恰恰符合应用型人才培养的高校教学教育目标。

本书有配套电子教案和案例分析的参考答案，有利于教师有效地开展教学工作。电子教案和案例分析的参考答案的下载等相关事宜请联系西南交通大学出版社。本书在编写过程之中得到了学校各级领导、同事和家人的大力支持，在这里一并表示感谢。

编者于成都电大

2011年08月

目　录

上篇　理论篇 ······ 1

第一章　企业管理概述 ······ 1

第一节　管理含义及其内容 ······ 1
第二节　管理理论的发展和演进 ······ 3
第三节　企业的概念与类型 ······ 6
第四节　现代企业制度 ······ 7
【课后思考题】 ······ 12

第二章　企业计划管理 ······ 13

第一节　企业计划工作概述 ······ 13
第二节　企业计划工作程序 ······ 19
第三节　企业目标管理 ······ 27
【课后思考题】 ······ 31

第三章　企业经营决策 ······ 32

第一节　企业经营决策概述 ······ 32
第二节　企业经营决策的方法 ······ 37
第三节　经营决策能力的自我修炼 ······ 45
【课后思考题】 ······ 47

第四章　企业生产与运作管理 ······ 49

第一节　企业生产与运作管理的概述 ······ 49
第二节　企业生产与运作管理的过程组织 ······ 55
第三节　生产计划与生产作业计划 ······ 64
第四节　企业生产与运作管理方式 ······ 74
【课后思考题】 ······ 78

第五章　企业采购管理 ······ 79

第一节　商品采购 ······ 79
第二节　采购人员管理 ······ 89
第三节　商品采购决策 ······ 94
【课后思考题】 ······ 98

第六章　企业质量管理……99
第一节　质量管理的概述……99
第二节　质量管理的方法……105
【课后思考题】……113

第七章　企业财务管理……114
第一节　财务管理概述……114
第二节　财务报表与财务分析……121
第三节　筹资管理……128
第四节　投资管理……132
【课后思考题】……137

第八章　企业人力资源管理……138
第一节　人力资源管理的概述……138
第二节　人本管理……145
第三节　选　人……154
第四节　用　人……164
第五节　育　人……166
第六节　留　人……173
【课后思考题】……183

第九章　企业营销管理……185
第一节　营销管理概述……185
第二节　市场营销是追求顾客满意的活动……193
第三节　市场营销的十原则……198
第四节　提升营销人员营销能力的“一二三七”……203
【课后思考题】……209

第十章　企业文化管理……210
第一节　企业文化的概述……210
第二节　企业文化的塑造……219
第三节　企业文化的创新……222
【课后思考题】……228

第十一章　企业变革管理……229
第一节　企业变革管理的概述……229
第二节　企业变革期的领导力……239
【课后思考题】……245

中篇　案例篇……246
案例一　北京松下的事业计划……246

案例二　不同命运的三家啤酒厂……247
案例三　娃哈哈的一步险棋……249
案例四　丝佳公司的战略选择……250
案例五　巴恩斯医院……251
案例六　重组中的木材公司……252
案例七　忙碌的生产部长……254
案例八　三个领导，三种风格……257
案例九　公司规矩和朋友规矩……257
案例十　新上任的销售部经理……258
案例十一　员工培训……261
案例十二　摩托罗拉公司的沟通方式……261
案例十三　AC 航班坠落事件……262
案例十四　哈勃太空望远镜主镜片的缺陷……264
案例十五　发生在小浪底工地的故事……265
案例十六　海尔“赛马不相马”……266
案例十七　齐山市帐篷厂的选举风波……270
案例十八　一个老总，两个助手……272
案例十九　戴尔公司……275
案例二十　鼎立建筑公司……278
案例二十一　李科长的烦恼……279
案例二十二　韦尔奇对通用电气公司的改造……280
案例二十三　康柏计算机公司……281
案例二十四　通用的组织结构创新……282
案例二十五　第二机器制造厂的生产计划……283
案例二十六　苹果电脑公司……284
案例二十七　英特尔公司……285
案例二十八　摩托罗拉公司……287
案例二十九　艾琳化妆品公司……288
案例三十　皮尔·卡丹的领导艺术……289
案例三十一　年轻人辞职引发的风波……290
案例三十二　日产公司围绕核心竞争力的管理变革……290
案例三十三　“铱星”的陨落……292
案例三十四　GE 是如何成为学习型组织的……294
案例三十五　青钢集团的“五个日”管理……299

下篇　流程篇……303

企业总的逻辑流程图……303
营销部逻辑流程图……304
生产部逻辑流程图……304

技术部逻辑流程图……305
设备动力逻辑流程图……305
品质部逻辑流程图……306
采购部逻辑流程图……306
仓库管理逻辑流程图……307
人力资源逻辑流程图……307
财务部逻辑流程图……308
总查询逻辑流程图……308
基础数据逻辑流程图……309

附　录……310
一、中文期刊类……310
二、外文期刊类……313
三、中文经济管理类报纸……319
四、外文经济管理类报纸……321
五、管理类中文工具书……322
六、管理类外文工具书……323
七、丛书类……323
八、推荐阅读书目……323

参考文献……326

上篇

理论篇

第一章　企业管理概述

【学习目标】

1. 理解和掌握管理含义和企业管理内容。
2. 理解和重点掌握古典管理理论中泰勒、法约尔、韦伯的理论观点。
3. 了解行为科学理论和现代管理理论的基本内容。
4. 了解企业的概念与特征，企业的目标和企业的类型。
5. 理解和掌握现代企业制度的概念、主要内容、组织形式和法人治理结构。

第一节　管理含义及其内容

一、管理含义

现代职业人生活与工作的各个方面都需要管理。究竟什么是管理？管理学界的许多著名管理学家给出不同论断，比较有代表性的有：

诺贝尔经济学奖获得者、著名管理学家西蒙认为：管理就是决策。这虽然不是管理的规范定义，却指出了管理的实质和核心。

著名管理学家孔茨对管理的定义是：管理是在正式组织起来的团体中，通过他人并同他人一起把事情办妥的艺术。

法国著名管理学家法约尔则把管理定义为计划、组织、指挥、协调、控制。

教学定义：管理就是为了实现组织目标而对组织内的各种资源进行合理化配置的全过程。理解管理学定义关键在于理解企业的组织目标、资源的类型及其合理化配置这三个关键词，分述如下。

1. 组织目标：利润最大化（见图 1.1）

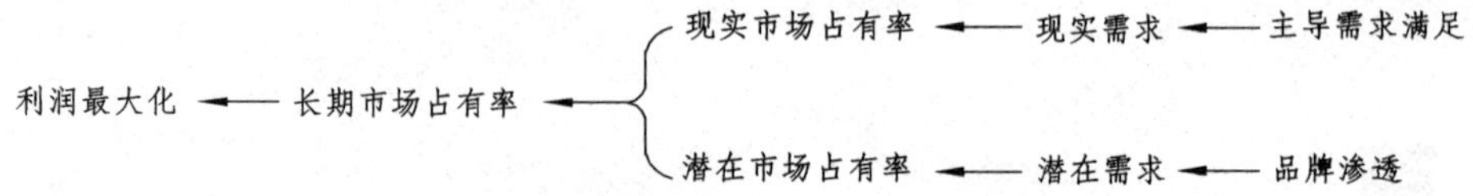

图 1.1 以利润最大化为组织目标的分解示意图

2. 资源类型：人、财、物、信息、时间

（1）资源的共性：稀缺性。

（2）管理的目的：提升稀缺性资源的使用价值。

（3）管理的本质：对稀缺性资源进行优化配置。

3. 资源的优化配置

我们以人力资源为例来探讨资源的优化配置，一般而言，1+1 有三种结果：1+1>2，1+1=2，1+1<2，我们所追求的应该是 1+1>2，其实现的前提条件是互补性的人力资源配置，我们要学会领略金庸笔下的“双剑合璧，天下无敌”的无穷魅力和思想境界。

二、企业管理的内容

（1）计划管理，通过预测、规划、预算、决策等手段，围绕总目标的要求把企业的经济活动有效地组织起来。计划管理体现了目标管理。

（2）决策管理，通过定性和定量决策方式实现企业决策的科学化、艺术性、准确性。

（3）生产管理，即通过生产组织、生产计划、生产控制等手段，对生产系统的设置和运行进行管理。

（4）采购管理，对企业所需的各种生产资料进行有计划地组织采购、供应、保管、节约使用和综合利用等。

（5）质量管理，对企业的生产成果进行监督、考查和检验。

（6）财务管理，围绕企业所有费用的发生和产品成本的形成进行成本预测、成本计划、成本控制、成本核算、成本分析、成本考核等，对企业的财务活动包括固定资金、流动资金、专用基金、盈利等的形成、分配和使用进行管理。

（7）人力资源管理，对企业经济活动中各个环节和各个方面的劳动和人事进行全面计划、统一组织、系统控制、灵活调节。

（8）营销管理，是企业对产品的定价、促销和分销的管理。

（9）变革管理，企业应该随着内外环境的变化而变化，方可适应纷繁复杂的社会环境，获取长足发展。

（10）文化管理，是指企业文化的梳理、凝练、深植、提升。应在企业文化的引领下，匹配公司战略、人力资源、生产、经营、营销等管理线条、管理模块。

（11）环境管理，是指通过风险评估等多种手段构建良好的企业管理中的硬环境和软环境，培育身心健康的劳动者，降低工伤事故的发生，实现“以人为本”，提升企业组织形象和对外交流沟通能力，构建企业良好的工作环境。

第二节　管理理论的发展和演进

一、古典管理理论

古典管理理论一般包括泰勒的科学管理理论、法约尔的经营管理理论和韦伯的组织管理理论。

（一）泰勒的科学管理理论

1. 科学管理理论的指导思想

科学管理的核心是要求管理人员和工人双方实行重大的精神变革。泰勒认为，科学管理是一种概念性的哲学，其精华不在于具体的制度和方法，而在于重大的精神变革。

（1）科学管理的中心问题是提高劳动生产率。

（2）实现最高工作效率的手段，是用科学的管理代替传统的管理。

2. 科学管理的主要内容

（1）制订科学的作业方法。

（2）科学地选择和培训工人。

（3）实行有差别的计件工资制。

（4）将计划职能与执行职能分开。

（5）实行职能工长制。

（6）在管理上实行例外原则。

（二）法约尔的经营管理理论

1916 年，法约尔出版了他的代表作《工业管理和一般管理》，由此被誉为“经营管理理论之父”，与“科学管理之父”泰勒齐名。

法约尔第一次对管理的一般职能作了明确的划分，第一次对管理要素进行了分析，使其形成了一个完整的管理过程，因此，他被称为管理过程学派的创始人。

法约尔十分重视管理的系统化，他努力探求确立企业良好的工作秩序和管理原则，并根据自己长期的管理经验，提炼出十四项原则。

（1）六种经营活动。包括：技术活动、商业活动、财务活动、会计活动、安全活动、管理活动。

（2）管理的十四项原则。包括：分工原则、权责原则、纪律原则、命令的统一、管理的统一、个人利益服从于共同目标、按劳付酬原则、集中原则、层次结构原则、有序原则、平等原则、专职人员稳定原则、主动性原则、企业竞争原则。

（3）五种管理要素。包括：计划、组织、指挥、协调、控制。

（三）韦伯的组织管理理论

马克斯·韦伯（1864—1920 年）是德国社会学家、经济学家以及德国古典管理理论的代表人物。韦伯对管理理论的贡献，主要是提出了理想的行政管理体系，主要反映在他的代表作《社会组织与经济组织理论》一书中。由于韦伯是最早提出一套比较完整的行政组织体系理论的人，因此被称为“组织理论之父”。

所谓理想的行政组织体系理论，是指通过职务或职位而不是通过个人或世袭地位来管理，他所讲的“理想的”并不是指最合乎需要的，而是指现代社会最有效和最合理的组织形式。他的理性—合法的权利具有以下特点：

（1）明确的分工。组织内存在明确的分工，每个职位的权利和责任都应有明确的确定。

（2）自上而下的等级系统。组织内的各个职位按照等级原则进行法定安排，形成自上而下的等级系统。

（3）人员的考评和教育。人员的任用完全根据职务的要求，通过正式考评和教育训练来实行。

（4）职业管理人员。管理人员有固定的薪金和明文规定的升迁制度，是一种职业管理人员。

（5）遵守规则和纪律。管理人员必须严格遵守组织中规定的规则和纪律。

（6）组织中人员之间的关系。组织中人员之间的关系完全以理性准则为指导，不受个人情感的影响。这种公正的态度不仅适用于组织内部，而且适用于组织与外界的关系。

由以上内容可知，古典管理理论存在其局限性：古典管理理论沿袭亚当·斯密的思想，只将人当成“经济人”，主张以严格的科学方法和规章制度进行管理，较多地强调科学性、精密性、纪律性，而对人的因素注意较少，把工人当成机器的附属品，不是人在使用机器，而是机器在使用人。

二、行为科学理论

（一）个体行为理论

个体行为理论主要包括两大方面的内容：

（1）有关人的需要、动机和激励方面的理论。

① 内容型激励理论，包括需要层次理论、双因素理论、成就激励理论等。

② 过程型激励理论，包括期望理论、公平理论等。

③ 行为改造型激励理论，包括强化理论、归因理论等。

（2）有关企业中的人性理论。主要包括 X-Y 理论、不成熟—成熟理论。

（二）团体行为理论

团体包括正式团体和非正式团体，松散团体、合作团体和集体团体等。团体行为理论主要是研究团体发展动向的各种因素以及这些因素的相互作用和相互依存的关系。如：团体的目标、团体的结构、团体的规模、团体的规范、团体信息沟通和团体意见冲突理论等。

（三）组织行为理论

组织行为理论主要包括领导理论和组织变革、组织发展理论。领导理论又包括三类：领导性格理论、领导行为理论和领导权变理论等。

三、现代管理理论

（一）管理过程学派

管理过程学派的创始人是亨利·法约尔。

管理过程学派认为，无论是什么性质的组织，管理人员的职能都是共同的。法约尔认为管理的职能有五个，即计划、组织、指挥、协调和控制，这五种职能构成了一个完整的管理过程。

（二）经验学派

经验学派的代表人物是德鲁克和戴尔。

该学派主张通过分析经验（即案例）来研究管理学问题，通过分析、比较、研究各种成功和失败的管理经验，就可以抽象出某些一般性的管理结论或管理原理，以帮助学生或从事实际工作的管理人员来学习和理解管理学理论，使他们更善于从事管理工作。

（三）系统管理学派

系统管理学派的主要代表人物是卡斯特和罗森茨威克，代表作是他们合著的《组织与管理：系统与权变的方法》。

系统管理学派认为，组织是一个由相互联系的若干要素组成、为环境所影响的并会反过来影响环境的、开放的社会技术系统。

（四）决策理论学派

决策理论学派的主要代表人物是曾获诺贝尔经济学奖的赫伯特·西蒙，他的代表作是《管理决策新科学》（1960年出版）。

决策理论学派认为，管理就是决策。管理活动的全部过程都是决策的过程，管理是以决策为特征的；决策是管理人员的主要任务，管理人员应该集中研究决策问题。

（五）管理科学学派

管理科学学派主张运用数学符号和公式进行计划决策和解决管理中的问题，求出最佳方案，实现企业目标。

（六）权变理论学派

权变理论的代表人物是英国的伍德沃德等。伍德沃德的代表作为《工业组织：理论和实践》。

该学派认为，由于组织内部各个部分之间的相互作用和外界环境的影响，组织的管理并没有绝对正确的方法，也不存在普遍适用的理论，任何理论和方法都不见得绝对的有效，也不见得绝对的无效；具体采用哪种理论和方法，要视组织的实际情况和所处的环境而定。权变理论不同于传统学派提倡的普遍性管理原理、原则，认为组织和组织成员的行为是复杂的、不断变化的，这是一种固有的性质。而环境的复杂性又给管理带来了困难，例外情况越来越多，解决任何管理问题都必须根据现实问题采用“具体问题具体分析”的方法。

在企业管理中，应根据企业所处的内外条件权宜应变，没有什么普遍适用的、最好的管理理论和方法。

第三节　企业的概念与类型

一、企业的概念与特征

企业是从事生产、流通、服务等经济活动，以生产或服务满足社会需要，实行自主经营、独立核算、依法设立的一种盈利性的经济组织。企业主要指独立的盈利性组织，并可进一步分为公司和非公司企业，后者指合伙制企业、个人独资企业、个体工商户等。20 世纪后期，在中国改革开放与现代化建设以及信息技术领域新概念大量涌入的背景下，“企业”一词的用法有所变化，并不限于商业性或盈利组织。随着社会的发展，真正有发展潜力的企业肯定是公司类型的企业。

从上述概念中可以总结出企业具有以下几方面的特征：

（1）企业首先是一个合法性组织，是一个具有法人资格的经济组织。

（2）企业是一个以盈利为目的的经济组织。

（3）企业是一个自主经营系统。

（4）企业是一个社会性组织。

二、企业的目标

企业的目标包括两个方面：满足社会需要并获得利润，即企业追求经济效益和社会效益的统一。

（1）获取利润。企业通常在资源稀缺的情况下努力获取利润最大化的目标，必定需要研究现实市场和潜在市场的满足，努力获取长期的市场占有率，实现长期的利润最大化目标。

（2）满足社会需要，承担社会责任。企业在追求自身利益的同时，必须具有社会营销理念，实现自身利益、消费者利益和社会整体利益三者的平衡与协调。

三、企业的类型

1. 按照企业的经营方向、技术基础不同进行划分

（1）农业企业。农业企业是指从事农、林、牧、副、渔业等生产经营活动，具有较高的商品率，实行自主经营、独立经济核算，具有法人资格的盈利性的经济组织。

（2）工业企业。工业企业是最早出现的企业，它是指为满足社会需要并获得盈利从事工业性生产经营活动或工业性劳务活动，自主经营、自负盈亏、独立核算并且有法人资格的经济组织。

(3) 商业企业。商业企业是买进货物，然后转手卖给别人，从中获取利润的经济组织。商业企业不对进来的货物进行加工再生产以得到更大的利润。

2. 按照某种资源密集程度不同进行划分

(1) 劳动密集型企业。这是指使用劳动力较多，技术装备程度低，在产品成本中直接工资支出所占比重较大的企业。

(2) 资金密集型企业。这是指单位产品所需要的投资额大，技术装备程度高并且比较复杂，用人相对较少的企业。

(3) 知识技术密集型企业。这是综合运用现代先进的科学技术成果的企业。它具有高效益、高智力、高投入、使用人力少、物资消耗少等特点。

3. 按照企业的组织形式进行划分

(1) 个人独资企业。个人独资企业是由个人出资兴办，直接经营。企业经营所得归业主个人享有，其债务完全由业主负责，如果破产，业主必须用自己的私有财产进行偿还，承担无限责任。

(2) 合伙制企业。合伙制企业是指两个或两个以上的个人按协议投资经营、共负盈亏的企业。它可以由部分合伙人经营，另一部分合伙人仅出资并共负盈亏；也可由所有合伙人共同出资、共同经营、共负盈亏，承担无限责任。

(3) 公司制企业。公司制企业又称做公司，是按照较严格的法定程序成立、由数人出资举办、以盈利为目的的企业法人。

公司制企业一般有两种形式：

① 有限责任公司。有限责任公司是指由两个以上的股东共同出资，每个股东以其认缴的出资额对公司债务承担有限责任，公司以其全部资产对其债务承担责任的企业法人。这种公司不对外公开发行股票，股东的出资额由股东协商确定。股东交付股本金后，公司出具股权证书，作为股东在公司出资的权益凭证。这种凭证不同于股票，不能自由流通，须在其他股东同意的条件下才能转让，并要优先转让给公司原有的股东。

② 股份有限公司。股份有限公司指注册资本由等额股份构成，并通过发行股票筹集资本，公司以其全部资产对公司债务承担有限责任的企业法人。股份有限公司的股东不论大小，只以其认购的股份对公司承担责任，一旦公司破产或公司解散进行清算，公司债权人只能对公司的资产提出还债要求，而无权直接向股东讨债。股份有限公司减少了股东投资的风险，并有可能获准在交易所上市。股份有限公司上市后，由于面向社会发行股票，具有大规模的筹资能力，能迅速扩展企业规模，增强企业在市场上的竞争力。此外，由于股票易于转让，提高了资本的流动性。为了保护股东和债权人的利益，各国法律都要求股份有限公司的账目必须公开，在每个财政年度终了时要公布公司的年度财务报告和资产负债表，以供众多的股东和债权人查询。

第四节　现代企业制度

一、现代企业制度的概念

现代企业制度（Modern Enterprise System）是指以市场经济为基础，以完善的企业法人制度为主体，以有限责任制度为核心，以公司企业为主要形式，以产权清晰、权责明确、政企分开、管理科学为条件的新型企业制度，其主要内容包括:企业法人制度、企业自负盈亏制度、出资者有限责任制度、科学的领导体制与组织管理制度。

二、现代企业制度的基本特征

从企业制度演变的过程看，现代企业制度是指适应现代社会化大生产和市场经济体制要求的一种企业制度，也是具有中国特色的一种企业制度。十四届三中全会把现代企业制度的基本特征概括为“产权清晰、权责明确、政企分开、管理科学”十六个字。1999 年 9 月党的十五届四中全会再次强调要建立和完善现代企业制度，并重申了对现代企业制度基本特征十六字的总体要求。

1. 产权清晰

所谓“产权清晰”，主要有两层含义：

(1) 有具体的部门和机构代表国家对某些国有资产行使占有、使用、处置和收益等权利。

(2) 国有资产的边界要清晰，也就是通常所说的“摸清家底”。首先，要搞清实物形态国有资产的边界，如机器设备、厂房等；其次，要搞清国有资产的价值和权利边界，包括实物资产和金融资产的价值量，国有资产的权利形态（股权或债权，占有、使用、处置和收益权的分布等），总资产减去债务后净资产数量等。

2. 权责明确

权责明确是指合理区分和确定企业所有者、经营者和劳动者各自的权利和责任。所有者、经营者、劳动者在企业中的地位和作用是不同的，因此他们的权利和责任也是不同的。

权利指所有者按其出资额享有资产受益、重大决策和选择管理者的权利，企业破产时则对企业债务承担相应的有限责任。企业在其存续期间，对由各个投资者投资形成的企业法人财产拥有占有、使用、处置和收益的权利，并以企业全部法人财产对其债务承担责任。经营者受所有者的委托在一定时期和范围内拥有经营企业资产及其他生产要素并获取相应收益的权利。劳动者按照与企业的合约拥有就业和获取相应收益的权利。责任，严格意义上说，也包含了通常所说的承担风险的内容。

要做到权责明确，除了明确界定所有者、经营者、劳动者及其他企业利益相关者各自的权利和责任外，还必须使权利和责任相对应或相平衡。此外，在所有者、经营者、劳动者及其他利益相关者之间，应当建立起相互依赖又相互制衡的机制，这是因为他们之间是不同的利益主体，既有共同利益的一面，也有不同乃至冲突的一面。相互制衡就要求明确彼此的权利、责任和义务，要求相互监督。

3. 政企分开

政企分开的基本含义是政府的行政管理职能、宏观管理职能、行业管理职能与企业的经营职能分开。

(1) 政企分开要求政府将原来与政府职能合一的企业经营职能分开后还给企业，改革以来进行的“放权让利”“扩大企业自主权”等就是为了解决这个问题。

(2) 政企分开还要求企业将原来承担的社会职能分离后交还给政府和社会，如住房、医疗、养老、社区服务等。应注意的是，政府作为国有资本所有者对其拥有股份的企业行使所有者职能是理所当然的，不能因为强调“政企分开”而改变这一点。当然，问题的关键还在于政府如何才能正确地行使而不是滥用其拥有的所有权。

4. 管理科学

管理科学是一个含义宽泛的概念。从较宽的意义上说，它包括了企业组织合理化的含义；从较窄的意义上说，管理科学要求企业管理的各个方面，如质量管理、生产管理、供应管理、销售管理、研究开发管理、人事管理等方面的科学化。管理致力于调动人的积极性、创造性，其核心是激励、约束机制。要使管理科学，当然要学习、创造，引入先进的管理方式，包括国际上先进的管理方式。对于管理是否科学，虽然可以从企业所采取的具体管理方式的先进性上来判断，但最终还要从管理的经济效益上，即管理成本和管理收益的比较上做出评判。

三、现代企业制度的主要内容

现代企业制度的基本特征，是企业的资产所有权与企业的资产控制权、经营管理权、经济活动的组织管理权相分离。现代企业制度大体可包括以下内容:

(1) 企业资产具有明确的实物边界和价值边界，具有确定的政府机构代表国家行使所有者职能，切实承担起相应的出资者责任。

(2) 企业通常实行公司制度，即有限责任公司和股份有限公司制度，按照《公司法》的要求，形成由股东代表大会、董事会、监事会和高级经理人员组成的相互依赖又相互制衡的公司治理结构，并有效运转。

(3) 企业以生产经营为主要职能，有明确的盈利目标，各级管理人员和一般职工按经营业绩和劳动贡献获取收益，住房分配、养老、医疗及其他福利事业由市场、社会或政府机构承担。

(4) 企业具有合理的组织结构，在生产、供销、财务、研究开发、质量控制、劳动人事等方面形成了行之有效的企业内部管理制度和机制。

(5) 企业有着刚性的预算约束和合理的财务结构，可以通过收购、兼并、联合等方式谋求企业的扩展，经营不善难以为继时，可通过破产、被兼并等方式寻求资产和其他生产要素的再配置。

四、现代企业制度的组织形式

(一) 有限责任公司的特点和组建要求

(1) 有限责任公司由两个以上的较少股东组成，比较容易协调。根据我国《公司法》规定，有限责任公司由两个以上 50 个以下股东共同出资建立；根据我国的具体情况，《公司法》还规定，国家授权投资的机构和国家授权的部门可以单独投资设立国有独资有限责任公司，这种情况下的投资主体是国家。

（2）注册资本数量不多，较容易组建。按照我国《中华人民共和国公司法》（以下简称《公司法》）规定，有限责任公司注册资本的最低限额为：以生产经营为主的公司 50 万元；以商品批发为主的公司 50 万元；以商品零售为主的公司 30 万元；以科技开发为主的咨询、服务性公司 10 万元。

（3）不发行股票，权益证明不上市流通，可以在股东内部转让。如向股东以外的人转让出资，尚须经半数以上股东同意。有限责任公司的设立和运作相对较为简单。

（4）公司只在内部向股东汇报工作，接受股东监督，无需向社会公开内部运作情况。

（二）股份有限公司的特点及其组建的要求

（1）一般以发行股票方式筹资，股东人数多。按照我国《公司法》规定，建立股份有限公司，发起人应当有 5 人以上。国有企业改建为股份有限公司的，发起人可以少于 5 人，但应当采取募集的方式设立，不能由国有企业统一出资。

我国目前规定股份有限公司可以采取发起方式和募集方式设立。采取发起方式设立公司时，公司拟发行的全部股份由发起人认购，不再向发起人之外的任何人募集股份。采取募集方式设立公司时，发起人须认购不少于公司拟发行股份总数的 35%，其余股份可以向社会公开募集。

（2）注册资本金数额较高。按我国《公司法》规定，股份有限公司注册资本的最低金额为 1 000 万元人民币。

（3）向社会公开发行股票。

（4）向社会公开募股的股份有限公司，要定期根据有关规定向社会披露公司的财务报告。但是，并不是所有股份有限公司都是上市公司。上市公司要依法经国家有关部门的批准，同时还需首先具备特定的条件，如公司股本总额不少于 5 000 万元人民币；开业时间三年以上，最近 3 年连续盈利；国有大中型企业改组为股份有限公司并作为主要发起人的，可以连续计算。在股份公司中，上市公司是少数。

五、现代企业制度的治理结构

公司治理结构（Corporate Governance，又译为法人治理结构、公司治理）是一种对公司进行管理和控制的体系。它不仅规定了公司的各个参与者，如董事会、经理层、股东和其他利害相关者的责任和权利分布，而且明确了决策公司事务时所应遵循的规则和程序。

公司治理的核心是在所有权和经营权分离的条件下，由于所有者和经营者的利益不一致而产生的委托—代理关系。

公司治理的目标是降低代理成本，使所有者不干预公司的日常经营，同时又保证经理层能以股东的利益和公司的利润最大化为目标。

（一）西方公司的治理结构

西方公司经过近 400 年的发展，在公司治理方面制度健全，对我国公司完善治理结构极具借鉴意义。由于各国的法律、哲学、历史传统、政治制度及其他条件不同，各国的公司治理结构也就各不相同，大体上有如下三种模式。

1. 日本模式

日本模式的公司治理结构由股东大会、董事会、经理、监察人组成。股东大会决定董事、监察人的人选。特点是经营阶层（董事会、经理）决策的独立性强，基本不受股东直接影响，但易受内部人员控制，因此，应设监察人制度以防止该现象。

2. 美国模式

美国模式的治理结构由股东大会、董事会和高层经营人员（首席执行官）组成的执行机构、公共会计师三部分组成。董事会是公司的法定代表机关和最高决策机关，董事会主席不是法定代表人。公共会计师由股东大会任命，对董事会、首席执行官的行为进行审核、监督，这是对管理层控制权的监督。特点是股权十分分散，一般股东与公司关系比较淡化；经理层有较大的独立性，但仍要受到股东强有力的制约。

3. 德国模式

德国模式下的公司运营时，由股东、董事会阶层和职工共同决定公司重大政策、目标和战略；监事会对董事会成员有任免权，决定公司的经营方针、投资方案等。特点是公司关注股东与利益相关者的共同利益，员工参与性强。

（二）我国公司的治理结构

我国公司的治理结构应该严格按照经营权和所有权相分离的原则，构建“三权分立——制衡”的治理结构。公司内部的关系主体为股东大会、董事会和监事会，称为“现代公司中的三权分立”结构。其中，股东大会是处于最高位的机构，它决定董事和监事的人选；董事会和监事会是股东大会下设的平行机构，二者都要对出资人和股东大会负责。作为公司的内部监督机构，监事会的直接负责方是股东大会，其主要职责是对董事会的日常工作进行监督。

下面以国内石化行业的龙头企业中国石油天然气股份有限公司为例来看看公司的治理结构。

中国石油天然气股份有限公司一直认真履行中国证券监督管理委员会、香港联交所、纽约证券交易所和美国证券交易委员会的要求以及其他监管要求，不断规范和改善公司治理结构，建立了股东大会、董事会以及由相应的专门委员会、监事会和总裁负责的管理层，这些机构协调运转、有效制衡、规范运作。该公司一直严格按照已制定的“公司章程”“董事会工作手册”“监事会组织和议事规则”及“公司披露控制和披露程序的原则”等文件规范公司内部管理运作，并向所有市场参与者和监管部门提供及时、准确、完整、可靠的公司信息，努力提升公司价值。中国石油天然气股份有限公司的公司治理结构如图 1.2 所示。

我国《公司法》明确规定我国公司的治理实行的是二元制模式，即同时设立董事会和监事会，其中，监事会是专门的监察机构。我国设立股东会、董事会、监事会三权分立的公司治理结构的目的是要发挥三者相互制约的作用，实现公司内部治理结构的优化。这种体系从理论上来说是十分科学和有效的，但是在我国现阶段却出现了种种问题，如公司内部权力制衡机制没有很好的形成，约束和监督能力薄弱，经理的行为往往不以全体股东的利益为准，常常损害中小股东和其他利害关系者的利益等，所以我国如今的公司体系仍然需要进一步的完善。

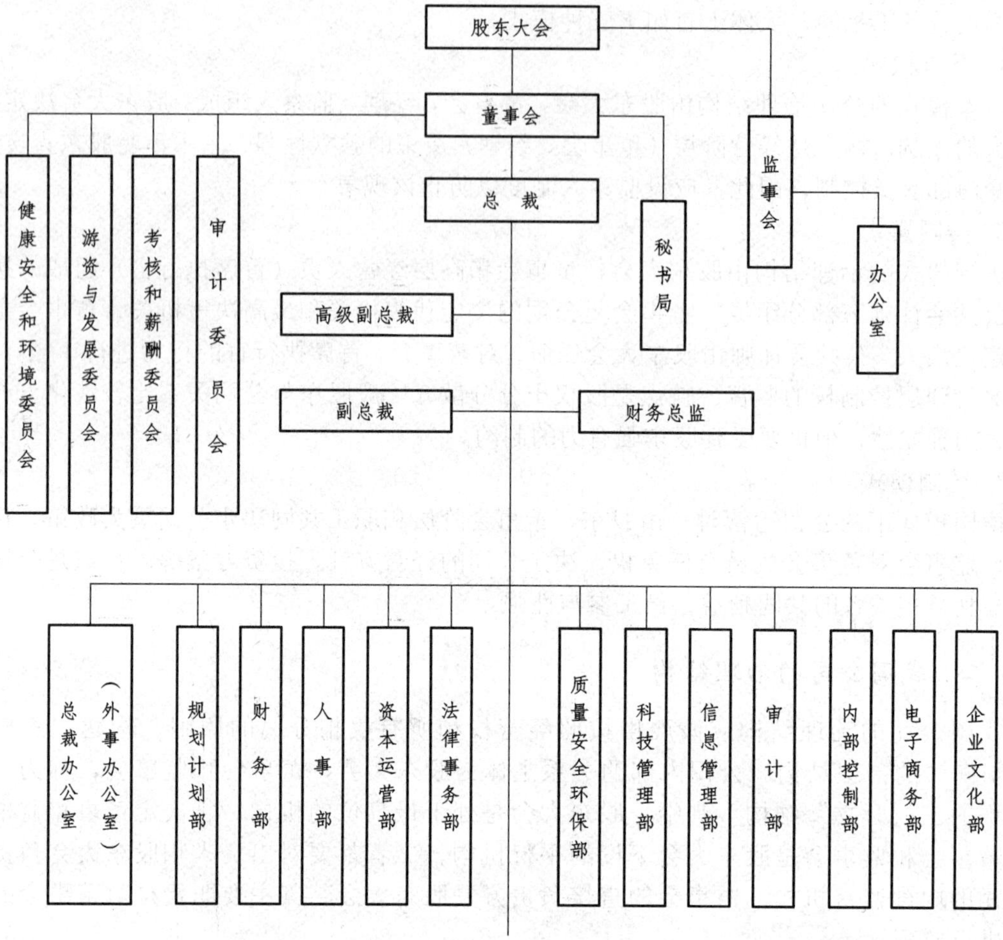

图 1.2　中国石油天然气股份有限公司治理结构

【课后思考题】

1. 请简要回答管理含义和企业管理的内容。
2. 请简要回答古典管理理论中泰勒、法约尔、韦伯的理论观点。
3. 请简要回答行为科学理论和现代管理理论的基本内容。
4. 请阐述企业的概念与特征、企业的目标和企业的类型。
5. 请阐述现代企业制度的概念、主要内容、组织形式和法人治理结构。

第二章　企业计划管理

【学习目标】

1. 理解和掌握计划的含义，特别是理解 SWOT 分析法和 5W1H 分析法。
2. 理解和掌握计划的类型。
3. 理解和掌握计划的性质和作用。
4. 理解和掌握计划的工作程序，特别是要重点理解目标制定中的 SMART 原则、目标执行中的 WBS 法及其可行性分析的两种工具。
5. 了解计划的编制方法。
6. 理解和掌握目标管理中的含义、特点、应用、程序、优劣评价及其实施原则。

第一节　企业计划工作概述

一、企业计划的含义

在管理学中，计划具有两重含义：

其一是计划工作，是指根据对组织外部环境与内部条件的分析，提出在未来一定时期内要达到的组织目标以及实现目标的方案途径。

其二是计划形式，是指用文字和指标等形式所表述的组织以及组织内不同部门和不同成员，在未来一定时期内关于行动方向、内容和方式安排的管理事件。

理解计划的含义关键在于要学会使用两大工具，一是利用 SWOT 来正确制定企业的发展战略目标，二是利用 5W1H 来制定正确的实现发展战略目标的行动方案和步骤。

（一）SWOT 分析

SWOT 是一种分析方法，用来确定企业本身的竞争优势、竞争劣势、机会和威胁，从而将公司的战略与公司内部资源、外部环境有机结合。因此，清楚地确定公司的资源优势和缺陷，了解公司所面临的机会和挑战，对于制定公司未来的发展战略及其战略目标有着至关重要的意义。

1. 竞争优势

竞争优势（Strength）是指一个企业超越其竞争对手的能力，或者指公司所特有的能提高公司竞争力的东西。竞争优势本质上讲就是一种相对的比较优势。例如，当两个企业处在同一市场或者说它们都有能力向同一顾客群体提供产品和服务时，如果其中一个企业有更高的赢利率或赢利潜力，那么，我们就认为这个企业比另外一个企业更具有竞争优势。

竞争优势包括以下几个方面：

（1）技术技能优势：独特的生产技术，低成本生产方法，领先的革新能力，雄厚的技术实力，完善的质量控制体系，丰富的营销经验，上乘的客户服务，卓越的大规模采购技能。

（2）有形资产优势：先进的生产流水线，现代化车间和设备，拥有丰富的自然资源储存，吸引人的不动产地点，充足的资金，完备的资料信息。

（3）无形资产优势：优秀的品牌形象，良好的商业信用，积极进取的公司文化。

（4）人力资源优势：关键领域拥有专长的职员，积极上进的职员，很强的组织学习能力，丰富的经验。

（5）组织体系优势：高质量的控制体系，完善的信息管理系统，忠诚的客户群，强大的融资能力。

（6）竞争能力优势：产品开发周期短，强大的经销商网络，与供应商良好的伙伴关系，对市场环境变化的灵敏反应，市场份额的领导地位。

2. 竞争劣势

竞争劣势（Weakness）是指某种公司缺少或做得不好的东西，或指某种会使公司处于劣势的条件。

可能导致竞争劣势的因素有：

（1）缺乏具有竞争意义的技能技术。

（2）缺乏有竞争力的有形资产、无形资产、人力资源、组织资产。

（3）关键领域里的竞争能力正在丧失。

3. 机　会

公司面临的潜在机会（Opportunity）：市场机会是影响公司战略的重大因素。公司管理者应当确认每一个机会，评价每一个机会的成长和利润前景，选取那些可与公司财务和组织资源匹配、使公司获得竞争优势的潜力最大的机会。

潜在的发展机会可能是：

（1）客户群的扩大趋势或产品细分市场。

（2）技能技术向新产品新业务转移，为更大客户群服务。

（3）前向或后向整合。

（4）市场进入壁垒降低。

（5）获得购并竞争对手的能力。

（6）市场需求增长强劲，可快速扩张。

（7）出现向其他地理区域扩张、扩大市场份额的机会。

4. 威　胁

危及公司的外部威胁（Threaten）：在公司的外部环境中，总是存在某些对公司的盈利能力和市场地位构成威胁的因素。公司管理者应当及时确认危及公司未来利益的威胁，做出评价并采取相应的战略行动来抵消或减轻它们所产生的影响。

公司的外部威胁可能是：

（1）出现将进入市场的强大的新竞争对手。

（2）替代品抢占公司销售额。

(3) 主要产品市场增长率下降。

(4) 汇率和外贸政策的不利变动。

(5) 人口特征、社会消费方式的不利变动。

(6) 客户或供应商的谈判能力提高。

(7) 市场需求减少。

(8) 容易受到经济萧条和业务周期的冲击。

5. 构造 SWOT 矩阵进行战略分析

SWOT 矩阵如图 2.1 所示，以下对各部分进行简要分析。

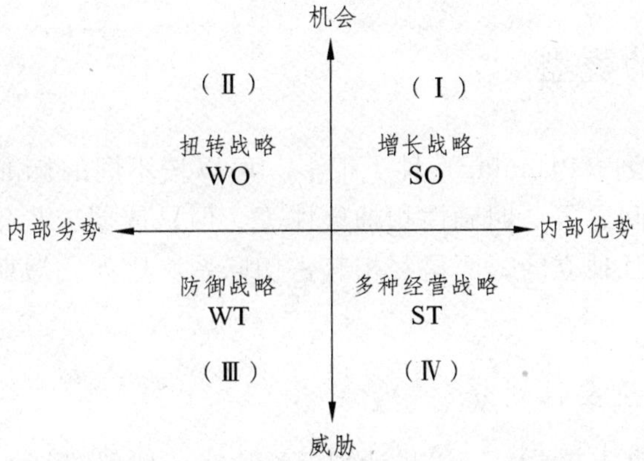

图 2.1 SWOT 矩阵

(1) SO 战略——如果综合分析的结果处于第一象限，说明企业面临的外部环境特别有吸引力，企业有机会，同时也有实力，适合于迅速发展。通俗地来说，这一位置相当于“风调雨顺”。

(2) WO 战略——如果处于第二象限，说明企业面临的外部环境对企业不利，但同时企业在这个行业又有较强的实力，企业在该领域生存是有可能的，所要做的工作就是兼并、收购同行业经营不善的企业，或是通过前后向一体化渡过难关，力求成为行业的“航空母舰”，积蓄力量，进军其他行业。通俗地来说，这一位置相当于“鲜花插在牛粪上”。

(3) WT 战略——如果处于第三象限，则说明企业面临不利的外部环境，同时自身的力量也较弱，要在此行业内生存几乎是不可能的事，企业应当考虑尽快退出该行业，或缩小经营领域，集中于某一市场空白。最体面的办法就是主动与其他企业合并，力争卖个好价钱。通俗地来说，这一位置相当于“生不逢时”。

(4) ST 战略——如果处于第四象限，说明企业面临一个非常好的机遇，但自身能力较弱，只要努力肯定会有收获，不努力也能维持生计。主要想法应是通过积累迅速壮大自身实力。通俗地来说，这一位置相当于“来得早不如赶得巧”。

(二) 5W1H 分析

5W1H 分析是管理工作中对目标计划进行分解和进行决策的思维程序。它对要解决问题的目的、对象、地点、时间、人员和方法提出一系列的询问，并寻求解决问题的具体行动方案或者行动步骤的答案。

5W1H 的具体内涵如下：

（1）Why——为什么干这件事？（目的）

（2）What——怎么回事？（对象）

（3）Where——在什么地方执行？（地点）

（4）When——什么时间执行？什么时间完成？（时间）

（5）Who——由谁执行？（人员）

（6）How——怎样执行？采取哪些有效措施？（方法）

巧记 5W1H 的中文口诀是：“何时何地何人？做何事？为什么？怎么做？”

二、企业计划的类型

现代企业制订的计划（Planning）种类很多，可以按不同的标准进行分类。主要分类标准有计划的重要性、时间界限、明确性和抽象性等。但是依据这些分类标准进行划分，所得到的计划类型并不是相互独立的，而是互相有密切联系。比如，短期计划和长期计划，战略计划和作业计划等。

（一）依据计划的重要性划分

从计划的重要性程度上来看，可以将计划分为战略计划和作业计划。

应用于整体组织的，为组织设立总体目标和寻求组织在环境中的地位的计划，称为战略计划。规定总体目标如何实现的细节的计划称为作业计划。战略计划与作业计划在时间框架上、范围上和在是否包含已知的一套组织目标方面是不同的。战略计划趋向于包含持久的时间间隔，通常为 5 年甚至更长，它们覆盖较宽的领域且不规定具体的细节。此外，战略计划的一个重要的任务是设立目标；而作业计划假定目标已经存在，只是提供实现目标的方法。

（二）依据计划的时期划分

财务人员习惯于将投资回收期分为长期、中期和短期。长期通常指 5 年以上，短期一般指 1 年以内，中期则介于两者之间。管理人员也采用长期、中期和短期来描述计划。

长期计划描述了组织在较长时期（通常为 5 年以上）的发展方向和方针，规定了组织的各个部门在较长时期内从事某种活动应达到的目标和要求，绘制了组织长期发展的蓝图。短期计划具体地规定了组织的各个部门在目前到未来的各个较短的时期阶段，特别是最近的时段中，应该从事何种活动，从事该种活动应达到何种要求，因而为各组织成员在近期内的行动提供了依据。

（三）依据计划内容的明确性划分

根据计划内容的明确性指标，可以将计划分为具体性计划和指导性计划。

具体性计划有明确规定的目标，不会模棱两可。比如，企业销售部经理打算使企业销售额在未来 6 个月中增长 15%，他会制定明确的程序、预算方案以及日程进度表，这便是具体性计划。指导性计划只规定某些一般的方针和行动原则，给予行动者较大的自由处置权，它指出重点但不把行动者限定在具体的目标上或特定的行动方案上。比如，一个增加销售额的具体计划可能规定未来 6 个月内销售额要增加 15%，而指导性计划则可能只规定未来 6 个月内销售额要增加 12%～16%。相对于指导性计划而言，具体性计划虽然更易于执行、考核及控制，但缺少灵活性，它要求的明确性和可预见性条件往往很难满足。

三、企业计划的性质

现代企业制定计划的根本目的在于保证管理目标的实现。从事计划工作并使之有效地发挥作用，就必须把握计划的性质。企业的性质主要表现在以下四个方面：

1. 普遍性

与计划的概念相对应，计划的普遍性也有两层含义：一是指社会各部门、各环节、各单位、各岗位为有效实现管理目标，都必须具有相应的计划，上至国家，下至一个班组，甚至个人，无不如此。二是指所有管理者——从最高管理人员到第一线的基层管理人员都必须从事计划工作。计划是任何管理人员的一个基本职能，也许他们各自计划工作的范围、特点不同，但凡是管理者都要做计划工作，都必须在上级规定的政策许可的范围内做好自己的计划工作。如果管理人员没有计划任务，那就该怀疑他还算不算是一个管理者了。在管理科学研究中，人们发现基层管理者责任感的最重要因素就是他们从事计划工作的能力。

2. 首位性

把计划放在管理职能的首位，不仅是因为从管理过程的角度看，计划先行于其他管理职能，而且因为在某些场合，计划是付诸实施的唯一管理职能。计划的结果可能得出一个决策，即无需进行随后的组织、领导、协调及控制工作等。例如，对于一个要否建立新工厂的计划研究工作来说，如果得出的结论是新工厂在经济上是不合算的，那也就没有筹建、组织、领导和控制一个新工厂的问题了。

计划具有首位性的原因，还在于计划影响并贯穿于组织、领导、协调和控制等各项管理职能当中。

3. 科学性

无论做什么计划都必须遵循客观要求，符合事物本身发展的规律，不能脱离了现实条件任意杜撰、随意想象。从事计划工作，就是通过管理者的精心规划和主观能动作用的发挥，使那些本来不可能发生的事成为可能，使那些可能发生的事成为现实。因此，从事计划工作，一是必须要有求实的科学态度，一切从实际出发，量力而行；二是必须有可靠的科学依据，包括准确的信息、完整的数据资料等；三是必须有正确的科学方法，如科学预测、系统分析、综合平衡、方案优化等。这样才能使整体计划建立在科学的基础上，既富有创造性，又具有可行性。

4. 有效性

计划不仅要确保组织目标的实现，而且要从众多的方案中选择最优的方案，以求得合理利用资源和提高效率，因此，计划要追求效率。计划的效率，可以用计划对组织的目标的贡献来衡量。贡献是指实现的组织目标及所得到的利益，扣除制定和实施这个计划所需要的费用和其他因素后能得到的剩余。在计划所要完成的目标确定的情况下，同样可以用制订和实施计划的成本及其他连带成本（如计划实施带来的损失、计划执行的风险等）的方法来衡量效率。如果计划能得到最大的剩余，或者按合理的代价实现目标，这样的计划就是有效率的。特别要注意的是，在衡量代价时，不仅要用时间、金钱或者生产来衡量，而且还要衡量个人和集体的满意程度。

四、企业计划的作用

在我们的管理实践中，现代企业制定的计划是其他管理职能的前提和基础，并渗透到其他管理职能之中，列宁指出："任何计划都是尺度、准则、灯塔、路标。"计划是管理过程的中心环节，因此，它在管理活动中具有特殊重要的地位和作用。

（1）企业计划是组织生存与发展的纲领。

"唯一不变的就是改变"，我们正处在一个经济、政治、技术、社会变革与发展的时代。在这个时代里，变革与发展既给人们带来了机遇，也带来了风险，特别是在争夺市场、资源、势力范围的竞争中更是如此。如果管理者在看准和利用机遇的同时，又能最大限度地减少风险，即在朝着目标前进的道路上架设一座便捷而稳固的桥梁，那么，组织就能立于不败之地，在机遇与风险的纵横选择中得到生存与发展；如果计划不周，或根本没计划，那就会遭遇灾难性的后果。

（2）企业计划是组织协调的前提。

现代社会的各行各业的组织以及它们内部的各个组成部分之间分工越来越精细，过程越来越复杂，协调关系更趋严密。要把这些繁杂的有机体科学地组织起来，让各个环节和部门的活动都能在时间、空间和数量上相互衔接，既围绕整体目标，又各行其是，互相协调，就必须要有一个严密的计划。管理中的组织、协调、控制等如果没有计划，那就好比汽车总装厂事先没有设计流程一样不可想象。

（3）企业计划是指挥实施的准则。

计划的实质是确定目标以及规定达到目标的途径和方法。因此，要想朝着既定的目标步步前进，最终实现组织目标，计划无疑是管理活动中人们一切行为的准则，它指导不同空间、不同时间、不同岗位上的人们围绕一个总目标，秩序井然地去实现各自的分目标。行为如果没有计划指导，被管理者必然表现为无目的的盲动，管理者则表现为决策朝令夕改，随心所欲，自相矛盾，结果必然是组织秩序的混乱，事倍功半，劳民伤财。在现代社会里，可以这样说，几乎每项事业、每个组织，乃至每个人的活动都不能没有计划蓝图。

（4）企业计划是控制活动的依据。

计划不仅是组织、指挥、协调的前提和准则，而且与管理控制活动紧密相连。计划为各种复杂的管理活动确定了数据、尺度和标准，它不仅为控制指明了方向，而且还为控制活动提供了依据。经验告诉我们，未经计划的活动是无法控制的，也无所谓控制。因为控制本身是通过纠正偏离计划的偏差，使管理活动保持与目标的要求一致。如果没有计划作为参数，管理者就没有"罗盘"，没有"尺度"，也就无所谓管理活动的偏差，那又何来控制活动呢？

从上可见，我们说计划是管理职能中的首要职能，不仅仅是一个次序问题，而是管理职能在实际管理活动的相互关系问题、位置问题，这是不能含糊的。

第二节　企业计划工作程序

一、企业计划的程序

任何计划工作都要遵循一定的程序或步骤。虽然小型计划比较简单，大型计划比较复杂，但是，管理人员在编制计划时，其工作步骤都是相似的，具体包括以下内容：

（一）机会分析

“机会永远给予有准备的人”，“变动才有机会”，认识机会先于实际的计划工作开始。严格来讲，机会分析不是计划的一个组成部分，但却是计划工作的一个真正起点，因为它预测了未来可能出现的变化，清晰而完整地认识到组织发展的机会，搞清了组织的优势、弱点及所处的地位，认识到组织利用机会的能力，意识到不确定因素对组织可能发生的影响程度等。

在这个阶段，企业需要对所处的外部宏观环境进行分析，包括政治环境、经济环境、社会文化环境、法律及科技环境等。通过对环境的分析来了解环境变动的趋势，毕竟“变动才有机会”(环境变化→消费者需求变化→有消费者未满足的需要发生→有企业发财的机会→就有营销的机会)，我们分析外部宏观环境的目的在于挖掘未来高机遇的“市场蛋糕”，例如：老龄化市场的未来机会将是无限量的。

认识机会，对做好计划工作十分关键。一位经营专家说过：“认识机会是战胜风险求得生存与发展的诀窍。”诸葛亮“草船借箭”的故事流传百世，其高明之处就在于他看到了三天后江上会起雾，而曹军有不习水性不敢迎战的机会，神奇般地实现了自己的战略目标。企业经营中也不乏这样的例子。

（二）确定发展目标

制订计划的第二个步骤是在认识机会的基础上，为整个组织及其所属的下级单位确定目标。目标是指期望达到的成果，它为组织整体、各部门和各成员指明了方向，描绘了组织未来的状况，并且可作为标准来衡量实际的绩效。计划的主要任务，就是将组织目标进行层层分解，以便落实到各个部门、各个活动环节，形成组织的目标结构，包括目标的时间结构和空间结构。

确定目标除了需要采用 SWOT 分析手段之外，还需在目标的制定上遵循 SMART 原则和在执行上采用 WBS 法进行目标任务的分解细化和量化。

1. 目标制定的 SMART 原则

目标管理这一概念是由管理学大师彼得·德鲁克（Peter Drucker）提出的，首先出现于他的著作《管理实践》(The Practice of Management)，该书于 1954 年出版。根据德鲁克的说法，管理人员一定要避免“活动陷阱”（Activity Trap)，不能只顾低头拉车，而不抬头看路，最终忘了自己的主要目标。MBO 的一个重要概念是企业战略规划不能仅由几个高级管理人员来执行，所有管理人员都应该参与进来，这将更有利于战略的执行。另一个相关概念是，企业要设计有一个完整的绩效系统，它将帮助企业实现高效运作。由此，可以将目标管理视为价值管理（Value Based Management）的前身。

制定目标看似是一件简单的事情，每个人都有过制定目标的经历，但是上升到技术的层面时，经理必须学习并掌握SMART原则。

（1）SMART原则一：S（Specific，明确性）。

所谓明确，就是要用具体的语言清楚地说明要达成的行为标准。明确的目标几乎是所有成功团队的一致特点。很多团队不成功的重要原因之一就因为目标定得模棱两可，或没有将目标有效地传达给相关成员。

示例：目标——“增强客户意识”。这种对目标的描述就很不明确，因为增强客户意识有许多具体做法，如：减少客户投诉，过去客户投诉率是3%，现在把它减低到1.5%或者1%；提升服务的速度，使用规范礼貌的用语，采用规范的服务流程，也是增强客户意识的一个方面。

有这么多增强客户意识的做法，我们所说的“增强客户意识”到底指哪一块？不明确就没有办法评判、衡量。所以建议修改，比方说，我们将在月底前把前台收银的速度提升至正常的标准，这个正常的标准可能是两分钟，也可能是一分钟，或分时段来确定标准。

实施要求：目标设置要有项目、衡量标准、达成措施、完成期限以及资源要求，使考核人能够很清晰地看到部门或科室月计划要做哪些那些事情，计划完成到什么样的程度。

（2）SMART原则二：M（Measurable，衡量性）。

衡量性就是指目标应该是明确的，而不是模糊的。应该有一组明确的数据作为衡量是否达成目标的依据。

如果制定的目标没有办法衡量，就无法判断这个目标是否实现。比如领导有一天问“这个目标离实现大概有多远？”团队成员的回答是“我们早实现了”。这就是领导和下属对团队目标所产生的一种分歧。原因就在于没有给目标一个定量的、可以衡量的分析数据。但有时也会有例外，并不是所有的目标可以衡量，比如说大方向性质的目标就难以衡量。

比方说，“为所有的老员工安排进一步的管理培训”。“进一步”是一个既不明确也不容易衡量的概念，到底指什么？是不是只要安排了这个培训，不管谁讲，也不管效果好坏都叫“进一步”？

我们可以改进一下：准确地说，在什么时间完成对所有老员工关于某个主题的培训，并且在这个课程结束后，学员的评分应在85分以上，低于85分就认为效果不理想，高于85分就是所期待的结果。这样目标就变得可以衡量。

实施要求：目标的衡量标准遵循“能量化的量化，不能量化的质化”原则。使制定人与考核人有一个统一的、标准的、清晰的可度量的标尺，杜绝在目标设置中使用概念模糊、无法衡量的描述。对于目标的可衡量性应该首先从数量、质量、成本、时间、上级或客户的满意程度五个方面来进行，如果仍不能进行衡量，其次可考虑将目标细化，细化成分目标后再从以上五个方面衡量，如果仍不能衡量，还可以将完成任务的工作进行流程化，通过流程化使目标可衡量。

（3）SMART原则三：A（Attainable，可实现性）。

目标是要可以让执行人实现、达到的，如果上司利用一些行政手段，利用权力性的影响力一厢情愿地把自己所制定的目标强压给下属，下属典型的反映是一种心理和行为上的抗拒：我可以接受，但是否完成这个目标或有没有最终的把握，这个可不好说。一旦有一天这个目标真完成不了的时候，下属有一百个理由可以推卸责任：你看我早就说了，这个目标肯定完成不了，但你坚持要压给我。

“控制式”的领导喜欢自己定目标，然后交给下属去完成，他们不在乎下属的意见和反映，这种做法越来越没有市场。如今的员工的知识层次、学历、本身的素质，以及他们主张的个性张扬的程度都远远超出从前。因此，领导者应该更多地吸纳下属来参与目标制定的过程，即便是团队整体的目标。

要定目标成长，就先不要想达成的困难，不然热情还没点燃就先被畏惧给打消念头了。

实施要求：目标设置要坚持员工参与、上下左右沟通，使拟定的工作目标在组织及个人之间达成一致。既要使工作内容饱满，也要具有可达性。可以制定出跳起来“摘桃”的目标，不能制定出跳起来“摘星星”的目标。

（4）SMART 原则四：R（Relevant，相关性）。

目标的相关性是指实现此目标与其他目标的关联情况。如果实现了这个目标，但对其他的目标完全不相关，或者相关度很低，那这个目标即使达到了，意义也不是很大。

因为，毕竟工作目标的设定是要和岗位职责相关联的，不能跑题。比如一个前台人员，你让她学点英语以便接电话的时候用得上，这时候提升英语水平和前台接电话的服务质量有关联，即学英语这一目标与提高前台工作水准这一目标直接相关。若你让她去学习 6σ，就比较跑题了，因为前台学习 6σ 这一目标与提高前台工作水准这一目标相关度很低。

（5）SMART 原则五：T（Time-based，时限性）。

目标特性的时限性就是指目标是有时间限制的。例如，××将在 2011 年 5 月 31 日之前完成某事。5 月 31 日就是一个确定的时间限制。没有时间限制的目标没有办法考核，或会带来考核的不公。上下级之间对目标轻重缓急的认识程度不同，上司着急，但下面不知道，到头来上司可以暴跳如雷，而下属觉得委屈。这种没有明确的时间限定的方式也会带来考核的不公正，伤害工作关系，伤害下属的工作热情。

实施要求：目标设置要具有时间限制，根据工作任务的权重、事情的轻重缓急，拟定出完成目标项目的时间要求，定期检查项目的完成进度，及时掌握项目进展的变化情况，以方便对下属进行及时的工作指导，以及根据工作计划的异常情况变化及时地调整工作计划。

总之，无论是制定团队的工作目标，还是员工的绩效目标，都必须符合上述原则，五个原则缺一不可。制定的过程也是对部门或科室先期的工作掌控能力提升的过程，完成计划的过程也就是对其现代化管理能力历练和实践的过程。

2. 目标分解细化和量化的 WBS 法

WBS（工作分解结构）是 Work Breakdown Structure 的英文缩写，是项目管理重要的专业术语之一。WBS 的基本定义为：以可交付的成果为导向对项目要素进行的分组，它归纳和定义了项目的整个工作范围每下降一层代表对项目工作的更详细定义。无论在项目管理实践中，还是在 PMP、IPMP 考试中，WBS 都是最重要的内容之一。WBS 总是处于计划过程的中心，也是制定进度计划、资源需求、成本预算、风险管理计划和采购计划等的重要基础，同时也是控制项目变更的重要基础。项目范围是由 WBS 定义的，所以 WBS 也是一个项目的综合工具。

WBS 是由 3 个关键元素构成的名词：工作（Work）——可以产生有形结果的工作任务；分解（Breakdown）——是一种逐步细分和分类的层级结构；结构（Structure）——按照一定的模式组织各部分。根据这些概念，WBS 有如下相应的构成因子与其对应。

（1）结构化编码。

编码是最显著和最关键的 WBS 构成因子，首先，编码用于将 WBS 彻底的结构化。通过编码体系，我们可以很容易识别 WBS 元素的层级关系、分组类别和特性。并且由于近代计算机技术的发展，编码实际上已使 WBS 信息与组织结构信息、成本数据、进度数据、合同信息、产品数据、报告信息等紧密地联系起来。

（2）工作包。

工作包（Work Package）是 WBS 的最底层元素，一般的工作包是最小的“可交付成果”，这些可交付成果很容易识别出完成它的活动、成本和组织以及资源信息。例如：管道安装工作包可能含有管道支架制作和安装、管道连接与安装、严密性检验等几项活动；包含运输/焊接/管道制作人工费用、管道/金属附件材料费等成本；过程中产生的报告/检验结果等文档；以及被分配的工班组等责任包干信息，等等。正是上述这些组织/成本/进度/绩效信息使工作包乃至 WBS 成为了项目管理的基础。基于上述观点，一个用于项目管理的 WBS 必须被分解到工作包层次才能够使其成为一个有效的管理工具。

（3）WBS 元素。

WBS 元素实际上就是 WBS 结构上的一个个“节点”，通俗的理解就是“组织机构图”上的一个个“方框”，这些方框代表了独立的、具有隶属关系/汇总关系的“可交付成果”。经过数十年的总结，大多数组织都倾向于 WBS 结构必须与项目目标有关，必须面向最终产品或可交付成果的，因此 WBS 元素更适于描述输出产品的名词组成（Effictive WBS, Gregory T. Haugan）。其中的道理很明显，不同组织、文化等为完成同一工作所使用的方法、程序和资源不同，但是他们的结果必须相同，必须满足规定的要求。只有抓住最核心的可交付结果才能最有效地控制和管理项目；另一方面，只有识别出可交付结果才能识别内部/外部组织完成此工作所使用的方法、程序和资源。工作包是最底层的 WBS 元素。

（4）WBS 字典。

管理的规范化、标准化一直是众多公司追求的目标，WBS 字典就是这样一种工具，它用于描述和定义 WBS 元素中的工作的文档。字典相当于对某一 WBS 元素的规范，即 WBS 元素必须完成的工作以及对工作的详细描述；工作成果的描述和相应规范标准；元素上下级关系以及元素成果输入输出关系等。同时，WBS 字典对于清晰的定义项目范围也有着巨大的规范作用，它使得 WBS 易于理解和被组织以外的参与者（如承包商）接受。在建筑业，工程量清单规范就是典型的工作包级别的 WBS 字典。

总而言之，WBS 任务分解方法在使用过程之中就是将企业目标（任务）从高层领导开始，逐层分解，逐层细化和量化，增强员工的工作任务（目标）的可操作性，如图 2.2 所示。

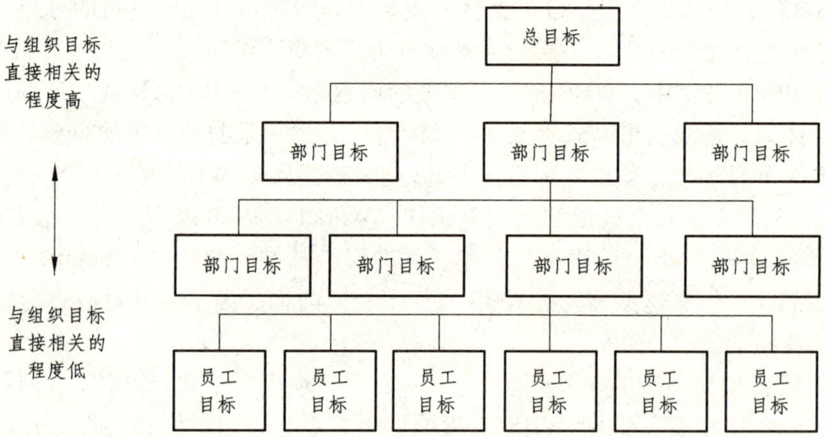

图 2.2　WBS 法进行组织目标的分解

（三）制订计划的前提

所谓计划工作的前提条件，就是计划工作的假设条件，简言之，即计划实施时的预期环境。负责计划工作的人员对计划前提了解得愈细愈透彻，并能始终如一地运用它，则计划工作也将做得越协调。

按照组织的内外环境，可以将计划工作的前提条件分为外部前提条件和内部前提条件；还可以按可控程度，将计划工作前提条件分为不可控的、部分可控的和可控的三种前提条件。外部前提条件大多为不可控的和部分可控的，而内部前提条件大多数是可控的。不可控的前提条件越多，不肯定性越大，就越需要通过预测工作确定其发生的概率和影响程度的大小。

企业计划工作是否成功的关键在于需要确定前提条件，而前提条件就是要预测整个计划活动所处的未来环境。一般来说，对以下方面的环境因素的预测是必不可少的。

（1）宏观的社会经济环境。

（2）政府政策。

（3）组织面临的市场。

（4）组织的竞争者。

（5）组织的资源。

（四）制订可供选择的可行方案

编制计划的第四个步骤是寻求、拟订、选择可行的行动方案。“条条道路通罗马”，这句话描述了实现某一目标的方案途径是多条的。通常，最显眼的方案不一定就是最好的方案，对过去方案稍加修改和略加推演也可能不会得到最好的方案，一个不引人注目的方案或通常人提不出的方案，效果却往往是最佳的，这里体现了方案创新性的重要。此外，方案也不是越多越好。编制计划时没有可供选择的合理方案的情况是不多见的，更加常见的不是寻找更多的可供选择的方案，而是减少可供选择方案的数量，以便可以分析最有希望的方案。即使使用数学方法和计算机，我们还是要对可供选择方案的数量加以限制，以便把主要精力集中在对少数最有希望的方案的分析方面。

方案可行性的判断依据在于两个方面，一是成本—效益分析，二是风险评估。

1. 成本—效益分析

成本—效益分析是通过比较方案的全部成本和效益来评估方案价值的一种方法。成本—效益分析作为一种经济决策方法，将成本费用分析法运用于政府部门的计划决策之中，以寻求在投资决策上如何以最小的成本获得最大的收益，常用于评估需要量化社会效益的公共事业方案的价值。非公共行业的管理者也可采用这种方法对某一大型方案的无形收益（Soft Benefits）进行分析。在该方法中，某一方案或决策的所有成本和收益都将被一一列出，并进行量化，见表 2.1。

表 2.1　成本—效益分析表

成　本	效　益
团队成本 人员成本 编写成本 样本和印刷成本 运输成本	降低保险费 降低生病的支出 降低产品和原材料的危害程度 减少设备的修理费用 提高生产率 减少工人的临时替换率 避免法院的罚金
￥26 150（一次性支出）	￥38 700（每年都会获得）

根据这份分析表，该方案将在 1 年内完成并且见效，而且其效益将继续下去，所以该方案是完全可行的。

2. 风险评估

风险评估（Risk Assessment）是指在风险事件发生之前或之后（但还没有结束），对该事件给人们的生活、生命、财产等各个方面造成的影响和损失的可能性进行量化评估的工作。即，风险评估就是量化测评某一事件或事物带来的影响或损失的可能程度，其分析步骤如下五步所述。

第一步：为方案列出一个可能出现的问题表，如方案没能在预定的截止日期前完成、方案结果不能令人满意、成本超过了预算、所需要的人员没有到位、总经理取消了该方案等。换句话说，就是列出各种可能出现问题的结果。

第二步：按照列出的问题对方案所产生的影响程度，按 1～5 进行等级鉴定，这里的 1 代表最好的结果，5 代表最糟糕的结果。换句话说，就是对每一种结果的严重程度进行评定。

第三步：对每一种结果发生的概率按 1～5 进行评定，这里的 1 代表非常不可能，5 代表非常可能。

第四步：将严重程度与概率相乘，这个乘积代表每一种情况的风险程度，即“结果的严重程度×概率＝风险程度”。

第五步：将得出的各个风险程度加在一起，然后把这个实际得到的风险数与最大可能风险数（可能的结果×5×5）进行比较，两个值越接近，表示风险越大，方案的可行性越差。

下面以前程公司可行性方案风险评估表为例做说明，见表 2.2。

表 2.2　前程公司可行性方案风险评估表

可能出现的结果	严重性	概率	风险程度
方案超过规定的时间	2	4	8
公司的政策导致方案停止	5	1	5
资源的缺乏导致方案延期或停止	4	2	8
供货商提供劣质产品	4	1	4
团队成员生病影响该项目	3	2	6
实际的风险总数	—	—	31
最大可能的风险总数	—	—	125
风险评估结论	风险不大，可以接受		

（五）评价各种方案

在找出了各种可供选择的方案和检查了它们的优缺点后，下一步就是根据前提条件和目标，权衡它们的轻重优劣，对可供选择的方案进行评估。评估实质上是一种价值判断，它一方面取决于评价者所采用的评价标准，另一方面取决于评价者对各个标准所赋予的权重。某一个方案看起来可能是最有利可图的，但是需要投入大量现金，而回收资金很慢；另一方案看起来可能获利较少，但是风险较小；第三个方案眼前看没有多大的利益，但可能更适合公司的长远目标。应该用运筹学中较为成熟的矩阵评价法、层次分析法、多目标评价法进行评价和比较。

如果唯一的目标是要在某项业务里取得最大限度的当前利润，或将来不是不确定的；或无需为现金和资本可用性焦虑，或大多数因素可以分解成确定数据，这些条件下的评估是相对容易的。但是，由于计划工作者通常都面对很多不确定因素、资本短缺问题以及各种各样的无形因素，评估工作通常很困难，甚至比较简单的问题也是这样。例如，一家公司主要为了提高声誉，而想生产一种新产品；而预测结果表明，这样做可能造成财务损失，但声誉的收获是否能抵消这种损失，仍然是一个没有解决的问题。因为在多数情况下，存在很多可供选择的方案，而且有很多应考虑的可变因素和限制条件，评估会极其困难。

评估可供选择的方案，要注意考虑以下几点：

（1）认真考察每一个计划的制约因素和隐患。

（2）要用总体的效益观点来衡量计划。

（3）既要考虑到每一个计划的有形的可以用数量表示出来的因素，又要考虑到无形的、不能用数量表示出来的因素。

（4）要动态地考察计划的效果，不仅要考虑计划执行所带来的利益，还要考虑计划执行所带来的损失，特别要注意那些潜在的、间接的损失。

（六）选择方案

计划工作的第六步是选定方案。这是在前五步工作的基础上做出的关键一步，也是决策的实质性阶段——抉择阶段。可能遇到的情况是，有时会发现同时有两个以上可取方案；在这种情况下，必须确定出首先采取哪个方案，而将其他方案也进行细化和完善，以作为后备方案。

计划方案的选择需要充分考虑计划工作的四大原理：

（1）限定因素原理——在计划工作中，越是了解和找到对达到目标起限制和决定性作用的因素，就越是能准确、客观地选择可行方案。限定因素原理是决策的精髓。

（2）许诺原理——任何一项计划都是对完成某项工作所做出的许诺。许诺越大，所需时间就越长，实现目标的可能性就越小。这一原理涉及计划期限的确定问题。企业中常用的投资回收期就是这个原理的具体运用。

（3）灵活性原理——计划工作越具有灵活性，则由于未来意外事件引起损失的危险性就越小。灵活性原理是计划工作中最重要的原理，要求计划本身要有弹性、适应性。

（4）改变航道原理——为保证目标的实现，管理者要定期检查现状和预期前景，而且有时需要重新制订计划。相对于灵活性原理，改变航道原理强调计划执行过程要具有应变能力。

（七）制订派生计划

基本计划还需要派生计划的支持。比如，一家公司年初制订了“当年销售额比上年增长15%”的销售计划，与这一计划相连的有许多计划，如生产计划、促销计划等。再如当一家公司决定开拓一项新的业务时，这个决策需要制订很多派生计划作为支撑，比如雇佣和培训各种人员的计划、筹集资金计划、广告计划等。

（八）用预算形式使计划数字化

在作出决策和确定计划后，计划工作的最后一步就是把计划转变成预算，使计划数字化。编制预算，一方面是为了计划的指标体系更加明确，另一方面是使企业更易于对计划执行进行控制。定性的计划往往可比性、可控性和进行奖惩方面比较困难，而定量的计划具有较硬的约束。

二、企业计划的编制方法

实践中计划编制行之有效的方法主要有目标管理、滚动计划法和网络计划技术等方法。

（一）目标管理（Management by Objectives，MBO）

目标管理是以泰勒的科学管理和行为科学管理理论为基础形成的一套管理制度，其概念由管理专家彼得·德鲁克 1954 年在其名著《管理实践》中最先提出，其后他又提出“目标管理和自我控制”的主张。

德鲁克认为，并不是有了工作才有目标，而是相反，有了目标才能确定每个人的工作。所以“企业的使命和任务，必须转化为目标”，如果一个领域没有目标，这个领域的工作必然被忽视。因此，管理者应该通过目标对下级进行管理，当组织最高层管理者确定了组织目标后，必须对其进行有效分解，转变成各个部门以及各个人的分目标，管理者根据分目标的完成情况对下级进行考核、评价和奖惩。

（二）滚动计划法

滚动计划法是按照“近细远粗”的原则制定一定时期内的计划，然后按照计划的执行情况和环境变化，调整和修订未来的计划，并逐期向后移动，把短期计划和中期计划结合起来的一种计划方法。

这种方法根据计划的执行情况和环境变化定期修订未来的计划，并逐期向前推移，使短期计划、中期计划有机地结合起来。由于在计划工作中很难准确地预测将来影响组织生存与发展的经济、政治、文化、技术、产业、顾客等各种变化因素，而且随着计划期的延长，这种不确定性就越来越大。因此，如果机械地按几年以前编制的计划实施，或静态地执行战略性计划，则可能导致巨大的错误和损失。滚动计划法可以避免这种不确定性带来的不良后果，具体做法是用“近细远粗”的办法制订计划。

（三）网络计划技术

网络计划技术是 20 世纪 50 年代后期在美国产生和发展起来的。这种方法包括各种以网络为基础判定的方法，如关键路径法、计划评审技术、组合网络法等。

网络计划技术是一种科学的计划管理方法，它是随着现代科学技术和工业生产的发展而产生的。20 世纪 50 年代，为了适应科学研究和新的生产组织管理的需要，国外陆续出现了一些计划管理的新方法。1956 年，美国杜邦公司研究创立了网络计划技术的关键线路方法（缩写为 CPM），并试用于一个化学工程上，取得了良好的经济效果。1958 年，美国海军武器部在研制“北极星”导弹计划时，应用了计划评审方法（缩写为 PERT）进行项目的计划安排、评价、审查和控制，获得了巨大成功。20 世纪 60 年代初期，网络计划技术在美国得到了推广，一切新建工程全面采用这种计划管理新方法，并开始将该方法引入日本和西欧其他国家。随着现代科学技术的迅猛发展、管理水平的不断提高，网络计划技术也在不断发展和完善。目前，它已广泛地应用于世界各国的工业、国防、建筑、运输和科研等领域，成为了发达国家盛行的一种现代生产管理的科学方法。

第三节 企业目标管理

企业目标管理定义为：目标管理是以目标为导向，以人为中心，以成果为标准，而使组织和个人取得最佳业绩的现代管理方法。目标管理亦称“成果管理”，俗称责任制，是指在企业个体职工的积极参与下，自上而下地确定工作目标，并在工作中实行“自我控制”，自下而上地保证目标实现的一种管理办法。

一、目标管理的诞生

美国管理学家彼得 · 德鲁克在 20 世纪 50 年代率先提出了“目标管理”的概念，本章第二节已有阐述，这里就不再赘述。

目标管理提出以后，便在美国迅速流传。时值第二次世界大战后西方经济由恢复转向迅速发展的时期，企业急需采用新的方法调动员工积极性以提高竞争能力，目标管理的出现可谓应运而生，遂被广泛应用，并很快为日本、西欧国家的企业所仿效，在世界管理界大行其道。

目录管理本质上是一个全面的管理系统，它用系统的方法使许多关键管理活动结合起来，高效率地实现个人目标和企业目标。具体而言，它是一种通过科学地制定目标、实施目标，依据目标进行考核评价来实施组织管理任务的过程。

二、目标管理的特征

目标管理的具体形式多种多样，但基本内容是一样的。所谓目标管理，乃是一种程序或过程，它使组织中的上级和下级一起协商，根据组织的使命确定一定时期内组织的总目标，由此决定上、下级的责任和分目标，并把这些目标作为组织经营、评估和奖励每个单位和个人贡献的标准。

目标管理指导思想上是以 Y 理论为基础的，即认为在目标明确的条件下，人们能够对自己负责；具体方法上是泰勒科学管理的进一步发展。它与传统管理方式相比有鲜明的特征，可概括为:

(1) 员工工作过程的“自我控制”和“自我管理”。

目标管理是一种参与的、民主的、自我控制的管理制度，也是一种把个人需求与组织目标结合起来的管理制度。在这一制度下，上级与下级的关系是平等、尊重、依赖、支持，下级在承诺目标和被授权之后是自觉、自主和自治的。企业领导需要具备“你办事、我放心”的授权技能。

(2) 目标逐级分解、逐级确定。

目标管理通过专门设计的过程，将组织的整体目标逐级分解，转换为各单位、各员工的分目标。从组织目标到经营单位目标，再到部门目标，最后到个人目标。在目标分解过程中，权、责、利三者已经明确，而且相互对称。这些目标方向一致，环环相扣，相互配合，形成协调统一的目标体系。只有每个个人完成了自己的分目标，整个企业的总目标才有完成的希望。

(3)“成果导向”督促“过程自控”。

目标管理以制定目标为起点，以目标完成情况的考核为终结。工作成果是评定目标完成程度的标准，也是人事考核和奖评的依据，成为评价管理工作绩效的唯一标志。至于达到目标的具体过程、途径和方法，上级并不过多干预。所以，在目标管理制度下，监督的成分很少，而控制目标实现的能力却很强。

三、目标管理的实施

目标管理的实施一般可分为目标建立、目标分解、目标控制、目标评定与考核四个阶段。

(一) 目标建立

从内容上看，企业目标首先应明确企业的使命和宗旨，并结合企业内外环境决定一定期限内的工作具体目标。目标建立要注意以下几点:

(1) 目标要略高于企业当前的生产经营能力，保证企业经过一定努力能够实现。

(2) 目标要保证质与量的有机结合。

(3) 目标期限要适中。

(4) 目标数量要适中。

(5) 符合目标制定的 SMART 原则。

(二) 目标分解

目标分解要注意以下几点:

(1) 目标体系的逻辑要严密，纵横成网络，体现出由上到下越来越具体的特点。

(2) 目标要突出重点。

(3) 要鼓励职工积极参与目标分解。

(4) 目标分解完毕，要进行严格的审批。

(5) 严格采用 WBS 进行目标分解细化和量化。

（三）目标控制

目标管理强调自我控制和民主管理，但不能因此在目标体系建立后放手不管。目标控制要注意以下几点：

(1) 咨询指导，根据各级目标需要，加强目标实施过程各环节的指导，帮助解决目标实施过程中存在的问题、并提供各方面的支持。

(2) 调节平衡，在目标实施过程中，对人、财、物、信息、技术等作横向协调，合理使用，为目标管理活动的正常开展创造条件。

(3) 反馈控制，建立信息反馈制度，掌握目标实施情况，及时发现问题及偏差，实施对应处理。

（四）目标评定与考核

目标评定与考核要注意以下几点：

(1) 考评成果，预定期限达到后，对照目标项目及目标值及时检查评价。

(2) 奖惩兑现，按照协商好的目标成果及奖惩条件，对目标责任单位、部门及个人实施奖励和处罚，以达到激励先进、鞭策后进的目的。

(3) 总结经验，对目标管理中的经验及教训进行总结，提出存在的问题，再次制定下一轮目标，开始新的循环。

(4) 目标考核一定要匹配“高激励、高约束”机制，方可达到成为员工工作过程的“隐形紧箍咒”的目的。

四、目标管理的评价

目标管理在全世界产生了很大影响，但实施中也出现过许多问题。因此，必须客观分析其优、劣势，才能扬长避短，收到实效。

1. 目标管理的优点

(1) 目标管理对组织内易于度量和分解的目标会带来良好的绩效。对于那些在技术上具有可分性的工作，由于责任、任务明确，目标管理常常会起到立竿见影的效果，而对于技术不可分的团队工作则难以实施目标管理。

(2) 目标管理有助于改进组织结构的职责分工。由于组织目标的成果和责任力图划归一个职位或部门，容易发现授权不足与职责不清等缺陷。

(3) 目标管理启发了员工的自觉性，调动了职工的主动性、积极性、创造性。由于强调自我控制和自我调节，将个人利益和组织利益紧密联系起来，因而提高了士气。

(4) 目标管理促进了意见交流和相互了解，改善了人际关系。

2. 目标管理的缺点

在实际操作中，目标管理也存在许多明显的缺点，主要表现在：

（1）目标难以制定。组织内的许多目标难以定量化、具体化；许多团队工作在技术上不可分解；组织环境的可变因素越来越多，变化越来越快，组织的内部活动日益复杂，使组织活动的不确定性越来越大。这些都使得组织的许多活动制订数量化目标相对困难。

（2）目标管理的哲学假设不一定都存在。Y 理论对于人类的动机作了过分乐观的假设，实际中的人是有“机会主义本性”的，尤其在监督不力的情况下。因此，在许多情况下，目标管理所要求的承诺、自觉、自治气氛难以形成。

（3）目标商定可能增加管理成本。目标商定要实现上下沟通、统一思想是很费时间的；每个单位、个人都关注自身目标的完成，很可能忽略了相互协作和组织目标的实现，容易滋长本位主义、临时观点和急功近利倾向。

（4）有时奖惩不一定都能和目标成果相配合，也很难保证公正性，从而削弱了目标管理的效果。

鉴于上述分析，在实际工作中推行目标管理时，除了掌握具体的方法以外，还要特别注意把握工作的性质，分析其分解和量化的可能性；提高员工的职业道德水平，培养合作精神，建立健全各项规章制度，注意改进领导作风和工作方法，使目标管理的推行建立在一定的思想基础和科学管理基础上；要逐步推行，长期坚持，不断完善，从而使目标管理发挥预期的作用。

五、目标管理的要诀

目标管理是现代企业管理模式中比较流行、比较实用的管理方式之一。它的最大特征就是方向明确，非常有利于把整个团队的思想、行动统一到同一个目标、同一个理想上来，是企业提高工作效率、实现快速发展的有效手段之一。

搞好目标管理并非一般人想象的那么简单，必须遵循以下四个要诀：

（1）目标制定必须科学合理。

目标管理能不能产生理想的效果、取得预期的成效，首先就取决于目标的制定。科学合理的目标是目标管理的前提和基础。脱离实际的工作目标轻则影响工作进程和成效，重则使目标管理失去实际意义，影响企业发展大局。

（2）督促检查必须贯串始终。

目标管理的关键在于管理。在目标管理的过程中，丝毫的懈怠和放任自流都可能贻害巨大。作为管理者，必须随时跟进每一个目标的进展，发现问题及时协商、处理，采取正确的补救措施，确保目标运行方向正确、进展顺利。

（3）成本控制必须严肃认真。

目标管理以目标的达成为最终目的，考核评估也是重结果轻过程。这很容易让目标责任人重视目标的实现，轻视成本的核算，特别是当目标运行遇到困难可能影响目标的适时实现时，责任人往往会采取一些应急的手段或方法，这必然导致实现目标的成本不断上升。作为管理者，在督促检查的过程当中，必须对运行成本作严格控制，既要保证目标的顺利实现，又要把成本控制在合理的范围内。因为，任何目标的实现都不是不计成本的。

（4）考核评估必须执行到位。

任何一个目标的达成或项目的完成，都必须有一个严格的考核评估。考核、评估、验收工作必须选择执行力很强的人员进行，必须严格按照目标管理方案或项目管理目标，逐项进行考核并作出结论，对目标完成度高、成效显著、成绩突出的团队或个人按章奖励，对失误多、成本高、影响整体工作的团队或个人按章处罚，真正达到表彰先进、鞭策落后的目的。我国一些企业在用人上存在“近亲繁殖、用人唯亲”的现象，这样的人力资源配置思想将导致“高激励、高约束”的 MBO 考评约束机制变成一纸空文，MBO 也将流于形式。

六、目标管理的推广

目标管理最为广泛的应用是在企业管理领域。企业目标可分为战略性目标、策略性目标以及方案、任务等。一般来说，经营战略目标和高级策略目标由高级管理者制订；中级目标由中层管理者制订；初级目标由基层管理者制订；方案和任务由职工制订，并同每一个成员的应有成果相联系。自上而下的目标分解和自下而上的目标期望相结合，使经营计划的贯彻执行建立在职工的主动性、积极性的基础上，把企业职工吸引到企业经营活动中来。

目标管理方法提出后，美国通用电气公司最先采用，并取得了明显效果。其后，目标管理方法在美国、西欧、日本等许多国家和地区得到迅速推广，被公认为是一种加强计划管理的先进科学管理方法。我国从 20 世纪 80 年代初开始在企业中推广该方法，目前采取的干部任期目标制、企业层层承包等，都是目标管理方法的具体运用。

【课后思考题】

1. 请简要回答计划的含义、SWOT 分析手段和 5W1H 分析内容。
2. 请简要回答计划的类型。
3. 请简要回答计划的性质和作用。
4. 请阐述计划的工作程序，简单介绍目标制定中的 SMART 原则、目标执行中的 WBS 法及其可行性分析的两种工具。
5. 请简要回答计划的编制方法。
6. 请阐述目标管理中的含义、特点、应用、程序、优劣评价及其实施原则。

第三章　企业经营决策

【学习目标】

1. 理解和掌握决策的含义、类型和程序。
2. 了解决策应遵循的原则。
3. 了解风险型决策和非确定型决策的分析方法。
4. 理解和掌握确定型决策的分析方法。

第一节　企业经营决策概述

一、企业经营决策的含义

1. 含　义

所谓决策，就是指为了达到一定的目标，从两个以上的可行方案中选择一个合理方案的分析判断过程。

所谓经营决策，就是企业等经济组织决定企业的生产经营目标和达到生产经营目标的战略和策略，即决定做什么和如何去做的过程。

2. 特　征

科学的经营决策与传统的经验式决策之间存在着质的差别，这种差别表现为以下特征:

(1) 有明确而具体的决策目标。

决策总是为了达到一个既定的目标，没有目标，就无所谓决策。决策的目标应针对企业存在的实际问题而制定，并且应有一定的战略超前性。

(3) 以了解和掌握信息为基础。

决策能否正确的关键在于有关决策信息的完整性和准确性，一般而言，失败的决策绝大多数都是源于“信息不对称”。

(3) 有两个以上的备选方案。

决策是对多方案进行选优的过程，没有选择就没有决策，因此，决策必然有两个以上的可行方案。

(4) 对控制的方案进行综合分析评估。

现代决策理论认为：选优应遵循“满意标准”，而不是机械地追求“最优”。因为主客观条件的制约，即使选择最优方案，也难以达到最优效果，因此，只要达到令人满意的效果，方案就是可取的，这一理论是美国的经济管理专家西蒙首先提出的。

(5) 追求最有可能的优化效应。

方案选择过程之中遵循 FSA 标准方可实现决策方案最大的优化效应。

方案选择的 FSA 标准为方案的可行性、方案的适用性和方案的可接受性。

方案的可行性主要研究方案的成本—效益分析和风险分析及其评估。

方案的适用性主要研究方案是否达到预期的理想目标。

方案的可接受性主要研究方案是否令绝大多数利益相关者满意。

二、企业经营决策的类型

(一) 业务决策、战术决策和战略决策

按决策的层次划分，可将决策划分为业务决策、战术决策和战略决策。

业务决策一般由企业的基层管理者完成。所谓业务决策，是指在企业日常经营理决策活动中，为提高生产效率以及更好地执行战术决策所进行的具体决策。

战术决策一般由企业的中层管理者完成。所谓战术决策，是指企业在实现战略经营目标、经营方向、经营规划等战略决策过程中，对具体经营问题、管理问题、业务、技术问题的决策。

战略决策一般由企业的高层管理者完成。所谓战略决策，是指涉及企业命运和前途的、重大的、长远问题的决策。战略决策不是一般的企业经营和管理问题的决策，一般关系到企业的长远发展，如企业的长远规划、企业的经营总目标、企业经营方针的确定等。

(二) 多目标决策和单一目标决策

在企业经营和管理的决策中，无论是战略决策还是战术决策，都是为了实现某种目标而进行的。按决策的目标数量可将决策划分为多目标决策和单一目标决策。

多目标决策问题在实际工作中是很少见的。大量的、常见的是单一目标决策问题。

多目标决策是指企业决策不是为了实现同一个目标，而是为实现若干个目标进行的决策。

单一目标决策是指企业决策是为了实现同一目标，目标是单一的。

(三) 确定型决策、风险型决策和非确定型决策

按决策的可靠度可将决策划分为确定型决策、风险型决策和非确定型决策。

确定型决策，指各个备选方案同目标之间都有明确的数量关系，并且在各个备选方案中都只有一个自然状态。

风险型决策，指当一个决策方案对应两个或两个以上相互排斥的可能状态，每一种状态都以一定的可能性出现，并对应特定的结果时，这种已知方案的各种可能状态及其发生的可能性大小的决策。

非确定型决策，指问题面临着自然状态（既不完全肯定，又不能完全否定的状态），这同风险型决策问题的主要区别在于其自然状态出现的概率无法加以计算和预测，主要靠决策者的经验和智慧予以判断、估计来解决。这时决策的正确性往往同决策者个人的素质因素有很大的关系。

（四）程序化决策和非程序化决策

按决策问题的重复性划分可将决策分为程序化决策和非程序化决策。无论是战略决策问题或战术决策问题，还是单一目标决策问题或多目标决策问题，归纳起来，都可归纳为程序化决策问题和非程序化决策问题两大类。

程序性决策（Programmed Decision Making），是一种常规的、实质上是自动的过程。由于管理者经常做此类决策，所以形成了在特定情况下进行决策的规则或方针。在企业管理中绝大多数属于程序化决策，如订货程序、制定生产作业计划、发放工资等，其过程已经标准化，可由专门的机构或专门的人员按规定的程序、已有的决策模式进行。

非程序性决策（Nonprogrammed Decision Making），指管理者对于某一行动是否会带来所期望的结果并不能确定，甚至在更为模糊的情况下，管理者对于其希望实现的目标都不明确。很显然，在这种情况下，不可能形成可以预测不确定事件的规则。对于这种非常规性的决策，就需要用到非程序性决策了。这类问题比较复杂，决策时无章可循。由于非程序化决策要考虑企业内、外部条件和环境的变化，无法用常规的办法来处理，除采用定量分析外，决策者个人的经验、知识、洞察力和直觉、信念等主观因素都非常重要。

（五）高层决策、中层决策和基层决策

按决策者的领导层划分可将决策分为高层决策、中层决策和基层决策。

高层决策是指由高层领导者所做的、决定企业经营方向和目标的重大决策。这类决策大多数属于非确定型的或风险型决策。中层决策一般是由中级管理人员所做的业务性决策。基层决策是由基层管理人员所做的执行性决策。

这三种决策因决策的层次不同，具有不同的职能、作用和比重，其复杂程度、定量化程度及肯定化程度都有一定区别，见表 3.1。

表 3.1　高层决策、中层决策和基层决策的比较

	性质差别	层次差别	决策的复杂程度	决策的定量化程度	肯定程度
高层决策	非定型化多	战略性的多	复杂	大部分无定量化	不完全肯定
中层决策	定型化多	战术性的多	不太复杂	大部分定量化	肯定
基层决策	全部定型化	业务性的多	简单	全部定量化	很肯定

三、经营决策的原则

企业进行经营决策时，要遵循一定的原则。决策原则是指决策必须遵循的指导原理和行为准则，它是科学决策指导思想的反映，也是决策实践经验的概括。

（1）经济性原则。

经济性原则就是研究经济决策所花的代价和取得收益的关系，研究投入与产出的关系。经营决策必须以经济效益为中心，并且要把经济效益同社会效益结合起来，以较小的劳动消耗和物资消耗取得最大的成果。

（2）系统性原则。

系统性原则也称为整体性原则，它要求把决策对象视为一个系统，以系统整体目标的优化为准绳，协调系统中各分系统的相互关系，使系统完整、平衡。因此，在经营决策时，应该将各个小系统的特性放到大系统的整体中去权衡，以整体系统的总目标来协调各个小系统的目标。

（3）预测性原则。

预测是决策的前提和依据，是由过去和现在的已知，运用各种知识和科学手段来推知未来的。科学决策，必须用科学的预见来克服没有科学根据的主观臆测，防止盲目决策。

（4）可行性原则。

可行性原则的基本要求是以辩证唯物主义为指导思想，运用自然科学和社会科学的手段，寻找能达到决策目标的一切方案，并分析这些方案的利弊，以便最后抉择。可行性分析是可行性原则的外在表现，是决策活动的重要环节。只有经过可行性分析论证后选定的决策方案，才是有较大的把握实现的方案。可行性原则的具体要求，就是在考虑制约因素的基础上，进行全面性、选优性、合法性的研究分析。

（5）方向性原则。

方向性原则指决策必须具有清晰、实际、具体的方向目标，并且这个方向目标应该具有相对的稳定性，一经确定下来，不宜轻易改动。

（6）信息性原则。

信息是决策的基础，信息的质量决定着决策的质量。科学决策所要求的信息必须是准确、及时、适用的。进行决策必须广泛收集与之有关的全面系统的信息资料，然后进行归纳、整理、分析、加工，从而为正确的决策提供基本的条件。

（7）民主性原则。

决策的民主性原则，是指决策者要充分发扬民主作风，调动决策参与者、甚至包括决策执行者的积极性和创造性，共同参与决策活动，并善于集中和依靠集体的智慧与力量进行决策。

（8）科学性原则。

科学性原则是一系列决策原则的综合体现。决策科学性的基本要求是：

① 决策思想科学化。这是决策科学化的决定性因素。科学的决策思想要求决策有合理的决策标准、系统的决策观念、差异性的思维逻辑、民主的决策风格。

② 决策程序科学化。科学的决策应该遵循一套科学的程序。

③ 决策方法科学化。现代决策已经形成了两类相互区别、相互补充的科学决策方法："软"技术和"硬"技术。前者是指依靠大量专家的知识、经验、智慧，运用社会学、心理学的理论，做出科学判断的定性分析方法；后者是指借助于运筹学、系统分析和电子计算机的知识，通过数理分析来进行判断的定量分析方法。

④ 决策体制科学化。现代决策体制一般由五大系统所组成，即决策系统、智囊系统、信息系统、执行系统和监督系统。

四、经营决策的程序

决策程序大致可分为确定决策目标、获取决策信息、拟订备选方案、评价备选方案、选择方案、实施方案、动态监控、持续改进等八个过程。这种划分是相对的，既可简化步骤，也可具体细分，但其逻辑顺序和科学要求基本是一致的。

（一）确定决策目标

任何决策都是从发现和提出问题开始的。发现问题后，接着就要确定目标。所谓目标，是指在一定条件下，根据需要和可能，在预测的基础上所寻求的最终要求，或决策所要获得的最终结果。确定目标是决策中的重要一环，是决策成功的基础。

（二）获取决策信息

搜集与决策有关的经济、技术、社会等各方面的情报资料，是进行科学决策的重要依据。没有定量的数据，就不可能为决策做出定性分析。因此，要尽可能大量占有数据和资料。资料来源一方面是统计调查资料；一方面是预测资料。

（三）拟订备选方案

制订供选择用的各种可能方案，是决策的基础。这项工作主要是由智囊机构承担的。如果只有一个方案，就没有比较和选择的余地，也就无所谓决策。拟订方案阶段的主要任务是对信息系统提供的数据、情报，进行充分的系统分析，并在这个基础上制定出备选方案。

（四）评价备选方案

我们推荐使用方案选择 FSA 标准，即方案的可行性、方案的适用性和方案的可接受性。

方案的可行性主要研究方案的成本—效益分析和风险分析及其评估。

方案的适用性主要研究方案能否达到预期的理想目标。

方案的可接受性主要研究方案是否令绝大多数利益相关者满意。

（五）选择方案

选择方案一般有“最优标准”和“满意标准”两种。由于人们的认识受许多因素的限制，如主客观条件、科技水平、情报信息以及环境、时间等。因此，绝对的最优标准是不存在的，最优也是相对而言的。决策理论学派的代表西蒙提出一个现实的标准，即“满意标准”，或“有限合理性标准”，指方案只要足够满意即可，不必追究最优。多数决策是按“满意标准”进行的。当然，这样做并不排除在可能条件下达到最优的可能性。

（六）实施方案

方案选定后，就要付诸实施，实施分两步进行：一是进行试点工作，二是普遍实施。

首先，在普遍实施前进行“试点”。试点要注意选择在整个系统中具有典型性的地方，不能人为地创造某些特殊条件，这样纵然试点成功，也很难以实践。在试验实证中，应特别注重“可靠性”分析。可靠性是指在规定条件下和预定时间内，完成任务或达到目标的成败概率。

经过可靠性验证后，可以进入普遍实施阶段。在这一步骤上要抓好以下工作：（1）把决策目标、价值标准以及整个方案向有关人员宣传。动员有关人员为实现目标而共同努力。

(2) 围绕目标和实施目标的优化方案，制定具体的实施方案，明确各部门的职责、分工和任务，做出时间和进度安排。(3) 制定各级各部门及执行人员的责任制，确立规范，严明制度，赏罚分明。(4) 随时纠正偏差，减少偏离目标的震荡。

（七）动态监控

一个优化方案在执行过程中，由于主客观情况的变化，发生这样那样与目标偏离的情况也是常有的。因此，必须做好动态监督控制工作。这个阶段的任务就是要准确、及时地把方案实施过程中出现的问题、执行情况的信息反馈到决策机构。

（八）持续改进

持续改进决策是正常的，但不是注定要发生的或经常大量出现的，否则就失去了决策的科学性。对持续改进决策要有正确的看法，采取冷静审慎的态度。决策过程是一个动态的依赖于时空变量的复杂随机函数，把决策看成一个凝固僵化的东西，是不切实际的。因此，对方案进行必要的修正是常见的。经过持续改进决策使方案达到双重优化，不但会减少损失，而且可以获得更佳效益。

持续改进的手段主要基于 PDCA 循环，PDCA 是英语单词 Plan（计划）、Do（执行）、Check（检查）和 Act（行动）的第一个字母，PDCA 循环就是按照这样的顺序进行持续改进，并且循环不止地进行下去的科学决策程序。

第二节 企业经营决策的方法

一、确定型决策方法

确定型决策问题的特点是：决策问题所处的状态是明确的，每个方案只有一种确定的结果。决策者的任务是从被选方案中选择一个满意的方案。确定型决策问题看起来非常简单，但实际涉及的问题还是比较复杂的。由于确定型决策问题面临的自然状态表现为不变的外部条件，因而选择方案往往表现为某种优化问题，故对这类问题的决策多使用规划方法，包括线性规划、动态规划等。在这里我们重点给大家介绍量本利分析方法。

量本利分析法是根据产量、成本、利润三者之间的相互关系，进行综合分析，预测利润，控制成本的一种数学分析方法，通常也称为“盈亏分析法”。利用量本利分析法可以计算出组织的盈亏平衡点，又称保本点、盈亏临界点、损益分歧点、收益转折点等。

量本利分析法由美国的沃尔特 · 劳漆斯特劳赫在 20 世纪 30 年代首创。其基本原理是：当产量增加时，销售收入成正比增加；但固定成本不增加，只是变动成本随产量的增加而增加，因此，企业的总成本的增长速度低于销售收入的增长速度，当销售收入和总成本相等时（销售收入线与总成本线的交点），企业不盈也不亏，这时的产量称为盈亏平衡点产量，如图 3.1 所示。

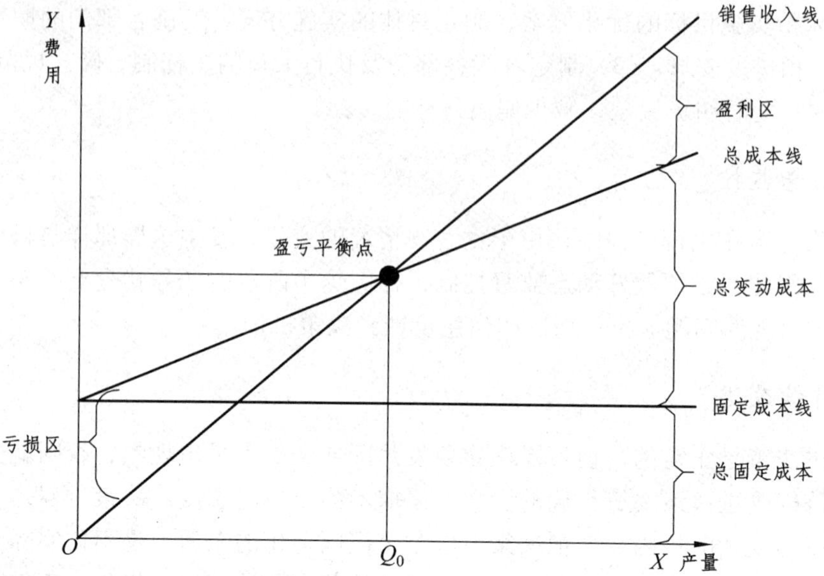

图 3.1　量本利分析法

进行量本利分析的关键是确定盈亏平衡点，也就是说在盈亏平衡点上的利润为零，这时销售收入等于总成本，则盈亏平衡模型为：

销售收入＝总成本

在此基础上，如果组织期望获得利润，那么，销售收入一定要大于总成本，也就是说销售收入减总成本等于利润，则盈利模型（即量本利模型）为：

销售收入－总成本＝利润

由于总成本包括固定成本和变动成本，则量本利模型变为：

销售收入－固定成本－变动成本＝利润

也就是：

销售收入＝固定成本＋变动成本＋利润

如果用销售量乘以单价来代替销售收入，用销售量乘以单位变动成本来代替变动成本，则量本利模型变为：

销售量×单价＝固定成本＋销售量×单位变动成本＋利润

为了使用简便，该模型可以用代数式表示：

$$QP=F+QV+M$$

式中：Q——销售量；

P——单位产品价格；

F——固定成本；

V——单位变动成本；

M——利润；

QP——销售收入；

QV——变动成本。

上述模型就是量本利基本模型，如果按贡献毛益考虑，上式中：

$$F+M=\text{贡献毛益}$$

$$P-V=\text{单位贡献毛益}$$

$$(P-V)/P=\text{贡献毛益率}$$

综上所述，可将量本利模型归纳如下：

1. 等式法

盈亏平衡点（保本）的销售收入模型：

$$QP=F+QV$$

有期望利润的销售收入模型：

$$QP=F+QV+M$$

盈亏平衡点（保本）的销售量模型：

$$Q=F+\frac{QV}{P}=\frac{F}{1-\frac{V}{P}}$$

有期望利润的销售量模型：

$$Q=F+\frac{QV+M}{P}=\frac{F+M}{1-\frac{V}{P}}$$

2. 贡献毛益法

盈亏平衡点（保本）的销售收入模型：

$$QP=\frac{F}{(P-V)/P}=\frac{F}{1-\frac{V}{P}}$$

有期望利润的销售收入模型：

$$QP=\frac{F+M}{(P-V)/P}=\frac{F+M}{1-\frac{V}{P}}$$

盈亏平衡点（保本）的销售量模型：

$$Q=\frac{F}{P-V}$$

有期望利润的销售量模型：

$$Q=\frac{F+M}{P-V}$$

3. 经营安全率

经营安全率的计算公式如下：

$$r=(Y-Y_0)/Y=(R-R_0)/R$$

式中：r——经营安全率；

Y_0——盈亏平衡的业务量；

R_0——盈亏平衡的销售收入；

Y——计划或实现的业务量；

R——计划或实现的销售收入。

当销售量或销售收入越大时，企业经营安全率 r 就越接近于 1，说明企业经营得越好，亏损风险越小；若越接近于 0，则表示企业亏损风险越大。企业经营安全率见表 3.2。

表 3.2 企业经营安全率

经营安全率	0.5 以上	0.25～0.5	0.15～0.25	0.1～0.15	0.1 以下
经营安全状态	安 全	较安全	不太好	要警惕	危 险

【例题 3.1】 已知某企业甲产品的销售价格为 80 元/件，单位变动成本为 50 元/件，固定成本为 300 000 元，试计算其盈亏临界点。

解：

保本销售量＝300 000/(80－50)＝10 000（件）

保本销售额＝10 000×80＝800 000（元）

或＝300 000×8/3＝800 000（元）

二、风险型决策问题

风险型决策问题具有以下基本特点：第一，每个被选方案都受到不能肯定的外部环境状态的影响；第二，每个方案可能遇到的自然状态可以估计出来；第三，各种自然状态出现的概率可以估计出来。解决风险型决策问题的方法有决策树法和期望盈亏值法，我们主要研究决策树法。

（一）决策树法

1. 决策树的基本原理

决策树法的基本原理是以损益期望值为依据，通过计算损益期望值做出决策。与一般方法不同的是决策树法是一种图解法，能够直接反映决策的过程，对分析较复杂的决策问题更有效。

2. 决策树的构成

决策树的构成有四个要素：决策点、方案分枝、状态点和概率分枝。分析决策问题时首先画决策点，决策点一般用方框表示；决策点下引出方案分枝，有几个方案引几条方案分枝；方案分枝下是状态点，状态点一般用圆圈表示；状态点下引出概率分枝，有几种状态就引几条概率分枝。在每条概率分枝上注明该种自然状态以及该自然状态出现的概率，同时在概率分枝的末端标注方案在该自然状态下的损益值。决策问题一般有多种方案和多种自然状态，所以有多条支线，在画决策树时一般由左向右，由简向繁，根据问题的层次展开构成一个树形图，如图 3.2 所示。

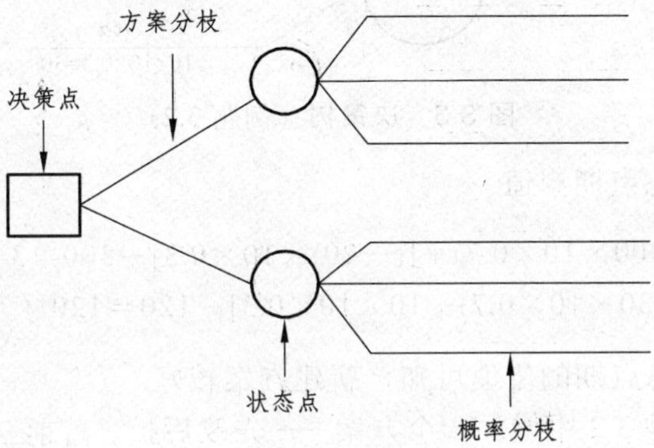

图 3.2 决策树

决策树的构成有五个要素：① 决策点，② 方案枝，③ 状态点，④ 概率枝，⑤ 结果点。

3. 决策树的步骤：

（1）画出决策树。

（2）计算各概率枝的期望值，E＝年收益×收益年限×概率。

（3）计算状态点上的期望值，E＝各概率枝期望值之和－方案投资度。

（4）方案选优，剪枝。

4. 决策树的应用

应用决策树法决策时，计算过程一般从右向左，逐步后退。根据右方的损益值和状态树枝上的概率值，计算该方案在不同状态下的期望值，并根据计算的损益期望值选择方案，选择后舍弃的方案称为“剪枝”，最后决策点只留下一条树枝，这就是决策的最佳方案。

【例题 3.2】 某企业开发一种新产品，拟定两个生产方案，新建需投资 300 万元，改建需投资 120 万元，方案的使用周期均为 10 年，方案的自然状态概率和年收益见表 3.3，问该如何决策？

表 3.3 方案的自然状态和年收益 （单位：万元）

方案 / 年收益 / 自然状态	新 建	改 建	概 率
畅　销	100	30	0.7
滞　销	－20	10	0.3

解：第一步：画出决策树，如图 3.3 所示。

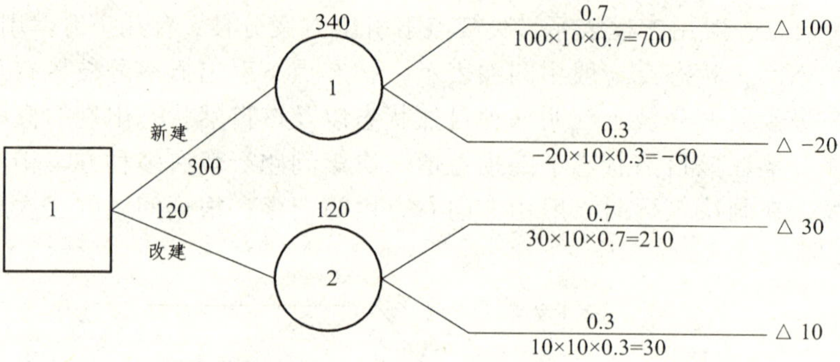

图 3.3　决策树（例题 3.2）

第二步：计算各状态点期望值

$$E_1=(100\times10\times0.7)+[(-20)\times10\times0.3]-300=340\text{（万元）}$$
$$E_2=[(30\times10\times0.7)+10\times10\times0.3]-120=120\text{（万元）}$$

第三步：比较各状态点期的望值可知：新建方案较好。

【例题 3.3】　将例题 3.2 中增加一个方案——先改后扩，若前三年畅销，则三年后扩建，使用期为 7 年，需投资 100 万元，年收益为 100 万元，并假设前三年畅销，后七年也畅销，见表 3.4，试进行决策。

表 3.4　新方案的自然状态和年收益　　（单位：万元）

方案 / 年收益 / 自然状态	新　建	改　建	先改后扩		概　率
			前三年	后七年	
畅　销	100	30	30	100	0.7
滞　销	−20	10	10	−20	0.3

解：画出决策树，如图 3.4 所示。

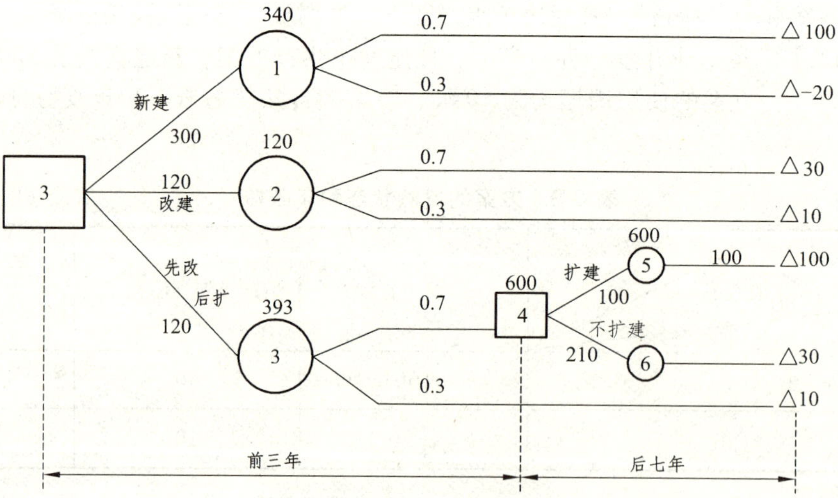

图 3.4　决策树（例题 3.3）

计算各状态点期望值。

$$E_5=100\times7\times1.0-100=600\text{（万元）}$$
$$E_6=30\times7\times1.0=210\text{（万元）}$$
$$E_3=(30\times3+600)\times0.7+10\times10\times0.3-120=393\text{（万元）}$$

比较三方案，先改后扩收益期望值最高，故应选择先改后扩方案。

（二）期望盈亏值法

1. 含　义

所谓期望盈亏值，是某方案实施后在各种自然状态下可能得到的盈亏值的“期望”。这里的“期望”是概率论中的一个数学概念，表示若干随机数值的概率平均值。

2. 计　算

期望盈亏值的计算方法是将每一个被选方案在不同状态下的盈亏值与对应的状态概率相乘之后相加，计算出期望盈亏值后，选择盈利值最大或亏损值最小的方案作为最优方案。具体公式如下：

$$E(A_i)=\sum_{j=1}^{n}b_{ij}p_j \quad (j=1,\ 2,\ \cdots,\ m;\ i=1,\ 2,\ \cdots,\ m;\ n\leqslant m)$$

式中：$E(A_i)$——第 i 个方案的损益期望值；

b_{ij}——第 i 个方案在第 j 种状态下的损益值；

p_j——第 j 种状态下的概率。

三、非确定型决策方法

非确定型决策问题的特点与风险型决策问题的特点基本相同，只是无法估计出各种状态出现的概率，只能根据各方案在不同状态下可能获得的损益值，用分析估计的方法决策。

（一）乐观准则——大中取大法

乐观准则是指决策者对客观事实抱乐观态度，总把客观事实想得很顺利，在顺利的情况下寻找一个最好的方案。决策的方法是在给出的决策损益值表中，先从各方案在不同状态下的损益值中选大的，再从这些大的损益值中选最大的，这个损益值所对应的方案就是决策方案。

（二）悲观准则——小中取大法

悲观准则是指决策者对客观事实抱悲观态度，总把客观事实想得很不顺利，在不顺利的情况下，寻找一个最好的方案。这是一种非常保险的决策方法，对于那些风险较大的问题，可以采用这种方法。决策的方法是在给出的决策损益值表中，先从各方案在不同状态下的损益值中选小的，再从这些小的损益值中选最大的，这个损益值所对应的方案就是决策方案。

（三）后悔值准则——最大最小后悔值法

采用后悔值准则决策首先要明确什么是后悔值。所谓后悔值，就是在给定的自然状态下，一个方案可能取得的收益值（或损失值）与该状态下的最大收益值（或损失值）的差距。采用后悔值准则决策，首先根据决策损益值表计算出方案的后悔值并列表表示。然后在给出的后悔值表中，先从各方案在不同状态下的后悔值中选大的，再从这些大的后悔值中选最小的，这个后悔值所对应的方案就是决策方案。

（四）机会均等准则——等概率法

机会均等准则决策的思路是：认为各种状态出现的机会是均等的，如有 n 种状态，则每种状态发生的概率都是 $1/n$。这种方法实际上是将非确定型决策问题转化为风险型决策问题，再用损益期望值准则或决策树法进行决策。

【例题 3.4】 某企业准备生产一种新产品，有三种方案：新建，扩建，改建。这三种方案在不同的自然状态下的收益见表 3.5。试用乐观准则法，悲观准则法和后悔值法进行决策。

表 3.5 三种方案的收益表 （单位：万元）

方案 \ 年收益 \ 自然状态	畅　销	一　般	滞　销
新　建	110	50	—5
扩　建	60	35	10
改　建	40	25	20

解：（1）乐观准则法。

三个方案在不同自然状态下最大收益分别为 110，60，40，其中新建的收益值最大，应选新建方案。

（2）悲观准则法。

三个方案在不同自然状态下最小收益分别为－5，10，20，其中改建的收益值最大，应选改建方案。

（3）后悔值法（见表 3.6）。

表 3.6 后悔值计算表 （单位：万元）

方案 \ 年收益 \ 自然状态	畅　销	一　般	滞　销	最大后悔值
新　建	110 − 110 = 0	50 − 50 = 0	20 − (−5) = 25	25
扩　建	110 − 60 = 50	50 − 35 = 15	20 − 10 = 10	50
改　建	110 − 40 = 70	50 − 25 = 15	20 − 20 = 0	70

三个方案在不同自然状态下最大后悔值分别为25，50，70，其中新建的后悔值最小，应选新建方案。

第三节　经营决策能力的自我修炼

本节内容引用自行业内一名资深管理者多年的工作经验总结——三十六计——简单的语言，丰富的内容，值得学习借鉴，本节内容旨在引导各位读者进行经营决策能力的自我修炼。

(1) 有良好的管理才能吸引最优秀的工作人员，并引导他们，让他们各展其才。

(2) 谋划发展的战略必须具有一定的前瞻性，预示未来的方向。同时要保持整体性，不可让偏见支配了发展战略。

(3) 要立即行动。如果你不能在未来七十二小时开始，你就永远不会开始。胜利者都是实事求是的理想实践家，他们奉为圣旨的一句格言是："现在就行动。"没有彻底的行动就不会有杰出的成就。会动脑筋，有很好的想法，但没有实际行动，这种人是不可能成为优秀的管理人才的。

(4) 不要退而求其次。安于平庸是最大的敌人，唯一的办法是追求卓越。卓越是一种毫厘之间的竞争，没有一件事是具有决定性的，但一千件事，一万件事，每一件事只要做得稍微好一点，积累起来就是让人忘不了的感动和荣誉——还有忠诚度。

(5) 要让组织中的每一位成员知道，他们每一个人都应该担负并分享责任。没有任何事可以推托为"别人的责任"。任何人发现什么事该做，就应当仁不让，负起责任来。

(6) 别太相信自己的记性，假如你不把事情写下来，即使你最想做的事，你可能都会迟迟无所行动。要养成这样一个习惯：将全天中值得注意的事情以及发生的问题，采用笔记本式的连续记载方式一一做好记录，这将给你的工作带来埤益。

(7) 作为一个决策者，绝不能对任何人承诺你办不到的事情。

(8) 有魄力的领导人总是公正而言行一致的。要知道领导人所采取的每一个行动、所做的每一个决定，都对整个组织的气氛有直接的影响。

(9) 组织由于明确每个人的制度才生存下来，应张大眼睛防备要产生连带责任的制度和情形。所谓连带责任就是谁也不负责任。责任应给予一个人，而不是两个或两个以上的人。

(10) 管理有一项主要的目的：使组织经历时间、人员的变动及离开仍能持续下去。一个管理良好的组织，经过好几代的成员，以及任一位决策人或暂时或永久的离开，仍能继续成功地运行下去。如果做不到这点，那表示你没有善尽当决策人的责任。

(11) 当你录用一位新的工作人员，不要期望他"思考"；你要利用他工作，在这之中教他如何思考。当他学会你的方法，当他得知你如何思考，他已经迈向优秀成员，就是你希望他做什么他都能做得很好的人。

(12) 将下属必须达到的目标清楚地告诉他们，同时给他们评估自己表现的客观基准。

(13) 当你听到类似"他虽然没有能达成目标，但他确已尽了力"的这种说法时，你必须变得无情而拒绝它。在组织的领域里，确定不移的事实是：世界上永远没有用来奖励工作努力的报酬；所有的报酬，都只是被用来酬答工作成果的，在竞争激烈的社会里，“成果”才是最重要的。

（14）部属可以做得更好，如果他们确信你如此期望的话。

（15）让你的组织成员知道，你不会因为他们只达到 95%而责怪他们，千万不要为了求100%而丧失机会。如果是半块面包，虽然犹胜没有面包，但 95%块面包，也非常接近一整块面包了。如果最后这 5%的确那么要命值得，那你当然可以去追求那 5%，但如果你能用那时间再去追求另一个 95%，可能会更好吧！

（16）如果在最初稍紧的控制之后，你继而稍微放松一些管制，则你的管理绩效必可提高。

（17）采用随机方法指定职员每人休假一周的制度。休假职员由代理人担任其职业务，所有工作内容都知道。如有不正当行为，在此期间必会暴露。使用此方法和进行抽样检查有异曲同工之妙，而且可以除去相当程度上存在的对监督问题上所产生的抵触感。

（18）鼓励内部批评，每一个组织——无论多么腐败——总有一些出奇诚实的人，他们不会因利益变得盲目，也从不接受组织内部其他人的自欺做法，假如鼓励他们直言，他们是可能毫无隐讳的！这是了解病态组织病源的有效方法之一。

（19）在组织内部间进行人员轮调。这种做法不仅能增广经验，更能使每一个人把新的观点带到新的职务上。经过长时间的共同工作，人员间往往非常熟悉，所以冲突所能带来的刺激，几乎等于零，人员间全新的组合，将能使组织再度充满朝气。而且这些人因具备了多方面的才能而使其能更透彻的了解整个组织的状况，从而能更好地对组织的大局做出正确的决策。

（20）组织对优秀技能或专门借以贡献组织的人可以不予提升而给予与提升相同的奖赏。管理者需要具备特殊能力，不会因技术高明、学识丰富就干得好。

（21）不要急于解决人事问题。如果对人事判断失误，则一定会伤害到本人与其周围的人，而且一旦受到伤害，即使尽了最大的努力也难以恢复原状。采取迅速果断的行动对于决策者来说是很重要的，但人事是一例外。

（22）如果工作有错误过失时，要明确地向本人指出；决定了的事，如果有人不实行时，严格命令使其执行。这是绝大多数下属所期待的做法。

（23）一个能节约四分之三开会的办法：① 立即停止在会议中所用的程序——即先把问题的细节报告一遍，最后再问：“我们该怎么办？”② 订下一个新规矩——任何一个想要把问题拿来的人，必须先准备好一份书面报告，从四个方面回答他提出的问题：“a. 究竟出了什么问题？b. 这个问题的起因是什么？c. 这个问题有哪些解决的办法？d. 你建议用哪一种办法？”

（24）内部冲突应该只在表面之上，而不应在表面之下，优秀的管理人将冲突带到台面上，让大家都能检讨、研究，并加以解决。

（25）因未能沟通而造成的真空，将很快充满谣言和误解。

（26）好消息可以稍后再说，但坏消息要迅速传送。要确保能够迅速传送坏消息的途径。

（27）最优秀管理人会晋升下属，而不是他自己。

（28）卓越的决策者是富有原则的人。他会仔细地考虑成功管理的基础原则，且发展出他本人的架构。此种架构在其管理生涯的分分秒秒中，会随时支援他，而形成他所做的没一个决策之基础。

(29) 让自己成为情报中枢。情报是权力的基础。“谁是最有权力的人，是那些控制消息流通的人”。这里的目的不是去追求权力，而是使自己具有更好的判断能力和决策能力。

(30) 重大的结论往往来自简短的信息。重视简略资料与情报，不断地进行大胆的推理，抓住问题的关键。这种磨炼对决策者来说是必不可少的。

① 未经过双重检查的信息，原则上是错误的，因此有慎重检查的必要。

② 信息如果不简单明了，会使对方混乱。

③ 抽象的信息如果出现，就必须追问其具体内容，没有三个以上的具体例子，是不可以贸然相信的。

④ 没有反馈的信息常常不可靠。

⑤ 信息每经过一个传递者就会被歪曲一次。

⑥ 不被理解的信息等于没有。

(31) 要不断努力训练分辨信息的轻重的能力，如果有重大的信息，不管采用什么方法都要尽快向最需要的地方传递。

(32) 独裁者在组织迅速发展后，则无法行使权力。组织如果成功，当然就会扩大。但是这种规模的扩大，对独裁的组织来说，往往是致命伤。

(33) 五个人——理想的决策人数，如果出现三对二的局面，少数派也不至于孤立，也能刺激其满足，并能充分发表意见，了解别人的见解。

(34) 处于管理阶层的人，不经常考虑“如果发生这样的事”的计划是不行的。因为这是真正计划的基础。

(35) 战略最重要的就是赢得优势，而这种优势的取得就需要有对竞争环境深刻洞察的远视力。

(36) 如果你在竞争中占有全面的优势，你必须最大限度地利用它，你必须尽一切努力，达到最高水平的劳动生产率和拥有最大的竞争能力；决不能排除竞争对手对你采取侧面竞争的可能性，如果对手这样干，你必须尽早加以反击——不是指两败俱伤，而是在战略和战术上胜过对方；如果你并不占有全面的优势，那就应该把力量集中于你所占优势的那些地方；凡是竞争不过他人的领域，千万不要涉足——如果进入了就赶紧退出，而且应该不再卷入，除非局势有根本的变化。

【课后思考题】

1. 请简要回答决策的概念与特点。
2. 请简要回答决策有哪些分类方法。
3. 请简要回答决策应遵循哪些原则。
4. 请简述决策的程序。
5. 请简要回答解决风险型决策问题的方法有哪些。
6. 请简要回答解决非确定型决策问题的方法有哪些。
7. 计算题：某销售公司销售一种电动机，售价为 250 元，该公司的固定成本为 4 万元，单位变动成本为 140 元，企业实现目标利润 20 万元，试问企业经营的安全程度如何?
8. 计算题：某公司拟开发一种新产品，拟定三个可行方案，一是新建，投资 200 万元；

二是改建，投资120万元；三是扩建，投资80万元。三个方案的经营期限均为12年，在此期间可能出现3种经营状态：

（1）销路好，概率为0.58，新建方案年收益为35万元，改建为30万元，扩建为20万元；

（2）销路一般，概率为0.32，新建方案年收益25万元，改建为20万元，扩建为15万元；

（3）销路差，概率为0.1，新建方案年亏损7万元，改建年亏损5万元，扩建保本。

现要求画出决策树进行决策分析，并计算出不同方案的期望收益值，确定出开发方案。

9. 计算题：某企业拟上一种新产品，由于缺乏资料，企业对这种产品的市场需求量只能大致估计为4种情况：较高、一般、较低和很低。对这4种自然状态下发生的概率无法预测。上此新产品企业考虑有4个可行方案。各方案的损益情况见表3.7。

表3.7　4种方案的损益情况

方案	在各种自然状态下的企业年收益值（万元）			
	较高	一般	较低	很低
A	600	400	－100	－350
B	850	420	－150	－400
C	300	200	50	－100
D	400	250	90	50

试用乐观法、悲观法、折中法（乐观系数取0.7）、最大最小后悔值法、等概率法分别选择相应的方案。

第四章　企业生产与运作管理

【学习目标】

1. 了解生产管理的有关概念及其企业生产管理系统。
2. 理解和重点掌握现代生产管理与传统生产管理的区别。
3. 理解和掌握企业生产与运作管理过程的基本要求、基本内容和基本形式。
4. 了解生产计划、主生产计划、物料需求计划、生产作业计划及其生产作业控制。
5. 了解企业生产与运作管理方式中的准时生产、精益生产、敏捷制造、计算机集成制造系统及其企业资源计划。

第一节　企业生产与运作管理的概述

一、生产管理的有关概念

（一）生　产

生产是通过劳动把资源转化为满足人们某种需求的产品的过程，这一过程即生产过程。要实现这一转化需要一定的支撑环境，这个环境即生产系统，包括生产场地、生产设施、生产组织、管理制度和技术方法等。

生产过程是输入、转化和输出的过程。输入指人力、物料、资金等资源的投入，转化过程是价值增值的过程，输出指产品输出。

产品包括有形产品和无形产品。传统的生产是指有形产品的生产，现代的生产还包括无形产品的生产，西方学者习惯于将与工厂联系在一起的有形产品的制造称为生产，而将提供劳务的活动称为运作，或把两者结合起来并称为生产与运作。

（二）生产过程

生产过程有狭义和广义之分。狭义的生产过程指产品生产过程，是对原材料进行加工、使之转化为产品的一系列生产活动；广义的生产过程指企业生产过程和社会生产过程。企业生产过程包含基本生产、辅助生产、生产技术设备、生产服务等企业范围内各种生产活动协调配合的运行过程。产品生产过程一般包含加工制造过程、检验过程、运输过程和产品停歇过程。

产品生产过程是企业生产过程的核心部分。产品生产过程分为若干工艺阶段，每一工艺阶段内又划分为许多工序。工序是工艺过程的最基本的组成部分。

产品的生产过程如图 4.1 所示，图中由左到右代表物流过程，由右到左代表资金流过程。

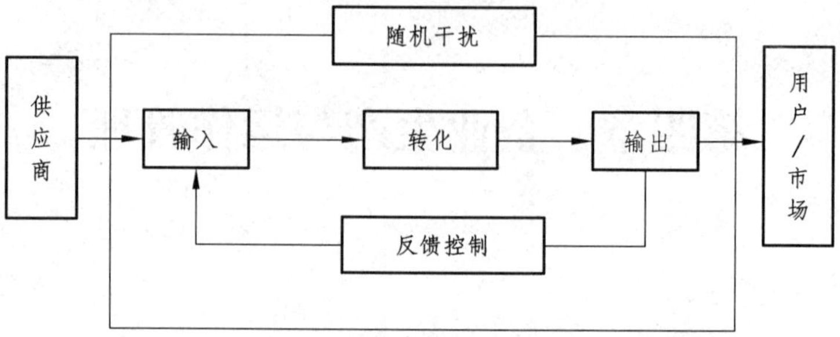

图 4.1　生产过程示意图

（三）生产类型

1. 生产类型的分类方式

企业产品的类型一般有多种，我们重点关注以下两种分类方式。

（1）按订单方式不同可将生产过程分为订货型和备货型。如果是企业营销部向生产部门下达的定制单，基本上可以确定为订货型；如果是企业营销部向生产部门下达的预测定制单，基本上可以确定为补充存货的备货型。

（2）按照产品生产的重复性和稳定性进行分类，可以把各种生产过程分为大量生产、成批生产和单件小批量生产。

2. 几种典型生产类型的管理特征分析

（1）生产通用产品的流水生产类型：这类企业的产品的工艺过程必须相同或十分相似，因为生产过程所用设备是相同的。

（2）大量大批生产类型：生产的品种规格少而单纯，生产的重复性高，有条件采用固定对象的生产线或流水线的组织形式。

（3）成批生产类型：生产的品种虽多但产品相对稳定，有可能按对象专业化原则组建生产单位。

（4）单件小批生产类型：按订单进行设计和生产，生产的是专用产品。

3. 不同生产类型的比较

大量大批、成批生产和单件小批生产类型的两两比较见表 4.1。

表 4.1　大量大批、成批生产和单件小批生产类型的特点

比较项目	大量大批	成批生产	单件小批
产品品种	单一或很少	较　多	很　多
产品产量	很　大	较　大	单个或很少
工作地工序数目	1 道或 2 道工序	较　多	很　多
设备布置	按对象原则，采用流水生产或自动线	既有按对象原则排列，又有按工艺原则排列的	基本按工艺原则排列
生产设备	广泛采用专用设备	专用、通用设备并存	采用通用设备
设备利用率	高	较　高	低

续表 4.1

比较项目	大量大批	成批生产	单件小批
应变能力	差	较 好	很 好
劳动定额的制定	详 细	有粗有细	粗 略
劳动生产率	高	较 高	低
计划管理工作	较简单	较复杂	复杂多变
生产控制	容 易	难	很 难
产品成本	低	较 高	高
产品设计	易按“三化”设计	“三化”程度较低	按用户要求设计

（四）生产能力

企业的生产能力，是指企业在一定时期内，在合理的、正常的技术组织条件下，所能生产的一定种类产品的最大数量。它是反映企业生产可能性的一个重要指标，是企业安排生产任务、制定规划的依据。目前，我国的生产能力主要从用途和结构角度进行分类。

（1）从用途的角度分为设计能力、查定能力和计划能力。

设计能力是企业在设计任务书和技术文件中所规定的、在正常条件下应达到的生产能力。查定能力是指经过技术改造或革新，原有设计能力发生实际变化，进行重新调查和核定后的生产能力。计划能力又称为现实能力，指在计划年度内，依据现有的生产技术组织条件以及年度内能够实现的技术组织措施而实际能够达到的生产能力。计划能力是编制年度生产计划和各项指标的依据。

（2）从结构的角度分为单机生产能力、环节生产能力和综合生产能力。

从结构上看，单机生产能力决定环节生产能力，环节生产能力决定综合生产能力，综合生产能力受环节中最薄弱部分生产能力的制约。

二、企业生产管理系统

（一）生产系统的含义

生产系统是由若干要素构成的，并将投入要素转换成为某种产出要素的一个有机整体。生产系统是企业系统中的一个子系统，是支撑企业生产过程运行的物质基础。

（二）生产系统的构成

生产系统由结构化要素和非结构化要素组成。

（1）结构化要素是指生产场地、厂房、机器设备、工位器具、运输车辆以及各种生产设施，是生产系统的物质形式。这些结构化要素要按一定的数量比例和一定的空间布局进行配置。结构化要素的构成反映生产系统的工艺特征和技术水平，决定生产系统的功能特点和生产能力。建立一个生产系统，结构化要素需要大量的投资，而且一旦建立并形成一定的组合关系之后，要改变其状态比较困难，这就要求在规划设计生产系统的配件时应慎重行事。

(2) 非结构化要素指的是生产的组织形式、人员配备要求、工作制度、运作方式以及管理上的各种规章制度。它是安排和控制生产过程顺利进行的规范和手段。建立生产系统的非结构化要素所需投资相对较小，并且建立以后，允许灵活地改变、调整它的组成和内容。所以采用何种非结构化要素，其决策的风险不像结构化要素部分那么大。但是非结构化要素的组成因素比较复杂，特别是在实施时受人的因素的影响较大，往往同一套制度和方法，由于贯彻时把握上的不一致，产生的效果便会有很大的差异，这是非结构化要素的重要特点。

(三) 生产系统的用户需求和功能目标

如何构造企业的生产系统，取决于对系统提出什么样的功能要求。制造企业生产系统的主要功能是制造产品，要制造什么样的产品决定了需要什么样的生产系统。一个企业决定生产何种产品，受社会需求和市场竞争状况的影响，也决定于企业采用何种经营战略。所以设计和构造一个生产系统，要求它具有什么样的功能，就取决于用户对产品的要求和企业的经营战略。

1. 用户的七种需求

具体地说，用户需求就是用户对产品的各种要求。用户的需求归纳起来可以分为七个方面：

(1) 款式。其表现形式为产品品种规格的特殊性、产品系列的宽度和纵深度、产品品种的新颖程度等。对品种款式的不同要求，反映了用户需求的多样性。

(2) 质量。它表现为产品的使用功能、外观、可靠性、寿命和经济性。对用户需求的满足程度是评价产品质量高低的标准。

(3) 数量。用户对产品数量的需求是因时因地变化的，这就形成市场需求的波动起伏。

(4) 价格。指用户为获得产品的使用价值所需付出的代价，包括产品的销售价格，以及在产品使用过程中需支出的各种费用（如消耗的动力、维修费用、占用的空间等），还涉及与可替代产品的比价，与竞争对手的产品差价等。

(5) 服务。指售前、售后对用户提供的服务，如使用培训、安装服务，使用过程中提供的维修、保险等，以及在产品更新换代后为老产品提供的服务保障等。

(6) 交货期。指用户对产品有交货时间的要求。对生产通用产品的企业而言应有随时提供现货的能力，对专用产品则通过合同与用户商定交货期限。

(7) 环保与安全。产品在使用过程中应该为用户提供安全保障。有些产品在这方面有特殊的要求，如飞机、电梯、锅炉、儿童玩具等。环保的要求是指在产品的生产过程、使用过程及其报废时，不对环境产生污染。

2. 系统的七种功能

用户对产品提出的上述七方面的要求，是通过企业生产系统加工出相应的产品来得到满足的。为了使产品能满足用户提出的这样或那样的要求，生产系统就需要具有这样或那样的功能。相应地，企业的生产系统就应该具备七个方面的功能，形成生产系统基本的功能目标体系。

(1) 创新。即生产系统开发新产品的能力，对产品系列宽度和深度的扩展能力。创新能力还表现为对新技术、新工艺的采用吸收能力、应用能力和系统自我完善的能力。

(2) 生产质量。指生产系统对产品质量的保证能力。生产系统从产品设计、制造工艺、原材料供应和作业过程等多方面来控制产品的质量，使之达到规定的标准，使顾客满意，并能保持质量的稳定性。

(3) 柔性。指生产系统对产品品种款式和生产数量变化的应变能力。由于市场需求多变，而且变化的速度大大加快，因此对生产系统的柔性要求将越来越高。

(4) 成本。指生产系统对产品制造成本的控制能力。保持低的成本水平，企业在价格上才有竞争优势。

(5) 继承性。产品升级或更新换代的速度不断加快，为了使用户在产品升级后减少损失，就要求所生产的产品有继承性、可扩展性和兼容性。

(6) 按期交货。产品能否按期交货，取决于产品的生产技术准备周期和制造周期。缩短准备周期和制造周期，提高按期交货的保证能力，与生产系统的组织形式及所采用的计划控制方式有密切关系。

(7) 环保与安全。要使产品满足环保与安全的需要，就要求企业的生产系统成为绿色生产系统，在制造过程中不对环境产生污染，生产的产品成为符合安全要求和不污染环境的绿色产品。

以上这七项功能就是生产系统的功能目标体系。它们是一个整体，只有每一项功能都达到当时社会要求的基准水平，生产系统产出的产品才能在市场上销售。

用户的需求通过产品转化为对生产系统的功能要求，在这一转化过程中还受到企业经营战略的影响。由于用户需求的差异性，在激烈的市场竞争条件下，企业为了争夺市场，常常采用市场细分化的经营策略。此时，企业已不满足于自己的产品能达到上述七方面的基准要求，而且还要求产品具有一定的特色，即能满足目标市场中用户提出的特殊需求。

（四）生产系统的评价指标

企业生产系统一般具有以下五项评价指标。

(1) 生产过程的连续性。包括在空间上的连续性和在时间上的连续性。空间上的连续性是指生产过程的各个环节在空间布置上紧凑合理，时间上的连续性是指生产对象在加工过程中各工序的安排紧密衔接。

(2) 生产过程的平衡性。指加工对象在生产过程中实行平行交叉作业，这样可以缩短生产周期。

(3) 生产过程运行的均衡性（节奏性）。是指企业的生产任务从投料到最后完工能够按预定计划均衡地完成。所谓均衡，是要求在相等的时间间隔内完成大体相等的生产工作量。节奏性的概念与均衡性大体相同，只是它的时间间隔较小。

(4) 生产系统构成的比例性。是指生产系统各环节的生产能力要保持恰当的比例，使其与生产任务所要求的能力相匹配。

(5) 生产系统的柔性。指用同一组设备和工人，在生产组织形式不变的条件下，它适应加工不同产品的能力，并且能保持高生产率和良好的经济效益。

（五）生产管理的目标与职能

1. 任务和目标

(1) 为保证实现企业的经营目标，组织生产过程按计划要求高效运行，全面完成产品品种、质量、成本、交货期和环保与安全等各项要求。

(2) 有效利用企业的制造资源，不断降低物耗，降低生产成本，缩短生产周期，减少在制品压缩占用的生产资金，以不断提高企业的经济效益和竞争能力。

（3）为适应市场、环境的迅速变化，要努力提高生产系统的柔性。使企业能根据市场需求不断提出新产品，并使生产系统适应多品种生产，能够快速地调整生产，进行品种更换。

2. 职　能

（1）计划，包括生产发展的长远计划、新品种研制开发计划、计划期的生产大纲以及主生产计划、物料需求计划、生产日程计划等生产作业计划工作。

（2）合理组织生产过程是生产管理的主要职能。

（3）指挥与协调是组织计划实施的重要职能。

（4）监控与考核是促使生产过程严格按计划进行、保证计划实现的有力手段。

（六）企业生产管理的基本问题

（1）如何保证和提高质量。

质量包括产品的使用功能、操作功能、安全性能和保全性能等多方面含义。这些特性在企业生产管理中相应地转化成为产品的设计质量、制造质量和服务质量问题——质量管理。

（2）如何保证适时、适量地将产品投放市场。

在现代化大生产中，生产所涉及的人员、物料、设备、薪酬等资源成千上万，如何将全部生产要素在它们需要的时候组织起来、筹措到位，是一项十分复杂的系统工程，也是生产管理所要解决的一个最重要的问题——产品数量与交货期管理。

（3）如何才能使产品价格既为顾客所接受，同时又为企业带来利润。

这涉及人员、物料、设备、能源、土地等资源的合理配置和运用，涉及生产率的提高，还涉及资金的运营和管理问题。归根结底，它可以归结为一个问题：如何努力降低生产运作成本——成本管理。

（4）如何提供独具特色的附加服务。

对于产品制造企业而言，随着产品的技术含量、知识含量的提高，在产品销售过程和顾客的使用过程中，所需要的附加服务越来越多。当制造产品的硬技术基本一样时，企业通过提供独具特色的附加服务，就有可能赢得独特的竞争优势。对于服务业企业来说，在基本服务之外提供附加服务，也会赢得更多的客户。一些跨国公司如 IBM、索尼等就是以十分重视提供优良的服务吸引了大量的消费者，我国的企业如海尔也是大打服务牌，赢得了消费者的青睐。

（5）如何保护环境和合理利用资源。

企业在生产对社会有用的产品的同时，也会生产出一些负产品——如废水、废气、废渣等，从而对环境造成污染。当今，保护我们共同生存的环境，合理获取、节约利用资源，保持可持续发展已经是人类所面临的重大课题，企业对此也责无旁贷，为了实现保护环境和合理利用资源的目标，企业应当在生产运作管理中注意兼顾经济效益、社会效益和生态效益，合理开发和利用资源。

三、传统生产管理与现代生产管理的区别

关于传统生产管理与现代生产管理的区别，首先我们得回顾历史，生产管理的发展过程经历了三个阶段：第一个阶段是 1911 年以前的时期，机械时钟的发明和制造要求人的活动必

须精确地协调一致起来，人们还逐渐认识了零件标准化和劳动分工的意义。第二个阶段是以泰勒的科学管理理论为代表的管理理论所奠定的基础，具体包括动作研究、工业心理研究、移动装配原理、数理统计理论在生产管理中的运用，运筹学、系统论方法的应用等。第三个阶段是以电子计算机的应用为根本的特征，20 世纪 70 年代以后，美国和欧洲开始推出专门解决生产和库存管理难题的管理软件包，这些软件包极大地提高了生产管理者处理相关问题的能力，产生了很好的效果，并迅速得到推广，从而使企业管理的状态和水平发生了根本性的改变。与此同时，成组技术和柔性制造系统在工厂里得到了应用，无人工厂开始出现。这些对于解决多品种、小批量生产与工作效率的矛盾起到了很好的作用。

（1）现代生产管理的管理组织结构和管理技术方法更先进。

由于计算机已经替代手工成为企业管理的主要手段，各项先进的管理技术和手段日新月异，加之市场需求的多样化，企业生产类型的主流已由大量大批的生产类型转化为多品种、中小批量的生产类型，因此，现代生产管理与传统生产管理相比，无论是在管理组织结构还是在管理技术方法上，都更先进。一些新型的生产方式和管理模式如精益生产方式、敏捷制造等相继出现，使生产效率大幅度提高，产量的质量不断提升，显示出现代科学技术的强大生命力。

（2）现代生产管理面更宽。

一方面，传统生产管理的范围集中在制造业，而现代生产管理的范围则扩展到服务业；另一方面，传统生产管理的着眼点主要在生产系统内部，即着眼于一个开发、设计好的生产系统内，对开发、设计好的产品的生产过程进行计划、组织与控制，而现代生产运作管理既包括对生产运作系统内部运行的管理，又包括对生产运作系统设计的管理。

第二节　企业生产与运作管理的过程组织

一、过程组织的基本要求

（一）生产过程组织

现代企业的生产过程组织是指以最佳的方式将各种生产要素结合起来，对生产的各个阶段、环节、工序进行合理的安排，使其形成一个协调的系统。具体来说，就是对生产过程中的劳动者、劳动工具、劳动对象以及生产过程的各个环节、阶段、工序合理安排，使之在空间上衔接，时间上紧密配合，形成一个协调的产品生产系统。它的基本任务是保证产品制造的流程最短、时间最少、耗费最省，并按照计划规定的产品品种、质量、数量、期限等生产出社会需要的产品。

（二）合理组织生产过程的基本要求

1. 传统意义上的生产过程的要求

（1）生产过程的连续性。

生产过程的连续性是要求产品生产过程的各个工艺阶段、工序之间在时间上紧密衔接、连续进行。它表现为产品及其零部件在生产过程中始终处于运动状态，不发生或很少发生中断现象。保证和提高生产过程的连续性，可以缩短产品生产周期、减少在产品数量，加速资金周转，同时能更充分地利用物资、设备和生产面积。

（2）生产过程的比例性。

生产过程的比例性是指生产过程各阶段、各工序之间在生产能力上要保持一定的比例关系，以适应产品生产的要求。这表现在各个生产环节的工人人数、设备数量、生产速率、开动班次等都必须互相协调配套。比例性是保证生产连续性的前提，并有利于充分利用企业的设备、生产面积、人力和资金。

（3）生产过程的均衡性。

生产过程的均衡性是要求生产过程的各个基本环节和各工序在相同的时间间隔内，生产相同或者稳定递增数量的产品，每个工作的负荷经常保持均匀，未出现前松后紧，或时紧时松的现象，保持有节奏的均衡生产。均衡性特点是由连续性和比例性特点所决定的。生产不均衡会造成忙闲不均，既浪费资源，又不能保证质量，还容易引发设备、人身事故。

（4）生产过程的平行性

生产过程的平行性是指物料在生产过程中实行平行交叉作业。平行作业是指相同的零件同时在数台相同的机器上加工；交叉作业是指同一批零件在上道工序还未加工完成时，将已完成的部分零件转到下道工序加工。也就是生产过程的各工艺阶段、各工序在时间上实行平行作业，产品各零部件的生产在不同空间进行。平行交叉作业可以大大缩短产品的生产周期，在同一时间内生产更多的产品。平行性是生产过程连续性的前提。

2. 现代意义的生产过程组织的要求

（1）精确性，保证零部件在生产过程中以最准确的时间、最准确的数量到达最准确的位置，并实现指定的加工。

（2）自动化原则，自动化是提高生产效率和集约化程度的重要途径。它可能增加单位时间的产出量，生产状态稳定、工作质量提高、减少物料消耗。

（3）柔性原则，市场需求的多变性要求生产系统必须实现在极短时间内，以最小的代价从一种产品的生产转换到另一种产品的生产。所谓“柔性”，是指加工制造的灵活性、可变性、可调节性及便捷性，广义上说还包括服务、运输、库存等方面的灵活性。

（4）电算化原则，在生产环节上实现电子计算机控制和管理，以提高管理的效率。合理组织生产过程的各项要求是相互联系、相互影响的，在生产过程的组织、计划、控制过程中，需根据具体情况综合考虑时间、资金占用、有关费用等多项因素，统筹安排，提高经济效益。

二、过程组织的基本内容

现代企业生产过程的组织包括生产过程的时间组织和生产过程的空间组织。

（一）生产过程的时间组织

合理组织生产过程，不仅要求生产单位在空间上密切配合，而且要求劳动对象和机器设备在时间上紧密衔接，以实现有节奏的连续生产，达到提高劳动生产效率和设备利用率、减少资金占用、缩短生产周期的目的。生产过程在时间上的衔接程序，主要表现为劳动对象在生产过程中的移动方式。劳动对象的移动方式，与一次投入生产的劳动对象数量有关。以加工零件为例，当一次生产的零件只有一个时，零件只能顺序地经过各道工序，而不可能同时在不同的工序上进行加工。如果当一次投产的零件有两个或两个以上时，工序间就有不同的移动方式。一批零件在工序间存在着三种移动方式：顺序移动、平行移动、平行顺序移动。

【例题 4.1】 某产品要生产 3 件，经 4 道工序加工，每道工序加工的单件工时分别为 10 分钟、5 分钟、20 分钟、10 分钟，现按三种移动方式计算其生产周期，三种移动方式示意图如图 4.2、图 4.3 和图 4.4 所示。

1. 顺序移动方式

顺序移动方式是指一批零件在前一道工序全部加工完毕后，整批转移到下一道工序进行加工的移动方式。其特点是：一道工序在工作，其他工序都在等待。若将各工序间的运输、等待加工等停歇时间忽略不计，则该批零件的加工周期的计算公式 $T_{顺}$ 为：

$$T_{顺} = n\sum_{t=1}^{m} t_i$$

式中：n 为该批零件数量；m 为工序数；t_i 为第 i 道工序的单件加工时间。

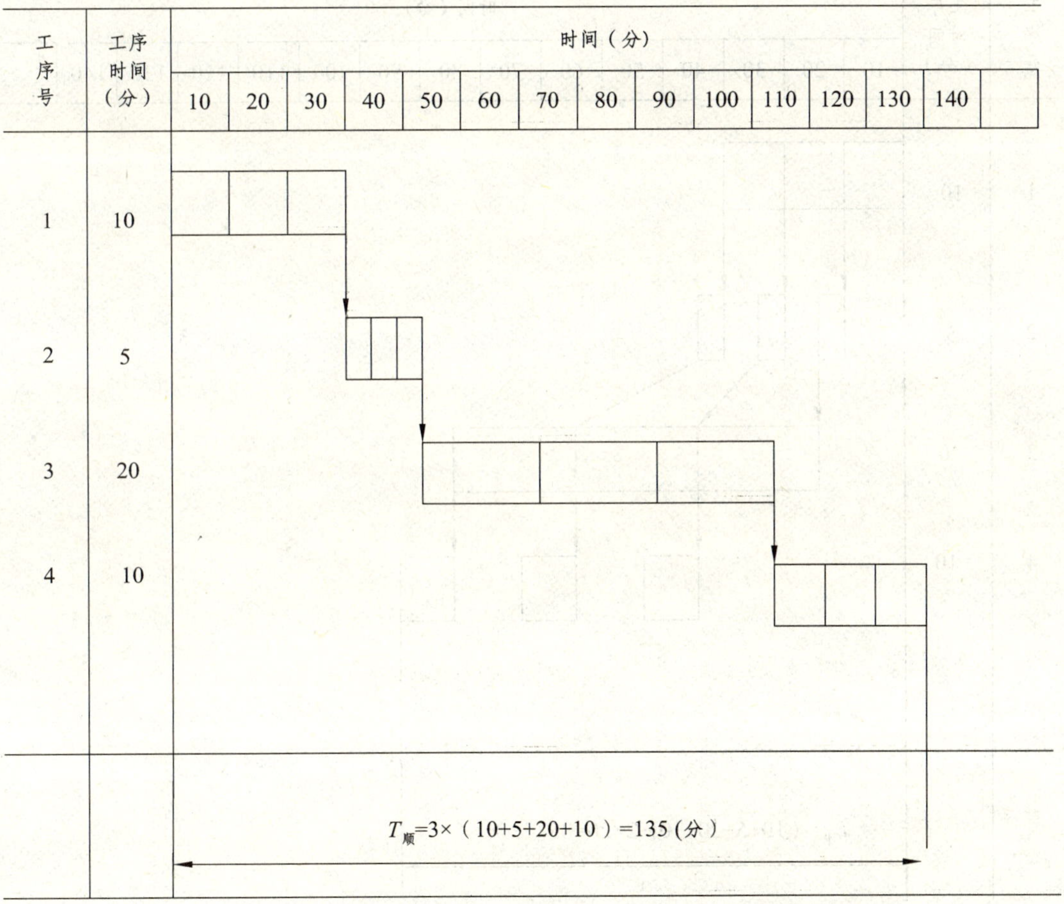

图 4.2 顺序移动方式示意图

顺序移动方式的优点是：一批零部件连续加工，集中运输，有利于减少设备调整时间，便于组织和控制。其缺点是：零件等待加工和等待运输的时间长，生产周期长，流动资金周转慢。

2. 平行移动方式

平行移动方式是指一批零件中的每个零件在每道工序加工完毕以后，立即转移到后道工序加工的移动方式。其特点是：一批零件同时在不同工序上平行进行加工，因而缩短了生产周期。其加工周期$T_{平}$的计算公式为：

$$T_{平}=(n-1)t_{长}+\sum_{i=1}^{m}t_i$$

式中：$t_{长}$为各加工工序中最长的单件工序时间。

采用这种移动方式，不会出现制件等待运输的现象，所以整批制件加工时间最短，但由于前后工序时间不等，当后道工序时间小于前道工序时间时，后道工序在每个零件加工完毕后，都有部分间歇时间。

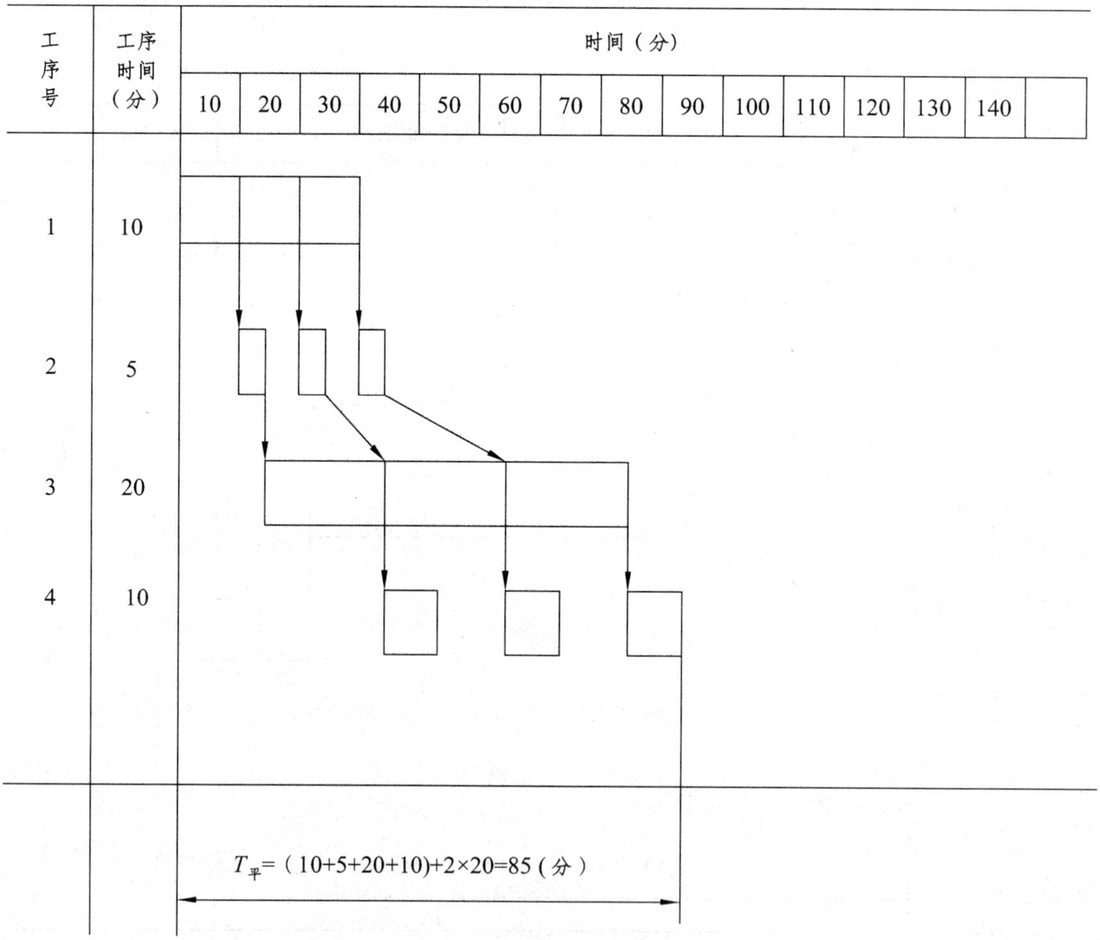

图 4.3　平行移动方式示意图

3. 平行顺序移动方式

平行顺序移动吸收了上述两种移动方式的优点，避开了其短处，但组织和计划工作比较复杂。其特点是：当一批制件在前道工序上尚未全部加工完毕，就将已加工的部分制件转到下道工序进行加工，并使下道工序能够连续地、全部地加工完该批制件。为了达到这一要求，要按下面规则运送零件：当前一道工序时间少于后道工序的时间时，前道工序完成后的零件立即转送下道工序；当前道工序时间多于后道工序时间时，则要等待前一道工序完成的零件数足以保证后道工序连续加工，才将完工的零件转送后道工序。这样就可将人力及设备的散时间集中使用。平行顺序移动方式的生产周期 $T_{平顺}$ 在以上两种方式之间，计算公式为

$$T_{平顺}=n\sum_{i=1}^{m}t_i-(n-1)\sum_{i=1}^{m-1}t_{i较短}$$

式中：$t_{i较短}$ 为每相邻两道工序中较短的单件工序时间。

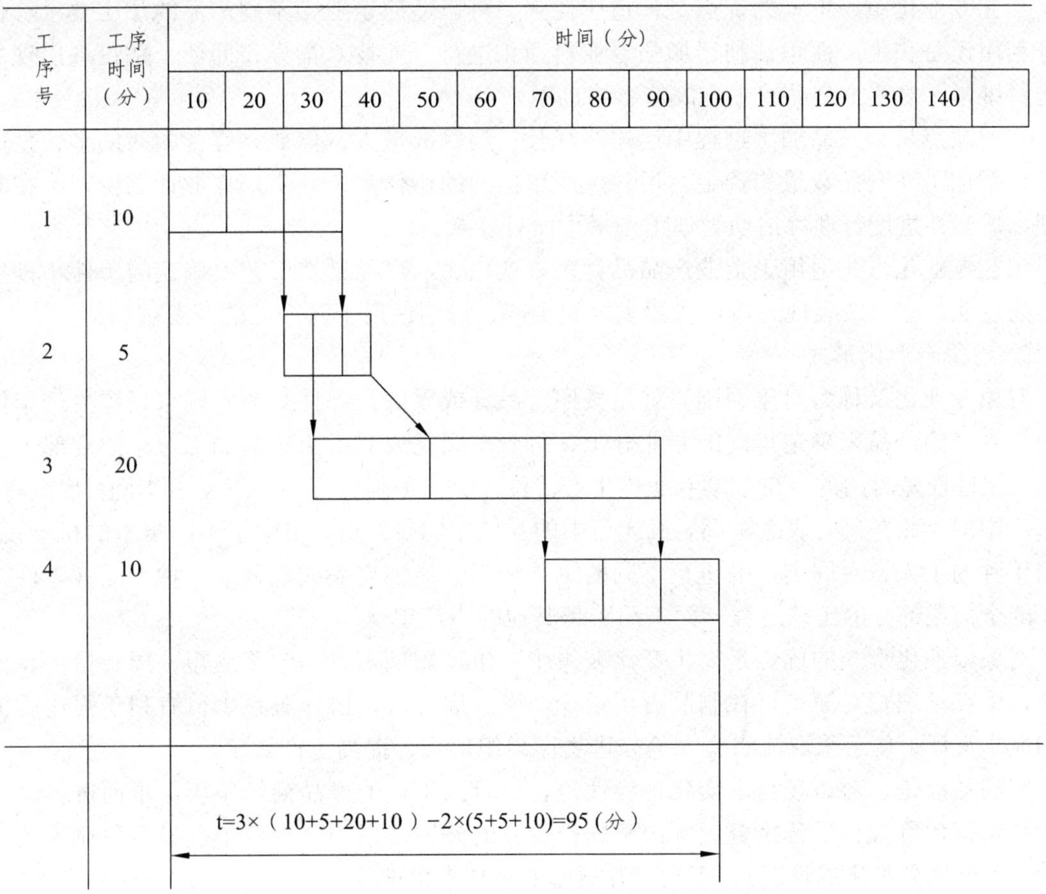

图 4.4　平行顺序移动方式示意图

在选择移动方式时，应结合具体情况来考虑，灵活运用。一般对批量小或重量轻，而且加工时间短的零件，宜采用顺序移动方式，反之宜采用另外两种移动方式；按对象专业化形式设置的生产单位，宜采用平行顺序移动方式或平行移动方式；按工艺专业化形式设置的生产单位，宜采用顺序移动方式；对生产中的缺件、急件，则可采用平行或平行顺序移动方式。

（二）生产过程的空间组织

生产过程的空间组织是指在一定的空间内，合理地设置企业内部各基本生产单位（车间、工段、班组），使生产活动能高效地顺利进行。这里主要从生产车间的设备布置角度加以说明。生产过程的空间组织有以下两种典型的形式。

1. 工艺专业化形式

工艺专业化又称为工艺原则，就是按照生产过程中的各个工艺阶段的工艺特点来设置生产单位。在工艺专业化的生产单位内，集中着同种类型的生产设备和同工种的工人，完成各种产品的同一工艺阶段的生产，即加工对象是多样的，但工艺方法是同类的，每一生产单位只完成产品生产过程的部分工艺阶段和部分工序的加工任务，产品的制造完成需要各单位的协同努力。如机械制造业中的铸造车间、机加工车间及车间中的车工段、铣工段等，都是工艺专业化生产单位。

工艺专业化组织形式的优点是：适应性强，可以适应企业中不同产品的加工要求；便于充分利用设备和生产面积；利于加强专业管理和进行专业技术指导；即使个别设备出现故障或进行维修，对整个产品的生产制造影响也不大。

它的缺点是：产品加工过程中运输路线长，运输数量大，停放、等待的时间多，生产周期长；增加了在制品数量和资金占用；生产单位间的协作复杂，生产作业计划管理、在制品管理、成套性进度管理等诸项管理工作量大而且复杂。

工艺专业化形式适用于企业产品品种多、变化大、产品制造工艺不确定的单件小批生产类型的企业。它一般表现为按订货要求组织生产，特别适用于新产品的开发试制。

2. 对象专业化形式

对象专业化又称为对象原则，就是按照产品（或零件、部件）的不同来设置生产单位，即根据生产的产品来确定车间的专业分工，每个车间完成其所负担的加工对象的全部工艺过程，工艺过程是封闭的。在对象专业化生产单位（如汽车制造厂中的发动机车间、底盘车间、机床厂中的齿轮车间、底盘车间、机床厂中的齿轮车间等）里，集中了不同类型的机器设备、不同工种的工人，对同类产品进行不同的工艺加工，能独立完成一种或几种产品（零件、部件）的全部或部分的工艺过程，而不用跨越其他的生产单位。

对象专业化形式的优点是：生产比较集中，生产周期短，运输路线短，周转量小；计划管理、库存管理相对简单；在制品占用量少、资金周转快，协作关系少；有利于强化质量责任和成本责任，便于采取流水生产等先进生产组织形式，提高生产效率。

它的缺点是：对市场需求变化适应性差，一旦因生产的产品商场不再需求而进行设备更换，则调整代价大；设备投资大（由于同类设备的分散使用，会出现个别设备负荷不足，生产能力不能充分利用的情况）；不利于开展专业化技术管理。

对象专业化形式适用于企业的专业方向已定、产品品种稳定、工艺稳定的大量大批生产，如家电、汽车、石油化工品生产等。

在实际生产中，上述两种专业化形式往往是结合起来应用的。根据它们所占比重的不同，专业化形式又可分为：在对象专业化形式基础上，局部采用工艺专业化形式；在工艺专业化形式基础上，局部采用对象专业化形式。

三、过程组织的基本形式

研究分析生产过程的基本目的，在于寻求高效、低耗的生产组织形式，将生产过程的空间组织与时间组织有机结合起来。企业必须根据其生产目的和条件，采用适合自己生产特点的生产组织形式。

（一）流水生产线

现代企业的流水生产线又称流水作业线，是指劳动对象按照一定的工艺过程，顺序地、一件一件地通过各个工作地，并按照统一的生产速度和路线，完成工序作业的生产过程组织形式。它将对象专业化的空间组织方式和平行移动的时间组织方式高度结合，是一种先进的生产组织形式。

1. 流水生产线的特点

流水生产线有如下特点：

（1）专业性。流水线上各个工作地的专业化程度很高，即流水线上固定地生产一种或几种制品，固定地完成一道或几道工序。

（2）连续性。流水线上的制品在各工序之间须用平行或平行顺序移动，最大限度地减少制品的延误时间。

（3）节奏性。流水线生产都必须按统一节拍或节奏进行。所谓节拍，是指流水线上连续出产两件制品的时间间隔。

（4）封闭性。生产工艺过程是封闭的，各工作地按照制品的加工顺序排列，制品在流水线上作单向顺序移动，完成工艺过程的全部或大部分加工。

（5）比例性。流水线上各工序之间的生产能力相对平衡，尽量保证生产过程的比例性和平行性。

自动化流水线是流水线的高级形式，它依靠自动化机械体系实现产品的加工过程，是一种高度连续的、完全自动化的生产组织。同一般流水线相比，自动流水线减少了工人需要量，消除了繁重的体力劳动，生产效率更高，产品质量更容易保证，但投资较大，维修和管理要求较高。

2. 流水线的形式和种类

为了充分发挥流水线的优越性，人们创造了多种形式的流水线。

（1）按照流水线的连续程度，可分为连续流水线和间断流水线。

（2）按流水线上生产对象的数目，可分为单一品种流水线和多品种流水线。

（3）按生产对象的移动方式，可分为对象固定流水线和对象移动流水线。

（4）按流水线节拍的方法，可分为强制节拍流水线和自由节拍流水线。

（5）按流水线的机械化程度，可分为手工流水线、机械化流水线和自动化流水线。

（6）按产品的运输方式，可分为普通运输设备的流水线和有专用运输设备的流水线。

3. 流水生产必须具备的条件

一个企业要建流水生产线，应进行充分的可行性分析与论证，建流水线一般应具备以下条件：

（1）市场需求大，产品品种稳定且量大，以保证流水线的正常负荷；
（2）产品的结构、加工工艺、性能等应比较先进；
（3）产品的加工过程能够细分，能分解成单个的工序，以便组织生产；
（4）企业自身条件，如资金、生产面积、技术力量能达到要求；
（5）产品的检验工作能够在流水线上进行或通过工艺设备保证。

（二）成组技术和成组加工单元

成组技术的基本思想是：用大批量的生产技术和专业化方法组织多品种生产，提高多品种下批量的生产效率。成组技术以零部件的相似性（主要指零件的材质结构、工艺等方面）和零件类型分布的稳定性、规律性为基础，对其进行分类、归并成组并组织生产。在成组技术应用中，出现了一具多用的成组夹具，一组成组夹具一般可用于几种甚至几十种零件的加工。成组技术根本改变了传统的生产组织方法，它不以单一产品为生产对象，而是以“零件组”为对象编制成组工艺过程和成组作业计划。

成组加工单元，就是使用成组技术，以“组”为对象，按照对象专业化布局方式，在一个生产单元内配备不同类型的加工设备，完成一组或几组零件的全部工艺的组织。采用成组加工单元，加工顺序可在组内灵活安排，多品种小批量生产可获得接近于大量流水生产的效率和效益。目前，成组技术主要应用于机械制造、电子、兵器等领域。它还可应用于具有相似性的众多领域，如产品设计和制造、生产管理等。

（三）柔性制造单元

柔性制造单元是指以数控机床或数控加工中心为主体，依靠有效的成组作业计划，利用机器人和自动运输小车实现工件和刀具的传递、装卸及加工过程的全部自动化和一体化的生产组织。它是成组加工系统实现加工合理化的高级形式。它具有机床利用率高、加工制造与研制周期缩短、在制品及零件库存量低的优点。柔性制造单元与自动化立体仓库、自动装卸站、自动牵引车等结合，由中央计算机控制进行自动加工，就形成柔性制造系统。柔性制造单元与计算机辅助设计等功能的结合，则成为计算机一体化制造系统。

总之，上述技术的出现改变了单件小批量生产的生产过程组织形式和物流方式，使之获得了接近于大量流水生产的技术经济效益，符合市场需求的多样化、小批量和定制方向的趋势，代表了现代制造技术的发展方向。

四、过程组织的实际业务

生产过程组织的实际业务，就是企业生产系统布置、工艺方案以及基本标准日程等。

（一）企业生产系统布置

在工艺设计上，已经选定了生产设备，就要充分发挥设备的潜力，为了避免在工序之间迂回运输做无用功和造成生产步调紊乱，就必须合理地进行选址和厂区的平面布置。

企业生产系统布置，一般包括厂址选择、厂区布置、车间布置和生产线布置等几部分。企业生产系统布置的总原则是以实现企业运输的总成本最低为原则，通常可以采用重心法进行选址定位。

1. 厂址选择的影响因素

厂址选择包括两个层次的选择，第一是选择把企业设置在哪一个区域，第二是在选定的区域内，为工厂选择一个具体的地理位置。厂址选择的影响因素如下。

(1) 工厂是否靠近它的目标市场；

(2) 劳动力资源的供应条件；

(3) 原材料、燃料、动力的供应条件；

(4) 当地社会的生产协作条件；

(5) 交通运输条件；

(6) 自然资源条件；

(7) 法律、法纪和政策条件。

2. 厂区布置和生产线布置

(1) 厂区布置的原则：

① 以基本生产为中心，保持厂区内各要素之间的协调配合；

② 合理划分厂区；

③ 在全厂范围内规划合理的物流路线；

④ 厂区的平面布置应尽量紧凑；

⑤ 厂区的绿化和美化；

⑥ 厂区布置要考虑企业的远景发展。

(2) 厂区平面布置的工作程序：

① 明确目标，一般要求应使企业的各个部分井然有序、整齐美观，为企业员工创造一个良好的工作环境，也给来访者留下深刻的印象等；

② 收集资料，包括厂区的地形地貌、经济状况等；

③ 确定各生产单位和工作部门所需的面积；

④ 设计和布置各生产单位和工作部门在厂区内的位置，制定几个平面布置的初步方案；

⑤ 方案评价；

⑥ 方案实施。

(3) 工厂总平面布置的方法。

① 生产活动相关图法：此法是用图表的方法先判明各单位在生产经营中的相互关系，根据彼此关系的密切程度进行布置，寻求最佳的布置方案。它用 6 个等级来区分各组成单位相互关系的密切程度，并用一组数字来表示关系密切的原因。

② 计算机辅助工厂布置：计算机辅助工厂布置是利用计算机软件帮助人们进行工厂布置的一种有用的工具。其软件有两类：一类是在现有布置的基础上进行改进的修改型软件；另一类则可以从无到有构建一个新方案，被称为创建型软件。

（二）工艺方案

在工艺方案中，需要确定加工方法，选定设备，准备夹具和模具以及制定标准时间，即建立所谓最佳流程的基本条件。不过，在批量生产中，要以如何能选择适合流水节拍的加工法为重点，而在单件生产中，则以如何能采用类似的加工工艺为重点。

（三）基本日程的确定

在工序、设备与平面布置确定以后，接下来就是以何种速度来供应材料。材料准备要考虑哪项工序中需要哪种材料，或者为了防止材料混乱，防止超出控制范围，就应确定标准储备量，确定出从投料到产出产品的时间间隔，即生产周期。

第三节　生产计划与生产作业计划

一、生产计划

（一）生产计划的三个层次

现代生产企业的生产运作计划一般分为年度生产计划、主生产计划和物料需求计划三种。

1. 年度生产计划

现代生产企业的年度生产计划，是对企业未来较长一段时间内资源和需求之间平衡所做的概略性的设想，是根据企业所拥有的生产能力和市场需求预测对企业未来较长时间内产出内容、产出量、劳动率水平、库存投资等问题所做出的决策性描述。年度生产计划并不具体制定每一品种的生产数量、生产时间和每一车间及人员的具体工作任务，而是对产品、时间和人员作系列安排，其具体安排如下。

（1）产品。按照产品的需求特性、加工特性、所需人员和设备上的相似性等，将产品综合为几大系列，以系列为单位来制定综合计划。例如，服装厂根据产品的需求特性分为女装、男装和童装三大系列。

（2）时间。年度生产计划的计划期通常是年，在该计划期内，使用的计划时间单位是月或季。在采用滚动式计划方式的企业，还有可能未来三个月的计划时间单位是月，其余九个月是季等。

（3）人员。年度生产计划可用几种不同的方式来考虑人员安排问题。例如，将人员按照产品系列分成相应的组，分别考虑所需人员的水平；或将人员根据产品工艺的特点和人员所需的技能水平分组，等等。年度生产计划还应考虑需求变化所引起的人员数量的变化，以决定是采取加班还是增加聘用人数。

2. 主生产计划

主生产计划（Master Production Schedule，MPS）是闭环计划系统的一个部分。MPS 的实质是保证销售规划和生产规划对规定的需求（需求什么、需求多少和什么时候需求）与所使用的资源取得一致。MPS 考虑了经营规划和销售规划，使生产规划同它们相协调。它着眼于销售什么和能够制造什么，这就能为车间制定一个合适的“主生产进度计划”，并且以粗能力数据调整这个计划，直到负荷平衡。

3. 物料需求计划

物资需求计划（Material Requirement Planning，MRP）是指根据产品结构各层次物品的从属和数量关系，以每个物品为计划对象，以完工时期为时间基准倒排计划，按提前期长短区别各个物品下达计划时间的先后顺序，是一种工业制造企业内物资计划管理模式。MRP 是根据市场需求预测和顾客订单制定产品的生产计划，然后基于产品生成进度计划，组成产品的材料结构表和库存状况，通过计算机计算所需物资的需求量和需求时间，从而确定材料的加工进度和订货日程的一种实用技术。

（二）生产计划的主要指标

制订生产计划指标是生产计划的重要内容。为了有效和全面地指导企业生产计划期的生产活动，生产计划应建立包括产品品种、产品质量、产品产量和产品产值的四类指标为主要内容的生产指标体系。

1. 产品品种指标

产品品种指标是指企业在报告期内规定生产产品的名称、型号、规格和种类。它不仅反映企业对社会需求的满足能力，还反映企业的专业化水平和管理水平。

产品品种指标的确定首先要考虑市场需求和企业实力，按产品品种系列平衡法来确定。

2. 产品质量指标

产品质量指标是衡量企业经济状况和技术发展水平的重要指标之一。产品质量受若干个质量控制参数控制。对质量参数的统一规定形成了质量技术标准，包括国际标准、国家标准、部颁标准、企业标准和企业内部标准等。

3. 产品产量指标

产品产量指标是指企业在一定时期内生产的、符合产品质量要求的实物数量。以实物量计算的产品产量，反映企业生产的发展水平，是制定和检查产量完成情况，分析各种产品质检比例关系和进行产品平衡分配，计算实物量生产指数的依据。

确定产品产品指标主要采用盈亏平衡法和线性规划法等。

4. 产品产值指标

产品产值指标是用货币表示的产量指标，能综合反映企业生产经营活动成果，以便进行不同行业间比较。根据具体内容和作用不同分为工业总产值、工业商品产值和工业增加值三种形式。

上述各项生产计划指标的关系十分密切。既定的产品品种、质量和产量指标，是计算各种产值指标的基础，而各项产值指标又是企业生产成果的综合反映。企业在编制生产计划时，应先落实产品的品种、质量与产量指标，然后据以计算产值指标。

（三）编制生产计划的步骤

生产计划的编制必须遵循以下四个步骤。

（1）收集资料，分项研究，编制生产计划所需的资源信息和生产信息。

（2）拟定优化计划方案统筹安排。初步确定各项生产计划指标，包括产量指标的优选和确定、质量指标的确定、产品品种的合理搭配、产品出产进度的合理安排。

（3）编制计划草案做好生产计划的平衡工作。主要是指生产指标与生产能力的平衡；测算企业主要生产设备和生产面积对生产任务的保证程度；生产任务与劳动力、物资供应、能源、生产技术准备能力之间的平衡；生产指标与资金、成本、利润等指标之间的平衡。

（4）讨论修正与定稿报批通过综合平衡，对计划作做适当调整，正确制定各项生产指标。报请总经理或上级主管部门批准。

同时，生产计划的编制要注意全局性、效益性、平衡性、群众性和应变性。

（四）生产计划工作的具体内容

1. 做好编制生产计划的准备工作

这项准备工作是预测计划期的市场需求、核算企业自身的生产能力，为确定生产计划提供外部需要和内部可能的依据。

（1）生产预测。 生产预测属于市场预测的范畴，是一种侧重（年度和年度以内）以一个企业作为基本出发点的微观预测。在预测时，要重视对计划期需求特征的描述，分清是线性趋势还是季节性变化，是独立需求还是从属需求。不仅如此，还要选择比较经济、准确的预测方法。

（2）核定生产能力。生产能力是生产系统内部各种资源能力的综合反映，直接关系到能否满足市场需要，所以，在制订生产计划前，必须核定企业的生产能力。

2. 确定生产计划指标

根据满足市场需要，充分利用各种资源和提高经济效益的原则，在综合平衡的基础上，确定和优化生产计划指标。

3. 安排产品的生产进度

在编制完生产计划，确定了全年总的产量任务后，企业要进一步将全年的生产任务具体安排到各个季度和各个月份，这就是安排产品的生产进度。安排产品生产进度的总原则是：保证交货期，实现均衡生产，注意和企业技术准备工作及各项技术组织措施的衔接。不同类型的企业生产特点不同，安排产品生产进度的方法也不同。

（1）大量大批生产企业产品生产进度的安排。

大量生产企业产品品种单一，产量大，生产稳定，这类企业安排产品生产进度的主要内容是将全年生产任务均衡地按季、按月分配。均衡地分配，并不等于各季各月的平均日产量绝对相等，而是可以采用以下几种分配形式：

① 平均分配，指在市场需求比较稳定的条件下，每隔一段时间平均日产量有所增长，某段时间的日产量基本相等。

② 分期递增，指产量分阶段增长，每隔一段时间平均日产量有所增长，某段时间的日产量基本相等。

③ 小幅度连续递增，指由于企业的技术水平和工人的熟练程度不断提高，各季、各月的产量逐渐地、小幅度地增长，呈梯形状态。

④ 抛物线形递增，一般是指新产品开始批量较小，以后批量逐渐加大，或由于工人技术熟练程度提高，开始日产量提高较快，以后趋于稳定。

（2）成批生产企业产品生产进度的安排。

成批生产企业由于品种多，各种产品交替生产，所以在安排生产进度时，不仅要合理分配产品产量，而且要合理组织不同时期（季、月）各种产品搭配生产。这是安排产品生产进度的关键。具体安排时，应充分考虑以下几个问题：

① 对于产量较大的、市场需求比较稳定的产品，可采取“细水长流”的办法，在全年各季各月作比较均衡的安排，以保证企业生产的稳定性。

② 对于产量分淡、旺季或同系列的产品，可采取集中生产或集中轮番生产，这样可以扩大批量，减少同期生产品种，简化组织工作。

③ 新产品和老产品的生产要合理搭配。新产品品种的上市，要考虑到技术准备工作的可能。复杂产品和简单产品，劳动量大与劳动量小的产品，以及需要关键设备加工的产品，应合理搭配，均衡地分配到各个时期。这样有利于技术力量、劳动力、设备和生产面积得到均衡负荷、合理利用。

④ 要尽可能地使各季、各月的产品产值同该产品生产的批量相等或成整数倍，以便简化计划组织工作，提高工作效率。

(3) 单件小批生产企业产品生产进度的安排。

单件小批生产企业产品品种繁多，每种产品产量很少甚至是一次性生产，技术准备工作量较大又复杂，许多订货来得迟、要得急、变动多。这类企业在安排产品进度时，应注意以下几个问题:

① 先安排已经明确的订货任务，尚未明确的生产任务用概略的计算单位作粗略的安排，待接到订货任务后，再按订货合同的要求作详细的安排。

② 新产品和需要关键设备加工的产品，在满足订货要求的前提下，尽可能按季分配，交错安排，以免生产技术准备工作和关键设备忙闲不均。

③ 小批生产的产品，要集中轮番生产，尽量把通用件多的产品，安排在同一时期内生产，以减少同一时期内生产的品种，简化组织工作，提高经济效益。

企业在安排产品生产进度的同时，还要安排各车间的生产任务，即把全年的生产任务具体落实到各个车间，使各车间做好技术准备工作，平衡生产任务和生产能力，使企业内部各主要环节的生产任务在产品品种、数量和时间上相互协调，确保全厂产品生产进度按计划进行。

4. 生产计划进程安排应注意的原则

(1) 交货期先后原则：交期越短、交货时间越紧急的产品，越应安排在最早时间生产。

(2) 客户分类原则：客户有重点客户，一般客户之分，越重点的客户，其进程安排应越受到重视。如有的公司根据销售额按 ABC 法对客户进行分类，A 类客户应受到最优先的待遇，B 类次之，C 类更次。

(3) 产能平衡原则：各生产线生产应顺畅，半成品生产线与成品生产线的生产速度应相同，机器负荷应考虑，不能产生生产瓶颈或出现停线待料事件。

(4) 工艺流程原则：工序越多的产品，制造时间愈长，应重点予以关注。

二、主生产计划（MPS）

生产计划是工厂管理内部运作的核心。一个优秀的工厂，其内部管理应该是围绕着生产计划来进行的。生产计划有月度计划、周计划、日计划之分。不过随着 MRP 的使用，主生产计划已经成为控制工厂内部运作的核心了。

（一）主生产计划的意义

主生产计划是按时间分段方法，去计划企业生产的最终产品的数量和交货期。主生产计划是一种先期生产计划，它给出了特定的项目或产品在每个计划周期的生产数量。一个有效的主生产计划是生产对客户需求的一种承诺，它充分利用企业资源，协调生产与市场，实现生产计划大纲中所表达的企业经营目标。主生产计划在计划管理中起"龙头"模块作用，它决定了后续的所有计划及制造行为的目标，在短期内作为物料需求计划、零件生产计划、订货优先级和短期能力需求计划的依据，在长期内作为估计本厂生产能力、仓储能力、技术人员、资金等资源需求的依据。

（二）主生产计划的编制原则

主生产计划是根据企业的能力确定要做的事情，通过均衡地安排生产实现生产规划的目标，使企业在客户服务水平、库存周转率和生产率方面都能得到提高，并及时更新、保持计划的切实可行和有效性。主生产计划中不能有超越可用物料和可能能力的项目。在编制主生产计划时，应遵循以下这些基本原则。

1. 最少项目原则

用最少的项目数进行主生产计划的安排。如果 MPS 中的项目数过多，就会使预测和管理都变得困难。因此，要根据不同的制造环境，选取产品结构不同的级，进行主生产计划的编制。使得在产品结构这一级的制造和装配过程中，产品（或）部件选型的数目最少，以改进管理评审与控制。

2. 独立具体原则

要列出实际的、具体的可构造项目，而不是一些项目组或计划清单项目。这些产品可分解成可识别的零件或组件，MPS 应该列出实际要采购或制造的项目，而不是计划清单项目。

3. 关键项目原则

列出对生产能力、财务指标或关键材料有重大影响的项目。对生产能力有重大影响的项目，是指那些对生产和装配过程起重大影响的项目。如一些大批量项目，造成生产能力的瓶颈环节的项目或通过关键工作中心的项目。对财务指标有重大影响的项目，指的是与公司的利润效益最为关键的项目。如制造费用高，含有贵重部件、昂贵原材料，高费用的生产工艺或有特殊要求的部件项目，也包括那些作为公司主要利润来源的，相对不贵的项目。而对关键材料有重大影响的项目，是指那些提前期很长或供应厂商有限的项目。

4. 全面代表原则

计划的项目应尽可能全面代表企业的生产产品。MPS 应覆盖被该 MPS 驱动的 MRP 程序中尽可能多的组件，反映关于制造设施，特别是瓶颈资源或关键工作中心尽可能多的信息。

5. 适当裕量原则

留有适当余地，并考虑预防性维修设备的时间。可把预防性维修作为一个项目安排在 MPS 中，也可以按预防性维修的时间，减少工作中心的能力。

6. 适当稳定原则

在有效的期限内应保持适当稳定。主生产计划制订后在有效的期限内应保持适当稳定，那种只按照主观愿望随意改动的做法，将会引起系统原有合理的、正常的优先级计划被破坏，削弱系统的计划能力。

（三）主生产计划的对象

主生产计划的计划对象主要是把生产规划中的产品系列具体化以后的出厂产品，通称最终项目，所谓最终项目，通常是指独立需求件，对它的需求不依赖于对其他物料的需求而独立存在。但是由于计划范围和销售环境不同，作为计划对象的最终项目的含义也不完全相同。

（四）主生产计划方式

1. 面向库存生产（Make to Stock，MTS）

采用这种计划方式的公司，其组织生产的依据是需求预测，亦即在接到客户订单之前，就根据需求预测，开始采购原材料，组织生产，完成生产，把产成品放在库房里。一旦接到客户订单，就从库房里直接发货。从客户的观点来看，这些产品是现货供应的。铅笔、螺钉、拍照用的胶卷、记事贴以及许许多多其他的商品都属于这一类。

2. 面向订单设计（Engineer to Order，ETO）

面向订单设计的产品是独特（客户定制的）或者结构复杂的而且生产量很小。飞机、航天飞机、特种机床、流程设备、大型发电机组等都属于面向订单设计的产品。在面向订单设计的公司中，只有在接到合同或客户订单，或至少接到一份意向书之后，才能开始设计过程，之后才是采购原材料、组织生产和向客户发运。

3. 面向订单生产（Make to Order，MTO）

面向订单生产的计划方式可以分为三种情况：纯粹的面向订单生产、面向订单完成（Finish to Order，FTO）和面向订单装配（Assemble to Order，ATO）。

在采用纯粹面向订单生产的计划方式的公司中，产品的设计已经完成，但组织生产的依据是客户订单，亦即在接到客户订单之后，才开始采购原材料、组织生产。高度客户化的产品一般采取这种计划方式。但对于有些采购提前期很长的原材料，也可能在接到客户订单之前根据预测进行采购。

（五）主生产计划的编制流程

主生产计划编制过程包括：编制 MPS 项目的初步计划、进行粗能力平衡和评价 MPS 这三个方面。涉及的工作包括收集需求信息、编制主生产计划、编制粗能力计划、评估主生产计划、下达主生产计划等。制订主生产计划的基本思路可表述为以下程序。

（1）根据生产规划和计划清单确定对每个最终项目的生产预测。它反映某产品类的生产规划总生产量中预期分配到该产品的部分，可用于指导主生产计划的编制，使得主生产计划员在编制主生产计划时能遵循生产规划的目标。

（2）根据生产预测、已收到的客户订单、配件预测以及该最终项目的需求数量，计算毛需求量。需求的信息来源主要有：当前库存、期望的安全库存、已存在的客户订单、其他实际需求、预测其他各项综合需求等。某个时段的毛需求量即为本时段的客户订单合同以及预测之关系和。“关系和”指的是如何把预测值和实际订单值组合取舍得出的需求。这时，MPS 的毛需求量已不再是预测信息，而是具有指导意义的生产信息了。

（3）根据毛需求量和事先确定好的批量规则，以及安全库存量和期初预计可用库存量，自动计算各时段的计划产出量和预计可用库存量。

（4）自动计算可供销售量供销售部门机动销售选用。

（5）自动计算粗能力，用粗能力计划评价主生产计划方案的可行性。粗能力计划是对生产中所需的关键资源进行计算和分析。关键资源通常指瓶颈工作中心。粗能力计划用于核定主要生产资源的情况，即关键工作中心能否满足 MPS 的需要，以使得 MPS 在需求与能力方面取得平衡。

（6）评估主生产计划。一旦初步的主生产计划测算了生产量，测试了关键工作中心的生产能力并对主生产计划与能力进行平衡之后，初步的主生产计划就确定了。下面的工作是对主生产评估，对存在的问题提出建议，同意或者否定主生产计划。

如果需求和能力基本平衡，则同意主生产计划；如果需求和能力偏差较大，则否定主生产计划，并提出修正方案，力求达到平衡。

调整的方法是：改变预计负荷，可以采取的措施主要有重新安排毛需求量、通知销售部门拖延订单、终止订单等；改变生产能力，可以采取的措施主要有申请加班、改变生产工艺提高生产率等。

（7）在 MRP 运算以及细能力平衡评估通过后，批准和下达主生产计划。

三、物料需求计划（MRP）

（一）物料需求计划的含义

物料需求计划的含义已经在本节前面内容加以阐述，这里不再赘述。

（二）物料需求计划的内容

物料需求计划的主要内容包括客户需求管理、产品生产计划、原材料计划以及库存纪录。其中，客户需求管理包括客户订单管理及销售预测，将实际的客户订单数与科学的客户需求预测相结合即能得出客户需要什么以及需求多少。

MRP 是一种推式体系，根据预测和客户订单安排生产计划。因此，MRP 基于天生不精确的预测建立计划，“推动”物料经过生产流程。也就是说，传统 MRP 方法依靠物料运动经过功能导向的工作中心或生产线（而非精益单元），计划、调度并管理生产以满足实际和预测的需求组合，生产订单出自主生产计划（MPS），然后经由 MRP 计划出的订单被“推”向工厂车间及库存。这种方法是为最大化效率和大批量生产来降低单位成本而设计。

（三）物料需求计划的特点

（1）需求的相关性。在流通企业中，各种需求往往是独立的。而在生产系统中，需求具有相关性。例如，根据订单确定了所需产品的数量之后，由新产品结构文件 BOM 即可推算出各种零部件和原材料的数量，这种根据逻辑关系推算出来的物料数量称为相关需求。不但品种数量有相关性，需求时间与生产工艺过程的决定也是相关的。

（2）需求的确定性。MRP 的需求都是根据主生产计划、产品结构文件和库存文件精确计算出来的，品种、数量和需求时间都有严格要求，不可改变。

（3）计划的复杂性。MRP 要根据主产品的生产计划、产品结构文件、库存文件、生产时间和采购时间，把主产品的所有零部件的需要数量、时间、先后关系等准确计算出来。当产品结构复杂或零部件数量特别多时，其计算工作量非常庞大，人力根本不能胜任，必须依靠计算机来实施这项工程。

（四）物料需求计划的目标

（1）及时取得生产所需的原材料及零部件，保证按时供应用户所需产品。

（2）保证尽可能低的库存水平。

（3）计划企业的生产活动与采购活动，使各部门生产的零部件、采购的外购件与装配的要求在时间和数量上精确衔接。

MRP 主要用于生产“组装”型产品的制造业。在实施 MRP 时，与市场需求相适应的销售计划是 MRP 成功的最基本的要素。但 MRP 也存在局限，即资源仅仅局限于企业内部和决策结构化的倾向明显。

（五）物料需求计划的计算步骤

一般来说，物料需求计划的制订是遵照先通过主生产计划导出有关物料的需求量与需求时间，然后再根据物料的提前期确定投产或订货时间的计算思路。

物料需求计划的计算步骤如下。

（1）计算物料的毛需求量。根据主生产计划、物料清单得到第一层级物料品目的毛需求量，再通过第一层级物料品目计算出下一层级物料品目的毛需求量，依次一直往下展开计算，直到最低层级原材料毛坯或采购件为止。

（2）净需求量计算。根据毛需求量、可用库存量、已分配量等计算出每种物料的净需求量。

（3）批量计算。由相关计划人员对物料生产作出批量策略决定，不管采用何种批量规则或不采用批量规则，净需求量计算后都应该表明有否批量要求。

（4）安全库存量、废品率和损耗率等的计算。由相关计划人员来规划是否要对每个物料的净需求量作这三项计算。

（5）下达计划订单。通过以上计算后，根据提前期生成计划订单。物料需求计划所生成的计划订单，要通过能力资源平衡确认后，才能开始正式下达计划订单。

（6）再一次计算。物料需求计划的再次生成大致有两种方式，第一种方式会对库存信息重新计算，同时覆盖原来计算的数据，生成的是全新的物料需求计划；第二种方式则只是在制定、生成物料需求计划的条件发生变化时，才相应地更新物料需求计划有关部分的记录。这两种生成方式都有实际应用的案例，至于选择哪一种要看企业实际的条件和状况。

四、生产作业计划

生产作业计划是生产计划的具体执行计划。它把生产计划中规定的月度生产任务具体分配到各车间、工段、班组以至每个工作地和个人，规定他们在月、旬、周、日以至轮班和小时内的具体生产任务，并按日历顺序安排生产进度，从而保证按品种、质量、数量、期限和成本完成企业的生产任务。生产作业计划是建立企业正常生产秩序和管理秩序的主要手段，是企业计划管理的重要环节。

（一）作业计划标准

作业计划标准又称期量标准，是指为制造对象（产品、部件、零件等）在生产期限和生产数量方面所规定的标准数据。作业计划标准是编制生产作业计划的重要依据和组织均衡生产的有力工具。企业的生产类型不同，生产过程组织也不同，因而形成了不同的作业计划标准。

1. 批量和生产间隔期

批量是指一次投入（出产）相同制品的数量。生产间隔期是指相邻两批同种制品投入（出产）的时间间隔。其相互间关系可以用下式表示：

批量＝生产间隔期×平均日产量

生产间隔期＝批量/平均产量

2. 生产周期

生产周期是指产品或零件从原材料投入生产起一直到成品出产为止所经历的全部日历时间。它是确定产品在各个工艺阶段的投入期和出产期的主要依据。产品的生产周期由各个工艺阶段的生产周期组成。

3. 生产提前期

生产提前期是指产品（或零件）在各个工艺阶段出产（投入）的日期比成品出产日期要提前的时间。生产提前期有投入提前期和出产提前期。提前期是编制生产作业计划，保证按期交货，履行订货合同的重要期量标准。

提前期是根据车间和生产间隔期计算的，同时要考虑一个保险期。提前期是按反工艺顺序连续计算的，其计算公式如下：

某车间投入提前期＝本车间出产提前期＋本车间生产周期

本车间出产提前期＝后车间投入提前期＋保险期

4. 在制品定额

在制品定额是指在一定技术组织条件下，为了保证生产连续而均衡地进行所必需的最低限度的在制品数量。一定数量的在制品是保证生产正常进行的客观需要，但在制品过多，就会增加生产面积和资金占用，影响经济效益；如果在制品过少，往往导致生产脱节，设备停歇。因此，必须把在制品定额控制在适当的水平上。在制品、半成品定额计算公式如下：

车间在制品定额＝平均每日出产量×车间生产周期＋保险储备量

库存半成品定额＝后车间平均每日需要量×库存定额天数＋保险储备量

（二）生产作业计划的编制

编制生产作业计划包括编制分车间的作业计划及分工段或分小组的作业计划。这两步工作的方法原理是相同的，区别是计划编制的详细程度和责任单位有所不同。分车间的作业计划由厂部编制，它解决车间与车间之间生产数量及时间衔接等平衡问题。对于专业化车间，因各个车间平行地完成各种不同产品的生产任务，按照车间的产品分工，生产能力和各种具体生产条件直接分配给各车间。对于工艺专业化车间，因各个车间之间依次提供半成品，则应根据生产类型和其他情况采用下列方法。

1. 在制品定额法

在制品定额法适用于大量大批生产类型。这类企业生产品种比较单一，产量比较大，工艺和各车间的分工协作关系密切稳定，只要把在制品控制在定额水平上，就可以保证生产过程协调正常地进行。采用在制品定额法，就是运用预先制定的在制品定额，按照产品的反工艺顺序，从出产成品的最后车间开始，连续地计算各车间的出产量和投入量。其计算公式如下：

某车间出产量＝后车间投入量＋本车间半成品外销量＋
(库存半成品定额＋期初库存半成品预计结存量)

某车间投入量＝车间出产量＋本车间废品量＋
(车间在制品定额＋期初车间在制品预计结存量)

2. 提前期法

提前期法适用于成批生产的企业。这类企业各种产品轮番生产，各个生产环节结存的在制品的品种和数量经常不一致。但是各种主要产品的生产间隔期、批量、生产周期和提前期都比较固定，因此，可以采用提前期法来规定车间的生产任务。所谓提前期法，就是将预先制定的提前期标准转化为提前量，来规定车间的生产任务，使车间之间由“期”的衔接变为“量”的衔接。其计算公式如下：

提前量＝提前期×平均日产量

采用提前期法要对生产的产品实行累计编号，所以又称累计编号法。所谓累计编号，是指从年初或从开始生产这种产品起，依成品出产的先后顺序，为每一单位产品编上一个累计号码。最先生产的那一单位产品编为 1 号，以此类推，累计编号。因此，在同一时间上，越是处于生产完工阶段上的产品，其编号越小；越是处于生产开始阶段的产品，其编号越大。在同一时间上，产品在某一生产环节上的累计号数，同成品出产累计号数相比，相差的号数就叫提前量。

3. 生产周期法

生产周期法适用于单件小批生产企业。这类企业的生产任务多数是根据订货合同来确定的，生产的品种、数量和时间都很不稳定，产品是一次性生产或不定期重复生产。因此，各车间的生产在数量上衔接比较简单，关键是合理搭配订货，调整处理类似品种多变与保持车间均衡负荷之间的矛盾。

采用生产周期法规定车间的生产任务，就是根据订货合同规定的交货期限，为每一批订货编制出产品生产周期进度图，然后根据各种产品的生产周期进度表，确定各车间在计划月份应该投入和出产的订货项目，以及各项订货在车间投入和出产的时间。通过产品投入和出产进度表，就可以保证各车间的衔接，协调各种产品的生产进度和平衡车间的生产能力。

五、生产作业控制

生产作业控制，是按照生产计划的要求，组织生产作业计划的实施，在产品投产前的准备到产品入库的整个过程中，从时间和数量上对作业进度进行控制，在实施中及时了解计划与实际之间的偏差并分析原因，认真调整生产进度，调配劳动力，合理利用生产能力，控制物料供应及运送，保质保量地完成任务。

生产作业控制是实现生产作业计划的重要保证，是整个生产过程的一个重要组成部分。

（一）实施控制的两个重要环节

（1）产前控制。产前控制是生产过程控制的开始，主要指投产前的各项准备工作控制，包括技术、物资、设备、动力、劳动力等的准备，以保证投产后整个生产过程能均衡、协调、连续进行。

（2）产中控制。产中控制即投入产出控制，是在投料运行后对生产过程的控制。它具体分为投入控制和产出控制两个方面。投入控制（又称投入进度控制）是指按计划要求对产品开始投入的日期、数量、品种的控制，是预先性的控制。产出控制（又称为出产进度控制）是指对产品（包括零件、部件）出产日期、生产提前期、出产数量、出产均衡性和成套性的控制。

投入产出控制主要是从生产进度与计划进度的对比中发现偏差，观察生产运行状态，分析研究其原因，采取相应措施纠正偏差。通常是根据企业不同生产类型，通过一系列进度控制图表加以控制的。

（二）作业控制的手段

作业控制的手段包括生产调度工作、生产作业核算、在制品管理等工作。

（1）生产调度工作。 生产调度工作就是组织执行生产作业计划的工作。它包括检查、督促、协助有关部门做好生产作业计划准备工作，检查、了解、控制过生产环节的生产进度(投入进度、出产进度、工序进度)，对计划完成情况进行统计分析。

（2）生产作业核算。生产作业核算是指在实施生产作业计划过程中，对生产各阶段、各环节中的原材料投入、在制品流转和产品出产，以及设备运转、维修时间消耗、分析检验等所进行的核算，是为保证作业计划实现而进行的日常统计、汇总、对比分析工作。

（3）在制品管理。在制品管理是生产作业控制的辅助性手段，是指对在制品的计划、协调和控制工作的总称。它起着调节各车间、工作地、工序之间连续、协调、平衡生产的重要作用。在制品管理工作体现在对在制品的投入、产出、领用、发放、保管、周转等方面应做到“有数、有据、有手续、有制度、有秩序”。

第四节　企业生产与运作管理方式

随着现代科学技术在生产及生产系统中的广泛运用，发达国家兴起了管理变革的浪潮，相继创立了适应当今时代要求的新型生产方式和管理模式，其中具有代表性的有：准时生产、精益生产方式、敏捷制造、计算机集成制造系统、物料需求计划、制造资源计划、企业资源计划。

一、准时生产（JIT）

准时生产方式（Just In Time，JIT），又称做无库存生产方式（Stockless Production）、零

库存（Zero Inventories）、一个流（One-piece Flow）或者超级市场生产方式（Supermarket Production），是日本丰田汽车公司在 20 世纪 60 年代实行的一种生产方式，1973 年以后，这种方式对丰田公司渡过第一次能源危机起到了突出的作用,后引起其他国家生产企业的重视，并逐渐在欧洲和美国的日资企业及当地企业中推行开来，现在这一方式与源自日本的其他生产、流通方式一起被西方企业称为“日本化模式”。

JIT 的主要特征表现为:

（1）品质——寻找、纠正和解决问题。

（2）柔性——小批量、一个流。

（3）投放市场时间——把开发时间减至最小。

（4）产品多元化——缩短产品周期、减小规模效益影响。

（5）效率——提高生产率、减少浪费。

（6）适应性——标准尺寸总成、协调合作。

（7）学习——不断改善。

二、精益生产方式（LP）

精益生产（Lean Production，LP）是通过系统结构、人员组织、运行方式和市场供求等方面的变革，使生产系统能很快适应用户需求不断变化，并能使生产过程中一切无用、多余的东西被精简，最终达到包括市场供销在内的生产的各方面最好的结果。

精益生产原本是美国麻省理工学院数位国际汽车计划组织（IMVP）的专家对日本丰田准时生产 JIT 生产方式的赞誉称呼。精，即少而精，不投入多余的生产要素，只是在适当的时间生产必要数量的市场急需产品（或下道工序急需的产品）；益，即所有经营活动都要有益有效，具有经济效益。精益生产方式源于丰田生产方式，是由美国麻省理工学院组织世界上 17 个国家的专家、学者，花费 5 年时间，耗资 500 万美元，以汽车工业这一开创大批量生产方式和 JIT 的典型工业为例，经理论化后总结出来的。精益生产方式的优越性不仅体现在生产制造系统上，同样也体现在产品开发、协作配套、营销网络以及经营管理等各个方面，它是当前工业界最佳的一种生产组织体系和方式，也必将成为 21 世纪标准的全球生产体系。

精益生产的特点是拉动式准时化生产，其以最终用户的需求为生产起点，强调物流平衡，追求零库存，要求上一道工序加工完的零件立即可以进入下一道工序。组织生产线依靠一种称为看板的形式，即由看板传递下道向上退需求的信息（看板的形式不限，关键在于能够传递信息）。生产中的节拍可由人工干预、控制，但重在保证生产中的韧流平衡（对于每一道工序来说，即为保证对后退工序供应的准时化）。由于采用拉动式生产，生产中的计划与调度实质上是由各个生产单元自己完成，在形式上不采用集中计划，但操作过程中生产单元之间的协调则极为必要。

精益生产方式具有如下特点：① 通过排除各种浪费降低成本；②“只在必要的时候，按必要的量，生产必要的产品”；③ 零库存生产；④ 弹性配置作业人数；⑤ 将质量控制融入每一道工序，产品每经过一道工序就被把一次关；⑥“连续改进、追求尽善尽美”的经营理念。

三、敏捷制造（AM）

20 世纪 90 年代，信息技术突飞猛进，信息化的浪潮汹涌而来，许多国家制订了旨在提高自己国家在未来世界中的竞争地位、培养竞争优势的先进的制造计划。在这一浪潮中，美国走在了世界的前列，给美国制造业改变生产方式提供了强有力的支持，并想凭借这一优势重造在制造领域的领先地位。在这种背景下，一种面向对世纪的新型生产方式——敏捷制造（Agile Manufacturing，AM）的设想诞生了。

敏捷制造是在具有创新精神的组织和管理结构、先进制造技术（以信息技术和柔性智能技术为主导）、有技术有知识的管理人员三大类资源支柱支撑下得以实施的，也就是将柔性生产技术、有技术有知识的劳动力与能够促进企业内部和企业之间合作的灵活管理集中在一起，通过所建立的共同基础结构，对迅速改变的市场需求和市场进度作出快速响应。敏捷制造比起其他制造方式具有更灵敏、更快捷的反应能力。

这种新型生产管理模式的特点是：

（1）借助信息技术，把企业与客户、供应商有机地联系起来，成为一个整体。它能够快速地响应市场需求的变化，迅速设计和制造出全新的产品。

（2）通过提高产品的研发速度，降低开发成本，不断改进老产品，满足顾客的多种需求。

（3）采用先进的制造技术和高度柔性的设备，使生产系统能够重新组合，打破成本与产量的直接关系，降低生产准备结束时间，生产系统柔性化，并做到完全按订单生产，提供个性化的服务，同时不失高效率低成本的优点。企业的发展着眼于长期经济效益。

（4）最大限度地调动和发挥人的积极性和创造性，这是企业竞争优势的根本所在。

（5）改变传统金字塔式的多级管理，采用多变的动态组织结构形式，组织虚拟公司。

（6）企业之间建立起所谓的动态战略联盟关系，强强联合，双方都是赢家，组织结构实现扁平化。

敏捷制造的优点：生产更快，成本更低，劳动生产率更高，机器生产率加快，质量提高，提高生产系统可靠性，减少库存，适用于 CAD/CAM 操作。

敏捷制造的缺点：实施起来费用高。

四、计算机集成制造系统（CIMS）

计算机集成制造系统（Computer Integrated Manufacturing System，CIMS）是随着计算机辅助设计与制造的发展而产生的。它是在信息技术自动化技术与制造的基础上，通过计算机技术把分散在产品设计制造过程中各种孤立的自动化子系统有机地集成起来，形成适用于多品种、小批量生产，实现整体效益的集成化和智能化制造系统。计算机集成制造，这一概念最早由美国的约瑟夫·哈林顿博士于 1973 年提出。

CIMS 的基本思想有两点：一是从产品的研制到售后服务的生产周期的全部活动是一个不可分割的整体，每个组成过程应当联系起来综合考虑，不能单独考虑；二是整个企业的生产制造过程是一个对信息数据收集、处理、传递的过程。

计算机集成制造的出现是计算机工程、信息处理技术、通讯技术、管理科学、生产制造自动化、自动控制、自动检测等多种科学技术综合发展和应用的结果。它是运用系统工程整体优化的观点，以现代信息技术、管理技术、生产技术为基础，通过使用电子计算机及其软件，对生产制造企业从接受订货到设计、生产、销售、服务用户的全过程，进行统一管理和控制，以提高经济效益，增强企业市场竞争力的生产管理活动。

计算机集成制造的核心在于集成，不仅是设备、机器等硬件的集成，更重要的是技术的集成、信息的集成，立足于整体，将各子系统有机地结合起来，实现企业生产经营管理的整体优化，这也是计算机集成制造的目标。

计算机集成制造系统基本部分通常包括四个应用分系统：① 管理信息分系统；② 技术信息分系统；③ 制造自动化分系统；④ 计算机辅助质量管理分系统。

计算机集成制造在自动化技术、信息技术及制造技术的基础上，利用计算机及其软件，把企业整个生产过程的有关单元技术、各局部的自动化有机地结合在一起，有效地利用信息资源，实现系统的优化。它特别适合于多品种、小批量的生产环境，大大提高了生产效率。

五、企业资源计划（ERP）

（一）企业资源计划的概念

20 世纪 90 年代以来，随着信息技术尤其是计算机网络技术的迅猛发展，统一的世界市场正在形成，MRP Ⅱ 管理系统经过扩充与进一步完善而发展为企业资源计划（Enterprise Resource Planning，ERP）。美国加特纳咨询公司（Garter Group Inc.）最早提出了 ERP 的概念。与 MRP Ⅱ 相比，ERP 更加面向全球市场，功能更为强大，所管理的企业资源更多，支持混合式生产方式，管理覆盖面更宽。ERP 是站在全球市场环境下，从企业全局角度对经营与生产进行计划的方式，是制造企业的综合的集成经营系统。

ERP 在 MRP Ⅱ 的基础上，通过反馈的物流和反馈的信息流、资金流，把客户需要和企业内部的生产经营活动以及供应商的资源整合在一起，体现完全按用户需要进行经营管理的一种全新的管理方法。

（二）企业资源计划基本思想

企业资源计划的基本思想就是实现对整个供应链的有效管理，主要体现在以下三个方面：

1. 体现对整个供应链资源进行管理的思想

在知识经济时代，仅靠自己企业的资源不可能有效地参与市场竞争，还必须把经营过程中的有关各方如供应商、制造工厂、分销网络、客户等纳入一个紧密的供应链中，才能有效地安排企业的产、供、销活动，满足企业利用全社会一切市场资源快速高效地进行生产经营的需求，以期进一步提高效率和在市场上获得竞争优势。换句话说，现代企业竞争不是单一企业与单一企业间的竞争，而是一个企业供应链与另一个企业供应链之间的竞争。企业资源计划系统实现了对整个企业供应链的管理，适应了企业在知识经济时代市场竞争的需要。

2. 体现精益生产、同步工程和敏捷制造的思想

企业资源计划系统支持对混合型生产方式的管理，其管理思想表现在两个方面：其一是“精益生产”的思想，即企业按大批量生产方式组织生产时，把客户、销售代理商、供应商、协作单位纳入生产体系，企业同其销售代理、客户和供应商的关系，已不再简单地是业务往

来关系，而是利益共享的合作伙伴关系，这种合作伙伴关系组成了一个企业的供应链，这是精益生产的核心思想。其二是“敏捷制造”的思想。当市场发生变化，企业遇有特定的市场和产品需求时，企业的基本合作伙伴不一定能满足新产品开发生产的要求，这时，企业会组织一个由特定的供应商和销售渠道组成的短期或一次性供应链，形成“虚拟工厂”，把供应和协作单位看成是企业的一个组成部分，运用“并行工程”组织生产，用最短的时间将新产品打入市场，时刻保持产品的高质量、多样化和灵活性，这是“敏捷制造”的核心思想。

3. 体现事先计划与事中控制的思想

企业资源计划系统中的计划体系主要包括：主生产计划、物料需求计划、能力计划、采购计划、销售执行计划、利润计划、财务预算和人力资源计划等。而这些计划功能与价值控制功能已完全集成到整个供应链系统中。另一方面，企业资源计划系统通过定义事务处理相关的会计核算科目与核算方式，以便在事务处理发生的同时自动生成会计核算分录，保证了资金流与物流的同步记录和数据的一致性，从而实现根据财务资金的现状追溯资金的来龙去脉，并进一步追溯所发生的相关业务活动，改变了资金信息滞后于物料信息的状况，便于实现事中控制和实时做出决策。

此外，计划、事务处理、控制与决策功能都在整个供应链的业务处理流程中实现，要求在每个流程的业务处理过程中最大限度地发挥每个人的工作潜能与责任心，实现企业组织结构从“高耸式”向“扁平式”的转变，提高企业对市场需求变化的响应速度。

总之，借助 IT 技术的飞速发展与应用，企业资源计划系统得以将很多先进的管理思想变成现实中可实际应用的计算机软件系统。

【课后思考题】

1. 如何理解生产管理？
2. 如何理解企业生产管理系统？
3. 请阐述传统生产管理与现代生产管理的区别。
4. 请阐述企业生产与运作管理过程组织的基本要求。
5. 请阐述企业生产与运作管理过程组织的基本内容。
6. 请阐述企业生产与运作管理过程组织的基本形式。
7. 请阐述企业生产与运作管理过程组织的实际业务。
8. 如何理解生产计划？
9. 如何理解主生产计划？
10. 如何理解物料需求计划？
11. 如何理解生产作业计划？
12. 如何理解生产作业控制？
13. 如何理解准时生产（JIT）？
14. 如何理解精益生产方式（LP）？
15. 如何理解敏捷制造（AM）？
16. 如何理解计算机集成制造系统（CIMS）？
17. 如何理解企业资源计划（ERP）？

第五章　企业采购管理

【学习目标】

1. 理解和掌握商品采购的含义、原则、渠道、流程、方式及策略。
2. 了解采购组织的建立、采购计划的制订和供应商的确定。
3. 了解采购谈判的内容、三阶段及采购合同的签订。
4. 理解和掌握采购人员的职责要求、素质要求及考核要求。
5. 理解和重点掌握商品采购决策中的80/20规则、ABC分类管理法及经济订货批量。

第一节　商品采购

一、商品采购概述

（一）含　义

商品采购是指物流企业为实现企业销售目标，在充分了解市场要求的情况下，根据企业的经营能力，运用适当的采购策略和方法，通过等价交换，取得适销对路的商品的经济活动过程。俗话说，“采购好商品等于卖出一半”，“只有错买，没有错卖”。零售企业如果想采购到适销对路、品质优良的商品，采购过程中就应遵循一定原则。零售企业要根据各类商品的进货渠道和来源的不同特点，结合本企业的实际情况，采用相应的商品采购方式。

商品采购是指物流企业为实现企业销售目标，在充分了解市场要求的情况下，根据企业的经营能力，运用适当的采购策略和方法，通过等价交换，取得适销对路的商品的经济活动过程。它包括两方面的内容，一方面采购人员必须主动地对用户需求作出反应，另一方面还要保持与供应商之间的互利关系。

（二）原　则

1. 以需定进

以需定进是指根据目标市场的商品需求状况来决定商品的购进。对零售企业来说，买与卖的关系绝不是买进什么商品就可以卖出什么商品，而是市场需求什么商品，什么商品容易卖出去，才买进何种商品。所以以需定进的原则又称之为“以销定进”，也即卖什么就进什么，卖多少就进多少，完全由销售情况来决定。

以需定进原则可以解决进货与销售两个环节之间的关系，又能促进生产厂家按需生产，避免了盲目性。

坚持以需定进原则时，还要对不同商品采取不同采购策略，如：① 对销售量一直比较稳定、受外界环境因素干扰较小的日用品，可以以销定进，销多少买多少，销什么买什么。② 对季节性商品要先进行预测，再决定采购数额，以防止过期造成积压滞销。③ 对新上市商品需要进行市场需求调查，然后决定进货量。销售时，商店可采取适当广告宣传引导和刺激顾客消费。

2. 勤进快销

勤进快销是指零售企业进货时坚持小批量、多品种、短周期的原则，这是由零售企业的性质和经济效益决定的。因为零售企业规模有一定限制，周转资金也有限，且商品储存条件较差，为了扩大经营品种，就要压缩每种商品的进货量，尽量增加品种数，以勤进促快销，以快销促勤进。

勤进快销的原则还可以使零售企业的周转资金加快流转，加强资金的利用率，因此这一原则又是提高企业经济效益的有效手段之一。

3. 以进促销

以进促销是指零售企业采购商品时，广开进货门路，扩大进货渠道，购进新商品、新品种，以商品来促进、拉动顾客消费。

以进促销原则要求零售企业必须事先做好市场需求调查工作，在此基础上决定进货品种和数量。

一般来说，对那些处于新开发的、还只是处于试销阶段的商品，要少进试销，只有证明被顾客认可和接受以后，才批量进货。

4. 储存保销

储存保销是指零售企业要保持一定的商品库存量，以保证商品的及时供给，防止脱销而影响正常经营。

储存保销要求零售企业随时调查商品经营和库存比例，通过销售量来决定相应合理的库存量，充分发挥库存保销的作用。

5. 文明经商

零售企业面对的是顾客，以向顾客销售商品来获取利润，因此必须坚持文明经商、诚信待客的原则。这一原则与商品采购相联系，便是进货时要保证质量，杜绝假冒伪劣商品。许多零售企业进货时都坚持"五不进一退货"原则，以保证消费者和自身利益。"五不进一退货"具体指的是：

（1）不是名优商品不进；

（2）假冒伪劣商品不进；

（3）无厂名、无厂址、无保质期的"三无"商品不进；

（4）无生产许可证、无产品合格证、无产品检验证的"三无"商品不进；

（5）商品流向不对的不进；

（6）购进商品与样货不符合的坚决退货。

6. 信守合同

信守合同指采购商品时，要以经济合同的形式与供货商之间确定买卖关系，保证买卖双方的利益不受损害，并使零售企业的经营能够正常进行。

因此，在制定采购合同时，必须保证其有效性和合法性，使采购合同真正成为零售企业正常运转的保护伞。

（三）渠　道

商品采购渠道指零售企业通过何种环节、什么路线将商品采购回来。每个零售企业都有各自不同的特点，所以商品采购渠道也不一定完全相同。

但是，一般情况下，选择商品采购渠道时要注意以下几点：

(1) 环节精简：尽量压缩进货环节，加快采购速度；

(2) 路线最短原则：在商品价格相近的情况下，就近采购；

(3) 省时原则：尽量减少中转手续，节约时间；

(4) 经济节约：从各方面节省采购成本。

商品采购渠道有许多种，这里介绍其中常见的几种：

(1) 商业系统批发企业：比如烟、酒等商品，要向烟草专卖系统和糖酒专卖系统采购。由于零售企业采购的商品较多，有时要向多个不同系统组织进货。

(2) 生产企业：直接与生产企业联系进货，可以减少中间环节，降低流通费用，同时又可以扩大货源，增加商品的可选择性。

(3) 批发交易市场：这里集中了大量商品，优点是选择性强，品种齐全；缺点是质量难以保证。

(4) 商品配送中心：这是近些年才在我国兴起的一种商品配送体制，即配送中心从供货商手中接受各种大批量的商品，再根据各订货商家的要求，将中心的商品进行分装、分类、配货、运送。因此，配送中心实际上也是一个进行物流活动的场所。零售企业可以直接向商品配送中心进货；但若是大规模连锁零售店，建立自己的配送中心更加经济合算。

（四）流　程

商品采购是一个非常复杂的问题，涉及许多方面细节，处理不慎就会出现误差，延误进货，最终影响商品销售。

商品采购时，主要有以下步骤：

(1) 制定需要采购的商品目录，将商品的各项要求详细列明。

(2) 选择供货商，洽谈商品供销事宜。

(3) 进行市场采价，与供货商的价格进行比较，作为商品采购价格的基础。

(4) 查看样货，看样选购。

(5) 与供货商议定商品供应价格。

(6) 发出订购合同。

(7) 审阅供货商的各种发票单据。

(8) 收货及验货存库，并记录存档，制作卡片。

(9) 跟踪管理，根据商品销售情况，调整商品摆放位置、陈列面积等，促进商品销售。

（五）方　式

1. 集中统一进货

集中统一进货是由零售企业经理或专门商品采购部门全权负责商品采购，各商品部只负责填报订货单和销售。

集中统一进货具有许多优点：

（1）节省成本，由少数人员负责全店采购。

（2）统一使用资金，节约费用。

（3）防止进货渠道过于分散，可以获得大批量进货的折扣优势。

（4）有利于各商品部集中精力，做好商品销售的服务工作。

当然，集中统一进货也有不足之处，如进货与销售脱节、商品脱销、增加内部调拨手续、不利于商品内部流通等。因此必须加强商品采购的计划性。

集中统一进货方式适用于中小型零售企业，大型企业则不宜采用。

2. 分散独立进货

分散独立进货方式是由各商品部直接负责商品的采购，零售企业只控制全局平衡，根据各商品部的销售状况来调节资金的分配和使用。

分散独立进货方式优点：

（1）各商品部了解本部门销售动态，了解消费者的偏好，因而有利于及时组织经销对路的商品，节省了时间。

（2）有利于加速资金周转，提高经营效果。

（3）能充分发挥各商品部及营业员的工作主动性和积极性。

当然，这种进货方式也有缺陷和不足：

（1）采购业务比较分散，不利于统一管理。

（2）要使用较多的人力、运力和财力，增加了成本。

（3）增加了营业员的进货负担，不利于提高服务质量。

分散独立进货方式比较适合规模较大、就近采购的零售企业。

3. 集中与分散相结合进货

集中与分散相结合进货方式一般适合大型零售企业。其特点是就近采购时由各商品部分散进货，到外地采购时则由企业集中统一进货。这种综合方式有利于零售企业集中统一使用资金和组织采购人员，又可以充分发挥各商品部的积极性，如果在采购时加强计划性和衔接性，就可以起到上述两种进货方式所难以起到的作用。

4. 委托进货

委托进货方式主要适用于中小型零售企业。这类企业因为规模相对较小，所购商品种类较多而批量却较小，加上手续复杂，没有专人负责进货，就委托中间商代为采购，付给对方一定代理费即可。采用委托进货方式时，必须对采购商品质量、规格、品种进行严格检查，对不符合采购标准的坚决退货。

（六）策　略

对于零售企业来说，如果商品采购策略运用得当，不仅可以采购到优质货源，还可以保证企业盈利的稳定性。因此这里介绍各种商品采购策略。

1. 买方市场下的采购策略

买方市场下的采购策略即货源市场上供大于求，零售企业居于主导地位的情况。这时，零售企业可以凭借主动权随意挑选商品，将主要精力放在商品销售方面，坚持以销定进、以需定进、勤进快销的采购原则，加快资金周转，节省采购成本，提高销售利润。

2. 卖方市场下的采购策略

卖方市场下的采购策略即货源市场上供不应求，商品供应紧张，供货商居于主导地位的情况。这时，零售企业必须集中精力抓好商品采购环节，以保证货源供应的稳定性和充足性。

其策略主要有：

（1）广开进货渠道，联系多家供应商。

（2）与生产企业联合，为其提供资金、设备等帮助。

（3）对生产商或供货商提供优惠，如由商店补助运输津贴、上门提货、提供广告援助等等。

3. 不同生命周期商品的采购策略

商品从研制开发到畅销、疲软有一个生命周期，即引入期、成长期、成熟期和衰退期。商品处于不同生命阶段时，所采取的进货策略也有所不同。

（1）引入期商品可以少量进货，待其市场看好再决定批量进货。

（2）成长期商品属畅销货，应积极扩大进货数量，利用广告进行促销。

（3）成熟期商品在前期市场还继续被看好，可组织大量进货；后期逐渐疲软，被新商品代替，应有计划地逐渐淘汰。

（4）衰退期的商品不应进货，或根据市场需求少量进货，并有计划地用其他商品替代，使顾客逐渐接受替代商品，从而淘汰衰退期商品。

二、建立采购组织

现代企业的零售经营者一般将采购业务交给企业内某些人或某些部门负责，因此而产生了集权式采购组织、分权式采购组织和业务外包采购组织。

（1）集权式采购组织，指企业将相关的职责或工作集中授予一个部门来执行。零售商建立专门的采购机构，负责整个商场或整个连锁商店的采购任务。在一个集权式的采购组织里，往往拥有专门的采购人员，这些采购人员分别负责某一类商品的采购，有明确的采购责任和授权，公司也对其实施严格的考核指标。

（2）分权式采购组织，指企业把与采购相关的职责和工作分别授予不同的部门来执行。分权式采购组织不是一个独立的专门部门，它是由一群兼职采购人员负责，这些人既负责商品经营，又负责商品采购，有时也处理其他零售业务，责任和授权往往并不明确，但却具有充分的灵活性，这种形式常见于小型零售商或实施分散采购制度的零售商。

（3）业务外包采购组织，在费用更低或效率更高的情况下，零售商也可以选择将采购业务转向外部，即依靠外部采购组织。在外部采购组织中，通常由零售商支付一笔费用雇佣外部的公司或人员，这笔费用比零售商自建采购组织相对要低，且效率较高。外部采购组织通常被中小型零售商或远离货源的零售商所采用，它具有与供应商谈判的优势，通常服务于若干无竞争关系的零售商，有时还提供营销咨询及自有品牌商品。

三、制订采购计划

采购计划（Procurement Plan）是指企业管理人员在了解市场供求情况，认识企业生产经营活动过程中和掌握物料消耗规律的基础上对计划期内物料采购管理活动所做的预见性的安排和部署。采购计划是根据生产部门或其他使用部门的计划制定的包括采购物料、采购数量、需求日期等内容的计划表格。

采购计划的分类有以下几种:

(1) 按计划期的长短分，可以把采购计划分为年度物料采购计划、季度物料采购计划和月度物料采购计划等。

(2) 按物料的使用方向分，可以把采购计划分为生产产品用物料采购计划、维修用物料采购计划、基本建设用物料采购计划、技术改造措施用物料采购计划、科研用物料采购计划和企业管理用物料采购计划。

(3) 按自然属性分类，可以把采购计划分为金属物料采购计划、机电产品物料采购计划和非金属物料采购计划等。

采购计划的制订要细分落实到商品的小分类，对一些特别重要的商品甚至要落实到品牌商品的计划采购量，采购计划要细分到小分类，其意图就是控制好商品的结构，使之更符合目标顾客的需求。同时，采购计划的小分类细分也是为采购业务人员的业务活动给出了一个范围和制约。另外，如果把促销计划作为采购计划的一部分，那么就要在与供应商签订年度采购合同之前，要求供应商提供下一年度的产品促销计划与方案，便于在制订促销计划时加以参考。在制定采购计划时也应要求供应商提供下一个年度新产品上市计划和上市促销方案，作为制定新产品开发计划的一部分。

四、确定供应商

《零售商供应商公平交易管理办法》规定：供应商是指直接向零售商提供商品及相应服务的企业及其分支机构、个体工商户，包括制造商、经销商和其他中介商，或称为“厂商”，即供应商品的个人或法人。供应商可以是农民、生产基地、制造商、代理商、批发商（限一级）、进口商等。应避免太多中间环节的供应商，如二级批发商、经销商、皮包公司。

选择供应商的标准有许多，根据时间的长短可分为短期标准和长期标准。在确定选择供应商的标准时，一定要考虑短期标准和长期标准，把两者结合起来，才能使所选择的标准更全面，进而利用标准对供应商进行评价，最终寻找到理想的供应商。

1. 短期标准

供应商的短期标准主要有：商品质量合适、成本水平低、交货及时和整体服务水平好。

(1) 合适的商品质量。

采购商品的质量合乎采购单位的要求是采购单位进行商品采购时首先要考虑的条件。对于质量差、价格偏低的商品，虽然采购成本低，但会导致企业的总成本增加。因为质量不合格的产品在企业投入使用的过程中，往往会影响生产的连续性和产成品的质量，这些最终都会反映到总成本中去。

相反，质量过高并不意味着采购物品适合企业生产所用，如果质量过高，远远超过生产要求的质量，对于企业而言也是一种浪费。因此，采购中对于质量的要求应是符合企业生产所需，要求过高或过低都是错误的。

（2）较低的成本。

成本不仅仅包括采购价格，而且包括原料或零部件使用过程中所发生的一切支出。采购价格低是选择供应商的一个重要条件。但是价格最低的供应商不一定就是最合适的，因为如果在产品质量、交货时间上达不到要求，或者由于地理位置过远而使运输费用增加，都会使总成本增加，因此，总成本最低才是选择供应商时考虑的重要因素。

（3）及时交货。

供应商能否按约定的交货期限和交货条件组织供货，直接影响企业生产的连续性，因此，交货时间也是选择供应商时要考虑的因素之一。企业在考虑交货时间时需要注意两个方面的问题：一是要降低生产所用的原材料或零部件的库存数量，进而降低库存占压资金，以及与库存相关的其他各项费用；二是要降低断料停工的风险，保证生产的连续性。结合这两个方面内容，对交货及时性的要求应该是这样：用户什么时候需要，就什么时候送货，不晚送，也不早送，非常准时。

（4）整体服务水平好。

供应商的整体服务水平是指供应商内部各作业环节能够配合购买者的能力与态度。评价供应商整体服务水平的主要指标有以下几个方面。

① 培训服务：如果采购者对如何使用所采购的物品不甚了解，供应商就有责任向采购者培训所卖产品的使用知识。供应商对产品卖前和卖后的培训工作情况，也会大大影响采购方对供应商的选择。

② 安装服务：通过安装服务，采购商可以缩短设备的投产时间或投入运行所需要的时间。

③ 维修服务：免费维修是对买方利益的保护，同时也对供应商提供的产品提出了更高的质量要求。这样，供应商就会想方设法提高产品质量，避免或减少免费维修情况的出现。

④ 技术支持服务：如果供应商向采购者提供相应的技术支持，就可以在替采购者解决难题的同时销售自己的产品。比如，信息时代的产品更新换代非常快，供应商提供免费或者有偿的升级服务等技术支持对采购者有很大的吸引力，也是供应商竞争力的体现。

2. 长期标准

选择供应商的长期标准主要在于评估供应商是否能保证长期而稳定的供应，其生产能力是否能配合公司的成长而相对扩展，其产品未来的发展方向能否符合公司的需求，以及是否具有长期合作的意愿等。

选择供应商的长期标准主要考虑下列 4 个方面：

（1）供应商内部组织是否完善。

供应商内部组织与管理关系到日后供应商供货效率和服务质量。如果供应商组织机构设置混乱，采购的效率与质量就会因此下降，甚至会由于供应商部门之间的互相扯皮而导致供应活动不能及时、高质量地完成。

（2）供应商质量管理体系是否健全。

采购商在评价供应商是否符合要求时，其中一个重要的环节是看供应商是否采用相应的质量体系，比如说是否通过 ISO 9000 质量体系认证，内部的工作人员是否按照该质量体系不折不扣地完成各项工作，其质量水平是否达到国际公认的 ISO 9000 所规定的要求。

（3）供应商内部机器设备是否先进。

从供应商机器设备的新旧程度和保养情况就可以看出管理者对生产机器、产品质量的重视程度，以及内部管理的好坏。如果车间机器设备陈旧，机器上面灰尘油污很多，很难想象该企业能生产出合格的产品。

（4）供应商的财务状况是否稳定。

供应商的财务状况直接影响到其交货和履约的绩效，如果供应商的财务出现问题，周转不灵，就会影响供货进而影响企业生产，甚至出现停工的严重危机。

五、谈判内容及其三阶段

商品采购不仅是企业的一项主要业务，而且还是一门商业艺术，其中商品采购谈判尤为重要。最佳的商品采购谈判往往会使顾客获得最大的实惠，同时也会使企业与供货商喜获双赢。

（一）谈判内容

1. 配送问题的规定

以大型卖场这样的零售商为例，零售商主要经营的是消费品，尤其是超级市场，销售的更是日常用品，以满足消费者的日常生活所需，这些商品的周转率相当高。要保持充分的商品供应，商品配送是一个十分重要的话题。许多连锁商店设有自己的配送中心，这一问题相对容易解决，但许多商店是单体商店或小型连锁商店，自己的配送能力有限，必须全部或部分依靠供应商的配送，此时商品配送问题就成了谈判中的一个主要内容。因此，商店应在配送的方式及配送的时间、地点、配送次数等方面与供应商达成协议，清楚规定供应商的配送责任，以及若违反协定必须承受的处罚。

2. 缺货问题的规定

对于供应商的供货，若出现缺货的现象，必然会影响销售。因此，在谈判中要制定一个比例，要求供应商缺货时应负的责任，以约束供应商准时供货。例如，允许供应商的欠品率为 3%，超过 3%时，每月要付 1 万元的罚金。当然这规定制定后，必须征得供应商同意，达成合约协议才算正式确立。

3. 商品品质的规定

进行商品采购时，采购员应了解商品的成分及品质，是否符合国家安全标准和环保标准或商标等规定。由于采购员的知识所限，有时不能判断上万种商品的各种成分及技术标准，因此在采购时，必须要求供应商提出合乎国家法律规定的承诺，以及政府核发合法营业的证明，以确保在商品运营销售上不会出现问题。

4. 价格变动的规定

以大型卖场这样的零售商为例，零售商与供应商签订采购合约后，往往建立的是一种长期的供货关系，在这期间，零售商当然希望供应商的商品价格保持不变。但由于供应商的商品成本因素会出现意外情况，如原料成本上升或原料供应减少造成商品供不应求，或薪金上涨等，价格的变动自然在所难免。但在谈判时仍需规定供应商在调整价格时按一定程序进行。例如：规定供应商价格要在调整生效前一个月通知商店方有效，或规定调价时，必须再优待一批原来的供应价才可调整，或配合整体销售通路同时调价等。

5. 付款的规定

采购时，支付的货款天数是一个很重要的采购条件，但须对支付供应商的方式有所规范。

例如，将对账日定在每月的某一天，付款日定在某一天，付款时是以现金支付还是银行转账等，都要有一系列准则，并请双方共同遵守。

（二）谈判三阶段

商品采购谈判的核心是议价，也就是说，企业采购员与供货商就商品价格及交易条件直接进行谈判。

从企业利益角度出发，供需双方的谈判心态是有所区别的：供货商希望能以平常的售价（报价单上的标准）供应商品，而企业则要求以折扣价格获得高利润率的商品。

企业的采购如何才能达到目的，需要采购员在谈判中不断总结经验。通常采购员需要着重做好以下几方面的工作。

1. 谈判前充分准备

对供应商的资质调查是必要的，供应商的一般情况不难了解，关键是要确定供应商是属于哪一个级别的批发商。很多商品的代理有全国性、区域性及地方性之分，在谈判前要设定两个以上可商议的目标，一个是理想目标即单赢，另一个是合理目标即双赢。要带好相关资料，如市场调查报告、竞争对手的海报、合同文本，以及笔、计算器、会谈记录等，更重要的是各种有效证件。

2. 谈判中突出重点

（1）首先要讲礼貌，着装得体，遵守时间，提前 5 分钟到达谈判地点，要充满自信心。

（2）通过提问，从对方回答中获得有用的信息，引导供货商说出你所需要的东西。

（3）主动掌握谈判的过程。

（4）强调合作，谈判的最终结果有四种：单赢、单输、双赢、双输，而我们所倡导的是以信任、亲善为理念，追求的是双赢效果，强调的是双方合作。

（5）妥善处理异议，当供货商过分强调理由或提出较为苛刻的条件时，可以先保持短时间的沉默，然后询问其原因，并试着有理有据地提出反驳理由，明确表示对方的条件是不能接受的，并提出自己的确切标底，最后坦然告诉对方如果不能供货，将会失去一定的市场份额。这样一般会收到较为理想的效果。

3. 谈判后要追踪效果

商品采购谈判结束，并非是商品采购工作的终结。

一个合格的企业商品采购员还要追踪因商品采购所延伸的一些工作，通常包括了解并掌握商品是否与样品质量、价格、品牌、产地等相符，是否完全履行了合同约定的条款，商品进入卖场后售货员的反应如何，销路是否畅通，是否符合市场的需要，商品质量是否符合国家、行业及企业规定的标准，此外还要从以下六个方面对谈判后的效果进行追踪：

（1）商品是否满足顾客的需求，顾客的满意度如何。

（2）商品采购总量、商品结构、批量是否合适。

（3）商品质量是否稳定，能否满足顾客的需求。

（4）商品货源是否来自源头。

（5）售后服务是否良好、可靠，对投诉是否能做出迅速反应，索赔是否简便易行。

（6）交货是否及时，供货量是否有弹性，交货时间是否合适，能否保证购货所需时间内的正常销售（过早送货会导致库存积压，过迟送货则会出现缺货）。

六、签订采购合同

采购合同是买卖双方为实现一定的经济目的而依法订立的明确双方有关权利义务的一种书面协议，它对双方当事人具有法律约束力。合同一旦签订，任何一方不得强迫对方接受不平等条件，也不能单方面撕毁合同，否则将受到法律制裁。

任何一个经济合同都包含基本条款和普通条款。采购合同的具体内容由以下几方面构成:

（1）采购商品的名称。合同上应注名商品的生产厂名、牌号或商标、品种、型号、规格、等级、花色等；

（2）采购商品的数量、价格和质量。数量和价格由购销双方议定。对于质量，合同可以规定多种鉴别方法，一是直接观察法；二是以样品为标准鉴别；三是以牌号为根据鉴别；四是以标准品级为依据鉴别。

（3）采购商品的交货地点及交货时间。交货地点包括现场交货、船上交货、车站交货、到库交货；交货时间有立即交货、近期交货、远期交货。

（4）采购商品货款的支付。包括结算方式、开户银行、账户名称及账号，是当时付款还是预付货款、后付货款等。

（5）其他事项。包括供应商的售后服务，对消费者的承诺，应支付的各种入场费、赞助费以及违约责任及违约金等。

七、再订购商品

（一）订货和送货时间

以大型卖场这样的零售商为例，对于零售商，处理一份订单需要花多长时间？对于供应商，履行订单并将货物送达要花费多长时间？零售商需要掌握处理订单的时间，以便早作打算，计算出当库存降到什么水平时，订购的货物刚好能到达商店，既不会导致商品脱销，也不至于造成商品积压。

（二）财务支出

不同采购方案下的财务支出是不同的。大批量订货可以获得较大的数量折扣，使单位商品进价较低，但大批量进货需要大量现金支出，增加了资金压力；小批量订货无法享受价格优惠，使商品进价较高，但小批量订货无需占用太多资金，增加了资金的使用效率。零售商在再订购时需要权衡两方面的利益。

（三）订货成本和储存成本

订货量大，一定时期订货的次数就会减少，相应的订货成本也会降低，因为较高的数量折扣、较低的单位运输成本易于控制和处理；但订货量大也会使一定时期商品的储存成本增加，商品损坏和过时的可能性增大。订货量小，一定时期订货的次数就会增多，相应的订货成本也会增加，因为较少的价格优惠、较高的单位运输成本，额外的服务支出及控制和处理过程更复杂；但订货量小会减少一定时期商品的储存成本，商品损坏和过时的可能性也减小。零售商在再订货时需要权衡这两种成本，最佳情况是订货批量使订货成本和储存成本的总和为最低值。

（四）存货周转率

存货周转率（Inventory Turnover）又名库存周转率，是衡量和评价企业购入存货、投入生产、销售收回等各环节管理状况的综合性指标。它是销货成本被平均存货所除而得到的比率，或叫存货周转次数，用时间表示的存货周转率就是存货周转天数。

八、定期的评估与改进

（一）定期的再评估

引入的商品在商场正式销售后，采购人员仍要追踪管理，不能放任自流。评估主要包括两个方面：商品的评估和供应商的评估。对于商品的评估，最重要的是看它是否能畅销，因此，采购员要定期分析商品的销售量，看是否销售稳定正常，并及时淘汰滞销商品，引入新商品。对于供应商，也需要定期考核。

（二）零售商与供应商关系的改进

定期的再评估不仅仅只是停留在工作考核的层面上，关键还在于如何改进，提高企业的采购管理水平。这里既包括采购计划的改进，采购方法的改进，采购商品品种的改进，还包括零售商与供应商关系的改进。

越来越多的零售商已经认识到，与优良的供应商建立长期稳定的合作关系对事业发展是至关重要的。过去，零售商只要专注于企业内部管理，包括对商品的管理、财务的管理、人员的管理便能在市场中获得竞争优势。后来随着竞争的加剧，零售商又通过发展连锁经营、降低库存来赢得优势。然而，在今天的信息社会中，这种独自挖掘潜力的竞争方式已不能适应竞争的要求，零售商要将自己放在整条商品供应链中考虑自己的地位和价值，通过与供应商建立战略伙伴关系，才能不断提高对顾客要求做出迅速反应的能力、企业各部门的应变能力和优化企业外部资源管理能力，从而建立起自己的竞争优势。

第二节　采购人员管理

一、采购人员职责要求

零售企业对采购员的职业素质要求很高，需要对采购员进行培训，以提高其能力素质。零售企业采购员的职责主要有以下方面：

（1）确保商品采购供应：随时了解各商品部的商品销售状况，为商品采购供应作准备。

（2）拟定商品采购计划：按期（一般以半个月或一个月为一周期）制定商品采购计划，包括重点商品的选择、商品价格、数量、供应商的选择等。

（3）具体采购：包括采价、议价、与供货商协商条件、商品引进及配送等。

（4）商品业务管理：包括检查各商品部销售情况，发现畅销和滞销商品，处理滞销商品，整理存货、盘点等。

（5）协助商品销售：制定商品促销计划，制定销售特价商品的计划，市场行销调查，了解消费者动态及竞争对手的促销措施和经营策略，等等。

（6）服务人员的培训：协助培训服务员，让服务员了解商品性能、特点等，掌握一定的商品知识，促进商品销售。

二、采购人员素质要求

作为一名采购人员，应具备以下素质要求。

1. 道德素质

在网上曾经看过这样一个帖子，写的是总经理在招聘员工时使出的种种“试金石”，其目的是测试员工在专业技能之外的职业道德，其中排在第一位的便是采购人员。

采购人员要面对各种供货商，有些供货商总会想办法以金钱或其他方式来诱惑采购人员，以达其销售目的。采购人员若无法把持，可能不自觉掉入供货商的陷阱而不能自拔。面对供应商的种种诱惑，采购人员应洁身自爱，做到“君子爱财，取之有道”。

让我们记住这样一句话：“做事可以失败，做人不可失败。”

在采购人员所有的必备素质中，道德素质是被排在第一位的。作者在与各公司的采购人员交流时发现，一些在行业中做得优秀的采购人员都具备很高的道德素养以及严谨认真的工作态度。这包括：始终保持对企业的忠诚，从提供最佳价值的供应商处采购，不断努力提高自己的方式方法等。

2. 把握总成本原则

传统采购注重单一最低采购价格，而战略采购注重“最低总成本”。战略采购应充分平衡企业内外部优势，以降低整体成本为宗旨，涵盖整个采购流程，实现从需求描述直至付款的全程管理。

一位优秀的采购人员并不能只强调物品的成本，如果花6元买的笔仅使用两天就坏，那倒不如买60元一支但可以用上好几个月的笔。采购人员最主要的是要学到关注采购行为的总成本，而不是某个商品的单一价格。

成本最优往往被许多企业的管理者误解为价格最低，只要购买价格低就好，很少考虑使用成本、管理成本和其他无形资本。采购决策依据就是单次购置价格，例如购买一台复印机，采购的决策者如果忽略了使用过程所发生的电费、交通费、维护保养费、硒鼓费、纸张等消耗品费用情况、产品更新淘汰因素等而只考虑价格，采购的总成本实际上是没有办法得到控制的。因此必须有总成本考虑的远见，要对整个采购流程中所涉及的关键成本环节和其他相关的长期潜在成本进行分析和评估。

3. 谈判技巧

谈判是买卖双方为了各自目标，达成彼此认同的协议过程，这也是采购人员应具备的最基本素质要求。

采购人员应具有观察判断、灵活应变、心理承受、能言善辩等各方面的实践能力。同时还应具备坚定不移的毅力，百折不挠的精神，不达目的决不罢休的自信。

关于对方的底价，什么时间签合同，以及谈判人员的权限等都是非常重要的信息，谁掌握了对方的底牌，谁就在谈判中赢得主动。谈判的任何一方都想事先知道对方的价格、时间以及权限，哪怕只是其中的一个内容。

在谈判中我们要冷静倾听对方的意见，婉转地提出不同的意见。如果某个问题成了彼此继续谈判的绊脚石，使谈判无法再顺利进行时，应在双方对立起来之前就及时地公布休会，从而避免引起更进一步地僵持和争论。

4. 掌握变化中的市场

采购人员必须努力通过各种渠道及方式了解市场，不能坐井观天、当井底之蛙，毕竟市场的变量太多，我们应尽量利用一切资源，掌握它们，做好知己知彼，才能百战百胜。

了解市场行情要随物品特点而定，对时令物品，因供求情况和价格变化快，应随时掌握其变化；对季节性强的物品，须了解生产周期，掌握采购最佳时期；对大批量的常规性物品，要进行专题调查，根据采购的质、量、时间进行选择。从外地进货还要了解运输的情况和运输费用的高低。

采购物品的市场是广阔的，一种物品常有几十家供货单位可供选择。如果采购员缺乏了解市场，不懂市场行情，就会在数以千计的生产同一货品的供货单位面前晕头转向，导致采购的失败。

5. 供应商管理

传统的供应商管理以压缩采购成本、获得经济利益为主要目标，因此企业和供应商之间是价格驱动下的竞争关系。现代供应商管理则建立在战略合作关系上，它以双赢采购为宗旨，注重发展与供应商长期战略合作关系，是新经济形势下的采购管理新范式。

一位优秀的采购人员会把开发新供应商当成自己每年的常规工作。每次采购前都会有新客户出现，主要商品、材料的供货商至少有3～5家进行对比，而且每年应至少再发展几家。这么做是为了营造供应商之间的竞争局面，保证供货质量和降低经营成本。

我看过这样的材料：与沃尔玛打交道的供货商大部分对沃尔玛又爱又恨。爱的是商品进了沃尔玛一定很好销售，恨的是沃尔玛的采购人员通过先进的信息系统对供货商的成本了如指掌，他们的利润率被压在一个较低的水平上。所以，了解了供货商的成本构成才能向他们要利润，这是谈判时的主要武器。

建立一个良好的供应链系统是公司的核心竞争力之一，现代企业的竞争不是单一的竞争，而是团队的竞争，特别是供应链之间的竞争。谁的供应链更为紧密、更为有效，谁的产销渠道更为发达，谁就能在复杂多变的市场中占据主动和优势地位。因此我们要把视野放开阔，不仅局限于公司内部，还要放眼于整个社会，要认识到一个好的供应链是我们企业的重要组成部分。只有善待供应商，培育供应商，使其与我们共同成长，才能更好地提高公司核心竞争力。

6. 集中采购管理

通过集中采购来提高议价能力，降低单位采购成本，这是一种基本的战略采购方式。目前虽有企业建立集中采购部门进行集中采购规划和管理，以期减少采购物品的差异性，提高采购服务的标准化，减少后期管理的工作量。很多企业在前期由于采购量和种类的限制，战略采购的优势并不明显，但在集团向更高层次和更大规模发展的过程中优势会日益明显。

集中采购一方面可使企业获得规模效益，降低采购和物流的成本；另一方面公开采购和集中决策可有效防止不良采购行为的发生。在日常采购中，大宗和批量、价值较高、定期采购的物品等适合集中采购。

7. 树立创新求进意识

一个没有现代采购意识的人不可能承担采购创新的任务。采购创新既是适应市场需求变化的需要，也是提高企业核心竞争能力的重要途径。

在外界环境日新月异的今天，采购人员要把采购创新与企业发展的实际需要结合起来。一方面要打破惯性思维模式，实现超越自我，另一方面要有创新的思考力，力求突破现状，随时以新点子或创意来改善自己的工作方法与效率,用新的体制和思维把采购工作往前推进。

8. 团结协作

一件物品从申购、审批、采购、验收、入库到付款，采购人员不是单独作业，而是与公司相关岗位人员共同完成的。采购人员必须与同事和谐共处，彼此合作，互相支持，这样才能更好地完成采购任务。在出现问题的时候，不推不诿，勇于承担责任；在涉及荣誉和个人利益的时候，不争不抢，相互谦让，切实做到目标同向、工作同心、事业同干。

有两首童谣这样写道：

两只蚂蚁来搬米，身体晃来又晃去，三只蚂蚁来搬米，轻轻抬着进洞里。

一个和尚挑水喝，两个和尚抬水喝，三个和尚没水喝。

这两首童谣，讲了两种截然不同的结果。“三个和尚”之所以“没水喝”，是因为互相推诿、不讲协作；“三只蚂蚁来搬米”之所以能“轻轻抬着进洞里”，正是团结协作的结果。从“人不如蚁”中，我们应得到什么启发呢？

三、采购人员考核要求

对于采购人员的考核请参见表 5.1。

表 5.1　采购员岗位绩效考核表考核项目评价说明

考核指标	考核项目	本项分值	考核分项	分项分值	分项评分情况					评价要求与说明
					0～2.5	2.5～3.0	3.0～3.5	3.5～4.5	4.5～5.0	
绩效考评	任务完成情况	65	按生产计划及交货期，合理安排采购计划	5						接到采购计划单后，按轻重缓急合理制定采购计划，落实相关库存，进行采购
			准确、全面、合理地实施采购计划与工作	5						对采购计划单上的各种材料、设备进行准确及时地采购，明确交货周期，并记录在案
			能保证当采购计划单修改后，及时调整采购计划，减少公司损失	5						上级或技术部对采购计划做出更改时，要求更改人签字，并及时与供应商联系，与供应商协商，将损失降到最低
			能保证采购计划按采购计划及采购合同规定的时间及时完成	5						保证按计划完成采购任务，在计划时间内将所需原材料采购入厂；不因延时采购或沟通不够而影响生产和销售
			能及时掌握采购各环节的信息	5						积极与供应商沟通，全程跟踪采购产品的生产、包装、运输过程的情况

续表 5.1

考核指标	考核项目	本项分值	考核分项	分项分值	分项评分情况					评价要求与说明
					0～2.5	2.5～3.0	3.0～3.5	3.5～4.5	4.5～5.0	
绩效考评	任务完成情况	65	能保证紧急采购任务的及时准确完成	5						对特殊情况下或上级领导专门安排的紧急采购任务，能及时组织实施采购并保质保量完成
			能正确理解、严格执行上级下达的命令，并传达给相关人员，提高工作效率	5						与财务部沟通，按合同金额办款；与库房沟通，及时办理采购产品入库；与技术部沟通，严格按照规定采购；与车间沟通，一切采购都要符合生产实际需要；与销售部沟通，按订单购买
			能处理好采购合同	5						按“采购合同管理办法”的规定签订采购合同
			对采购工作中的问题能做出正确的处理	5						能主动承担原材料的采购工作，能制定科学合理的采购方案，合理地做出处理决定；能以低价购买同等质量的产品；采购计划发生变化后，及时与供应商沟通，进行原材料的退换工作，降低公司损失
			对劳动组织纪律的遵守，遵守公司制度	5						按时上下班，不无故不到，不发生脱岗行为；遵守公司相关的制度与法律法规
			对工作保持良好的态度	5						对外购件及受控清单及时查看，查清采购产品的规格型号、厂家等必须信息后，签字确认
			采购管理及业务知识和经验掌握程度	5						全面掌握采购管理的相关知识，熟悉采购流程、采购原材料的特性及采购相关的法律法规
			能保证自身培训和岗位技能训练等工作的有效开展	5						能本着为公司培养人才的原则，从提高自身业务工作能力和综合素质方面，做好自身技能培训工作，积极参加公司组织的各类培训学习活动
	人员沟通工作协调能力	20	与同级和上级人员的沟通能力	5						有互相尊重的意识和观念，具有良好的沟通能力；与技术部、车间相互沟通，购买工作最大限度地满足生产的需要，做到不错买、多买，为公司节约资金
			工作责任感强，对自身工作负责	5						有强烈的工作责任感和责任意识，对自己的分管工作负责，能及时完成自己的本职工作
			工作积极主动	5						能自觉主动地完成自身及上级交付的工作，不拖拉，不被动工作，不总因为工作而被人催促
			能协调处理本部门与相关部门的业务工作关系	5						有全局观念，有协调意识和协调能力，能从公司整体利益出发，采购要保证公司利益；能通过协调本部门及相关部门的关系，及时合理地解决和处理对工作中出现的问题，使采购工作顺利进行

续表　5.1

<table>
<tr><td rowspan="2">考核指标</td><td rowspan="2">考核项目</td><td rowspan="2">本项分值</td><td rowspan="2">考核分项</td><td rowspan="2">分项分值</td><td colspan="5">分项评分情况</td><td rowspan="2" colspan="2">评价要求与说明</td></tr>
<tr><td>0～2.5</td><td>2.5～3.0</td><td>3.0～3.5</td><td>3.5～4.5</td><td>4.5～5.0</td></tr>
<tr><td rowspan="3">绩效考评</td><td rowspan="3">研究理解判断能力</td><td rowspan="3">15</td><td>能进行调查研究，准确合理地判断问题的本质并解决具体工作问题</td><td>5</td><td></td><td></td><td></td><td></td><td></td><td colspan="2">具有较强的分析和判断能力，对原材料市场中价格和货源信息有充分的掌握；有实事求是的工作态度，经常深入车间、市场调查研究，认真总结采购工作经验；对工作中经常出现的采购问题进行全面的调查、分析和研究，掌握需求与价格变化的规律，制定合理的采购方案和措施，切实解决实际生产问题</td></tr>
<tr><td>保持不断进取的心态，灵活应用业务知识和经验，对工作中的疑难问题有独到的见解，创新性地解决实际问题</td><td>5</td><td></td><td></td><td></td><td></td><td></td><td colspan="2">对工作中的疑难问题有独到的见解，有创新精神和勇气，主动地思考或解决业务及企业建设方面的问题</td></tr>
<tr><td>不收受供应商的赠送与餐请，做到自律</td><td>5</td><td></td><td></td><td></td><td></td><td></td><td colspan="2">在采购过程中，不收受任何供应商的赠送与餐请；所有采购行为都应以公司利益为重</td></tr>
<tr><td>合计</td><td></td><td>100</td><td></td><td>100</td><td>很差</td><td>较差</td><td>一般</td><td>良好</td><td>优秀</td><td>其他考核</td><td>主要是指由于工作疏忽而导致生产车间停产，或给公司造成经济等方面的损失，由部门主管、副总、经理等直接进行处罚</td></tr>
</table>

第三节　商品采购决策

一、采购品种决策

（一）80/20 规则

80/20 规则：一般是指数量或种类为 80%的采购物品（指原材料、零部件数）只占有 20%的价值，而剩下 20%的物品则占有 80%的价值。

采购物品的 80/20 规则告诉我们：由于数量仅 20%的采购物品（一般是战略采购物品）占据了采购价值的 80%，控制与降低该部分采购成本对于企业整体成本就显得十分重要。但由于战略采购物品的供应商数量有限，因此对于该类物品的采购主要是要找到可靠的供应商并和供应商建立长期合作或伙伴关系。因此，采购决策的对象应集中于集中采购品，主要通过供应市场分析，制定、评价、选择采购方案，选择最佳的或满意的供应商和供应方式。而对于瓶颈采购品、正常采购物品不需经采购决策程序，可直接进入采购管理程序。

关于 80/20 规则，还有以下通俗说法：

80%的收获，来自于 20%的付出；

80%的结果，归结于 20%的原因；

80%的财富，集中于 20%的人口手中；

80%的快乐，来自于生命 20%的时间；

80%的营业额，来自 20%的客户或产品；

80%的成就在 20%的时间内达到；

80%的时间里，你穿你所有衣服的 20%；

80%的交通事故来自 20%的汽车驾驶人；

80%的考试分数来自 20%的复习资料。

（二）ABC 分类管理法

ABC 分类管理法的操作步骤是将各种商品按金额大小顺序排列，计算出各类商品的金额比重和品种比重（单项比重和累计比重），再将商品划分为 ABC 三种类别。

A 类商品是指获利高或占销售额比重大、而品种少的商品，一般金额比重为 70%～80%，品种比重为 5%～10%；

C 类商品是指获利低获占销售比重小、而品种多的商品，一般金额比重为 5%～110%，品种比重为 70%～80%。

B 类商品是处于 A 类和 C 类商品之间的商品，其金额比重为 10%～20%。

将商品划分成 ABC 三类后，再根据分类结果实施分类管理。

A 类商品是重点商品，应进行重点控制。为防止脱销，要定时定量采购，经常检查每个品种的储存情况，及时进行调整，务必使这类商品经常保持在合理的限度内，保证不脱销，不积压。

C 类商品可以采用较简单的办法加以控制，如采用固定采购量，适当减少采购次数。由于这类商品所占销售额比重较小，而品种比重较大，因而需要将每种商品的库存量控制在最小范围内。

B 类商品可实行一般控制，分大类进行管理，除其中销售额较高的部分品种参照 A 类商品管理外，其余大部分商品连同 C 类商品都可以采取定期检查存量的方法进行控制。

二、采购预算决策

采购预算，就是一种用数量来表示的计划，是将企业未来一定时期内经营决策的目标通过有关数据系统地反映出来，使经营决策具体化、数量化的表现。

采购预算的主要作用：保障企业战略计划和作业计划的执行，确保企业组织目标一致；协调企业各部门之间的合作经营；在企业各部门之间合理安排有限的资源；对企业物流成本进行控制、监督。

采购预算的计算公式如下：

采购预算＝销售成本预算＋期末库存计划额－期初库存额

【例题 5.1】 某商店一年的销售目标为 2 000 万元，平均利润率是 15%，期末库存计划额为 200 万元，期初库存为 180 万元，其全年的采购预算就是：

$$2\,000\times(1-0.15)+200-180=1\,720\ (\text{万元})$$

即一年的采购预算为 1 720 万元。再将其按月分配到各个月，就是每月的采购预算。

采购预算在执行过程中，有时会出现情况的变化，这就有必要进行适当的修订。如商店实行减价或折价后，就需要增加影响销售额的部分；商店库存临时新增加促销商品，就需要从预算中减少新增商品的金额。

三、采购数量决策

（一）批量订货

批量订货，是企业为了节省订货费用，降低订货成本而一次性把一种商品大批量地采购进来的方式。这种订货方式的优点是可以降低一次性的订货成本，获得进货优惠；缺点是需要占用大量资金和仓储设施。批量订货的商品数量一般很难找出规律性，主要依靠企业的经营需要、仓储条件和订货优惠条件等情况而定。一般适合以下几种情况：

（1）对供货不稳定的商品，可以批量订货。有些商品的供应时断时续，没有规律可循。当市场上供应这种商品的时候，企业便可大批量订货并储存起来，供以后陆续销售。在这种情况下，企业必须准确估计需求量以及商品供应不稳定的缺货时间，否则企业会承担商品积压的风险。

（2）在共同订货方式下，可以批量订货。共同订货，即许多独立中小企业为降低订货成本而联合起来的一种联购分销的订货方式，这在国外非常普遍。在这种订货方式下，尽管具体到每一个企业订货量不大，但各个企业联合起来订货，聚少成多，可以采用批量订货方式。

（3）当商品在市场中的需求量巨大时，可以批量订货。以零售卖场为例，有些价格弹性较大的商品，价格降低一定幅度以后，可以引起需求量迅速扩大。大量的零售企业可采取批量订货，压低订货成本，再通过薄利多销的促销策略吸引消费者购买，从而加速商品周转。对于这些性价比敏感而大量销售的商品，可以采取批量订货的方法。

（二）经济订货批量（EOQ）

经济订货批量（Economic Order Quantity，EOQ）是固定订货批量模型的一种，可以用来确定企业一次订货（外购或自制）的数量。当企业按照经济订货批量来订货时，可实现订货成本和储存成本之和最小化。在库存管理中必须作出的基本决定之一就是对照发出重新补充库存的订单的成本平衡库存投资的成本。要回答的问题是，应该订多少货。正确的订货数量要使同发出订单的次数有关的成本与同所发订单的订货量有关的成本达到最好的平衡。当这两种成本恰当地平衡时，总成本最小。这时所得的订货量就叫做经济批量或经济订货量。

经济订货批量的计算方法如下：

$$Q=\sqrt{2KD/PI}$$

式中：Q——每批采购数量；

K——平均每批次采购费用；

D——全年采购总数；

P——采购商品的单价；

I——年保管费用率。

【例题 5.2】 明伟集团每年的材料需要量为 40 000 单位，单位进价为 35 元，购料时需付运送成本，每单位 5 元。每次订购的处理成本包括：人工 3 小时，每小时 8 元，变动杂费每人工小时 7 元；另外，固定杂费为每次 5 元，每年每单位的变动储存成本为材料取得成本的 5%。请计算最佳进货批量和最佳订货订购次数。

解：(1) 最佳进货批量（计算结果四舍五入保留整数）。

决策的相关成本见表 5.2。

表 5.2 决策相关成本 单位（元）

项目	单位成本	每次订购成本	单位变动储存成本
购价	35		
运费	5		
人工（3×8）		24	
变动杂费（3×7）		21	
固定杂费		5	
变动储存成本[(35＋5)×5%]			2
小计	40	50	2

$$Q=\sqrt{\frac{2\times 40\,000\times 50}{2}}=1\,414 \text{（单位）} \qquad \text{（四舍五入）}$$

(2) 最佳订货订购次数（计算结果只进不舍，保留整数）。

$$\text{交货订购次数}=\frac{40\,000}{1\,414}=29 \text{（次）} \qquad \text{（无条件进位）}$$

四、采购时间决策

（一）定期采购

定期采购，就是每隔一个固定时间采购一批商品，此时采购商品的数量不一定是经济批量，而是以这段时间销售掉的商品数为依据计算。

特点：采购周期固定，采购批量不固定。

优缺点：采购时间固定，因而可以作周密的采购计划，便于采购管理，并能得到多种商品合并采购的好处；但由于这种采购方法不能随时掌握库存动态，易出现缺货现象，盘点工作较复杂。

（二）不定期采购

不定期采购，是指每次采购的数量相同，而每次采购的时间则根据库存量降到一定点来确定，也称为采购点法。

特点：采购批量固定，采购时间不固定。

优缺点：能随时掌握商品变动情况，采购及时，不易出现缺货现象。但是，由于各种商品的采购时间不一致，难以制定周密的采购计划，不便于采购管理，也不能享受集中采购的价格优惠。

【课后思考题】

1. 请简要回答商品采购的含义、原则、渠道、流程、方式和策略。
2. 请简要回答采购组织如何建立。
3. 请简要回答采购计划如何制定。
4. 请简要回答供应商如何确定。
5. 请简要回答采购谈判内容及其阶段。
6. 请论述如何对采购人员进行管理。
7. 请简要回答 80/20 规则和 ABC 分类管理法。
8. 计算题：某企业每年需耗用甲材料 3 000 公斤，该材料的单位采购成本为 60 元，单位储存成本为 2 元，平均每次进货费用为 120 元。试计算该材料的经济订购批量。

第六章　企业质量管理

【学习目标】

1. 理解和掌握质量含义。
2. 理解和重点掌握质量管理的原则。
3. 理解和掌握全面质量管理。
4. 了解掌握质量持续改进。
5. 了解质量管理的七种方法。

第一节　质量管理的概述

一、质量含义

（一）质量的要点

无论怎么定义质量，总会有人认为不够准确或不够全面，总能找出该定义的缺陷。例如，史莱克等人认为质量需要具有“符合用户期望的可靠性”。按照这种定义，如果用户期望很低，是不是就可以说“只要满足用户的期望值，就算达到了质量要求”？很显然，这种判断是错误的。

尽管不太容易给出一个完美无缺的质量定义，我们仍然可以概括出质量的三个要点。

（1）品质优良的标准。指产品本身基本的功能及其属性的特质是优质的。

（2）产品特性。指产品应该具备产品本身基本的功能、属性。

（3）客户需求。指产品质量的中心应该以客户需求及其客户需求转移的方向为准。

（二）注重质量的益处

可以说，一个企业的质量策略就是“按照标准开发产品以满足客户需求”，这句话本身就指出了质量的重要性。注重质量的益处包括以下几个方面：

（1）帮助企业明确其职责。

（2）使产品的拥有者和服务对象明确他们的期望是基于高标准的。

（3）质量意味着检测，也就是说通过一定的途径，让客户能够了解到产品和服务是否满足了自己的期望。

（4）质量意味着“合理的费用支出”，即让客户明白他们的花费是值得的。

（5）质量意味着改善，也就是“状况已经得到改善”。

（6）在质量改善的同时也提高了最低标准，因为提供给客户的产品和服务使他们认为这些是他们所需要的。

（7）质量的改进还可以改善健康、安全以及环境状况。

（8）质量改进有利于得到客户的信赖，提高公司在市场上的声誉。

二、质量管理

（一）质量管理

1. ISO 9000

质量的竞争是全球性的，不同国家在实际操作上的不同，就使得完全满足“世界标准”是非常困难的。常驻日内瓦的国际标准化组织（International Organization for Standardization, ISO）负责协调全世界的质量标准。

2000 年国际标准化组织对 ISO 9000 族标准的修订结果如下：

（1）规定如下四个核心标准：

ISO 9000《质量管理体系　基础和术语》；

ISO 9001《质量管理体系　要求》；

ISO 9004《质量管理体系　业绩改进指南》；

ISO 19011《质量和环境管理体系审核指南》。

（2）四个核心标准的相关标准：

表 6.1　四个核心标准的相关标准

核心标准	其他标准	技术报告小册子
ISO 9000	ISO10012；ISO10005	《质量管理原则及其应用指南》
ISO 9001	ISO10006	《选择和使用指南》
ISO 9004	ISO10007	《小型企业实施指南》
ISO 19011	ISO10013；ISO10014；ISO10015；ISO10017	—

2．ISO 9000 认证的作用

ISO 9000 族的核心是以顾客为关注焦点，持续满足顾客的需求。取得质量体系认证证书可使组织获得以下的益处：

（1）提高质量管理水平。

获得质量认证必须具备一个基本条件，就是必须按照 ISO 9000 标准建立质量体系。建立质量体系是组织实现质量好、成本低的目标的必由之路，可使组织具有减少、消除，特别是预防质量缺陷的机制，使组织的质量管理工作规范化、标准化。在申请认证的过程中，认证咨询机构将通过各种方式指导其建立新的质量体系，达到 ISO 9000 系列标准的要求。

（2）提高组织声誉 增强组织竞争力。

获得质量认证证书可以给组织带来良好的声誉，能得到行业管理部门的认同，并取得顾客的信任，还可获得投标的权利。

(3) 扩大销售并获得更大利润。

取得 ISO 9000 质量认证标志是产品质量信得过的证明。带有认证标志的产品在市场上具有明显的竞争力，受到更多顾客的信任。经验证明，在市场经济条件下，取得 ISO 9000 质量体系认证是组织在竞争中取胜、提高利润的有利手段。

(4) 有利于开拓国际市场。

实行质量认证制度是当今世界各国特别是工业发达国家的普遍做法。许多从事国际贸易的采购商愿意或者指定购买经过认证的产品。有些采购商在订货时要求生产厂家提供按 ISO 9000 标准通过质量体系认证的证明。总之，组织取得质量认证，是使产品进入国际市场和扩大出口的需要。

(5) 免于其他机关的监督检查。

组织通过质量管理体系认证，表明其质量管理体系健全而且持续运行符合 ISO 9000 族标准，因此在接受国家或行业规定的检查时，可以免除对质量体系的检查。

（二）质量管理原则

在 ISO 的标准中有一套 ISO 9000：2000 系列，它是一个有关质量的通用管理标准，主要基于八项质量管理原则。ISO 9000：2000 系列基准成为质量管理的理论基础，它是组织的领导者有效地实施质量管理工作必须遵循的原则。

1. 第一项原则：以客户为中心

组织依赖于顾客，因此组织应该理解顾客当前的和未来的需求，从而满足顾客要求并超越其期望。

2. 第二项原则：领导作用

领导者将本组织的宗旨、方向和内部环境统一起来，并创造使员工能够充分参与实现组织目标的环境。80%的质量问题与管理有关，20%的与员工有关。领导的作用将积极推动过程的优化。

3. 第三项原则：全员参与

各级员工是组织的生存和发展之本，只有他们的充分参与，才能给组织带来最佳效益。岗位职责包括全体员工（从总经理到基层员工）。

4. 第四项原则：过程方法

将相关的资源和活动作为过程进行管理，可以更高效地取得预期结果，常规采用流程图方法。

5. 第五项原则：管理的系统方法

针对设定的目标，识别、理解并管理一个由相互关联的过程所组成的体系，有助于提高组织的有效性和效率，常规采用木水桶的围板原理。

6. 第六项原则：持续改进

持续改进是组织的一个永恒发展的目标，通常采用 PDCA 循环法。

7. 第七项原则：基于事实的决策方法

针对数据和信息的逻辑分析或判断是有效决策的基础，通常用数据和事实说话。

8. 第八项原则：互利的供方关系

通过互利的关系，可增强组织及其供方创造价值的能力。

（三）全面质量管理

全面质量管理（Total Quality Management，TQM）：是指在全面社会的推动下，企业中所有部门、所有组织、所有人员都以产品质量为核心，把专业技术、管理技术、数理统计技术集合在一起，建立起一套科学、严密、高效的质量保证体系，控制生产过程中影响质量的因素，以优质的工作和最经济的办法提供满足用户需要的产品的全部活动。

1. 全面质量管理的特点

（1）它具有全面性，控制产品质量的各个环节、各个阶段。

（2）是全过程的质量管理。

（3）是全员参与的质量管理。

（4）是全社会参与的质量管理。

2. 全面质量管理原理精髓

（1）在质量控制（Quality Control）这一短语中，“质量”一词并不具有绝对意义上的“最好”的一般含义。质量是指“最适合于一定顾客的要求”。这些要求是：① 产品的实际用途；② 产品的售价。

（2）在质量控制这一短语中，“控制”一词表示一种管理手段，包括四个步骤：① 制定质量标准；② 评价标准的执行情况；③ 偏离标准时采取纠正措施；④ 安排改善标准的计划。

（3）影响产品质量的因素可以划分为两大类：① 技术方面的，即机器、材料和工艺；② 人员方面的，即操作者、班组长和公司的其他人员。在这两类因素中，人的因素重要得多。

（4）全面质量管理是提供优质产品所永远需要的优良的产品设计、加工方法以及认真的产品维修服务等活动的一种重要手段。

（5）质量管理的基本原理适用于任何制造过程，由于企业行业、规模的不同，方法的使用上略有不同，但基本原理仍然是相同的。方法上的差别可概括为：在大量生产中，质量管理的重点在于产品；在单件小批生产中，重点在于控制工序。

（6）质量管理贯穿在工业生产过程的所有阶段。首先是向用户发送产品，并且要进行安装和现场维修服务。

（7）要有效地控制影响产品质量的因素，就必须在生产或服务过程的所有主要阶段加以控制。这些控制就叫质量管理工作（Job of Quality Control），按其性质可分为四类：① 新设计控制；② 进厂材料控制；③ 产品控制；④ 专题研究。

（8）建立质量体系是开展质量管理工作的一种最有效的方法与手段。

（9）质量成本是衡量和优化全面质量管理活动的一种手段。

（10）在组织方面，全面质量管理是上层管理部门的工具，用来委派产品质量方面的职权和职责，以达到既可免除上层管理部门的琐事，又可保留上层管理部门确保质量成果令人满意的手段的目的。

（11）原则上，总经理应当成为公司质量管理工作的“总设计师”，同时，他和公司其他主要职能部门还应促进公司在效率、现代化、质量控制等方面的发挥。

（12）从人际关系的观点来看，质量管理组织包括两个方面：① 为有关的全体人员和部门提供产品的质量信息和沟通渠道；② 为有关的雇员和部门参与整个质量管理工作提供手段。

（13）质量管理工作必须有上层管理部门的全力支持。如果上层管理部门的支持不够热情，那么，向公司内其他人宣传得再多也不可能取得真正的效果。

（14）在全面质量管理工作中，无论何时、何处都会用到数理统计方法。但是，数理统计方法只是全面质量管理中的一个内容，它不等于全面质量管理。

（15）应该认真地在公司的范围内逐步开展全面质量管理活动。明智的做法是，选择一两个质量课题加以解决并取得成功，然后按这种方式一步一步地实施质量管理计划。

（16）全面质量管理工作的一个重要特征是，从根源开始控制质量。例如，通过由操作者自己衡量成绩来促进和树立他对产品质量的责任感和关心，就是全面质量管理工作的积极成果。

三、质量持续改进

（一）基本简介

PDCA 循环又叫质量环，是管理学中的一个通用模型，最早由休哈特（Walter A. Shewhart）于 1930 年构想，后来被美国质量管理专家戴明（Edwards Deming）博士在 1950 年再度挖掘出来，并加以广泛宣传和运用于持续改善产品质量的过程中。它是全面质量管理所应遵循的科学程序。全面质量管理活动的全部过程，就是质量计划的制订和组织实现的过程，这个过程就是按照 PDCA 循环，不停顿地周而复始地运转的，如图 6.1 所示。

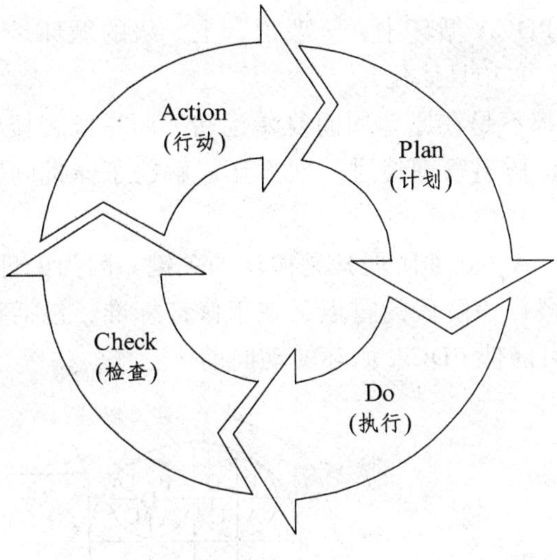

图 6.1　质量持续改进的 PDCA 循环

（二）分析说明

PDCA 循环是能使任何一项活动有效进行的一种合乎逻辑的工作程序，特别是在质量管理中得到了广泛的应用。P、D、C、A 四个英文字母所代表的意义如下：

（1）P（Plan）——计划。包括方针和目标的确定以及活动计划的制订。

（2）D（DO）——执行。执行就是具体运作，实现计划中的内容。

（3）C（Check）——检查。就是要总结执行计划的结果，分清哪些对了，哪些错了，明确效果，找出问题。

（4）A（Act）——行动（或处理）。对总结检查的结果进行处理，成功的经验加以肯定，并予以标准化，或制定作业指导书，便于以后工作时遵循；对于失败的教训也要总结，以免重现。对于没有解决的问题，应提给下一个 PDCA 循环中去解决。

PDCA 是英语单词 Plan（计划）、Do（执行）、Check（检查）和 Act（行动）的第一个字母，PDCA 循环就是按照这样的顺序进行质量管理，并且循环不止地进行下去的科学程序。

全面质量管理活动的运转，离不开管理循环的转动，这就是说，改进与解决质量问题，赶超先进水平的各项工作，都要运用 PDCA 循环的科学程序。不论是提高产品质量，还是减少不合格品，都要先提出目标，即质量提高到什么程度，不合格品率降低多少？这就要求有个计划，这个计划不仅包括目标，而且也包括实现这个目标需要采取的措施。计划执行之后，就要按照计划进行检查，看是否实现了预期效果，有没有达到预期的目标，通过检查找出问题和原因。最后就要进行处理，将经验和教训制订成标准，形成制度。

PDCA 循环作为全面质量管理体系运转的基本方法，其实施需要搜集大量数据资料，并综合运用各种管理技术和方法。

（三）循环过程

（1）各级质量管理都有一个 PDCA 循环，形成一个大环套小环、一环扣一环、互相制约、互为补充的有机整体。在 PDCA 循环中，一般说，上一级的循环是下一级循环的依据，下一级的循环是上一级循环的落实和具体化。

（2）每个 PDCA 循环都不是在原地周而复始运转，而是像爬楼梯那样，每一循环都有新的目标和内容，这意味着：质量管理经过一次循环，解决了一批问题，质量水平有了新的提高，如图 6.2 所示。

（3）在 PDCA 循环中，A（处理阶段）是循环的关键。因为处理阶段就是解决存在问题，总结经验和吸取教训的阶段。该阶段的重点又在于修订标准，包括技术标准和管理制度。没有标准化和制度化，就不可能使 PDCA 循环转动向前。

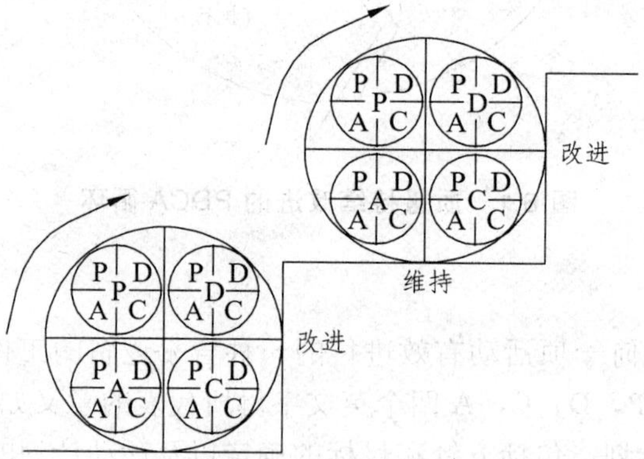

图 6.2　PDCA 循环示意图

（四）循环特点

PDCA 循环可以使我们的思想方法和工作步骤更加条理化、系统化、图像化和科学化。它具有如下特点：

（1）大环套小环，小环保大环，推动大循环。

PDCA 循环作为质量管理的基本方法，不仅适用于整个工程项目，也适用于整个企业和企业内的科室、工段、班组以至个人。各级部门根据企业的方针目标，都有自己的 PDCA 循环，层层循环，形成大环套小环，小环里面又套更小的环。大环是小环的母体和依据，小环是大环的分解和保证。各级部门的小环都围绕着企业的总目标朝着同一方向转动。通过循环把企业上下或工程项目的各项工作有机地联系起来，彼此协同，互相促进。

（2）不断前进、不断提高。

PDCA 循环就像爬楼梯一样，一个循环运转结束，生产的质量就会提高一步，然后再制定下一个循环，再运转，再提高，不断前进，不断提高。

（五）分析步骤

（1）分析现状，发现问题。

（2）分析质量问题中的各种影响因素。

（3）分析影响质量问题的主要原因。

（4）针对主要原因，采取解决的措施。

——为什么要制定这个措施？

——达到什么目标？

——在何处执行？

——由谁负责完成？

——什么时间完成？

——怎样执行？

（5）执行，按措施计划的要求去做。

（6）检查，把执行结果与要求达到的目标进行对比。

（7）标准化，把成功的经验总结出来，制定相应的标准。

（8）把没有解决或新出现的问题转入下一个 PDCA 循环中去解决。

第二节　质量管理的方法

一、6σ

6σ（Six Sigma）是在 20 世纪 90 年代中期开始被通用电气公司（GE）从一种全面质量管理方法演变成为一个高度有效的企业流程设计、改善和优化的技术，并提供了一系列同等地适用于设计、生产和服务的新产品开发工具，继而与 GE 的全球化、服务化、电子商务等战略齐头并进，成为全世界上追求管理卓越性的企业最为重要的战略举措。六西格玛逐步发展成为以顾客为主体来确定企业战略目标和产品开发设计的标尺和追求持续进步的一种管理哲学，如图6.3所示。

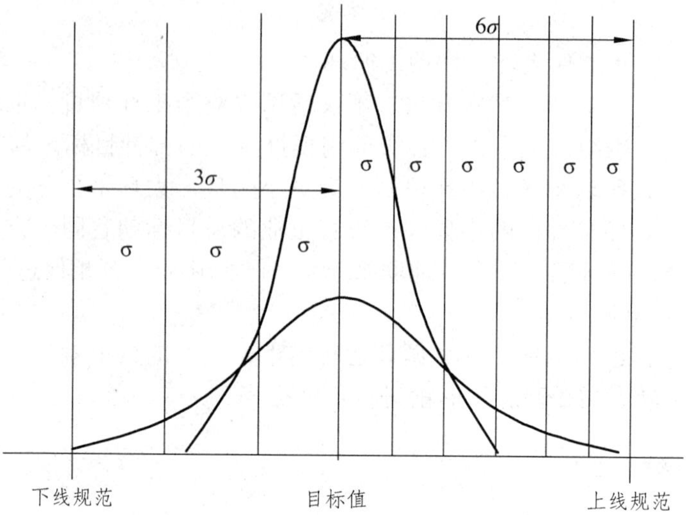

图6.3 6σ

（一）6σ质量管理方法

6σ管理法是一种统计评估法，核心是追求零缺陷生产，防范产品责任风险，降低成本，提高生产率和市场占有率，提高顾客满意度和忠诚度。6σ管理既着眼于产品、服务质量，又关注过程的改进。"σ"是希腊文的一个字母，在统计学上用来表示标准偏差值，用以描述总体中的个体离均值的偏离程度，测量出的σ表征着诸如单位缺陷、百万缺陷或错误的概率性，σ值越大，缺陷或错误就越少。6σ是一个目标，这个质量水平意味的是在所有的过程和结果中，99.999 66%无缺陷的，也就是说，做100万件事情，其中只有3.4件是有缺陷的，这几乎趋近于人类能够达到的最为完美的境界。6σ管理关注过程，特别是企业为市场和顾客提供价值的核心过程。因为过程能力用σ来度量后，σ越大，过程的波动越小，过程以最低的成本损失、最短的时间周期满足顾客要求的能力就越强。6σ理论认为，大多数企业在3σ～4σ间运转，也就是说每百万次操作失误在6 210～66 800，这些缺陷要求经营者以销售额的15%～30%的资金进行事后的弥补或修正，而如果做到6σ，事后弥补的资金将降低到约为销售额的5%。

为了达到6σ，首先要制定标准，在管理中随时跟踪考核操作与标准的偏差，不断改进，最终达到6σ。现已形成一套使每个环节不断改进的简单的流程模式：界定、测量、分析、改进、控制。

（1）界定：确定需要改进的目标及其进度，企业高层领导确定企业的策略目标，中层营运目标可能是提高制造部门的生产量，项目层的目标可能是减少次品和提高效率。界定前，需要加以辨析并绘制出流程。

（2）测量：以灵活有效的衡量标准测量和权衡现存的系统与数据，了解现有质量水平。

（3）分析：利用统计学工具对整个系统进行分析，找到影响质量的少数几个关键因素。

（4）改进：运用项目管理和其他管理工具，针对关键因素确立最佳改进方案。

（5）控制：监控新的系统流程，采取措施以维持改进的结果，以期整个流程充分发挥功效。

（二）6σ 管理的特征

作为持续性的质量改进方法，6σ 管理具有如下特征：

1. 对顾客需求的高度关注

6σ 管理以更为广泛的视角，关注影响顾客满意的所有方面。6σ 管理的绩效评估首先就是从顾客开始的，其改进的程度用对顾客满意度和价值的影响来衡量。6σ 质量代表了极高的对顾客要求的符合性和极低的缺陷率。它把顾客的期望作为目标，并且不断超越这种期望。企业从 3σ 开始，然后是 4σ、5σ，最终达到 6σ。

2. 高度依赖统计数据

统计数据是实施 6σ 管理的重要工具，所有的生产表现、执行能力等，都量化为具体的数据，以数字来说明一切，成果一目了然。决策者及经理人可以从各种统计报表中找出问题在哪里，真正掌握产品的不合格情况和顾客的抱怨情况等，而改善的成果（如成本节约、利润增加等）也都以统计资料与财务数据为依据。

3. 重视改善业务流程

传统的质量管理理论和方法往往侧重结果，通过在生产的终端加强检验以及开展售后服务来确保产品质量。然而，生产过程中已产生的废品对企业来说却已经造成损失，售后维修需要花费企业额外的成本支出。更为糟糕的是，由于容许一定比例的废品已司空见惯，人们逐渐丧失了主动改进的意识。

6σ 管理将重点放在产生缺陷的根本原因上，认为质量是靠流程的优化，而不是通过严格地对最终产品的检验来实现的。企业应该把资源放在认识、改善和控制原因上，而不是放在质量检查、售后服务等活动上。质量不是企业内某个部门和某个人的事情，而是每个部门和每个人的工作，追求完美应成为企业中每一个成员的行为。6σ 管理有一整套严谨的工具和方法来帮助企业推广实施流程优化工作，识别并排除那些不能给顾客带来价值的成本浪费，消除无附加值活动，缩短生产、经营循环周期。

4. 积极开展主动改进型管理

一旦掌握了 6σ 管理方法，就好像找到了一个重新观察企业的放大镜。人们会惊讶地发现，缺陷犹如灰尘，存在于企业的各个角落。这使管理者和员工感到不安，想要变被动为主动，努力为企业做点什么。员工会不断地问自己：现在到达了几个 σ？问题出在哪里？能做到什么程度？通过努力提高了吗？这样，企业就始终处于一种不断改进的过程中。

5. 倡导无界限合作

6σ 管理扩展了合作的机会，当人们确实认识到流程改进对于提高产品品质的重要性时，就会意识到在工作流程中各个部门、各个环节的相互依赖性，从而加强部门之间、上下环节之间的合作和配合。由于 6σ 管理所追求的品质改进是一个永无终止的过程，而这种持续的改进必须以员工素质的不断提高为条件，因此，有助于形成勤于学习的企业氛围。事实上，导入 6σ 管理的过程，本身就是一个不断培训和学习的过程，通过组建推行 6σ 管理的骨干队伍，对全员进行分层次的培训，使大家都了解和掌握 6σ 管理的要点，充分发挥员工的积极性和创造性，在实践中不断进取。

（三）6σ管理的好处

实施6σ管理的好处是显而易见的，概括而言，主要表现在以下几个方面。

1. 提升企业管理的能力

6σ管理以数据和事实为驱动器。过去，企业对管理的理解和对管理理论的认识更多停留在口头上和书面上，而6σ把这一切都转化为实际有效的行动。6σ管理法成为追求完美无瑕的管理方式的同义语。

正如韦尔奇在通用电气公司2000年年报中所指出的：“6σ管理所创造的高品质，已经奇迹般地降低了通用电气公司在过去复杂管理流程中的浪费，简化了管理流程，降低了材料成本。6σ管理的实施已经成为介绍和承诺高品质创新产品的必要战略和标志之一。”

6σ管理也给予了摩托罗拉公司更多的动力去追求当时看上去几乎是不可能实现的目标。20世纪80年代早期，该公司的品质目标是每5年改进10倍，实施6σ管理后改为每2年改进10倍，创造了4年改进100倍的奇迹。

对国外成功经验的统计显示：如果企业全力实施6σ革新，每年可提高一个σ水平，直到达到4.7σ，而无需大的资本投入。这期间，利润率的提高十分显著。而当达到4.8σ以后，再提高就需要对过程重新设计，资本投入增加，但此时产品、服务的竞争力提高，市场占有率也相应提高。

2. 节约企业运营成本

对于企业而言，所有的不良品要么被废弃，要么需要重新返工，要么在客户现场需要维修、调换，这些都需要花费企业成本。美国的统计资料表明，一个执行3σ管理标准的公司直接与质量问题有关的成本占其销售收入的10%～15%。从实施6σ管理的1987—1997年的10年间，摩托罗拉公司由于实施6σ管理节省下来的成本累计已达140亿美元。6σ管理的实施，使霍尼韦尔公司1999年一年就节约成本6亿美元。

3. 增加顾客价值

实施6σ管理可以使企业从了解并满足顾客需求到实现最大利润之间的各个环节实现良性循环：公司首先了解、掌握顾客的需求，然后通过采用6σ管理原则减少随意性和降低差错率，从而提高顾客满意程度。

通用电气的医疗设备部门在导入6σ管理之后创造了一种新的技术，带来了医疗检测技术革命。以往病人需要3分钟做一次全身检查，现在却只需要1分钟了。医院也因此而提高了设备的利用率，降低了检查成本。这样，出现了令公司、医院、病人三方面都满意的结果。

4. 改进服务水平

由于6σ管理不但可以用来改善产品品质，而且可以用来改善服务流程，因此，对顾客服务的水平也得以大大提高。

通用电气照明部门的一个6σ管理小组成功地改善了同其最大客户沃尔玛的支付关系，使得票据错误和双方争执减少了98%，既加快了支付速度，又融洽了双方互利互惠的合作关系。

5. 形成积极向上的企业文化

在传统管理方式下，人们经常感到不知所措，不知道自己的目标，工作处于一种被动状态。通过实施6σ管理，每个人都知道自己应该做成什么样，应该怎么做，整个企业洋溢着热情和效率。员工十分重视质量以及顾客的要求，并力求做到最好，通过参加培训，掌握标准化、规范化的问题解决方法，工作效率获得明显提高。在强大的管理支持下，员工能够专心致力于工作，减少并消除工作中消防救火式的补救活动。

二、质量控制图

对经常性的分析项目常用控制图来控制质量。质量控制图的基本原理由休哈特提出，他指出：每一个方法都存在着变异，都受到时间和空间的影响，即使在理想的条件下获得的一组分析结果，也会存在一定的随机误差。但当某一个结果超出了随机误差的允许范围时，运用数理统计的方法，可以判断这个结果是异常的、不足信的。质量控制图可以起到这种监测的仲裁作用。因此，实验室内的质量控制图是监测常规分析过程中可能出现误差，控制分析数据在一定的精密度范围内，保证常规分析数据质量的有效方法。

在实验室工作中，每一项分析工作都由许多操作步骤组成，测定结果的可信度受到许多因素的影响，如果对这些步骤、因素都建立质量控制图，这在实际工作中是无法做到的，因此分析工作的质量只能根据最终测量结果来进行判断。

对经常性的分析项目，用控制图来控制质量，编制控制图的基本假设是：测定结果在受控的条件下具有一定的精密度和准确度，并按正态分布。对于一个控制样品，用一种方法，由一个分析人员在一定时间内进行分析，累积一定数据，如这些数据达到规定的精密度、准确度（即处于控制状态），以其结果一一分析次序编制控制图。在以后的经常性分析过程中，取每份（或多次）平行的控制样品随机地编入环境样品中一起分析，根据控制样品的分析结果，可推断环境样品的分析质量。质量控制图如图 6.4 所示。

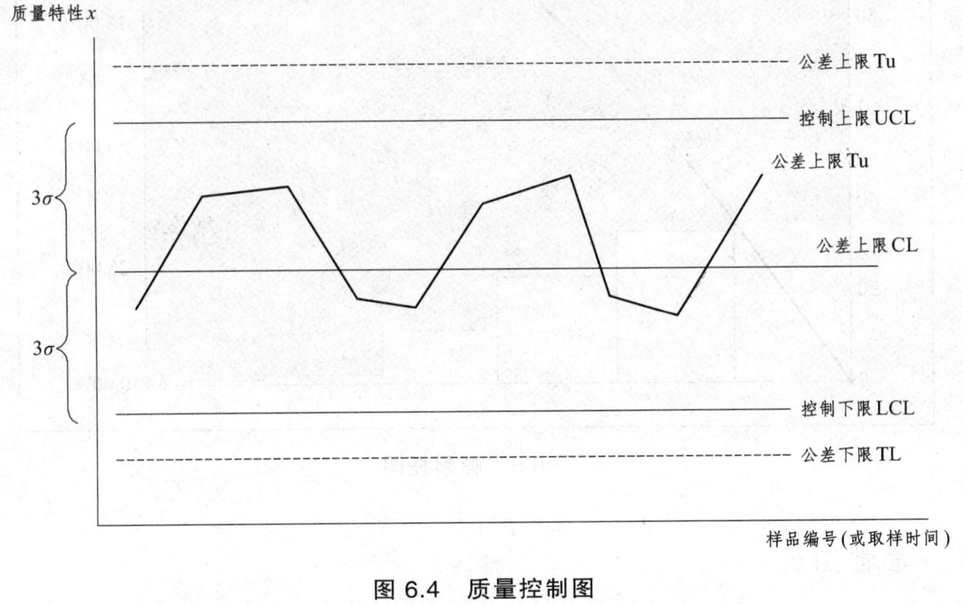

图 6.4　质量控制图

三、帕累托图

帕累托图（Pareto Chart）是以意大利经济学家 V. Pareto 的名字而命名的。

帕累托图又叫排列图、主次图，是按照发生频率大小顺序绘制的直方图，表示有多少结果是由已确认类型或范畴的原因所造成。它是将出现的质量问题和质量改进项目按照重要程度依次排列而采用的一种图表，可以用来分析质量问题，确定产生质量问题的主要因素。

按等级排序的目的是指导如何采取纠正措施：项目班子应首先采取措施纠正造成最多数量缺陷的问题。从概念上说，帕累托图与帕累托法则一脉相承，该法则认为相对来说数量较少的原因往往造成绝大多数的问题或缺陷。

排列图用双直角坐标系表示，左边纵坐标表示频数，右边纵坐标表示频率，分析线表示累积频率，横坐标表示影响质量的各项因素，按影响程度的大小（即出现频数多少）从左到右排列，通过对排列图的观察分析可以抓住影响质量的主要因素，如图 6.5 所示。

帕累托法则往往称为二八原理，即 80%的问题是由 20%的原因所造成的。帕累托图在项目管理中主要用来找出产生大多数问题的关键原因，用来解决大多数问题。在帕累托图中，不同类别的数据根据其频率降序排列，并在同一张图中画出累积百分比图。帕累托图可以体现帕累托原则：数据的绝大部分存在于很少类别中，极少剩下的数据分散在大部分类别中。这两组经常被称为“至关重要的极少数”和“微不足道的大多数”。

帕累托图能区分“至关重要的极少数”和“微不足道的大多数”，从而方便人们关注重要的类别。帕累托图是进行优化和改进的有效工具，尤其被应用在质量检测方面。

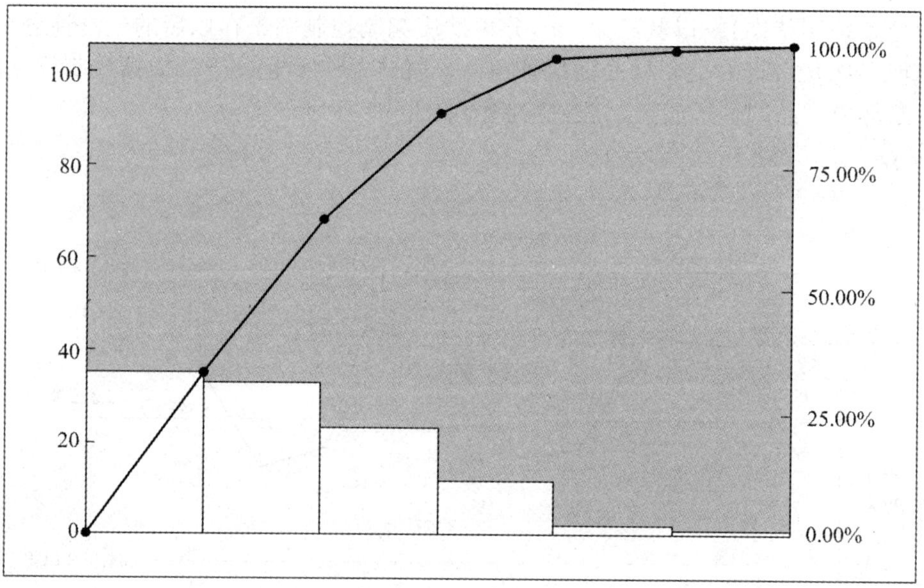

图 6.5　帕累托图

四、鱼骨图

鱼骨图是由日本管理大师石川馨所发明的，故又名石川图。鱼骨图是一种发现问题“根本原因”的方法，它也可以称之为“Ishikawa”或者因果图。

问题的特性总是受到一些因素的影响，我们可以通过头脑风暴法找出这些因素，并将它们与特性值放在一起，按相互关联性整理而成的层次分明、条理清楚并标出重要因素的图形就叫特性要因图。因其形状如鱼骨，所以又叫鱼骨图（以下称鱼骨图），如图 6.6 所示，它是一种透过现象看本质的分析方法。同时，鱼骨图也用在生产中，用来形象地表示生产车间的流程。

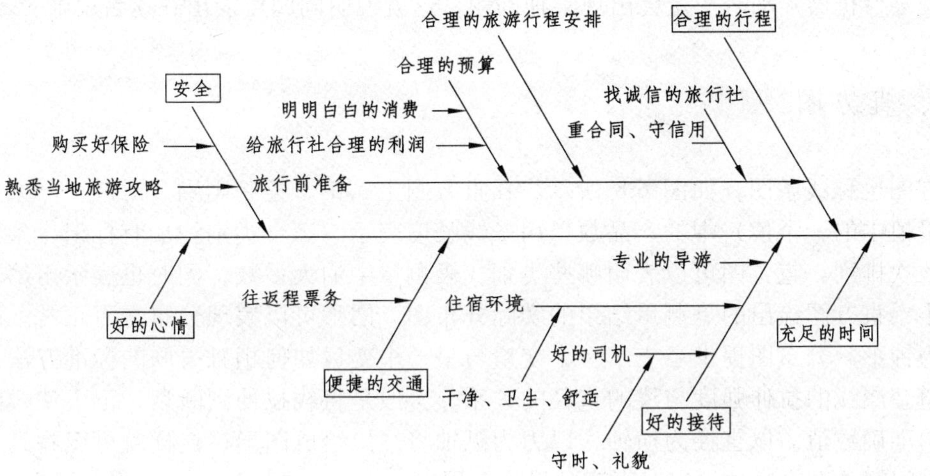

图 6.6　鱼骨图

五、趋势图

趋势图用来显示一定时间间隔（例如一天、一周或一个月）内所得到的测量结果，以测得的数量为纵轴，以时间为横轴绘成图形，如图 6.7 所示。

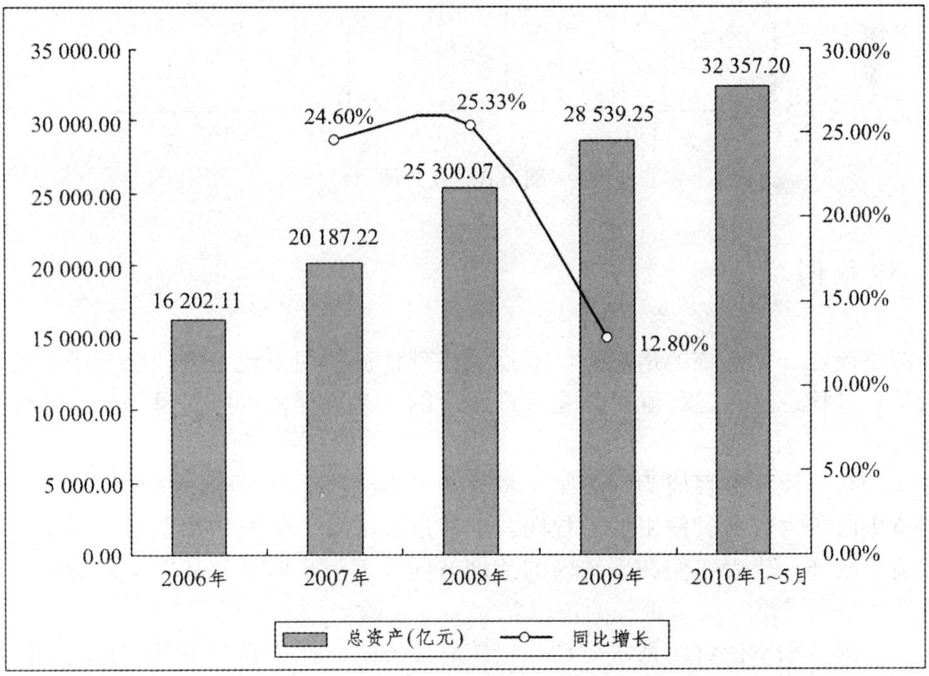

图 6.7　趋势图

趋势图就像不断改变的记分牌，它的主要用处是确定各种类型问题是否存在重要的时间模式，这样就可以调查其中的原因。例如，按小时或按天画出次品出现的分布图，就可能发现只要使用某个供货商提供的材料就一定会出问题，这表示该供货商的材料可能是原因所在；或者发现某台机器开动时一定会出现某种问题，这就说明问题可能出在这台机器上。

六、直方图

直方图也称线条图，如图 6.8 所示。在直方图上，第一控制类别（对应于一系列相互独立的测量值中的一个值）中的产品数量用条线长度表示。第一类别均加有标记，条线按水平或垂直依次排列。直方图可以表明哪些类别代表测量中的大多数，同时也表示出第一类别的相对大小。直方图给出的是测量结果的实际分布图。图形可以表现分布是否正常，即形状是否近似为钟形。分布图提供了表示一个变量与另一个变量如何相互关联的标准方法。例如，要想知道金属线的拉伸强度与线的直径的关系，一般是将线拉伸到断裂，记下使线断裂时所用的力的准确数值。以直径为横轴，以力为纵轴将结果绘成图形，这样就可以看到拉伸强度和线径之间的关系，这类信息对于产品设计有用。

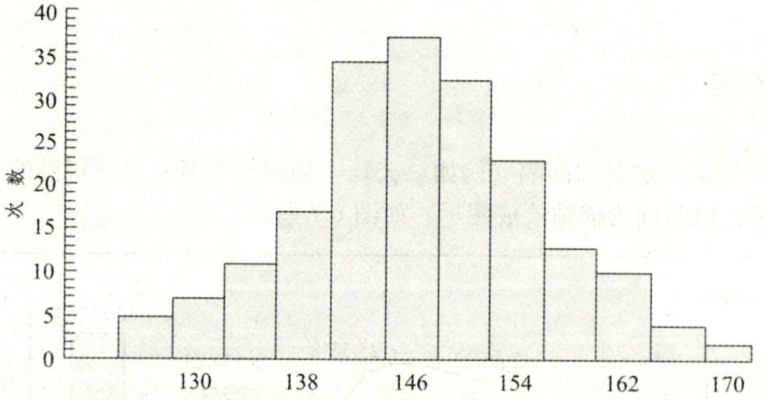

图 6.8　直方图

七、流程图

流程图是流经一个系统的信息流、观点流或部件流的图形代表。在企业中，流程图主要用来说明某一过程。这种过程既可以是生产线上的工艺流程，也可以是完成一项任务必需的管理过程。

例如，一张流程图能够成为解释某个零件的制造工序，甚至组织决策制定程序的方式之一。如图 6.9 所示为公务员任用的流程图。这些过程的各个阶段均用图形块表示，不同图形块之间以箭头相连，代表它们在系统内的流动方向。下一步何去何从，要取决于上一步的结果，典型做法是用“是”或“否”的逻辑分支加以判断。

流程图是揭示和掌握封闭系统运动状况的有效方式。作为诊断工具，它能够辅助进行决策制定，让管理者清楚地知道，问题可能出在什么地方，从而确定出可供选择的行动方案。

流程图有时也称做输入—输出图。该图直观地描述一个工作过程的具体步骤。流程图对准确了解事情是如何进行的，以及决定应如何改进过程极有帮助。这一方法可以用于整个企业，以便直观地跟踪和图解企业的运作方式。

流程图使用一些标准符号代表某些类型的动作，如决策用菱形框表示，具体活动用方框表示。但比这些符号规定更重要的，是必须清楚地描述工作过程的顺序。流程图也可用于设计改进工作过程，具体做法是先画出事情应该怎么做，再将其与实际情况进行比较。

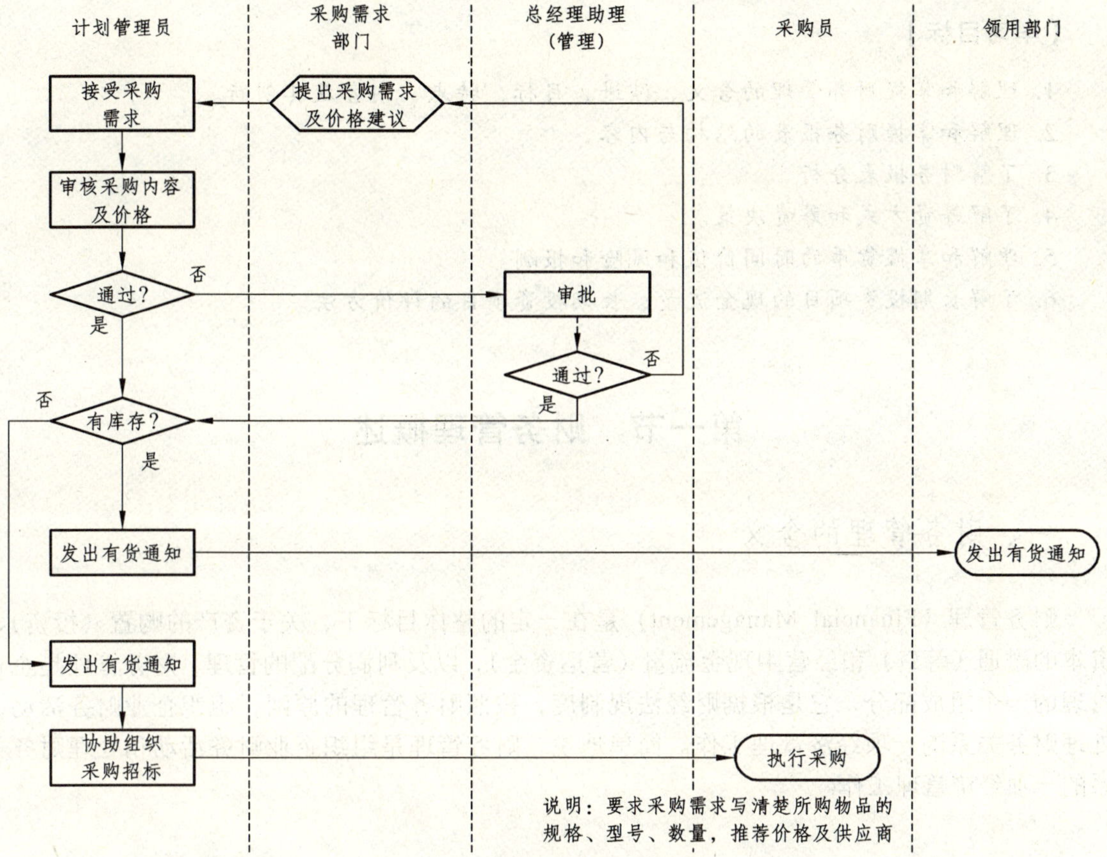

图 6.9　采购计划制订流程图

【课后思考题】

1. 请简要回答质量的含义。
2. 请简要回答质量管理的原则。
3. 请阐述全面质量管理的基本特点。
4. 请阐述质量持续改进的方法。

第七章　企业财务管理

【学习目标】

1. 理解和掌握财务管理的含义、演进、目标、特点、内容及其创新。
2. 理解和掌握财务报表的结构与内容。
3. 了解财务报表分析。
4. 了解筹资方式和筹资决策。
5. 理解和掌握货币的时间价值和风险和报酬。
6. 了解长期投资项目的现金流量、长期投资项目的评价方法。

第一节　财务管理概述

一、财务管理的含义

财务管理（Financial Management）是在一定的整体目标下，关于资产的购置（投资）、资本的融通（筹资）和经营中现金流量（营运资金），以及利润分配的管理。财务管理是企业管理的一个组成部分，它是根据财经法规制度，按照财务管理的原则，组织企业财务活动，处理财务关系的一项经济管理工作。简单地说，财务管理是组织企业财务活动和处理财务关系的一项经济管理工作。

二、财务管理的演进

（一）财务管理的萌芽时期

企业财务管理大约起源于 15 世纪末 16 世纪初。当时西方社会正处于资本主义萌芽时期，地中海沿岸的许多商业城市出现了由公众入股的商业组织，入股的股东有商人、王公、大臣和市民等。商业股份经济的发展客观上要求企业合理预测资本需要量，有效筹集资本。但由于这时企业对资本的需要量并不是很大，筹资渠道和筹资方式比较单一，企业的筹资活动仅仅附属于商业经营管理，并没有形成独立的财务管理职业，这种情况一直持续到 19 世纪末 20 世纪初。

（二）筹资财务管理时期

19 世纪末 20 世纪初，工业革命的成功促进了企业规模的不断扩大、生产技术的重大改进和工商活动的进一步发展，股份公司迅速发展起来，并逐渐成为占主导地位的企业组织形式。股份公司的发展不仅引起了资本需求量的扩大，而且也使筹资的渠道和方式发生了重大变化，企业筹资活动得到进一步强化，如何筹集资本扩大经营，成为大多数企业关注的焦点。于是，许多公司纷纷建立了一个新的管理部门——财务管理部门，财务管理开始从企业管理中分离出来，成为一种独立的管理职业。当时公司财务管理的职能主要是预计资金需要量和筹措公司所需资金，融资是当时公司财务管理理论研究的根本任务。因此，这一时期称为融资财务管理时期或筹资财务管理时期。

（三）法规财务管理时期

1929 年爆发的世界性经济危机和 20 世纪 30 年代西方经济整体的不景气，造成众多企业破产，投资者损失严重。为保护投资人利益，西方各国政府加强了证券市场的法制管理。如美国 1933 年和 1934 年出台了《联邦证券法》和《证券交易法》，对公司证券融资作出严格的法律规定。此时财务管理面临的突出问题是金融市场制度与相关法律规定等问题。财务管理首先研究和解释各种法律法规，指导企业按照法律规定的要求，组建和合并公司，发行证券以筹集资本。因此，西方财务学家将这一时期称为“守法财务管理时期”或“法规描述时期”(Descriptive Legalistic Period)。

这一时期的研究重点是法律法规和企业内部控制。主要财务研究成果有：美国洛弗（W. H. Lough）的《企业财务》，首先提出了企业财务除筹措资本外，还要对资本周转进行有效的管理。英国罗斯（T. G. Rose）的《企业内部财务论》，特别强调企业内部财务管理的重要性，认为资本的有效运用是财务研究的重心。20 世纪 30 年代后，财务管理的重点开始从扩张性的外部融资向防御性的内部资金控制转移，各种财务目标和预算的确定、债务重组、资产评估、保持偿债能力等问题，开始成为这一时期财务管理研究的重要内容。

（四）资产财务管理时期

20 世纪 50 年代以后，面对激烈的市场竞争和买方市场趋势的出现，财务经理普遍认识到，单纯靠扩大融资规模、增加产品产量已无法适应新的形势发展需要，财务经理的主要任务应是解决资金利用效率问题，公司内部的财务决策上升为最重要的问题，西方财务学家将这一时期称为“内部决策时期”(Internal Decision-Making Period)。在此期间，资金的时间价值引起财务经理的普遍关注，以固定资产投资决策为研究对象的资本预算方法日益成熟，财务管理的重心由重视外部融资转向注重资金在公司内部的合理配置，使公司财务管理发生了质的飞跃。由于这一时期资产管理成为财务管理的重中之重，因此称之为资产财务管理时期。

50 年代后期，对公司整体价值的重视和研究是财务管理理论的另一显著发展。实践中，投资者和债权人往往根据公司的盈利能力、资本结构、股利政策、经营风险等一系列因素来决定公司股票和债券的价值。因此，资本结构和股利政策的研究受到高度重视。

这一时期主要的财务研究成果有：1951 年，美国财务学家迪安（Joel Dean）出版了最早研究投资财务理论的著作《资本预算》，对财务管理由融资财务管理向资产财务管理的飞跃发展发挥了决定性作用；1952 年，哈里 · 马科维茨（H. M. Markowitz）发表论文“资产组合选择”，认为在若干合理的假设条件下，投资收益率的方差是衡量投资风险的有效方法。从这一基本观点出发，1959 年，马科维茨出版了专著《组合选择》，从收益与风险的计量入手，研究各种资产之间的组合问题。马科维茨也被公认为资产组合理论流派的创始人；1958 年，弗兰科·莫迪格莱尼（Franco Modigliani）和米勒（Merto H. Miller）在《美国经济评论》上发表《资本成本、公司财务和投资理论》，提出了著名的 MM 理论。莫迪格莱尼和米勒因为在研究资本结构理论上的突出成就，分别在 1985 年和 1990 年获得了诺贝尔经济学奖；1964 年，夏普（William Sharpe）和林特纳（John Lintner）等在马克维茨理论的基础上，提出了著名的资本资产定价模型（CAPM），系统阐述了资产组合中风险与收益的关系，区分了系统性风险和非系统性风险，明确提出了非系统性风险可以通过分散投资而减少等观点。资本资产定价模型使资产组合理论发生了革命性变革，夏普因此与马克维茨一起共享第 22 届诺贝尔经济学奖的荣誉。总之，在这一时期，以研究财务决策为主要内容的“新财务论”已经形成，其实质是注重财务管理的事先控制，强调将公司与其所处的经济环境密切联系，以资产管理决策为中心，将财务管理理论向前推进了一大步。

（五）投资财务管理时期

第二次世界大战结束以来，科学技术迅速发展，产品更新换代速度加快，国际市场迅速扩大，跨国公司增多，金融市场繁荣，市场环境更加复杂，投资风险日益增加，企业必须更加注重投资效益，规避投资风险，这对已有的财务管理提出了更高要求。20 世纪 60 年代中期以后，财务管理的重点转移到投资问题上，因此被称为投资财务管理时期。

如前述，投资组合理论和资本资产定价模型揭示了资产的风险与其预期报酬率之间的关系，受到投资界的欢迎。它不仅将证券定价建立在风险与报酬的相互作用基础上，而且大大改变了公司的资产选择策略和投资策略，被广泛应用于公司的资本预算决策。其结果，导致财务学中原来比较独立的两个领域——投资学和公司财务管理的相互组合，使公司财务管理理论跨入了投资财务管理的新时期。前述资产财务管理时期的财务研究成果同时也是投资财务管理初期的主要财务成果。

20 世纪 70 年代后，金融工具的推陈出新使公司与金融市场的联系日益加强。认股权证、金融期货等广泛应用于公司筹资与对外投资活动，推动财务管理理论日益发展和完善。70 年代中期，布莱克（F. Black）等人创立了期权定价模型（Option Pricing Molde1，OPM）；斯蒂芬·罗斯提出了套利定价理论（Arbitrage Pricing Theory）。在此时期，现代管理方法使投资管理理论日益成熟，主要表现在：建立了合理的投资决策程序；形成了完善的投资决策指标体系；建立了科学的风险投资决策方法。

一般认为，20 世纪 70 年代是西方财务管理理论走向成熟的时期。烽火猎聘公司认为，由于吸收了自然科学和社会科学的丰富成果，财务管理进一步发展成为集财务预测、财务决策、财务计划、财务控制和财务分析于一身，以筹资管理、投资管理、营运资金管理和利润分配管理为主要内容的管理活动，并在企业管理中居于核心地位。1972 年，法玛（Fama）和米勒（Miller）出版了《财务管理》一书，这部集西方财务管理理论之大成的著作，标志着西方财务管理理论已经发展成熟。

（六）财务管理深化发展的新时期

20 世纪 70 年代末，企业财务管理进入深化发展的新时期，并朝着国际化、精确化、电算化、网络化方向发展。

70 年代末和 80 年代初期，西方世界普遍遭遇了旷日持久的通货膨胀。大规模的持续通货膨胀导致资金占用迅速上升，筹资成本随利率上涨，有价证券贬值，企业筹资更加困难，公司利润虚增，资金流失严重。严重的通货膨胀给财务管理带来了一系列前所未有的问题，因此，这一时期财务管理的任务主要是对付通货膨胀。通货膨胀财务管理一度成为热点问题。80 年代中后期以来，进出口贸易筹资、外汇风险管理、国际转移价格问题、国际投资分析、跨国公司财务业绩评估等成为财务管理研究的热点，并由此产生了一门新的财务学分支——国际财务管理。国际财务管理成为现代财务学的分支。

80 年代中后期，拉美、非洲和东南亚发展中国家陷入沉重的债务危机，前苏联和东欧国家政局动荡、经济濒临崩溃，美国经历了贸易逆差和财政赤字，贸易保护主义一度盛行。这一系列事件导致国际金融市场动荡不安，使企业面临的投融资环境具有高度不确定性。因此，企业在其财务决策中日益重视财务风险的评估和规避，其结果是效用理论、线性规划、对策论、概率分布、模拟技术等数量方法在财务管理工作中的应用与日俱增，财务风险问题与财务预测、决策数量化受到高度重视。

随着数学方法、应用统计、优化理论与电子计算机等先进方法和手段在财务管理中的应用，公司财务管理理论发生了一场“革命”：财务分析向精确方向飞速发展，80 年代诞生了财务管理信息系统。

90 年代中期以来，计算机技术、电子通讯技术和网络技术发展迅猛，财务管理的一场伟大革命——网络财务管理，已经悄然到来。

西方财务学主要由三大领域构成，即公司财务（Corporation Finance）、投资学（Investments）和宏观财务（Macro finance）。其中，公司财务在我国常被译为“公司理财学”或“企业财务管理”，2000 年开始也被纳入 RCA 考试范围。

三、财务管理的目标

1. 利润最大化

基本观点：利润代表了企业新创造的财富，利润越多则说明企业的财富增加得越多，越接近企业的目标。

缺点：（1）没有考虑利润取得的时间价值因素，如今年的 100 万和明年的 100 万显然不在一个时间点上，难以做出正确的判断。（2）没有考虑所获得利润和投入资本的关系，用 5 000 万元投入资本赚取的 100 万元利润与用 6 000 万元投入资本赚取的 100 万元利润相比，如果单单看利润的话这两个对企业的贡献是一样的，但是如果考虑了投入就显然不太一样了。（3）没有考虑所获取的利润和所承担风险的关系，比如，同样投入 100 万元，本年获利 10 万元，一个企业是全部转化为现金，另一个企业则全部是应收账款，并可能发生坏账损失收不回的情况，这两个企业的风险显然不相同。

2. 每股盈余最大化

基本观点：应当把企业的利润和股东投入的资本联系起来考虑，用每股盈余来概括企业的财务管理目标，从而来避免“利润最大化”目标的其中一个缺陷。

优点：解决了“利润最大化目标”中所获取利润和资本投入的缺陷。

缺点：本目标仍然没有考虑每股盈余取得的时间价值因素，另外，仍然没有考虑风险。

3. 企业财富（价值）最大化

基本观点：增加股东财富是财务管理的目标。

优点：本目标解决了“利润最大化”目标中的三个缺陷。

缺点：难以计量。

4. 相关利益最大化

基本观点：不仅考虑债权人、股东等相关方的利益，也考虑企业员工、顾客以及企业社会责任等因素，力求使各方利益达到最大化。

四、财务管理的特点

财务管理是一种价值管理，主要利用资金、成本、收入、利润等价值指标，运用财务预测、财务决策、财务运算、财务控制、财务分析等手段来组织企业中价值的形成、实现和分配，它还具有很强的综合性。

企业生产经营活动的复杂性，决定了企业管理必须包括多方面的内容，如生产管理、技术管理、劳动人事管理、设备管理、销售管理、财务管理等。各项工作是互相联系、紧密配合的，同时又有科学的分工，具有各自的特点。财务管理的特点有如下几个方面。

（1）财务管理是一项综合性管理工作。

企业管理在实行分工、分权的过程中形成了一系列专业管理，有的侧重于使用价值的管理，有的侧重于价值的管理，有的侧重于劳动要素的管理，有的侧重于信息的管理。社会经济的发展，要求财务管理主要是运用价值形式对经营活动实施管理。通过价值形式，把企业的一切物质条件、经营过程和经营结果都合理地加以规划和控制，达到企业效益不断提高、财富不断增加的目的。因此，财务管理既是企业管理的一个独立方面，又是一项综合性的管理工作。

（2）财务管理与企业各方面具有广泛联系。

在企业中，一切涉及资金的收支活动，都与财务管理有关。事实上，企业内部各部门与资金不发生联系的现象是很少见的。因此，财务管理的触角常常伸向企业经营的各个角落。每一个部门都会通过资金的使用与财务部门发生联系。每一个部门也都要在合理使用资金、节约资金支出等方面接受财务部门的指导，受到财务制度的约束，以此来保证企业经济效益的提高。

（3）财务管理能迅速反映企业生产经营状况。

在企业管理中，决策是否得当，经营是否合理，技术是否先进，产销是否顺畅，都可迅速地在企业财务指标中得到反映。例如，如果企业生产的产品适销对路，质量优良可靠，则可带动生产发展，实现产销两旺，资金周转加快，盈利能力增强，这一切都可以通过各种财务指标迅速地反映出来。这也说明，财务管理工作既有其独立性，又受整个企业管理工作的制约。财务部门应通过自己的工作，向企业领导及时通报有关财务指标的变化情况，以便把各部门的工作都纳入到提高经济效益的轨道，努力实现财务管理的目标。

五、财务管理的内容

财务管理主要是资金管理，其对象是资金的循环及其周转。企业财务管理的目标是不断提高企业价值，使企业财富最大化。财务管理的主要内容是进行投资决策、筹资决策和股利决策。

（一）投资决策

1. 概　念

投资是指企业投入资金，以期在未来获取收益的一种行为。

2. 分　类

(1) 直接投资和间接投资。

直接投资是指把资金直接投放于生产经营性资产，以便获取利润的投资。

间接投资又称证券投资，是指把资金投放于证券等金融性资产，以便取得股利或利息收入的投资。

(2) 长期投资和短期投资。

长期投资是指一年以后才能收回的投资。

短期投资又称为流动资产投资，是指能够或准备在一年内收回的投资。

（二）筹资决策

1. 概　念

筹资是指企业根据生产经营活动对资金的需要量，采用适当的方式获取资金的行为。

2. 分　类

(1) 权益资金和借入资金。

权益资金，也称为权益资本，是指企业投资者提供的资金，它没有固定的偿还期限，筹资风险小，但期望的报酬率较高。

借入资金是指债权人提供的资金，它需要按期归还，并支付固定的利息，有一定的风险，但期望的报酬率低于权益资金。

(2) 长期资金和短期资金。

中长期资金指一年后偿还的资金，短期资金指一年内偿还的资金。

（三）股利决策

股利决策就是制定企业的股利分配政策，确定企业的净利润中有多少作为股利发给股东，有多少留在企业作为再投资资金。

六、财务管理的创新

（一）财务管理观念的更新

1. 竞争与合作相统一的财务观念

当代市场经济竞争中出现了一个引人注目的现象，这就是原来是竞争对手的企业之间纷纷掀起了合作的浪潮。在知识经济时代，一方面，信息的传播、处理和反馈的速度以及科学技术发展的速度均越来越快，这就必然加剧市场竞争的激烈程度，哪个企业在信息和知识共享上抢先一步，便会获得竞争的优势。而另一方面，信息的网络化、科学技术的综合化和全球经济一体化，又必然要求各企业之间要相互沟通和协作。这就要求企业财务管理人员在财务决策和日常管理中，要不断增强善于抓住机遇、从容应付挑战的能力，在剧烈的市场竞争中趋利避害，扬长避短，同时也要正确处理和协调企业与其他企业之间的财务关系，使各方的经济利益达到和谐统一。

2. 风险理财观念

在现代市场经济中，市场机制的作用使任何一个市场主体的利益都具有不确定性，客观上存在着蒙受经济损失的机会与可能，即不可避免地要承担一定的风险，而这种风险，在知识经济时代，由于受各种因素影响，将会更加增大，因此，企业财务管理人员必须树立正确的风险观，善于对环境变化带来的不确定性因素进行科学预测，有预见性地采取各种防范措施，使可能遭受的风险损失尽可能降低到最低限度。

3. 信息理财观念

在现代市场经济中，一切经济活动都必须以快、准、全的信息为导向，信息成为市场经济活动的重要媒介。而且，随着知识经济时代的到来，以数字化技术为先导，以信息高速公路为主要内容的新信息技术革命使信息的传播、处理和反馈的速度大大加快，从而使交易、决策可在瞬间完成，经济活动空间变小，出现了所谓的“媒体空间”和“网上实体”。这就决定了在知识经济时代里，企业财务管理人员必须牢固地树立信息理财观念，从全面、准确、迅速、有效地搜集、分析和利用信息入手，进行财务决策和资金运筹。

4. 知识化理财观念

知识成为最主要的生产要素和最重要的经济增长源泉，这是知识经济的主要特征之一。与此相适应，未来的财务管理将更是一种知识化管理，其知识含量将成为决定财务管理是否创新的关键性因素。因此，企业财务管理人员必须牢固树立知识化理财观念。

（二）财务管理目标的重组

知识经济时代的到来，扩展了资本的范围，改变了资本结构。

在新的资本结构中，物质资本与知识资本的地位将发生重大变化，即物质资本的地位将相对下降，而知识资本的地位将相对上升。这一重大变化决定了企业在知识经济时代里不再是仅归属于其股东，而是归属其“相关利益主体”，如股东、债权人、员工、顾客等。他们都向企业投入了专用性资本，都对企业剩余做出了贡献，因而也都享有企业的剩余。正是在这样的背景下，新制度学派认为，企业的利益是所有参与签约的各方的共同利益，而不仅仅是股东的利益。从美国《公司法》可以看出，公司要求经营者不能只为公司股东服务，而必须为公司的相关利益主体服务。美国 IBM 公司把其目标提炼为“为员工利益、为顾客利益、为股东利益”三原则。可以说，这些变化都代表着时代发展的要求，都是知识经济时代带来的影响。

（三）财务管理内容的调整与拓展

无形资产将成为企业投资决策的重点。在新的资产结构中，以知识为基础的专利权、商标权、商誉、计算机软件、人才素质、产品创新等无形资产所占比重将会大大提高。据有关资料显示，1995 年，美国许多企业无形资产的比重已高达 50%～60%。这表明，无形资产在企业总资产中所占的比重以及所起的作用已不容忽视，它将日益成为决定企业未来收益及市场价值的主要资产。所以，在知识经济时代，无形资产将成为企业最主要、最重要的投资对象。这就要求企业必须调整旧的投资决策指标，建立切实反映无形资产投入状况及其结果的决策指标体系。

风险管理将成为企业财务管理的一项重要内容。在知识经济时代，由于受下列等因素的影响，将使企业面临更大的风险。

（1）信息传播、处理和反馈的速度将会大大加快。如果一个企业的内部和外部对信息的披露不充分、不及时或者企业的管理当局对来源于企业内部和外部的各种信息不能及时而有效地加以选择和利用，均会进一步加大企业的决策风险。

（2）知识积累、更新的速度将会大大加快。如果一个企业及其职工不能随着社会知识水平及其结构的变化相应地调整其知识结构，就会处于被动地位，就不能适应环境的发展变化，从而会进一步加大企业的风险。

（3）产品的寿命周期将会不断缩短。如电子、计算机等高科技产业，其产品的寿命更短，这不仅会加大存货风险，而且也会加大产品设计、开发风险。

（4）“媒体空间”的无限扩展性以及“网上银行”的兴起和“电子货币”的出现，使得国际间的资本流通加快，资本决策可在瞬间完成，使得货币的形态发生质的变化，这些均有可能进一步加剧货币风险。

（5）无形资产投入速度快、变化大，它不像传统投资那样能清楚地划分出期限与阶段，从而使得投资的风险进一步加大。所以，企业如何在追求不断创新发展与有效防范、抵御各种风险及危机中取得成功，便是财务管理需要不断研究解决的一个重要而实际的问题。

第二节　财务报表与财务分析

一、财务报表的结构与内容

（一）资产负债表

1. 概　念

资产负债表是反映企业在某一特定日期财务状况的报表。资产负债表是静态报表，表中的数据是时点数，就像一张照片，反映企业在报告期末瞬间的情况。

资产负债表以“资产＝负债＋所有者权益”这一基本会计等式为基础设计，表中按照一定的分类标准和一定的次序，列示企业在特定日期的资产、负债和所有者权益数额及其相互关系，即企业的财务状况。如 ABC 公司 2010 年的资产负债表见表 7.1。

表 7.1 资产负债表

编制单位：ABC公司　　　　2010年12月31日　　　　单位：万元

资　产	期末余额	年初余额	负债和所有者权益	期末余额	年初余额
流动资产：			流动负债：		
货币资金	120	100	短期借款	1 000	1 300
交易性金融资产			交易性金融负债		
应收票据	790	700	应付票据	638	
应收账款	1 560	1 220	应付账款	660	650
预付款项	150	20	预收款项	240	
应收利息	20	15	应付职工薪酬	130	130
应收股利	100	65	应交税费	170	68
其他应收款	130	120	应付利息	30	20
存货	2 160	1 420	应付股利	120	90
一年内到期的非流动资产	10		其他应付款	90	140
其他流动资产			一年内到期的非流动负债		
流动资产合计	5 040	3 640	其他流动负债		
非流动资产：			流动负债合计	3 078	2 398
可供出售金融资产			非流动负债：		
持有至到期投资	360	370	长期借款	2 080	2 000
长期应收款			应付债券	2 100	1 000
长期股权投资	400	350	长期应付款		
投资性房地产			专项应付款		
固定资产	7 320	6 120	预计负债		
在建工程			递延所得税负债		
工程物资			其他非流动负债		
固定资产清理			非流动负债合计	4 180	3 000
生产性生物资产			负债合计	7 258	5 398
油气资产			所有者权益：		
无形资产	160	200	实收资本	4 000	4 000
开发支出	20		资本公积	164	164
商誉			减：库存股		
长期待摊费用			盈余公积	1 106	1 018
递延所得税资产			未分配利润	772	100
其他非流动资产			所有者权益合计	6 042	5 282
非流动资产合计	8 260	7 040			
资产总计	13 300	10 680	负债和所有者权益总计	13 300	10 680

2. 作　用

从资产负债表上，会计信息使用者可以获取以下信息：

(1) 企业的短期偿债能力。

(2) 企业的长期偿债能力和资本结构。

(3) 企业的财务弹性。是指企业面临突发性资金需要时，是否有能力采取及时有效的措施调度资金，迅速应对。

企业的财务弹性主要来自于：资产的流动性或变现能力；企业经营活动中产生现金流入的能力；从企业外部筹集和调度资金的能力；在不影响正常经营的前提下变卖非流动资产以获取现金的能力；调剂货币资金存量的能力。

3. 资产负债表项目的分类

(1) 资产项目的分类。

资产按流动性大小分为流动资产和非流动资产。

流动资产是指可以在一年内或超过一年的一个营业周期内变为现金或者被耗用、售出的资产。在资产负债表上，流动资产项目按其流动性大小，依次排列为货币资金、短期投资、应收票据、应收账款、预付账款、其他应收款、存货、待摊费用等。

非流动资产是指流动资产以外的其他所有资产，包括可供出售金融资产、持有至到期投资、长期应收款、长期股权投资、投资性房地产等多项内容。

(2) 负债项目的分类。

负债按偿还期限分为流动负债和非流动负债。

流动负债是指要求在一年内或超过一年的一个营业周期内偿还的债务，包括短期借款、应付账款、应付票据、预收账款、应付职工薪酬、应付利息等。

非流动负债是指流动负债以外的全部负债，包括长期借款、应付债券和长期应付款等。

(3) 所有者权益。

所有者权益又称净资产，所有者权益指企业投资者对企业享有的权益，等于资产减去负债后的余额。在资产负债表上，所有者权益分为实收资本、资本公积、盈余公积金和未分配利润四项。

实收资本是指有限责任公司的投资者按照公司章程规定交纳的并经过注册的出资额。在股份制企业，实收资本称为股本。

资本公积是指投资者出资超过其在注册资本中所占份额的部分，即资本溢价。

盈余公积包括法定盈余公积和任意定盈余公积两部分，前者按照国家规定的比例从税后利润中提取，后者由企业自行按比例提取。

未分配利润是指企业实现的净利润在提取盈余公积和向投资者分配利润后留存在企业的、历年结存的利润。

盈余公积和未分配利润统称为留存收益。

（二）利润表

1. 概　念

利润表是反映企业在一定时间内经营成果的报表。利润表根据“收入－费用＝利润”设计。

企业的经营成果，通常表现为企业在一定时期内取得的利润（或亏损），利润（或亏损）等于收入减去费用后的差额，是企业经济效益的综合体现。利润表以权责发生制原则和配比原则为基础编制，列示了企业在一定会计期间内取得的收入和费用，并通过计算确定企业的净利润（或净亏损）。如 ABC 公司 2010 年的利润表见表 7.2。

表 7.2 利润表

编制单位：ABC 公司　　2010 年度　　单位：万元

项　目	行次	本月数	本年累计数
一、主管业务收入	1	1 020	9 500
减：主营业务成本	4	590	5 600
主管业务税金及附加	5	48	500
二、主营业务利润	10	382	3 400
加：其他业务利润	11	20	150
减：营业费用	14	90	1 060
管理费用	15	75	800
财务费用	16	35	400
三、营业利润	18	202	1 290
加：投资收益	19	80	120
补贴收入	22		
营业外收入	23	5	20
减：营业外支出	25	34	80
四、利润总额	27	253	1 350
减：所得税	28	83	470
五、净利润	30	170	880

2. 利润表的作用

（1）评价企业的经营成果和盈利能力。

（2）评价企业的偿债能力。

（3）预测企业未来的现金流量。

（4）考评企业管理者的经营业绩。

（5）为利润分配提供依据。

3. 利润表项目的分类

（1）收入项目。

利润表中的收入分为经营性收入和非经营性收入。

经营性收入来自于企业正常的生产经营活动，包括销售商品收入、提供劳务及让渡资产使用权等收入。根据经营性收入是否持续和经常发生，又可分为主营业务收入和其他业务收入两大类。主营业务收入是从企业主要生产经营活动取得的收入，其他业务收入又称副营业务收入，是指企业非主要生产经营活动取得的收入。判断某项收入是属于主营业务收入还是其他业务收入，主要看其性质是否经常发生。主营业务收入具有持续性的特点，一般在企业总收入中所占比重较大，而其他业务收入则具有偶然性的特点，在企业总收入中所占比重较小。

非经营性收入是指企业在正常经营活动之外得到的收入，如处置固定资产的净收益等，这部分收入与企业的经营活动无关，属于意外和偶然所得，因此在利润表上单独作为一个项目反映。

（2）费用项目。

利润表中的费用分为经营性费用和非经营性损失两大类。

营业费用、管理费用、财务费用属于期间费用，本期发生额全部列入利润表。

此外，所得税作为一种特殊费用，在利润表上也单独作为一个项目反映。

（三）现金流量表

1. 概　念

现金流量表是反映企业在某一会计期间内现金流入和流出情况的报表，如 ABC 公司 2010 年的现金流量表见表 7.3。“现金”是广义的概念，包括货币资金和现金等价物。

现金等价物是指企业持有的期限短、流动性强、易于转换为已知金额的现金、价值变动风险很小的投资，通常指自购买日起 3 个月内到期的短期债券投资。

表 7.3　现金流量表

编制单位：ABC 公司　　2010 年度　　单位：万元

一、经营活动产生的现金流量	
项　目	本期金额
销售商品、接受劳务收到的现金	10 921
收到的税费返还	
收到的其他与经营活动有关的现金	217
现金流入小计	11 138
购买商品、接受劳务支付的现金	5 235
支付给职工以及为职工支付的现金	（1 410）
支付的各种税费	（1 778）
支付的其他与经营活动有关的现金	（1 525）
现金流出小计	（9 948）
经营活动产生的现金流量净额	1 190
二、投资活动产生的现金流量	
项　目	本期金额
收回投资所收到的现金	
取得投资收益所收到的现金	80
处置固定资产、无形资产和其他长期资产收回的现金净额	90
处置子公司及其他营业单位收到的现金净额	

续表 7.3

项　目	本期金额
收回的其他与投资活动有关的现金	
现金流入小计	170
购置固定资产、无形资产和其他长期资产支付的现金	(1 680)
投资所支付的现金	(50)
取得子公司及其他营业单位支付的现金	
支付的其他与投资活动有关的现金	
现金流出小计	(1 730)
投资活动产生的现金流量净额	(1 560)
三、筹资活动产生的现金流量	
项　目	本期金额
吸收投资所收到的现金	1 000
借款所收到的现金	200
收到的其他与筹资活动有关的现金	
现金流入小计	1 200
偿还债务所支付的现金	(500)
分配股利、利润或偿付利息所支付的现金	(310)
支付的其他与筹资活动有关的现金	
现金流出小计	(810)
筹资活动产生的现金流量净额	390
四、汇率变动对现金的影响	
五、现金及现金等价物净增加额	20
加：期初现金及现金等价物余额	100
六、期末现金及现金等价物余额	120

2. 现金流量表的作用

(1) 判断企业的偿债能力和支付能力。

(2) 反映企业现金盈缺的原因，以便加强现金管理。

(3) 评价净利润的质量。

(4) 有助于提高会计信息的可比性和真实性。

3. 现金流量的分类

(1) 经营活动产生的现金流。

经营活动是指企业投资和筹资活动以外的所有交易和事项，包括生产产品、销售商品、提供劳务、经营性租赁、购买存货、接受劳务、交纳税费等。经营活动是企业最主要的营业活动，也是影响企业现金流量变动的主要原因。从经营活动中取得的现金，是企业现金的内部来源。经营活动现金流量分为现金流入量和现金流出量，以现金流入量减去现金流出量，为经营活动产生的现金流量净额，正数为净流入量，负数为净流出量。

（2）投资活动产生的现金流。

投资活动是指企业购建长期资产和不包括在现金等价物范围内的对外投资事项。投资活动现金流量也分为现金流入量和现金流出量，以现金流入量减去现金流出量，为投资活动产生的现金流量净额。

（3）筹资活动产生的现金流。

筹资活动是指导致企业资本和债务的规模、构成发生变动的交易和事项。筹资活动是企业开展经营活动的基础和前提，有效的筹资活动应当能够及时为企业提供可靠和低成本的资金，增强企业的财务应变能力，减低财务风险。筹资活动现金流量也分为现金流入量和现金流出量，以现金流入量减去现金流出量，为筹资活动产生的现金流量净额。

以上三部分现金净流量之和，加减汇率变动对现金的影响，即为本期现金流量净增加额（或净减少额），该数额应等于资产负债表中货币资金及现金等价物期末余额与期初余额之差。

二、财务报表分析

（一）偿债能力分析

1. 短期偿债能力分析（以表 7.1 为例）

（1）营运资金＝流动资产－流动负债＝5 040－3 078＝1 962（万元）。

（2）流动比率＝流动资产/流动负债＝5 040÷3 078＝1.64。

一般认为，正常的流动比率应维持在 2 左右。

运用流动比率指标时，应当注意以下问题：

第一，该指标只反映了流动资产与流动负债之间的数量关系，没有考虑流动资产的结构和流动性。

第二，该指标只是根据期末数字计算得出的，只能反映期末流动资产与流动负债的比率关系，不能代表企业整个期间的偿债能力。

第三，从该指标的计算公式看，当流动比率大于 1 时，分子分母等量增加，会使流动比率下降，等量减少则会使流动比率上升，因此受人为操作可能性较大。

第四，行业不同，对流动比率的要求也有所不同。

（3）速动比率＝速动资产/流动负债

速动资产＝流动资产－存货－预付账款

（4）营业现金净现金流量比率＝经营活动现金净流入量/流动负债平均余额。

分母中的流动负债平均余额表示本年内企业平均每天持有的流动负债数额。

流动负债平均余额＝(年初余额＋年末余额)/2

负债需要用现金偿还，而经营活动产生的现金净流入量是偿还负债的真正来源，经营活动现金净流量越大，企业内部可用于偿还流动负债的现金越充分。

2. 长期偿债能力分析

（1）资产负债率＝负债总额/资产总额。

公用事业单位的资产负债率可以高达 60%～70%，而一般制造业则应维持在 50%左右。

（2）权益负债率＝负债总额/所有者权益总额。

从债权人角度看，权益负债率越低越好。一般认为，该指标应维持在 1 左右。

（3）利息保障倍数＝(利润总额＋利息费用)/利息费用。

（二）营运能力分析

营运能力指企业运用各种资产的效率，反映企业的经营管理水平。营运能力强，表明企业可以用较少的投入取得较高的经济效益，从而提高企业的偿债能力和获利能力。反映企业营运能力的指标主要有:

（1）总资产周转率＝销售收入净额/全部资产平均余额。

（2）应收账款周转率（次数）＝销售收入净额/应收账款平均余额。

（3）存货周转率（次数）＝销售成本/存货平均余额。

（4）固定资产周转率＝销售收入净额/固定资产净值平均余额。

（三）盈利能力分析

（1）销售利润率是指企业利润总额与主营业务收入净额之间的比率，用来衡量企业相对于销售收入的盈利能力，反映企业控制与销售收入有关的成本费用的能力。

销售利润率＝利润总额/销售收入净额

（2）资产报酬率，指企业的息税前利润与全部资产平均余额之间的比率，反映每百元资产可获得的息税前利润，是衡量企业利用现有资产获取利润的指标。

资产报酬率＝息税前利润/全部资产平均余额

（3）净资产收益率，也称为所有者权益收益率，指净利润与净资产（所有者权益）之间的比率。该指标从投资者的角度来评价企业的盈利能力，是衡量投资者获取潜在投资报酬的指标。

净资产收益率＝净利润/净资产平均余额

（4）资本保值增值率，指期末所有者权益与期初所有者权益之间的比率。

资本保值增值率＝期末所有者权益总额/期初所有者权益总额

（5）每股收益＝(净利润－优先股股利)/发行在外普通股平均股数。

第三节　筹资管理

一、筹资方式

筹资方式是指企业筹集资金时所采取的具体形式。在市场经济条件下，企业筹集长期资金的主要方式有发行股票、发行债券、长期借款、融资租赁等，筹集短期内所需资金的主要方式有短期借款和商业信用。

（一）股票筹资

1. 普通股的种类

(1) 按照投资主体不同，分为国家股、法人股、个人股和外资股。

(2) 按照是否记名，分为记名股票和不记名股票。

(3) 按照票面是否标明金额，分为有面值股票和无面值股票。

(4) 按照发行对象和上市地点不同，分为 A、B、H、N 股。

2. 普通股筹资的优缺点

(1) 普通股筹资的优点。

① 普通股票没有任何的届满日期，其所筹资本是公司永久性资本，除非公司清算才需偿还。因此，普通股本是公司资本中最为稳定的资金来源，它对保证公司最低的资金需求，促进公司长期持续稳定经营至关重要。

② 公司没有支付普通股利的义务。这使得公司可以根据具体情况相机行事：当盈利较多，或虽有盈余但资金短缺或有更有利的投资机会时，则可以少支付或停付普通股股利。

③ 利用普通股筹资的风险小。由于普通股没有固定的到期日，也不用支付固定利息，因而实际上不存在无法还本付息的风险。

④ 发行普通股筹资属于公司主权资本的筹措，可以使公司免受债权人及优先股股东对公司经营所施加的各种限制，保证公司经营的灵活性。

(2) 普通股筹资的缺点。

① 普通股筹资成本较高。

② 利用普通股筹资容易使公司原有股东的参与淡化。

③ 增发新的普通股股票，可能被投资者视为消极信号，从而导致股票价格下跌。

（二）债券投资

1. 债券的种类

按不同的分类标准可将债券分为：记名债券和不记名债券；抵押债券和信用债券；固定利率债券和浮动利率债券；可转换债券和不可转换债券；一次到期债券和分次到期债券。

2. 债券筹资的优缺点

(1) 债券筹资的优点。

① 资本成本较低。与股票的股利相比，债券的利息允许在所得税前支付，公司可享受税收上的利益，故公司实际负担的债券成本一般低于股票成本。

② 可利用财务杠杆。无论发行公司的盈利多少，持券者一般只收取固定的利息，若公司用资后收益丰厚，增加的收益大于支付的债息额，则会增加股东财富和公司价值。

③ 保障公司控制权。持券者一般无权参与发行公司的管理决策，因此发行债券一般不会分散公司控制权。

(2) 债券筹资的缺点。

① 财务风险较高。债券通常有固定的到期日，需要定期还本付息，财务上始终有压力。在公司不景气时，还本付息将成为公司严重的财务负担，有可能导致公司破产。

② 限制条件多。发行债券的限制条件较长期借款、融资租赁的限制条件多且严格，从而限制了公司对债券融资的使用，甚至会影响公司以后的筹资能力。

③ 筹资规模受制约。公司利用债券筹资一般受一定额度的限制。

（三）长期借款筹资

1. 长期借款的种类

（1）按照提供贷款的机构，可以分为政策性银行贷款和商业银行贷款。

（2）按照借款用途，可以分为固定资产投资借款、更新改造借款、科研开发和新产品试制借款等。

（3）按照有无担保，可以分为信用贷款和抵押贷款等。

2. 长期借款的优缺点

（1）优点：筹资速度快，筹资成本低，比较灵活。

（2）缺点：长期借款需要按期还本付息，如果企业资金周转困难，可能会面临较大的财务风险。同时，长期借款的限制性条款比较多，在一定程度上制约了企业的生产经营活动。

（四）租赁筹资

1. 租赁的种类

（1）从租赁的目的分，可分为融资租赁和经营租赁。

（2）从征税角度来分，有正式租赁和租购式租赁。

（3）从交易的程度分，有直接租赁、杠杆租赁、回租租赁和转租赁等。

2. 租赁筹资的优缺点

（1）优点。

① 租赁一般比借款后再购置设备所需时间短，因此可以使企业迅速地获得所需资产，尽快形成生产能力。

② 与股票、债券、长期借款等筹资方式相比，租赁筹资对企业资格条件的限制较少。

③ 随着科技进步，设备的更新周期越来越快，采用租赁的方式获得资产可以免遭设备陈旧过时的风险。

④ 租金可以在税前支付，减少了企业所得税的交纳。

（2）缺点。

租赁筹资的成本较高，租金总额往往超出设备买价很多。在企业困难时期，租金会构成企业沉重的负担。

二、筹资决策

（一）资本成本的确定

1. 概　念

资本成本是指企业为筹集和使用资金而支付的费用，包括资金筹集和资金占用费两部分。资本成本通常用相对数来表示，即资本成本率。

2. 公　式

资本成本率＝资金占用费/(筹资总额－资金筹集费)

3. 类　别

（1）个别资本成本。

债务资本成本＝年利率×(1－所得税率)÷(1－筹资费用率)

权益资本成本＝年现金股利/普通股市价×(1－筹资费用率)＋预计股利增长率

例如，某公司发行股票筹集资金，目前股票价值为每股 30 元，筹资费用率为股票市价的 10%，本年每股发放现金股利 2 元，预计以后每年股利增长率保持在 5%左右。

（2）加权资本。

加权资本指企业权益资本成本与债务资金成本的加权平均值。

（3）边际资本成本。

边际资本成本指资本每增加一个单位而相应增加的成本。

（二）最佳资本结构与筹资决策

（1）资本结构一般是指企业的长期债务资本与权益资本的比例关系。

（2）最佳资本结构是指在一定时期内使企业价值最大、同时企业综合资本成本最低的资本结构。

【例题 7.1】 某企业初创时，有三个筹资方案可以选择，有关资料见表 7.4。

表 7.4　三个筹资方案　　　　（单位：万元）

筹资方式	筹资方案 1			筹资方案 2			筹资方案 3		
	筹资额	筹资比例（%）	资本成本（%）	筹资额	筹资比例（%）	资本成本（%）	筹资额	筹资比例（%）	资本成本（%）
发行普通股	300	0.60	15	250	0.50	15	200	0.40	15
发行债券	150	0.30	12	170	0.34	12	200	0.40	11.5
长期借款	50	0.10	6	80	0.16	7	100	0.20	8
合　计	500	1		500	1		500	1	

分别计算上述三个筹资方案的加权平均资本成本，并进行比较，以选择最佳筹资方案。

解：

加权平均资本成本（方案 1）＝0.60×15%＋0.30×12%＋0.10×6%＝13.2%

加权平均资本成本（方案 2）＝0.50×15%＋0.34×12%＋0.16×7%＝12.7%

加权平均资本成本（方案 3）＝0.40×15%＋0.40×11.5%＋0.20×8%＝12.2%

计算结果表明，在上述三个筹资方案中，方案 3 的加权平均成本最低。所以，在其他因素大体相同的情况下，方案 3 是最优筹资方案，按此方案筹集资金，其形成的资本结构是该企业最佳的资本结构。

第四节 投资管理

一、货币的时间价值

（一）基本概念

货币的时间价值，是指货币经过一段时间的投资与再投资后所增加的价值，也称为资金的时间价值。

在商品经济中，有这样一种现象，现在的 1 元钱，比一年后的 1 元钱的经济价值要大一些，即使不存在通货膨胀也是如此。例如，将现在的 1 元钱存入银行，假设银行利率为 10%，那么一年后可得到 1.10 元。也就是说，经过一年时间的投资，原来的 1 元钱增值了 0.10 元，这就是货币的时间价值。

（二）货币时间价值的计算

1. 单利和复利

（1）单利是指每期利息只按本金计算，不管期限多长，本金所生利息不加入本金再计算利息。

（2）复利是指不仅本金要计算利息，而且每经过一个计息期后，还要将所生利息加入本金再计利息，逐期滚算。例如，一张面值为 100 元、年利率为 5%、每年计息一次、期限为 3 年的复利债券，第一年的利息为：100×5%＝5 元；第二年的利息为：(100＋5)×5%＝5.25 元；第三年的利息为：(100＋5＋5.25)×5%＝5.512 5 元；三年所产生的利息收入共计 15.762 5 元。

2. 复利的终值与现值

（1）复利的终值是指现在的一笔资金按复利计算在未来一段时间后所具有的价值。

计算公式为：

$$S = P(1+i)n$$

式中：S 为终值；P 为本金；i 为利率；n 为计息期。

（2）复利的现值是指未来现金收入或支出按复利计算的现在价值，也可以说是为取得将来一定本利和现在所需要垫付的本金。

根据复利终值计算公式，可得出：

$$P = S/(1+i)n = S(1+i)-n$$

式中：$(1+i)-n$ 称为复利现值系数，i 称为贴现率。

由终值求现值的过程称为贴现。

【例题 7.2】 企业购入面值 10 000 元的复利债券一张，利率 6%，期限 5 年，5 年后该债券的终值为？

解： S＝10 000×(1＋6%)5＝13 382（元）

【例题 7.3】 某人计划在 5 年后得到本利和 8 000 元，假设投资报酬率为 8%，他现在应当投入多少元？

解:　　　　$P=8\ 000\times(1+8\%)-5=5\ 448$（元）

3. 普通年金的计算

年金是指在一定时期内每期金额相等的系列收入或支出。

（1）普通年金终值。

假如每年的支付金额为 A，利率为 i，期数为 n，按复利计算的普通年金终值为 S，则普通年金终值的计算公式为：

$$S=A+A(1+i)+A(1+i)^2+\cdots+A(1+i)^{n-2}+A(1+i)^{n-1}$$

等式两边同乘（$1+i$），得：

$$(1+i)S=A(1+i)+A(1+i)^2+\cdots+A(1+i)^{n-1}+A(1+i)^n$$

用后式减前式，得：

$$(1+i)S-S=A(1+i)^n-A$$

$$S=A\frac{(1+i)^n-1}{i}$$

【例题 7.4】 某人在三年内每年年末存入银行 1 000 元，存款利率为 5%，在第三年年末时，其存款的本利和是多少?

解：这个问题实际是计算 $i=5\%$，$n=3$，$A=1\ 000$ 元的普通年金终值。根据年金终值计算公式可得：

$$S=1000\times[(1+5\%)^3-1]\div5\%=3\ 152.5\ （元）$$

（2）普通年金现值。

普通年金现值，是指为在每期期末取得相等金额的款项，现在需要投入的金额。

【例题 7.5】 某人出国三年，请你代付房租，每年租金 1 000 元。假设银行存款利率为5%，他现在应当在银行存多少钱?

解：　　　　$P=1\ 000\times[1-(1+5\%)-3]\div5\%=2\ 723$（元）

二、风险和报酬

（一）风险的概念

风险是指在一定条件和一定时期内可能发生的各种结果的变动程度，是事件本身的不确定性。

（二）风险的类别

1. 市场风险

市场风险是指由于那些对所有公司都产生影响的因素引起的风险，如战争、经济衰退、通货膨胀、通货紧缩等。这类风险涉及所有的投资者，而且无法分散，因此又称为不可分散风险或系统风险。

2. 公司特有风险

公司特有风险是指由个别公司的特定事件造成的风险。如罢工、新产品的研制失败、法庭败诉、意外事故等。这类风险通常是随机发生的，可以通过多角化投资来分散，因此又称为可分散风险或非系统风险。

公司特有风险又分为经营风险和财务风险两类。

经营风险是指由于生产经营的不确定性带来的风险，是所有商业活动共有，也称为商业风险。财务风险是指由于负债带来的风险，也称为筹资风险。如果企业没有负债，资产全部来自于股东，那么企业就没有财务风险，只有经营风险。

（三）风险和报酬的关系

（1）风险和报酬的关系是风险越大，要求的报酬率就越高。

（2）风险和期望投资报酬之间的关系可用公式表示为：

期望投资报酬率＝无风险报酬率＋风险报酬率

企业财务管理的主要内容是控制风险，减少企业经营活动的不确定性。控制风险的主要方法是进行多角化经营和多角化筹资。

三、长期投资项目的现金流量

（一）现金流量的概念

投资决策中的现金流量是指一个投资项目引起的企业现金支出增量和现金收入增量。现金流量包括现金流出量、现金流入量和现金净流量三个具体概念。

（1）现金流出量，指该投资项目引起的企业现金支出的增加额。

（2）现金流入量，指该投资项目引起的企业现金收入的增加额。

（3）现金净流量，指现金流入量减去现金流出量的差额。

（二）现金流量的计算

（1）不考虑沉没成本。

（2）要考虑机会成本。

（3）要考虑投资方案对本企业其他部门的影响。

（三）现金净流量与净利润

在投资决策中，通常用现金净流量而不用净利润作为评价方案优劣的标准，其原因为：

（1）在整个投资有效期内，现金净流量总额与净利润总额大体相等，因此可以用现金净流量取代净利润。

（2）现金流量是按照收付实现制原则计算的，是企业实际收到或付出的现金，它不受人为因素的影响，可以保证客观性。

（3）采用现金流量，可以促使企业在投资决策时考虑时间价值因素。

（4）一个投资项目能否维持下去，并不取决于一定期间是否盈利，而在于有没有现金用于各种支付。

四、长期投资项目的评价方法

对投资项目进行评价时，需要计算一些经济指标。根据这些指标是否有效地考虑了货币的时间价值，可分为贴现指标和非贴现指标两大类。

（一）贴现法

1. 净现值法

净现值是指某个投资项目寿命周期内现金流入量现值减去现金流出量现值后的差额，其经济意义为投资方案贴现后的净收益，或者说是考虑货币时间价值后的净收益。

净现值指标的计算公式为：

$$净现值=\sum_{i=1}^{n}\frac{I_t}{(1+i)^t}-\sum_{i=1}^{n}\frac{O_t}{(1+i)^t}$$

式中：n——项目期限；

I_t——第 t 年的现金流入量；

O_t——第 t 年为现金流出量；

i——资金成本。

【例题 7.6】 假设 A、B 两个投资方案的初始投资额分别为 10 万元和 20 万元，项目有效期分别为 5 年和 10 年，A 方案每年的现金净流量分别为 3 万元、4 万元、5 万元、5 万元、4 万元，B 方案每年现金净流量均为 5 万元。假设两个投资项目均在投资当年一次投入完工并产生经济效益，资金成本均为 12%，项目结束时均无残值，试求这两个方案的净现值。

解：A 方案每年的现金净流量不等，应采用复利现值的计算公式：

$$\begin{aligned}&净现值（A 方案）\\&=[3\times(1+12\%)^{-1}+4\times(1+12\%)^{-2}+5\times(1+12\%)^{-3}+5\times(1+12\%)^{-4}+4\times(1+12\%)^{-5}]-10\\&=[3\times0.892\,9+4\times0.797\,2+5\times0.711\,8+5\times0.635\,5+4\times0.567\,4]-10\\&=14.873\,6-10\\&=4.873\,6（万元）\end{aligned}$$

B 方案每年的现金净流量相等，可采用年金现值的计算公式：

$$\begin{aligned}净现值（B 方案）&=5\times\frac{1-(1+12\%)^{-10}}{12\%}-20\\&=5\times5.650\,2-20\\&=28.251-20\\&=8.251（万元）\end{aligned}$$

A、B 两个方案的净现值都是正数，说明两个方案的投资报酬率都超过 12%，高于资金成本，因此 A、B 两个方案都可以接受。但如果只能从两者中选择一个，由于 A 方案和 B 方案的投资额不同，因此无法用净现值大小作为评价标准。现值指数法可以解决这个问题。

2. 现值指数法

现值指数，是指某个投资项目未来现金流入量现值与未来现金流出量现值的比率，也称为获利指数。

现值指数的计算公式为：

$$现值指数=\frac{\sum_{i=1}^{n}\frac{I^t}{(1+i)^t}}{\sum_{i=1}^{n}\frac{O^t}{(1+i)^t}}$$

式中各项含意同上。

解：在上例中，A 方案和 B 方案的现值指数计算如下：

现值指数（A 方案）＝14.873 6÷10＝1.487 4

现值指数（B 方案）＝28.251÷20＝1.412 5

A、B 两个方案的现值指数都大于 1，说明两个方案均可行。但是 A 方案的现值指数大于 B 方案，如果两者只能择其一，应选择 A 方案。

3. 内含报酬率法

内含报酬率法是根据方案本身内含报酬率高低来评价方案优劣的一种方法。内含报酬率，是指能够使某个投资项目未来现金流入量现值等于未来现金流出量现值的贴现率，即投资项目净现值为零的贴现率。

内含报酬率的计算需要采用逐步测试法。先估计一个贴现率，用它来计算方案的净现值，如果净现值为正数，说明方案本身的报酬率超过了估计的贴现率，应提高贴现率后进一步测试，反之应降低贴现率后进一步测试，直至找出使净现值为零的贴现率，即为方案本身的内含报酬率。

在例题 7.6 中，A 方案的净现值为正数，说明其投资报酬率大于 12%，应提高贴现率进一步测试。假设用 32%的贴现率测试：

解：

净现值（A 方案）

$$=[3\times(1+32\%)^{-1}+4\times(1+32\%)^{-2}+5\times(1+32\%)^{-3}+5\times(1+32\%)^{-4}+4\times(1+32\%)^{-5}]-10$$

$$=[3\times0.757\,6+4\times0.573\,9+5\times0.434\,8+5\times0.329\,4+4\times0.249\,5]-10$$

$$=9.387\,4-10$$

$$=-0.612\,6\ （万元）$$

内含报酬率（A 方案）：28%＋0.965%＝28.97%

采用同样方法可以计算出 B 方案的内含报酬率为 21.51%。

A、B 方案的内含报酬率均高于资金成本（12%），说明两个方案均可行。如果只能选择一个方案，应选择 A 方案，因为相比之下，A 方案的内含报酬率高于 B 方案。

（二）非贴现法

1. 投资回收期法

投资回收期法是根据投资方案的预计回收年限来确定该方案是否可行的决策方法。回收年限越短，方案越有利。

投资回收期（Pt）＝累计净现金流量开始出现正值的年份－1＋上年累计净现金流量|/当年净现金流量

根据上述公式，例题7.6中的A方案的回收期为2.6年。计算过程见表7.5。

表7.5　A方案投资回收期计算表　（单位：万元）

A方案	现金流量	累计已回收额	未回收额
原始投资	（10）		
现金净流入量			
第一年	3	3	7
第二年	4	7	3
第三年	5	12	0

投资回收期（A方案）＝2＋(3÷5)＝2.6（年）

2. 平均报酬率法

平均报酬率＝年平均现金净流入量÷原始投资额×100%

仍以上面例子的资料为例：

$$\text{平均报酬率（A方案）}=\frac{(3+4+5+5+4)\div 5}{10}\times 100\%=42\%$$

$$\text{平均报酬率（B方案）}=\frac{5}{20}\times 100\%=25\%$$

【课后思考题】

1. 请简要回答财务管理的含义、演进、目标、特点、内容及创新。
2. 请简要回答财务报表的结构与内容。
3. 请阐述如何分析财务报表。
4. 请简要回答货币的时间价值、风险和报酬。
5. 请阐述长期投资项目的现金流量、长期投资项目的评价方法。
6. 请阐述筹资方式和筹资决策。

第八章 企业人力资源管理

【学习目标】

1. 了解人力资源管理的含义、发展历程、特点、职能、活动内容承担者和意义。
2. 理解和掌握人本管理的思想源泉、内涵理解、基本要素、理论模式、基本内容和人本管理的四个阶段。
3. 理解和掌握人力资源规划、岗位设置、工作分析、招聘与录用等环节的基本内容。
4. 理解和掌握用人原则、用人程序。
5. 理解和掌握培训的概念、培训的内容与种类、在岗培训、培训需求分析、培训方法，以及如何建立有效的员工培训体系。
6. 了解绩效考核、薪酬设计、心理契约等环节的基本内容。

第一节 人力资源管理的概述

一、人力资源管理的含义

人力资源管理，是在经济学与人本思想指导下，通过招聘、甄选、培训、报酬等管理形式对组织内外相关人力资源进行有效运用，满足组织当前及未来发展的需要，保证组织目标实现与成员发展的最大化。人力资源管理就是预测组织人力资源需求并作出人力需求计划、招聘选择人员并进行有效组织、考核绩效支付报酬并进行有效激励、结合组织与个人需要进行有效开发以便实现最优组织绩效的全过程。

二、人力资源管理的发展历程

人力资源管理是一门新兴的学科，问世于20世纪70年代末。人力资源管理的历史虽然不长，但人事管理的思想却源远流长。从时间上看，从18世纪末开始的工业革命，一直到20世纪70年代，这一时期被称为传统的人事管理阶段。从20世纪70年代末以来，人事管理让位于人力资源管理。

（一）人事管理阶段

人事管理阶段又可具体分为以下几个阶段：科学管理阶段、工业心理学阶段、人际关系管理阶段。

1. 科学管理阶段

20 世纪初，以泰勒等为代表，开创了科学管理理论学派，并推动了科学管理实践在美国的大规模推广和开展。泰勒提出了“计件工资制”和“计时工资制”，提出了实行劳动定额管理。1911 年，泰勒发表了《科学管理原理》一书，这本著作奠定了科学管理理论的基础，因而被西方管理学界称为“科学管理之父”。

2. 工业心理学阶段

以德国心理学家雨果·芒斯特伯格等为代表的心理学家的研究结果，推动了人事管理工作的科学化进程。雨果·芒斯特伯格于 1913 年出版的《心理学与工业效率》标志着工业心理学的诞生。

3. 人际关系管理阶段

1929 年美国哈佛大学教授梅奥率领一个研究小组到美国西屋电气公司的霍桑工厂进行了长达九年的霍桑实验，真正揭开了对组织中的人的行为研究的序幕。

（二）人力资源管理阶段

人力资源管理阶段又可分为人力资源管理的提出和人力资源管理的发展两个阶段。“人力资源”这一概念早在 1954 年就由彼得·德鲁克在其著作《管理的实践》提出并加以明确界定。20 世纪 80 年代以来，人力资源管理理论不断成熟，并在实践中得到进一步发展，为企业所广泛接受，并逐渐取代人事管理。进入 20 世纪 90 年代，人力资源管理理论不断发展，也不断成熟。人们更多地开始探讨人力资源管理如何为企业的战略服务，人力资源部门的角色如何向企业管理的战略合作伙伴关系转变。战略人力资源管理理论的提出和发展，标志着现代人力资源管理的新阶段。

（三）人力资本管理阶段

在人力资本管理阶段，管理者将人视为一种资本来进行管理。人作为资本参与到生产活动中，具有以下特点：

（1）人力资本可以产生利润。

（2）人作为资本，可以自然的升值。

（3）对人力资本的投资，可以产生利润。

（4）人作为一种资本，参与到利润分配中。

（四）以人为本管理阶段

以人为本的管理方式是将人视为经营活动中最重要的、应首先考虑的因素。在企业中，客户的“上帝地位”被员工取代。

以人为本的管理理念是，当企业满足了员工的各种需求的时候（如工作环境、薪酬、尊重等），员工的工作效率、创作力将会极大地提升，可以为企业发展做出更多的贡献。

三、人力资源管理的特点

现代人力资源管理是运用科学方法，协调人与事的关系，处理人与人之间的矛盾，充分发挥人的潜能，人尽其才，事得其人，人事相宜，以实现组织目标的过程。

（1）现代人力资源管理以“人”为核心，视人为资本，把人作为第一资源加以开发，既重视以事择人，也重视为人设事，让员工积极主动地、创造性地开展工作，属“服务中心”，管理出发点是“着眼于人”，考虑人的个性、需求的差异，又考虑客观环境对人的影响，用权变的观点开展工作，从而达到人力资源合理配置、人与事的系统优化，使企业取得最佳的经济和社会效益。

（2）现代人力资源管理属于动态管理，强调一种动态的、心理的调节和开发，将人力资源作为劳动者自身的财富，重视开发使用，强调人员的整体开发。结合组织目标和个人情况，进行员工的职业生涯规划，不断培训，不断进行横向和纵向的岗位职务调整，做到大才大用、小才小用，充分发挥个人才能，人尽其才，才尽其用。

（3）现代人力资源管理同时采取理性与感情化的管理。较多地考虑人的情感、自尊、价值，以人为本，多激励，少惩罚，多授权，少命令，发挥每个人的特长，尽可能地体现每个人的价值。

（4）现代人力资源管理追求创新性，不断创新科技，完善考核系统、测评系统等科学方法，多为主动开发型，根据组织现状和未来，被赋予了很多的组织变革职能。通过参与变革与创新，实施组织变革（并购与重组、组织裁员、业务流程再造等）过程中的人力资源管理实践，包括提高员工对组织变革的适应能力，妥善处理组织变革过程中的各种人力资源问题，推动组织变革进程，并以企业变革推动者的身份有计划有目标地展开工作。

（5）现代人力资源管理主体是市场运行的主体，行为受市场机制左右，而且须遵循市场通行规则和人力资源管理自身特有的规律。

（6）现代人力资源管理上升为决策层，直接为企业的最主要的高层参与计划和决策。作为企业战略决策的参与者，提供基于战略的人力资源规划及系统解决方案，将人力资源纳入企业的战略与经营管理活动中，使人力资源与企业战略相结合。

四、人力资源管理的职能

人力资源管理主要有下列四大职能：战略规划、获取与配置、员工发展、劳动者的保障与保护等。

（一）战略规划

人力资源战略规划是根据企业的发展战略，审视组织内外部环境，然后对整体的人力资源按组织目标进行分析后给出数量上、质量上的明确需求并付诸实施的一系列程序、措施、政策和时间安排。这方面的工作主要通过以下活动来完成：一是工作分析，即提出一定组织结构下企业各工作或职务的责任、任务以及任职者的任职资格，为人力资源规划作准备；二是人力资源战略与规划，即对企业在一定时期、一定经营战略下所需员工作出数量上、质量上的规划。

（二）获取与配置

人力资源管理的获取与配置强调两个方面，一是招聘企业所需要的员工，并从应聘者中挑选符合要求的人员；二是合理录用员工并配置到各个岗位上去。

（三）员工发展

员工发展这方面的职能，企业通过以下活动完成：一是新员工的职业导向活动，即为新员工提供组织的有关信息，并向其说明组织期望员工的是什么，以及员工可以从组织中期望获得的是什么；二是员工培训发展与员工职业生涯计划；三是绩效管理等。

（四）劳动者的保障与保护

劳动者的保障与保护要完成这方面的职能，一是通过薪酬管理，包括员工的合理报酬、福利制度设计与基础；二是人力资源保护，即为员工提供一个健康、安全、高效的工作环境条件与劳动保护条件；三是对员工实行社会三大保险。

五、人力资源管理的活动内容

现代企业人力资源管理是指影响雇员的行为、态度以及绩效的各种政策、管理实践以及制度。从人力资源管理的发展过程可知，具有一定规模的组织往往会设立特定的机构从事“与人有关的管理”。人力资源管理实践活动就是为了实现组织的战略目标，利用现代科学技术和管理理论，通过不断地获得人力资源，对所获得的人力资源的整合、调控及开发，并给予他们报酬而有效激励与开发利用。人力资源管理是实现组织目标的一种有效手段。

如前所述，要使人力资源管理活动对企业绩效的影响发挥到最大，就需要对人力资源管理战略加以考虑。人力资源管理活动包括的内容如图 8.1 所示。

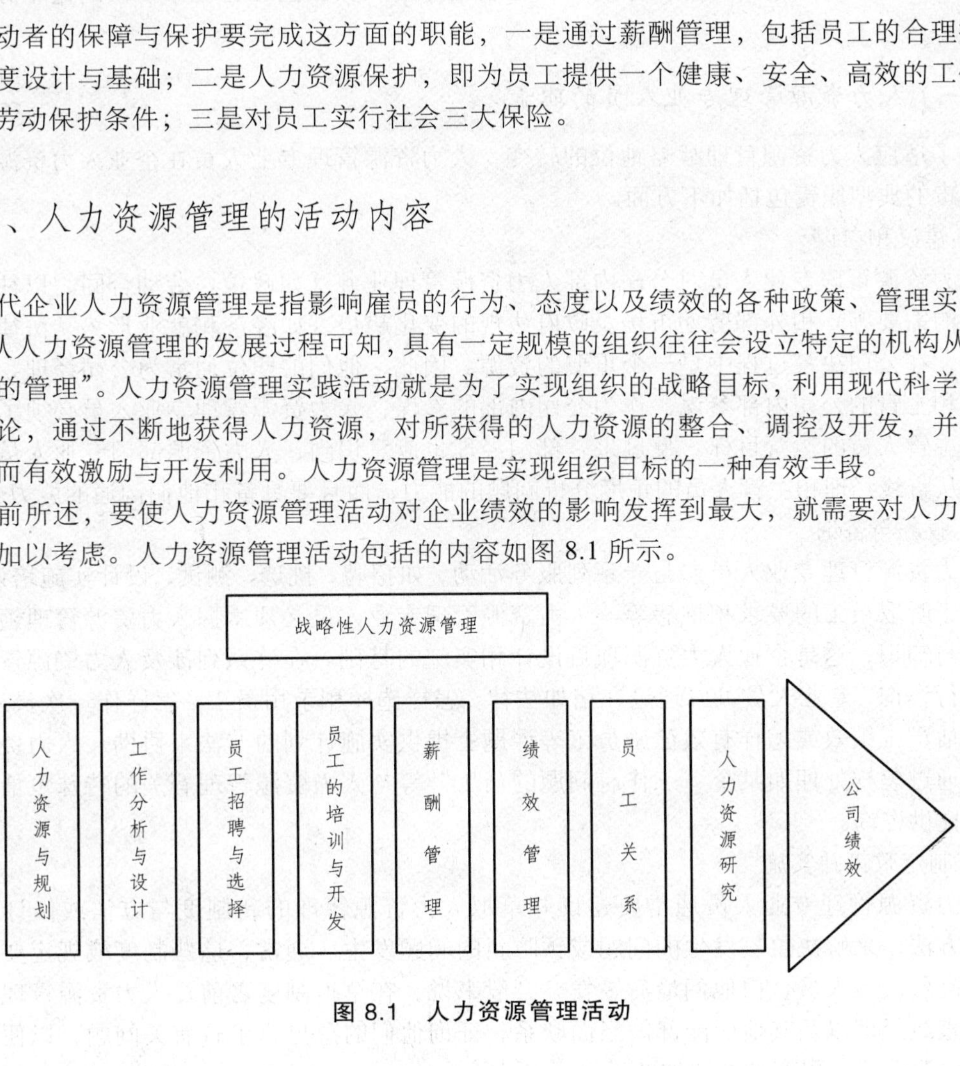

图 8.1　人力资源管理活动

六、人力资源管理活动的承担者

随着人力资源管理工人的职能化与专业化，一般来说，公司都设有专门处理人力资源管理工作的部门。然而，并非仅由人力资源管理部门承担该种职能性的责任。人力资源方面的工作是由人力资源专业人员与直线经理共同完成和承担，即所有的管理者都参与日常性的人力资源管理实践。人力资源专业人员在公司计划和决策中日益发挥作用，这也反映了公司高层领导越来越意识到人力资源管理对公司成功所起的重要作用。一些成功的公司往往十分善于把直线经理的经验与人力资源专家的专长结合起来，共同开发、发挥员工的最大潜能。

我们说的人力资源管理专业人员一般包括人力资源高级管理人员、“多面手”与专家。高级管理人员是直接向公司总裁或主要部门负责人进行报告的高层经理。“多面手”常常是高级管理人员，负责完成各种与人力资源相关领域的任务。“多面手”要涉及人力资源管理职能的全部或部分。而专家可能是人力资源管理的高级人员、经理或是对人力资源管理的职能中某一方面特别关注的非经理人员。人力资源管理专业人员在企业管理中扮演的是十分重要的角色。

（一）人力资源管理专业人员的职责

为了适应人力资源管理战略地位的转变，人力资源管理专业人员在企业人力资源管理中主要负责的典型职责包括如下方面。

1. 建议和参谋

人力资源管理专业人员对公司内部人力资源管理业务（如政策、劳动合同、以往惯例以及员工的需要等）和外部劳动市场及政府法规的变化趋势（如经济和就业形势、法律等）比较熟悉，在公司决策过程中是一个重要的资源。因此，他们的职位通常为公司经理、高级行政人员和主管的公司内部参谋。作为公司内部的参谋，人力资源管理专业人员必须了解公司经理和主管人员的运营目标。反过来，部门经理也应意识到，人力资源部门专业人员不仅要有善于从直线经理和主管人员的角度分析问题的能力，而且要具备和他们沟通的能力。

2. 服务与咨询

人力资源管理专业人员参与一系列服务活动，如招聘、挑选、测试、设计实施培训项目，以及善于听取员工的要求和抱怨等。人力资源管理专业人员必须掌握人力资源管理领域的专业理论与知识，这是企业人力资源项目设计和实施的基础。在一系列涉及人力资源管理的课题上进行咨询，专业人员可以通过在诸如法律、怎样选择和录用员工、怎样作一次员工面谈、怎样评估员工绩效或怎样有效激励员工等课题上提供实施计划的方法来协助。人力资源专业人员也通过怎样处理如某个“工作有问题的员工”等与人力资源管理有关的特殊事情给一线经理们提供咨询。

3. 制定政策并实施

人力资源管理专业人员通常要建议并草拟人力资源管理的新制度与方法或修订原有的制度与方法，来解决重复发生的问题或预防新的问题发生。通常，这些制度或规定要呈报给公司的高层决策人员，由他们最后签发。一般来说，在草拟制度之前，人力资源管理专业人员应和直线经理以及其他职能部门当面联系，征询他们的意见，了解有关问题，以便让既定的人力资源政策、程序和做法彼此一致。

4. 维护员工利益

人力资源管理专业人员的一项重要的职责就是维护员工的利益，倾听员工的要求并反映给经理们，在公司建立有效的沟通渠道，建立良好的员工关系。有效的劳资关系是在公司遭遇突然变故时的一个有力的支撑。

公司高层经理通常能认识到人力资源对公司的重要作用，因而期望人力资源管理专业人员在公司全面决策过程中发挥重要的作用。人力资源管理专业人员在发挥作用时，必须清楚地知道自己的基础职责和扮演的角色是什么。

（二）人力资源管理专业人员应具备的技能

为了较好地完成上述职责或扮演好角色，人力资源管理专业人员应具备一定的专业技能。图 8.2 显示了人力资源管理专业人员需要扮演的角色及需要具备的能力。

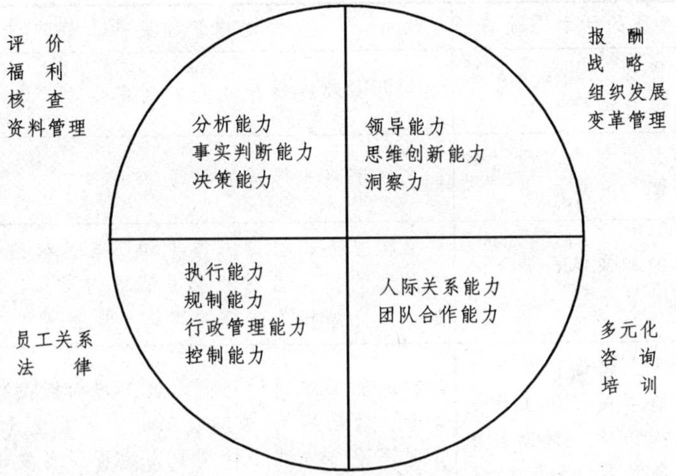

图 8.2　人力资源专业人员所承担的角色和所需具备的能力

在图 8.2 中，每一个象限都与圆形外部边缘所列举的一些人力资源管理角色相对应。而在每一象限内部所显示的则是成功完成相应的人力资源管理角色所必须具备的能力。图的右侧所显示的是人力资源管理专业人员要想在未来能够有效地进行人力资源管理，他们所应承担的角色以及必须具有的能力。这些能力包括：开发新的人力资源管理活动；通过与直线管理者的战略合作关系，让人力资源管理活动统一于企业的战略；对变革的管理；将员工们关注的问题提交给高层管理部门；通过培训、技术资格、工作流程再设计等提高效率和降低成本的手段来扩大员工对企业的贡献等。对人力资源管理者来说，他们将面临的最大挑战就是：将自己的注意力从当前的操作层面向未来的人力资源管理实践做好准备。在图的左侧显示的是人力资源管理专职人员所需要承担的管理和控制角色，以及需要具备的相应能力。人力资源管理者在管理和控制方面所承担的角色将会由于技术的进步而不断减少，如人事记录管理、向雇员提供关于企业人力资源管理程序和服务方面的信息之类的新技术，都正在被应用于人力资源管理领域之中。不过无论如何，为了有效地管理人力资源，在对人力资源管理实践的有效性进行衡量和评价时所需要用到的分析技能是人力资源专业人员所必须具备的。

（三）直线经理的人力资源管理职责

在日常的经营管理活动中，直线经理需要指导员工的工作，从人力资源角度看，直线经理们是负责贯彻人力资源管理实践活动的主要人员，也是支持人力资源专职人员开发有效人力资源管理实践的力量。直线经理们要执行许多人力资源专职人员设计的人力资源管理程序与方法：面试求职者，为员工提供在职培训、教练，实施员工的绩效评价，提薪建议，执行惩戒程序，调查事故，解决投诉员工等工作，都需要直线经理们参与并完成。而且在人力资源管理程序与方法的制定过程中，直线经理也经常投入。如人力资源专职人员在进行工作分析时，经常寻求来自直线经理们的工作信息，并且要求经理们评阅最后的书面结果，并反馈意见。当人力资源专职人员在进行培训需求分析时，经理们经常提出所需要哪种类型的培训以及培训人选的建议。表 8.1 描述了直线经理与人力资源管理部门人员的分工情况。

表 8.1　直线经理与人力资源管理部门人员的分工

工作活动	直线经理的活动与责任	人力资源管理专业人员的活动与责任
战略与规划	人力资源计划与组织战略的协调与均衡	人力资源战略与规划的制定
工作分析与设计	提供工作分析与设计的有关信息，以及反馈	工作说明与规范的编写
招聘与录用	直接参加面试；决定人员的录用与分配	招聘服务、咨询工作（如广告、材料收集与调查、配合直线经理的招聘录用、录用信息的发布、人员体检、合法性检查、劳资等相关法律的咨询与服务等）
培训与开发	组织员工培训；工作丰富化；给下属提供工作反馈信息；指导、帮助员工设计人个发展计划	制定员工培训计划；为员工培训提供帮助（如场地、器材、资金、后勤等）；帮助员工进行职业生涯规划；对管理者进行管理理论与方法（特别是人力资源开发与管理）的培训等
工作活动	直线经理的活动与责任	人力资源管理专业人员的活动责任
绩效管理	直接负责员工绩效评估、员工绩效反馈与改进指导工作	绩效管理制度的制定，包括评估的方法、过程；制度的宣传；绩效考核人员的培训
薪酬管理	工资、奖惩制度及其他激励措施的实施	工资、福利制度的制定；工资、福利制度执行与监督；员工福利及其他特殊需要的服务等
员工关系	组织员工沟通；指导员工的合作与协调；冲突与处理；信息的收集与反馈；劳动纪律的监督执行；员工解雇、提升、调动、辞职的决策	沟通制度的制定；沟通渠道的畅通保障；部门间的协调；信息的处理；企业文化传播；员工组织同化工作的开展；员工档案的管理；员工管理制度的制定；直线经理员工处理决策的审核与贯彻；对直线经理实行调控；为离退员工提供咨询和服务

七、人力资源管理的意义

在人类所拥有的一切资源中，人力资源是第一宝贵的，自然成了现代管理的核心。不断提高人力资源开发与管理的水平，不仅是当前发展经济、提高市场竞争力的需要，也是一个国家、一个民族、一个地区、一个单位长期兴旺发达的重要保证，更是一个现代人充分开发自身潜能、适应社会、改造社会的重要措施。

张德教授曾在其著作中指出人力资源管理的主要意义有:

（1）通过合理的管理，实现人力资源的精干和高效，取得最大的使用价值。并且指出：人的使用价值达到最大＝人的有效技能最大地发挥。

（2）通过采取一定措施，充分调动广大员工的积极性和创造性，也就是最大地发挥人的主观能动性。调查发现：按时计酬的员工每天只需发挥自己20%～30%的能力，就足以保住个人的饭碗。但若充分调动其积极性、创造性，其潜力可发挥出80%～90%。

（3）培养全面发展的人。人类社会的发展，无论是经济的、政治的、军事的、文化的发展，最终目的都要落实到人——一切为了人本身的发展。目前，教育和培训在人力资源开发和管理中的地位越来越高，马克思指出，教育不仅是提高社会生产的一种方法，而且是造就全面发展的人的唯一方法。

实际上，现代人力资源管理的意义可以从三个层面即国家、组织、个人来加以理解。我们不从宏观层面和微观层面，即国家和个人来谈人力资源管理，而是从中观层面，即针对企业组织来谈现代人力资源管理。因此，我们更为关注现代人力资源管理对一个企业的价值和意义。在这里，我们认为现代人力资源管理对企业的意义至少体现在以下几方面：

（1）对企业决策层。人、财、物、信息等可以说是企业管理关注的主要方面，人又是最为重要的、活的、第一资源，只有管理好了“人”这一资源，才算抓住了管理的要义、纲领，纲举才能目张。

（2）对人力资源管理部门。人不仅是被管理的“客体”，更是具有思想、感情、主观能动性的“主体”，如何制定科学、合理、有效的人力资源管理政策、制度，并为企业组织的决策提供有效信息，永远都是人力资源管理部门的课题。

（3）对一般管理者。任何管理者都不可能是一个“万能使者”，更多的应该是扮演一个“决策、引导、协调”属下工作的角色。他不仅仅需要有效地完成业务工作，更需要培训下属，开发员工潜能，建立良好的团队组织等。

（4）对一个普通员工。任何人都想掌握自己的命运，但自己适合做什么、企业组织的目标、价值观念是什么、岗位职责是什么、自己如何有效地融入组织中、结合企业组织目标如何开发自己的潜能、发挥自己的能力、如何设计自己的职业人生等，这是每个员工十分关心而又深感困惑的问题。我们相信现代人力资源管理会为每位员工提供有效的帮助。

第二节　人本管理

一、人本管理思想的源泉

近些年来，“以人为本”“人本管理”经常可闻可见，但又有多少智者能者真正理解其本原与内涵呢？人本管理，在极力推崇利润最大化或股东财富最大化的企业财务目标的今天，似乎被理解成了尽可能地激发职工的工作积极性，开发人力资源和重视运用人力资本，照此说法，它充其量不过是社会组织实现其自身功利目标的一种“现代化”的手段，而组织中的“人”并未摆脱其仅仅作为一种资源或人力资本存在的地位。在此过程中，说直接点，人只是一种创造财富的高级工具。

作为管理者都会十分关注组织成员的工作积极性和创造性，这是因为组织目标的达成依赖于组织成员对工作的全身心的投入。但值得注意的是在组织目标达成的过程中，组织成员的工作积极性和创造性不会自发存在。巴纳德曾经说过:“若要将那些组织内认为有潜能的组织成员按其服务的自愿程度来排列，从最高的自愿渐渐减在中间或零，然后渐渐地到最高的不自愿或反对或厌恶，那么在现代组织中，大多数人都落在负的一边。”由此可见，管理者的重要任务就是要最大限度地激发组织成员的工作潜能，并将他们的行为引向组织目标。但问题在于，管理者如何最大限度地激发其组织成员的工作潜能，即组织成员在什么状态下愿意充分展现其才能并不断自主地挖掘其自身的内在潜能。

典型的经济学理论“经济人”假设认为“趋利避害”是人的本性。作为一个“经济人”，追求物质利益的最大化自然成为个人行为的根本动机。那么我们认为，一个组织作为一个“经济人”，也无可置疑地会将本组织的物质利益的最大化作为组织的目标。组织管理者就得通过系列的规章制度和方式手段，将可能有物质利益冲突的“个人”协调到一起，以实现组织目标。按传统的管理学观点，组织员工高效率地完成工作的达成组织总体目标，“激励机制”被广泛采纳。激励措施一般可简略分为物质激励和精神激励，但其效用随着时间的推移，已足显其“捉襟见肘”之尴尬。

首先，物质激励因其时间特征，在物质生活水平已经比较高的今天，作用并不明显。当然，在那个物质生活水平不发达的特定的时空里，物质激励有着不可替代的作用。物质可以量化，公平公正，便于管理考评等，而且，在人们尚为解决温饱问题而四处奔波的日子里，物质激励是最好的也是唯一可行的手段。但在“物质”不再成为问题、不再威胁人民生活的今天或者明天，这种方式实在令人担忧！随着社会的不断发展，“物质激励”的边际效用递减。物质激励不外乎增加或减少员工的工薪奖金等。“在我的工资水平或者说生活水平已达到相当高度时，增发一点工资或奖金，对我来说，算不了什么，那点滴工资或奖金已丝毫提不起我想要得到它的欲望。因此，我不会竭力为了那点工资或奖金而奋斗。我宁可多花一点时间休闲、娱乐，丰富自己的生活。减少一点奖金，对我的生活一点也不构成任何影响。少一点无所谓!”在这种情况下，物质激励已失去了它原有的作用。

精神激励，其实说到底，传统的管理理念也是把精神激励建立在物质激励的基础上，最终又回到物质激励。首先，精神激励无非给予名誉、头衔、社会地位等，可这种名誉或社会地位的给予或取得都普遍取决于个体对组织的物质贡献，有谁听说过组织会给一个默默无闻端茶倒水的勤杂工以精神激励？报端杂志曾出现个中典型，“典型”的意义已经很明确了，那就是特例，“不正常”地被宣传的对象。然后呢，很多很多“人”不断地拼命往上爬，争取所谓的名誉、社会地位，最终只不过为了那点加上去的工资。

而且，因为人的精神追求的个异性，作为管理者，很难适时适度地给予合适的人符合其自身意愿的精神激励。有些人踏踏实实地干，不图名利，只因为工作是他的生活需要，精神激励对他来说可有可无。而另一些人总觉得自己的工作没有得到充分的肯定而失去向上的动力。而且，过于频繁的过于表象化的精神激励很可能引起作为“复杂社会人”的不满甚至抵制情绪。

由此可见，这种以实现组织总体目标为根本出发点的激励机制已经失效。有人强调：在实现组织总体目标的过程中，个人目标也同时得以实现。但不可否认，这是“人”在服从指挥或命令下部分达成自身目标。其实我们可以反过来思考一下，让个体从实现自我价值出发，最终促成总体目标的实现，怎样呢？

首先，管理者应把组织中的个体当“人”看。人为什么而活着？为不断地实现心中的目标，并不断地形成新的目标，目标是潜伏或活跃在个体内心的自我的未来状态或其他心理图式的可能运动，它是个体在后天的社会生活环境中建构起来的。代表着个体潜在的理想以及对未来的愿望和构想，并自然地影响着其具体的行为策略。在某种情况下，这种目标被激活之后成为个体行为的发动者和力量源泉，形成人的行为动机。这一行为动机足以改变人的心理状态而自动地契合外来的种种机遇和挑战，并成为行为的内在原因和动力。人的更高层次的目标即自我发展目标。不同个体之间，因其独特的个性（包括能力、气质和性格）都存在着广泛的差异。人总是会有意无意地寻求一个适合自我发展的空间，在那里，他们才能最大限度地发挥其本能。这就需要注意一个根本性问题，“管”与“被管”只能将其视为一种认识结构的表现形式，而不能绝对划清“管理者”与“被管理者”的界限，这就好比“师”“生”台上台下的区别，“生”尊师重道，“师”关爱学生，师生交流，教学相长，这是谁都懂的道理。可在管理实践中，往往将“管”与“被管”对立起来。这需要“管理者”自身意识形态的根本性转变。

作为管理者，首先应该放下架子，真诚为人。这个世界原本人人平等，管理者和普通员工一样平凡。要让员工觉得你是他们的朋友，是他们并肩奋斗的同路者。管理者的任务不是指挥、命令下属必须做什么、不能做什么，而是如何调动员工的积极性，让员工自愿地、愉快地工作。这一点不停地被强调、被浓化，然而真正做到并不容易。给员工必要的自由活动空间很重要。

管理者自身的综合素质亟待加强。作为管理者，应该是各方面能力素质全面发展的综合型人才。懂技术，还要懂心理学、行为学等基本理论方法。成功的管理者往往悉心观察员工的细微处表现，能体察员工的生活甚至可能包括感情、家庭生活等方面。关爱每一个员工，让员工们觉得这个工作环境就是一个温暖的大家庭，往往能取得意想不到的良好效果。尊重个人在组织管理至关重要，在这方面的成功典型有摩托罗拉、惠普等企业，尊重个人是这些企业的企业文化的重要特点。为了尊重个人，一方面不断致力于改善员工的工作环境（包括物质环境和心理环境），另一方面，要竭力促进员工的发展，公司或企业的高层管理人员应充分重视与员工的对话，实施“尊重员工权力计划”，不断切实提高员工的就业能力，帮助员工成为他们所能成为的最优者。关怀、尊重每个人和他们每个人的成就，尊重个人的尊严和价值，是人本管理的实质和精髓所在。另外，人都会有做主人翁的欲望，谁也不愿意自己被操纵，而且从一定程度上说，担负一定的社会责任，对组织作出一定的贡献，会让个体有得到社会认可的心理满足感，因此，让组织员工共同参与管理，不失为良策。

在上述这种情况下，每个员工在实现自我价值和取得最大限度的自我发展的同时，也促成了整个组织目标的实现。因此，人本管理思想是把员工作为企业最重要的资源，以员工的能力、特长、兴趣、心理状况等综合性情况来科学地安排最合适的工作，并在工作中充分地考虑到员工的成长和价值，使用科学的管理方法，通过全面的人力资源开发计划和企业文化建设，使员工能够在工作中充分地调动和发挥工作积极性、主动性和创造性，从而提高工作效率、增加工作业绩，为达成企业发展目标做出最大的贡献。

二、人本管理的内涵理解

以人为本的管理，简称人本管理。人本管理思想产生于西方 20 世纪 30 年代，但真正将其有效运用于企业管理是在20世纪60、70年代。可以说人本管理思想是现代企业管理思想和理念的革命。我国企业界已开始接受这一先进理念，并将其运用于管理实践。

1. 人本管理思想的定义

人本管理思想是把员工作为企业最重要的资源，以员工的能力、特长、兴趣、心理状况等综合性情况来科学地安排最合适的工作，并在工作中充分地考虑到员工的成长和价值，使用科学的管理方法，通过全面的人力资源开发计划和企业文化建设，使员工能够在工作中充分地调动和发挥工作积极性、主动性和创造性，从而提高工作效率、增加工作业绩，为达成企业发展目标做出最大的贡献。

2. 以人为本的企业管理的标准

第一，在企业的人、财、物、信息四大资源要素之中，人的管理是第一位的。凡是出色的大企业家，对人都有深刻的理解。"办企业就是办人"，只有理解了人，才能把企业这个人群的能量充分发挥出来。

第二，满足人的需要应以激励为主要方式。满足社会人的需要，企业不断创造顾客；满足企业投资者的需要，实现利润最大化；满足企业全体员工的需要，使员工获取收入最大化。同时，企业获得全面发展。

第三，优化教育培训体系，完善人，发展人。企业人自身不断地发展与完善，始终是人本管理的最高目标，也是人本管理最本质的核心含义。

第四，建立和谐的人际关系。人际关系影响着企业的凝聚力，影响着员工的身心健康。

第五，企业与员工个人共同发展。企业发展依赖于员工，特别是高素质人才。个人发展必须以企业为依托，离开企业及其工作就无所谓个人发展。必须坚持个人与企业共同命运、共发展、双赢的原则。

3. 以人为本的企业管理的操作层次

目前较为普遍的方法是把人本管理分为由低至高五个层次。

(1) 情感沟通管理是人本管理的最低层次，也是提升其他层次的基础。

(2) 员工参与管理，即企业管理者与员工的沟通不再局限于对员工生活的关心，员工已经开始参与到工作目标决策之中。

(3) 随着员工参与管理的程度越来越高，对业务娴熟的员工或知识员工可实行自主管理。

(4) 有针对性地进行人力资源开发培训工作，建立完善的培训体系。

(5) 企业文化的建立。企业文化说到底就是一个公司的工作习惯和风格，其形成需要公司管理的长期积累，企业文化的作用就是建立这样一种导向。企业文化管理的关键是对员工的工作习惯进行引导，而不仅仅是为了公司形象的宣传。

三、人本管理的基本要素

以人性为核心，人本管理有企业人、管理环境、文化背景及价值观四项基本要素。

1. 企业人

在企业经营管理活动中，人是管理活动的主体，也是管理活动的客体。在管理的主体和客体之间有着人、财、物、信息等管理活动和管理联系，正是这些活动才使企业管理的主体与客体发生着紧密依存、相互联系的管理关系。管理关系是人的关系，首要的管理是对人的管理。

（1）管理主体。

作为管理主体，人必须要有管理能力，并拥有将管理知识、技能和能力付诸管理实践的权威和权力。管理能力包括管理主体对企业问题的观察、判断、分析、决策的特质力。不同层面的管理主体对上述能力的要求各有不同。此外，管理主体还必须具备从事管理活动的权威和权力。

（2）管理客体。

管理客体是接受管理的人、财、物、信息，是管理主体施展管理活动的对象和不可缺少的因素。管理客体可分人与物两类。财与信息是以物质的衍生形态存在的，因此可以列入物一类。由于接受管理指令的第一对象是人，因此人是第一管理客体。人是整个管理活动中最能动、最活跃的因素，因此作为管理客体，人具有客观性、能动性的特征。作为管理客体，其客观性除了作为生物体而客观存在之外，其知识、技能、欲望、价值倾向、思维定势等因素使其相对于管理主体而言，是一种客观存在物。同时，人作为管理客体，从来不是消极地领受管理主体的作用、影响和管理指令，而表现出主动或被动、或全部或部分地遵从管理主体的要求，甚至可以漠视或抵制管理主体的管理指令。再者，管理主体与管理客体作为生物体的同质性，决定了管理客体与管理主体的相关性。这种相关性能够有助于客体人理解、协助主体人的管理工作，也可能会抵制主体人的指令，尤其是当客体人有自己的主见、非正式组织目标和设想中的管理主体时，更是如此。

（3）管理关系。

由管理主体和客体的相关性，得出管理中的首要问题是对人的管理、对人的行为的管理，这是确立人本管理基本架构的必要前提，也是对人本管理中管理主体应当在管理诸要素的认识方面最基本、最核心的要求。从客观上分析，这种相关性在企业的生产过程中形成一种生产关系，具有一定的客观性，反映生产方式和管理方式的管理关系，实质上是生产过程和管理过程中的人与人的关系。从主观上分析，管理关系是人主观活动的结果，管理主体主导着管理关系，于是管理主体对人的价值和效用判定及其领导方式，将极大地影响管理主体和管理客体在管理中的效用发挥。

2. 管理环境

管理活动是在企业的物质环境与错综复杂的人际关系环境两者相复合的系统中进行的，这些综合起来就叫做管理环境。

（1）环境的类型。

根据划分原则的不同，人本管理的管理环境可以划分为自然环境与社会环境、直接环境与间接环境、静态环境与动态环境等多种类型。无论怎样划分管理环境，基本上都可以分为物质环境与人文环境两类。

（2）环境因素的作用。

人对一定的工作环境会产生一定的心理状态，创造一个良好的工作环境是提高工作效率的必然前提。一个良好的管理环境需要：① 照明合理；② 巧用颜色；③ 要消除噪音；④ 风景化办公室；⑤ 要注意温度的影响。

（3）公众关系的影响与作用。

人是企业的主体，企业内部有形形色色的人，将这些不同类型的人组织在一起，就是公共关系。通常，公众关系有如下影响：首先，是对团结的影响，企业内部员工能否团结一致、精诚合作和健康的企业气氛是衡量一个企业素质高低的重要标志之一；其次，对工作效率的影响很大，工作成绩跟人数并不成正比关系，每个人仅凭个人的才能无法保证企业的成功，因此组织内部人际关系的协调跟工作成绩的关系极为密切。

（4）改善企业内部的公共关系环境。

为了以最小的能耗获取最大的工作效果，企业应着重培养员工的集体主义思想，必须不断改善企业内部的公共关系环境，具体途径是：努力提高员工的共同目标与利益的主导意识，创造条件增强集体的“向心力”，协调领导与员工的关系，帮助建立健全各项规章制度以保证企业的正常运行，同时还要借助健康的文体娱乐活动积极培养和弘扬先进的意识以增进全体员工的感情关系。

3. 文化背景

（1）现代企业文化的构成。

现代企业文化主要由四个层次所构成：① 表层的物质文化，是现代企业文化的第一个层次，由企业员工创造的产品和各种物质设施等所构成的器物文化。② 浅层的行为文化，是企业员工在生产经营、学习娱乐、人际交往活动文化，这种文化特征是企业精神、企业目标的动态反映。③ 中层的制度文化，是企业文化的第三个层次，主要是指现代企业生产经营活动中形成的企业精神、企业价值观等与意识形态相适应的企业制度、规章、组织机构等。这种文化被称为一种强制性文化。④ 深层的精神文化，是现代企业文化的核心层，主要是指企业在生产经营中形成的独具本企业特征的意识形态和文化观念，它往往是企业多年经营中逐步形成的。

（2）企业文化的功能。

现代企业文化的功能有以下内容：① 导向功能。是指企业文化能够对企业整体和企业每个成员的价值取向及行为取向起引导作用，使之符合企业所确定的目标。② 约束功能。指企业文化对每个企业员工的思想、心理和行为具有约束和规范的作用。这不是硬约束，而是一种软约束，它产生于企业中弥漫的企业文化氛围。③ 凝聚功能。当一种价值观被企业员工共同认可之后，它就会成为一种黏合剂，从各个方面把成员团结起来。④ 激励功能。企业文化具有使企业成员从内心产生一种高昂情绪和发奋进取精神的效应，使每个企业员工从内心深处自觉地产生为企业拼搏的献身精神。⑤ 辐射功能。企业文化一旦形成较为固定的模式，它不仅会在企业内部发挥作用，对本企业员工产生影响，而且还会通过各种渠道对社会产生影响。

4. 价值观

价值观是人类在社会活动中产生的关于客观现实的主观意念，具有稳定性和持久性。现代企业的价值观是企业在追求经营成功的过程中所推崇的基本信念及奉行的行为准则。在企业发展过程中，企业价值观经历了三个阶段的演变：第一阶段是最大利润价值观，第二阶段是经营利润合理价值观，即在合理利润条件下企业的长远发展和企业员工自身价值的实现，第三阶段是企业与社会互利的价值观，即在确定的利润水平上把员工、企业、社会的利益统筹考虑，也就是把社会责任看做企业价值体系中不可缺少的部分。

（1）企业价值观形成的要素。

企业价值观形成的要素包括：① 时代特征；② 经济性，作为一个经济组织，企业的基本功能和生存基础就是有效地利用资源，尽量生产出社会需要的合格产品，这就要求企业价值观中必须有一定的成本效益观念；③ 社会责任感，作为社会的一个成员，企业必须对社会的发展承担责任，要保证自己的产品使绝大多数社会成员满意。

(2) 价值观对人的影响。

价值观对于企业人的影响有着多种多样的具体表现，例如个人主义行为、乐于助人的合作行为、试图超越他人的竞争行为等。

(3) 价值观的作用。

价值观的一致性、相容性，是企业人在管理活动中相互理解和协作的思想基础，也是企业人实施管理、接受管理、实现企业目标的前提和保障条件，因此应着眼于企业人的价值观倾向变化和行为方式的状态以及变化的相关性，努力营造适合本企业发展目标的价值观体系，使其充分发挥内化、整合、感召、凝聚、规范、激励等作用。

四、人本管理的理论模式

1. 确立人本管理理论模式的依据

(1) 企业人是一个完整意义上的人，具有社会人的角色。人本管理应该始终坚持把企业人本身不断的全面发展和完善作为最高目标，为个人的发展和更好地完成其社会角色提供选择的自由。

(2) 企业人的心理、动机、能力和行为都是可以塑造、影响和改变的，社会和企业的环境、文化及价值观的变化也同样可以影响企业人的心理和行为方式。

(3) 作为管理主体和客体的人之间具有相关性，其目标是可协调的。

2. 人本管理的理论模式

人本管理的理论模式是：主客体目标协调——激励——权变领导——管理（培训）——塑造环境——文化整合——生活质量管理法——完成社会角色。

(1) 主客体目标协调。作为管理主客体的人具有其生物存在和社会、人际关系的相关性，只要企业人的目标趋于一致，即管理主客体目标协调，必然在确保各自利益不招致较大损害的前提下，开展非零和协作，使人本管理在实施管理和领受管理的双方之间达成共识，于是就开始了人本管理。

(2) 激励。即企业人为实施管理、接受管理、完成人本管理目标，而制定的激发企业人工作动机、努力程度并保障管理实效的各项措施。

(3) 权变领导。即企业管理者以影响管理的各种因素为依据，抓住以人为本的前提，采取有利于自己的领导。

(4) 管理（培训）。人本管理的过程，也就是培训员工，教会他们完成企业人的职能和义务，传授他们作为社会角色进行活动的专长、技能。更重要的是，通过管理培训，使员工把完成自己担当的企业人和社会角色任务，看做是自己的理想和追求。

(5) 塑造环境。在企业和社会范围内塑造有助于人的主动性、积极性、创造性的充分发挥和人的自由全面发展的环境氛围，以建立企业人的劳动绩效与获得相称的生活资料、物质和精神奖励相联系的有效机制，使个人感觉到自己的劳动为企业和社会所承认。

(6) 文化整合。指企业文化对企业人的心理、需要和个人行为方式的形成和发展起着引导、规范、激励等制约和影响作用。人本管理正是要利用文化整合功能，培育和塑造企业人的文化特质，使其都受到有利于个人发展和企业目标实现的积极的文化熏陶。

(7) 生活质量管理法。就是企业在确定目标时，在承认企业需要利润的前提下，充分考虑企业员工的利益要求并保障社会利益，从而将企业利益与社会利益一致起来。

(8) 完成社会角色。是指企业人在在担任企业角色的同时也要完成其所扮演的社会角色。企业实施人本管理，从根本的意义上说，是确立人在管理过程中的主导地位，以调动企业人的主动性、积极性和创造性，以此促进企业、社会和个人发展目标的实现。

五、人本管理的基本内容

1. 人的管理第一

企业管理从管理对象上看分为人、物及信息，于是企业管理就具有了社会属性和自然属性两种特质。企业的赢利性目的是通过对人的管理，进而支配物质资源的配置来达到的。基于这种考虑，企业管理就必然是也应该是人本管理，以及对人本管理的演绎和具体化。

2. 以激励为主要方式

激励是指管理者针对下属的需要，采取外部诱因进行刺激，并使之内化为按照管理要求自觉行动的过程。

激励是一个领导行为的过程，它主要是激发人的动机，使人产生一种内在动力，朝着所期望的目标前进的活动过程。未满足的需要才会引起动机，所以它是激励的起点。激励必须是领导者利用某种外部诱因，刺激人的未满足的需要，诱发人的“潜在的需要”，一旦潜在的需要变成现实的需要，就会引起动机。人的需要有精神的和物质的，因此外部诱因也应有物质的和精神的，我们应该用不同的诱因刺激人们相应的需要。激励的目的是激发起人们按照管理要求，按目标要求行事。

3. 建立和谐的人际关系

人们在一定的社会中生产、生活，就必然要同其他人结成一定的关系，不同的人际关系会引起不同的情感体验。

(1) 人际关系在企业管理中的作用。人际关系会影响到组织的凝聚力、工作效率、人的身心健康和个体行为。

(2) 企业管理和谐目标的三个层次的含义。实行人本管理，就是为了建立没有矛盾和冲突的人际和谐，达成企业成员之间的目标一致性，以实现企业成员之间的目标相容性，以形成目标期望的相容从而建立和维持和谐关系。

4. 积极开发人力资源

人力资源开发是组织和个人发展的过程，其重点是提高人的能力，核心是开发人的潜能，所以说，人力资源开发是一个系统工程，它贯穿人力资源发展过程的始终。

企业从事生产经营活动，需要具备两个基本的条件：一是占有资金；二是拥有掌握专业技能从事管理和操作的人员。两者之间，人的因素更为重要。人力资源的核心问题是开发人的智力，提高劳动者的素质。所以说，制订和实施人才战略，是企业实现发展战略的客观要求。

5. 培育和发挥团队精神

能否培育团队精神把企业建成一个战斗力很强的集体，受许多因素的影响，需要有系统配套的措施。

（1）明确合理的经营目标。我们要有导向明确、科学合理的目标，把经营目标、战略、经营观念融入每个员工头脑中，成为员工的共识。为此，我们必须把目标进行分解，使每一部门、每一个人都知道自己承担的责任和应做出的贡献，把每一部门、每一个人的工作与企业总目标紧密结合在一起。

（2）增强领导者自身的影响力。领导是组织的核心，一个富有魅力和威望的领导者，自然会把全体员工紧紧团结在自己的周围。

（3）建立系统科学的管理制度，以使管理工作和人的行为制度化、规范化、程序化，是生产经营活动协调、有序、高效运行的重要保证。

（4）良好的沟通和协调。沟通主要是通过信息和思想上的交流达到认识上的一致，协调是取得行动的一致。

（5）强化激励，形成利益共同体，即通过简单有效的物质激励体系，形成一种荣辱与共、休戚相关的企业命运共同体。

（6）引导全体员工参与管理。这样企业能够做到吸引每一个员工都能够直接参与各种管理活动，使全体员工不仅贡献劳动，而且还贡献智慧，直接为企业发展出谋划策。

六、人本管理的四个阶段

以人为本的员工管理模式的关键在于员工的参与。企业管理有四种基本模式：命令式管理、传统式管理、协商式管理、参与式管理，命令式管理和传统式管理是集权式管理，而协商式管理和参与式管理则属于以人为本的管理。根据员工参与程度的不同，可以将以人为本的管理模式分为四个阶段：

1. 控制型参与管理

控制型参与管理适合开始导入参与管理模式时使用。严格地讲，它不属于真正意义上的参与管理，只是从传统管理向现代管理的一种过渡。控制型参与管理强调控制，在传统的自上而下式管理模式之上，引入自下而上的管理反馈机制，让员工的建议和意见有一个正式的反馈渠道，渠道的建设和管理仍然由管理人负责。

2. 授权型参与管理

在授权型参与管理阶段，员工被赋予小量的决策权，能够较灵活地处理本职工作以内的一些事务。授权型参与管理的重要意义在于它让员工养成了自主决策、并对决策负责的工作习惯。在这个阶段，要允许员工犯错误，但不能连续犯同类的错误，管理人员的管理职能逐渐转化为指导职能。

3. 自主型参与管理

在自主型参与管理阶段，员工有更大的决策权限，也要为决策的失误负更大的责任。公司对每位员工实行目标管理，管理人员从指导职能逐渐转化为协调职能。

4. 团队型参与管理

团队型参与管理是参与管理的较高形式。它打破了传统的行政组织结构体系，根据公司发展需要临时组建撤销职能团队。每个职能团队中的成员可以自由组合，也可以由公司决策层指定。由于部门的撤销，大量的管理人员将加入团队，他们失去了管理的工作职能。在团队中，由团队成员自主选择团队协调人。团队协调人不是团队的领导，没有给其他成员安排工作的权力，他只在团队内部或者外界沟通发生冲突时起到调解人的作用。团队协调人没有公司的正式任命，只是一个民间职务，可以根据团队的需要随时选举和撤销。团队协调人也有自己的岗位工作，与团队其他人员同等待遇。公司给每个职能团队指定工作目标，由团队成员讨论达成工作目标的方式，然后各自分工，相互协作，完成工作。

第三节 选 人

任何一个组织要实现自己的战略目标，都必须对组织现今和未来对各种人力资源的需求进行科学的预测和规划，以保证组织在需要的时候和需要的岗位上能及时地得到各种所需的人才，否则，组织的目标就难以实现。企业的选人主要应该关注四个方面的重点问题，一是人力资源规划，二是岗位设置，三是工作分析，四是招聘与录用。

一、人力资源规划

（一）人力资源规划的定义

人力资源规划就是一个组织科学地预测和分析自己在环境变化中的人力资源供给和需求，确定人力资源发展目标以及达成目标的措施的过程。

（二）人力资源规划的作用

（1）有利于制定战略目标和发展规划。一个组织的高层管理者在制定其战略目标和发展规划以及在选择决策方案时总要考虑到本身的资源，特别是人力资源的情况。如果有了人力资源规划，就有助于高层领导了解本组织内目前各种人才的余缺情况，以及在一定时期内由内部抽调、培训或对外招聘的可能性。这就有助于高层领导进行目标决策和战略规划。

（2）有利于改变组织内部人力分配不合理状态。规划的制定是建立在对现有人力资源状况的分析及对未来人力资源状况的预测基础上的，着眼于发掘人力资源的潜力，其改善方案不受现有条件的限制，视野开阔，谋求改进人员结构、人员素质，使现有的人力资源发挥最大的作用。

（3）为组织的发展提供了人力保证。人力资源规划的任务，就是要规划组织在未来需要什么人才、需要多少、哪些岗位，一旦需要要能及时找到。这样，人力资源规划就把人力资源的发展与组织经营的发展紧密结合起来，为组织发展提供适量、优质的人力保证。

（4）有利于指导职业转移。职业转移是社会生产发展的必然结果。由于科学技术迅速发展，劳动转移的广度、深度都是过去所无法预见的。因此，在制定人力资源规划时，要分析劳动力转移的趋势，提早研究对策，进行规划，否则，会造成劳动力不能及时转移，长期窝工。

（三）人力资源规划的基本过程

制定出组织的人力资源战略后，就可以着手人力资源规划了。人力资源战略要转化成具体的定量和定性的人力资源规划，如图 8.3 描述的人力资源规划总体过程。

人力资源规模包括了人力资源预测、人力资源目标设计、人力资源规划以及人力资源规划的执行和效果评价等四大部分。

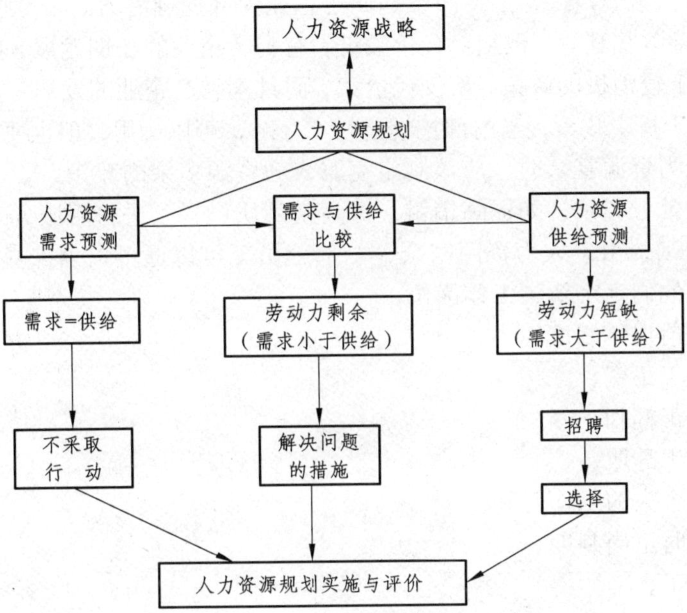

图 8.3　人力资源规划总体过程

1. 人力资源预测

人力资源规划过程的第一步是人力资源预测。在进行人力资源规划时，人力资源管理者需要预测各种不同类型人力资源的供求状况，其基本目标是估计在组织内部的哪些领域中，未来可能会出现劳动力短缺或劳动力过剩的情况。人力资源预测包括人力资源需求预测和人力资源供给预测。

劳动力的供给和需求都预测完毕之后，人力资源规划者就可以对两方面的数据进行比较，从而确定在每一种不同的工作类别中所可能出现的劳动力过剩与短缺的情况。一旦这一点确定下来，企业就可以决定采取何种措施来解决这些潜在的问题了。

2. 制定人力资源政策

人力资源规划的第二步就是制定人力资源政策，这是人力资源规划的一项重要的内容。企业的人力资源政策是根据不同的情况而制定的,主要就是解决企业劳动力剩余和短缺问题。

(1) 当企业人力资源短缺时，应该制定弥补人力资源不足的政策。

第一，把一些富余人员安排到人员短缺的岗位上去；

第二，培训一些企业内部人员，使他们能胜任人员短缺但又很重要的岗位；

第三，鼓励员工加班加点，适当延长工作时间；

第四，提高员工的效率；

第五，适当聘用一些兼职人员；

第六，适当聘用一些临时的全职人员；

第七，适当聘用一些正式员工；

第八，采用资源外包（Outsourcing）的方式，即把一些工作转包给其他公司；

第九，适当减少工作量（或产量、销量等）；

第十，添置新设备，用设备来减少人员的短缺。

在上述政策中，第一、二、三、四条是属于企业内部挖掘潜力。虽然也要增加一些成本，例如增加工资、奖金、福利等，但相对代价较低，有利于企业的长期发展，是企业首选的政策。第八、九、十条属于较消极的政策，不仅代价大，而且不利于企业的发展，企业不宜轻易使用。第五、六、七条属于折中政策，当内部挖掘已较充分时，可以运用，但也要谨慎运用。

（2）当企业人力资源富余时，应该制定克服人力资源多余的政策。

第一，扩大有效业务量，如提高销量，提高产品质量，改进售后服务等；

第二，培训员工，由于人力资源富余，一部分员工可以通过培训来提高他们的素质、技能和知识，以利于他们走上新的工作岗位；

第三，实行提前退休制度；

第四，降低员工工资；

第五，减少员工福利；

第六，鼓励员工辞职；

第七，减少每个人的工作时间；

第八，实行临时下岗制度；

第九，辞退员工；

第十，适当或临时关闭一些子公司。

在以上的政策中，第一、二条是相当积极的，但许多企业不一定能做到，这是对企业的一种挑战，可以把人员富余危机当做一次企业发展的机会。第九、十条是十分消极的，但在紧急关头也不得不用，因为这种舍卒保车的措施毕竟可以使企业渡过难关，以利于以后的发展。第三、四、五、六、七、八条均属于折中的策，但在企业中运用最多，也较易起作用。

3. 人力资源规划的制定

在以上工作的基础上，就可以制定人力资源规划了。人力资源规划是企业人力资源管理工作的重要内容，也是员工招聘与录用的基础工作。每个企业的人力资源规划各不相同，但一份典型的人力资源规划至少应该包括以下几个方面：规划的时间段、目标、现状分析、未来情况分析、具体内容、制定者、制定的时间。

（1）规划的时间段。即具体写出规划的制订是从什么时候开始，至何时结束。从人力资源规划的时限来看，分长期规划、中期规划和短期规划。长期规划的时间一般在5～10年，主要是制定战略性的人力资源规划书；中期规划一般2～5年，主要是根据战略来制订战术；短期规划时限一般是0.5～1年，主要是制订作业的行动方案。

（2）规划达到的目标。在设立企业的规划时一定要注意以下原则：规划要与企业战略目标紧密联系起来；规划要具体，即用数据“说话”；规划要简明扼要。

（3）现状分析。目标是在人力资源战略的制订分析的信息基础上，分析目前企业人力资源供求状况，作为人力资源规划的依据。

(4) 未来情况分析。主要是在收集信息的基础上，在规划的时间段内，预测企业未来的人力资源供需状况，进一步指出制订该规划的依据。

(5) 规划的具体内容。这是人力资源的核心，涉及的方面较多。企业存在不同的人力资源规划：总体规划、人员增补计划、人员使用计划、员工更新计划、员工职业开发与职业发展计划、绩效评估与激励计划、劳动关系及员工参与、团队参与计划、教育培训计划等。在每个具体的计划方面，都要落实具体内容，而且还要落实执行规划的项目负责人、负责检查项目执行情况的人以及检查的时间和检查日期、预算等。

(6) 规划的制定者。规划的制定者可以是企业的各职能部门或人力资源部门的人，也可以是一个群体，还可以是外部顾问或咨询专家等。

(7) 规划制定的时间。主要是指规划正确确定的日期。

4. 人力资源规划的执行与评价

人力资源规划最终方案付诸具体实践。方案执行阶段有四个步骤：实施、检查与评价、反馈和修正。首先，人力资源规划必须确保有专人负责既定目标的实施，并要保证实施人有实现目标的必要权利和资源；要有关于执行过程进展状况的定期报告，以确保所有的方案都能够在既定的时间里执行到位，并且方案执行的初期成效与预测的情况是一致的。然后是检查与评价。检查是必不可少的步骤，许多企业在执行人力资源计划时由于检查而产生不少问题。检查者最好应为实施者的上级，检查前一定要对照规划列出检查提纲，明确检查目的与检查内容。检查后的评价结果与意见一定要及时、真实反馈给实施者，以利于激励实施者进一步实施项目。再有，反馈是执行人力资源规划中的一个重要步骤，通过反馈，我们可以知道原来计划中的内容哪些是正确的，哪些是错误的，哪些不够全面，哪些不符合实际情况，哪些需要加强，哪些是需要引起注意的重要信息。反馈一定要及时、真实。最后是修正，这是最后的一个步骤。由于内、外部环境的变化迅速，人力资源规划的制定并不是一成不变的，需要根据环境不断修正。

二、岗位设置

岗位设置是指在工作分析的基础上，确定组织需要什么样的岗位（即岗位的类别）、多少岗位（即岗位的数量）。一定时期内，组织存在多少工作量饱满且连续的同类型工作，就需要设置多少岗位。进行岗位设置是一件非常重要且必要的工作。它体现的不仅仅是组织发展的现状和未来趋向，还能体现各个岗位之间的流程关系。进行好的岗位设置除了明确职责，划分工种范围外，对于组织效率的提高起到非常大的作用。

站在个人及岗位的角度讲，在企业中进行岗位设置无非就是因人设岗和因事设岗两种方式。而因人设岗随着中国人情气氛的关系，更多的变成领导安排“关系户”的代名词。现以因事设岗为出发点，对企业怎样才能进行科学合理的岗位设置进行一些探讨。

1. 因事设岗

岗位的设置是基于企业业务流程或者管理流程的，也就是说，在企业的管理或业务中，需要设置这么一个“节点”进行接洽，方能保证流程的顺利，这样的设置就是因事设岗。例如，一家酒店，如果规模较小，业务不多，则日常采购的菜品原料和工程维修备件的数量不大，那么这样的工作可以由某个岗位的员工进行兼任皆可。但随着酒店规模的不断扩大，业务的不断增长，菜品原料、维修备件等肯定需要专人负责，设置一个库房管理员的岗位才能保证工作的顺利开展。在这里进行岗位设置的依据就是业务流程。

2. 职责规范

在业务流程中需要设置某个岗位后，还要进行岗位名称、岗位职责内容的规范描述。这其实就是岗位说明书的价值。当设置一个新的岗位时，就像是任命了一个新的领导，要明确其分管的工作范围，让别人和他自己知道自己做什么工作，不该做哪些工作，以利于工作中由于工作分配不明导致内部无谓沟通的发生，降低工作效率。在这个过程中，往往会发生岗位的名称和实际工作职责不一致的情况，导致员工埋怨情绪的发生。就像上面的例子，如果不在岗位名称中体现仓库管理的工作或者在岗位职责中体现，那么让办公室一个工作量非常不饱和的文员去兼任，他也不会觉得自己应该做。无非就是给他个"名正言顺"的说法而已。

3. 协调配合

岗位设置的根本目的是解决组织效率，完成组织目标。在某一个流程中考虑了上下游的关系，是否就表示在整个组织流程中就能配合好了呢？如果不能保证其他的业务流程的顺利开展，那这个岗位的设置就不是最妥当的。只有通过合并、分拆岗位提高了业务工作效率，达到分工明确、协调配合流畅的目的，岗位设置才是成功的。

4. 人岗匹配

在岗位设置中尽管是以业务流程为导向的，是因事设岗，但也必须要考虑企业组织的实际，这样的设置是否是能够实现人员的有效配置？员工素质对于这个岗位的要求是普遍偏低还是普遍偏高？如果是普遍的偏离岗位要求的标准，说明岗位的设置是不妥的，需要重新进行岗位职责及要求的明确，以切合企业的实际，否则不是造成企业资源的浪费就是企业岗位员工的大量不适岗。因为任何一家企业都不可能是完美的，尤其是在人员的素质能力方面，企业的要求永远是越高越好，不切实际的提高标准只能最终损害企业自身的发展。在企业中，必须立足于大多数至少是一半多是适岗的、少数需要提高或淘汰这样的现实进行岗位设置才是科学和合理的。

企业的情况千差万别，需要根据以上基本原则进行岗位设置，保证业务流程的通畅和效率的提高，最终达到企业发展目标的实现。

三、工作分析

（一）工作分析的基本概念

工作分析，是组织中的一项重要管理活动，具体包括收集、分析和整理与工作有关的各种信息，为组织管理和变革以及人力资源管理提供支持和依据。

（二）工作分析中常用的重要术语

★ 要素：是指工作活动中不便再继续分解的最小单位。

★ 任务：是指工作活动中达到某一工作目的的要素集合。

★ 责任：是指任职者为实现一定的组织职能或完成工作使用而需要完成的一个或一系列工作任务。

★ 职位：又称岗位，是指在组织中完成一项或多项责任的一个任职者所对应的位置。

★ 职务：是由组织中主要责任相似的一组职位组成的。

★ 职业：是指在不同的组织中从事相似活动的一系列职务。

（三）工作分析所收集的信息

工作分析所收集的信息主要指6W1H，即做什么（What）、为什么（Why）、用谁（Who）、何时（When）、在哪里（Where）和为谁（for Whom），1H是指如何做（How）。

（四）工作分析所输出的结果

1. 工作说明书

工作说明书是指通过对所收集来的信息进行整理和分析所输出的结果。

工作说明书基本上可以包括两大部分：工作（职务）描述和人员规范。

工作描述主要描述工作的目的、任务和范围。

人员规范主要描述适合该工作人员的基本素质及其能力要求。

2. 工作说明书的具体内容

工作说明书的具体内容大体包括：职位名称；职位在组织中所处的位置；工作的目的或职位的使命；工作职责与任务；各项职责和任务所占的时间比重；原材料、机器和设备；衡量绩效的标准；权限；与组织内外其他部门和人员的关联关系；职位的晋升与替代；任职者的基本要求。

（五）工作分析的方法

（1）问卷调查法。

问卷调查法即采用问卷来获取工作分析的信息，实现工作分析的目的。

（2）观察分析法。

观察分析法，一般是工作分析人员直接到现场，亲自对特定对象进行观察，收集和记录有关工作的内容、工作间的相互关系、人对工作的作用，以及工作环境条件等信息，最后把取得的信息归纳整理为适用的文字材料。观察法通常和面谈法结合使用。

（3）纪实分析法与工作日志法。

纪实分析法，这种方法是通过对实际工作内容与过程的如实记录，达到工作分析的目的。

工作日志法，就是由任职人员按时间顺序记录工作时间过程，然后经过归纳与提炼，取得所需工作信息的一种职务信息提取方法。

（4）主管人员分析法。

主管人员分析法，是指由主管人员记录与分析所管辖人员的工作任务、责任与要求等因素的一种方法。

（5）访谈法。

当分析不可能实际去做的某项工作，或不可能去现场观察以及难以观察到某种工作时，就可以采用访谈分析法，通过访问工作者，了解他们所做的工作内容，为什么这样做以及怎样做，由此获得工作分析的资料。

访谈的对象可以是工作者，也可以是主管人员。

这种方法适用于短时间的生理特征的分析，也适用于长时间的心理特征的分析。

（6）工作实践法。

工作实践法又称参与法，是指工作分析者参与某一职位或从事所研究的工作，从而深入、细致、全面地体验、了解和分析职务特征及要求，在工作过程中掌握有关工作的第一手资料的方法。

（7）典型事例法和关键事件法。

典型事例法，是指对实际工作中具有代表性的工作者的工作行为进行描述，通过积累、汇总和分类，得出实际工作对员工的要求的一种方法。

关键事件法，是指要求工作分析人员、管理人员、本岗位员工或与本岗位有关的职工，对劳动过程的关键事件详细加以记录，在大量收集信息后，对岗位的特征和要求进行分析研究的一种方法。

四、招聘与录用

（一）招聘与录用的基础工作

人员招聘是指企业在某些岗位空缺的时候，向外界发布消息，决定聘请符合这些岗位要求的人员的过程。人员录用是指在应聘的候选人当中，通过科学的筛选方法，寻找出最适合该岗位的人选的过程。所以，人员的招聘与录用所包含的整体内容包括，企业从某些岗位空缺开始到岗位空缺被填补为止，制定的一系列决策和实行的一整套措施。

从企业人力资源管理工作的环节来看，人员的招聘和录用工作实际上是建立在两项基础性工作的基础之上的。

（1）招聘与录用工作基础之一：人力资源规划。

人力资源规划是指为实施企业的发展战略，完成企业的生产经营目标，根据企业内外环境和条件的变化，运用科学的方法对企业人力资源需求和供给进行预测，制定相应的政策和措施，从而使得企业人力资源供给和需求达到平衡的过程。

（2）招聘与录用工作基础之二：工作分析。

工作分析又称为职务分析，就是对企业中的某项职务进行全面、系统的调查、分析和研究，分析职务本身的各项内容以及雇员对此职务应承担的责任和应具备的素质等。工作分析包括职务描述和工作说明书两个部分。前者是关于职务方面的内容，包括职务的性质、内容、规定的责任、工作条件和环境等；后者是关于雇员方面的内容，包括雇员自身素质、技术水平、独立工作的能力等。

（二）招聘与录用的原则

人员招聘工作是企业重要的工作，但必须坚持以下原则。

（1）优化组织架构、明确部门职能。在调查中，很多企业的组织架构要么纵向过于冗长，影响决策效率，要么过度横向化，造成机构重叠无效；或者组织架构以职能为主导而非以业务流程为主导。企业应改变金字塔式的组织结构，推行尽量扁平式的组织结构。通过架构调整，能够最大限度减少人员内耗。同时要明确规定每一个部门的职能，规定实现这些职能应当设立的岗位，规定每一个岗位应承担的工作责任；并且部门之间、岗位之间必须衔接，从而形成整个组织合理的业务流程，提高工作效率。企业在开展业务流程优化管理的过程中可分为三个步骤，即现状流程的梳理、关键流程的优化以及建立完善企业的流程管理体系。通过现状流程的梳理，企业可以明确自身的流程现状，并通过现状问题以及业务需求的分析，对关键的流程进行优化，同时在企业内部建立流程管理体系，从而实现流程优化的管理的持续运转。

（2）明确岗位任职资格，确定选才标准，把合适的人选放在合适的岗位上。企业每一个职位都要有明确的职位说明书，要做到各个岗位职责清晰、权责到位、分工明确和考核有据，能够进行有效和科学的考核。要加强培养人才观，岗位的设置要为员工施展才干，并为培养人才提供足够的空间，使企业成为个人发展的平台，充分发挥员工的主观能动性，提高劳动生产率，真正做到“人人有事干，事事有人干”。

（3）营造组织气氛，稳定士气。当“寒流”袭击经济环境时，与部分企业大裁员同样并存的是大量的人员流动。人员一旦过度流动，不仅会带走技术、市场、客户等各种资源，甚至对企业的核心技术和业务发展会带来威胁。应加强企业文化建设，物质上力求使员工的付出与所得相符，精神上更应该尊重人才、关心人才、爱护人才，增强员工对企业的认同感，提高企业凝聚力。同时也要采取有效的措施保持骨干队伍的稳定，伴随企业的发展，也要使使企业内部人才流动的渠道畅通，促进各类人才的合理流动，在流动中实现企业人员结构的优化组合和科学配置。

（4）宁缺毋滥原则。从长远来看，一个岗位宁可暂时空缺，也不要让不合适的人占据。

（5）公开和公平竞争原则。公开与公平竞争原则能够帮助形成一种积极的竞争的企业文化，使企业更有凝聚力。

（6）真实原则。即向应聘者陈述真实的工作岗位，包括职位的优势和不足，让应聘者比较充分地了解该工作岗位。这种做法被称为真实职位预视（Realistic Job Previews，RJP）。在一些发达国家，人力资源管理中已经越来越推崇通过 RJP 使应聘者形成一种更加接近真实情况的预期。这种真实预期在一定程度上有助于减少员工流失率、降低缺勤率以及其他由预期不能满足而引发的消极劳动行为。因此，真实原则有助于降低雇员和流失率和提高雇员的工作满意度，可以减少由于人才流失造成的更大损失。

（三）招聘与录用的途径之一：内部招聘

1. 基本方法

（1）提拔晋升。

选择可以胜任这项空缺工作的优秀人员。这种作法给员工以升职的机会，会使员工感到有希望、有发展的机会，对于激励员工非常有利。从另一方面来讲，内部提拔的人员对本单位的业务工作比较熟悉，能够较快适应新的工作。然而内部提拔也有一定的不利之处，如内部提拔的不一定是最优秀的；还有可能在少部分员工心理上产生“他还不如我呢”的思想。因为任何人都不是十全十美的，一个人在一个单位待的时间越长，别人看他的优点就越少，而看他的缺点越多，尤其是在他被提拔的时候。因此，许多单位在出现职务空缺后，往往同时采用两种方式，即从内部和外部同时寻找合适的人选。

（2）工作调换。

工作调换也叫做“平调”，是在内部寻找合适人选的一种基本方法。这样做的目的是要填补空缺，但实际上它还起到许多其他作用。如可以使内部员工了解单位内其他部门的工作，与本单位更多的人员有深的接触、了解。这样，一方面有利于员工今后的提拔，另一方面可以使上级对下级的能力有更进一步的了解，也为今后的工作安排做好准备。

（3）工作轮换。

工作轮换和工作调换有些相似，但又有些不同。如工作调换从时间上来讲往往较长，而工作轮换则通常是短期的、有时间界限的。另外，工作调换往往是单独的、临时的，而工作轮换往往是两个以上的、有计划进行的。工作轮换可以使单位内部的管理人员或普通人员有机会了解单位内部的不同工作，给那些有潜力的人员提供以后可能晋升的条件，同时也可以减少部分人员由于长期从事某项工作而带来的烦躁和厌倦等感觉。

（4）人员重聘。

有些单位由于某些原因会有一批不在位的员工，如下岗人员，长期休假人员（如曾因病长期休假，现已康复但由于无位置还在休假），已在其他地方工作但关系还在本单位的人员（如停薪留职）等。在这些人员中，有的恰好是内部空缺需要的人员。他们中有的人素质较好，对这些人员的重聘会使他们有再为单位尽力的机会。另外，单位使用这些人员可以使他们尽快上岗，同时减少了培训等方面的费用。

内部招聘的做法通常是企业在内部公开空缺职位，吸引员工来应聘。这种方法起到的另一个作用，就是使员工有一种公平合理、公开竞争的平等感觉，它会使员工更加努力奋斗，为自己的发展增加积极的因素。这无疑是人力资源开发与管理的目标之一。

2. 优劣评价

（1）优势。

① 组织和员工之间相互之间比较了解。首先，组织对自己的员工比较了解。组织如果拥有一份员工技能清单就可以把这作为内部招聘的起点，而且员工的绩效评价也是可以获得的，可以通过获悉候选人员的现任和前任管理者对其潜力的发展给予的评价，即能够有机会观察候选人的工作习惯、工作技能、与他人相处的能力以及在组织中的适应性。组织可以得到现有员工的更为准确的资料，从而减少做出错误决策的概率。其次，员工也了解组织的更多情况，知道组织的运作、组织的价值观和文化，这样员工的预期不准确性和对组织不满意的可能性就降低了。

② 创造了晋升的机会和防止可能的冗员。晋升对员工动机的激发和士气的提高会产生积极的、重大的作用。如果员工知道自己有希望得到晋升和职业有发展，就会为组织努力工作，这也是对员工的绩效和忠诚的奖励。反之， 如果总是优先考虑外部人员填补工作空缺，就会产生相反的影响。

③ 成本低。与外部招聘相比，内部招聘在评价、测试和背景资料方面，能节约一定的人力、物力和财力，而且招聘的速度快。同时，组织可以充分利用现有员工的能力，对以前在员工的人力资本投资上获得一定的回报。

（2）劣势。

① 易导致“近亲繁殖”。当只从内部招聘时，必须谨慎，以确保新思想和改革不被如“我

们以前从没有做过”“没有他我们一样能做好”等观念所窒息。

② 易引发企业高层领导和员工之间的不团结。在用人方面的分歧常常是高层领导之间产生矛盾的焦点，这不仅涉及领导的权力分配，而且与领导的威信息息相关，这也是人事改革的一个侧面，会在企业政治方面引起异常激烈的明争暗斗，并对员工的士气和没有被晋升的员工的工作表现产生消极的影响，特别是在几个同事申请同一职位时更是如此。这样就可能形成不健康的冲突，导致组织内人际关系紧张。在一个职位空缺时，许多雇员都会被考虑补充那个职位，当然大部分会被否决，一些被否决的候选人可能会产生怨恨。一项研究发现，被否决晋升的雇员会比获得晋升的对手表露出更强的愤愤不平情绪和表现出更高的旷工率。

③ 易引发后续问题。一名员工可能会提升到一个他不能胜任的工作岗位，因此组织就需要能干的员工和强有力的管理开发计划，以确保员工能承担更大的责任；另一个问题就是内部晋升是以资历还是以能力为基础。

④ 过多的内部招聘可能会使组织变得封闭。不断从内部提拔人才可能会鼓励员工安于现状。一个必须改进组织流程的组织通常应适当从外部招聘人员。

3. 使用技巧

（1）公司要不断在员工发展上进行大投入，保证人才供应。

（2）要确定前任离开（包括调动、离职等）的真正原因，为接下来的任用做好准备工作。

（3）做好工作分析。人事匹配是组织和个人间动态结合的过程，其中工作分析具有重要的意义，组织要按照工作分析的结果去选择选拔对象。

（4）确保公平竞争（公平性），符合国家政策法规（合法性），控制内部选拔成本（经济性）。

（四）招聘与录用的途径之二：外部招聘

1. 基本方法

企业外部招聘的方法，按照人员产生的渠道主要可分为广告招聘、人才中介机构招聘、校园招聘、招聘会招聘、互联网招聘、自荐和员工推荐七种形式。这七种方法不再一一详细描述，读者基本可以理解其内涵。

2. 优劣评价

（1）优势。

① 人员选择范围广泛。从外部找到的人员比内部招聘多得多，不论是从技术、能力还是数量方面讲都有很大的选择空间。

② 外部招聘有利于带来新思想和新方法。外部招聘来的员工会给组织带来“新鲜的空气”，会把新的技能和想法带进组织。这些新思想、新观念、新技术、新方法、新价值观、新的外部关系，使得企业充满活力与生机，能帮助企业用新的方法解决一直困扰组织的问题。这对于需要创新的企业来说就更为关键。在大学里，教职工系统通常是采用外部招聘的方法，因为学术研究需要新的思想和方法，获得博士学位的人很少在授予他学位的学校就职。

③ 大大节省了培训费用。从外部获得有熟练技术的工人和有管理才能的人往往要比内部培训减少培训成本，特别是在组织急需这类人才时尤为重要。这种直接的“拿来主义”，不仅节约了培训经费和时间，还节约了获得实践经验所交的“学费”。

（2）劣势。

① 外部招聘选错人的风险比较大。这是因为外部招聘在吸引、联系和评价员工方面比较困难。

② 需要更长的培训和适应阶段。即使是一项对组织来说很简单的工作，员工也需要对组织的人员、程序、政策和组织的特征加以熟悉，而这是需要时间的。

③ 内部员工可能感到自己被忽视。外部的招聘会影响组织内部那些认为自己可以胜任空缺职位员工的士气。

④ 外部招聘可能费时费力。与内部招聘相比，无论是引进高层人才还是中低层人才，都需要相当高的招聘费用，包括招聘人员的费用、广告费、测试费、专家顾问费等。来自外部的员工通常需要比较长的时间去了解组织及其产品和服务、同事以及客户，完成这个社会化的过程。虽然候选人可能具备出色的技能、培训经历或经验，并且在其他组织中也干得比较成功,但是这些因素并不能保证其在新组织中得到同样的成功或有能力适应新组织的文化。

3. 使用技巧

研究表明，企业在招募人员时最好采取内外部相结合的办法。具体的是偏向于内部还是外部，取决于组织战略、职位类别和组织在劳动市场上的相对地位等因素的影响。对于招募组织的中高层管理人员而言，内部与外部招聘都是行之有效的方法。在实践过程中并不存在标准答案。

一般来说，对于需要保持相对稳定的组织中层管理人员，可能更多地需要从组织内部获得提升，而高层管理人员在需要引入新的风格、新的竞争时，可以从外部引进合适的人员。内部招聘让员工看到了新的职业发展机会，会制造工作满意度和激励因素。此外，用现有的员工来填补空缺职位在一定程度上保证了这些雇员适应组织文化。然而，如果内部招聘系统不公平的话，就会产生别的问题。避免从内部招聘或提升产生的负面冲击的最好方法就是设立一个公平的程序，因为如果程序是公平合理的，人们就更能够接受失败。如果有了一个公平的晋升程序，大多数人是能够接受失败的并保持高效的生产力。

公平的晋升程序该如何建立呢？一是使用客观的选择工具，避免主观的选择方法，如根据无计划的面试，雇员的声誉和介绍信等。在那些挑选过程中，可以使用面试或测试的方法，这些方法可以客观评价在工作描述中已具体规定的所需的工作能力。使用客观的选择方法给雇员提供这样一个信息：选择程序是公平的，并且担当某个职位的可能性是与能力直接相关的，而不是偏爱。二是与求职者公开沟通。告知求职者关于选择过程的工作方式和成功的求职者必须符合的标准，决策过程保证公开。例如，如果一项工作要求交际能力是决定性因素，必须将这一点首先陈述出来。三是为落选的求职者提供信息反馈。告知落选的求职者选择的决策结果和原因，帮助分析他们的优势和劣势，并且明确他们需要改进的地方以便他们成为今后空缺职位的可行的候选人。

第四节　用　人

人力资源的使用需要严格遵循“用人之所长、避人之所短”“人尽其才、人尽其用”“双剑合并，天下无敌”的配备原则，努力构建互补性的人力资源配置，实现稀缺性人力资源使用价值的最大化。

一、用人原则

人员使用基本遵循以下原则。

（1）职务要求明确原则。

职务要求明确原则是指对主管职务及相应人员的需求越是明确，培训和评价主管人员的方法越是完善，主管人员工作的质量也就越有保证。

（2）责权利一致原则。

责权利一致原则是指组织越是要尽快地保证目标的实现，就越是要求主管人员的责权利一致。

（3）公开竞争原则。

公开竞争原则是指组织越是想要提高管理水平，就越是要在主管职务的接班人之间鼓励公开竞争。

（4）用人所长原则。

所谓用人所长，是指在用人时不能够求全责备，管理者应注重发挥人的长处。在现实中，由于人的知识、能力、个性发展是不平衡的，组织中的工作任务要求又具有多样性，因此，完全意义上的“通才”“全才”是不存在的，即使存在，组织也不一定非要选择用这种“通才”，而应该选择最适合空缺职位要求的候选人。有效的管理就是要能够发挥人的长处，并使其弱点减少到最小。

（5）任人唯贤原则。

任人唯贤原则，是指在人事选聘方面，大公无私、实事求是地发现人才，爱护人才，本着求贤若渴的精神，重视和使用确有真才实学的人。这是组织不断发展壮大，走向成功的关键。

（6）量才使用原则。

量才使用就是根据每个人的能力大小而安排合适的岗位。人的差异是客观存在的，一个人只有处在最能发挥其才能的岗位上，才能干得最好。

（7）因事择人原则。

因事择人就是员工的选聘应以职位的空缺和实际工作的需要为出发点，以职位对人员的实际要求为标准，选拔、录用各类人员。

（8）因才器用原则。

所谓因才器用，是指根据人的能力和素质的不同，去安排不同要求的工作。从组织中人的角度来考虑，只有根据人的特点来安排工作，才能使人的潜能得到最充分的发挥，使人的工作热情得到最大限度的激发。如果学非所用、大材小用或小材大用，不仅会严重影响组织效率，也会造成人力资源计划的失效。

（9）内部跳槽原则。

内部跳槽原则通常是指企业的员工自己努力去寻找适合自己个性或能够发挥自身优势的企业内部的岗位，实现自我职业的最佳定位，当然这需要企业内部营造一种良好的团队氛围和跳槽的机制。

（10）人事动态平衡。

处在动态环境中的组织是不断变革和发展的。组织对其成员的要求也是在不断变动的，当然，工作中人的能力和知识也是在不断地提高和丰富的。因此，人与事的配合需要进行不断的协调平衡。所谓动态平衡，就是要使那些能力发展充分的人去从事组织中更为重要的工作，同时也要使能力平平、不符合职位需要的人得到识别及合理的调整，最终实现人与职位、工作的动态平衡。

（11）不断培养原则。

不断培养原则，是指任何一个组织越是想要使其主管人员能胜任其所承担的职务，就越是需要他们去不断地接受培训和进行自我培养。

（12）经济效益原则。

经济效益原则，组织人员配备计划的拟定要以组织需要为依据，以保证经济效益的提高为前提；它既不是盲目地扩大职工队伍，也不是单纯为了解决职工就业，而是为了保证组织效益的提高。

（13）程序化、规范化原则。

程序化、规范化原则，是指员工的选拔必须遵循一定的标准和程序。科学合理地确定组织员工的选拔标准和聘任程序是组织聘任优秀人才的重要保证。只有严格按照规定的程序和标准办事，才能选聘到真正愿为组织的发展作出贡献的人才。

二、用人程序

（1）制定用人计划，使用人计划的数量、层次和结构符合组织的目标任务和组织机构设置的要求。

（2）确定人员的来源，即确定是从外部招聘还是从内部重新调配人员。

（3）对应聘人员根据岗位标准要求进行考查，确定备选人员。

（4）确定人选，必要时进行上岗前培训，以确保能适用于组织需要。

（5）将所定人选配置到合适的岗位上。

（6）对员工的业绩进行考评，并据此决定员工的续聘、调动、升迁、降职或辞退。

第五节　育　人

企业育人的关键在于为员工构建有效的培训体系。

一、培训的概念

培训，是指组织为了实现组织自身和员工的发展目标，根据组织实际工作情况和员工发展需要，通过学习、训练等手段，为改变员工的工作态度、工作行为、价值观，提高员工的工作能力、知识水平、业务能力，进行有目的、有计划、有组织的培养和训练活动的过程。

二、培训的内容与种类

（一）培训的内容

培训的内容有三个方面：知识培训、业务技能培训、价值观培训。

（1）知识培训。知识培训包括四个层次：与工作相关的知识；为各岗位所需的专业知识；组织的发展战略等；更为广泛的其他知识。

（2）业务技能培训。业务技能培训是近年来员工培训工作中发展最快的一项内容，也是为提高员工绩效所必须进行的培训。培训内容包括通用技能培训、专业技能培训和职业资格培训。

（3）价值观培训。企业需要将自身企业长期积累的企业文化、价值观念向员工传送，以达到团队的工作的一致性，增强员工的向心力和凝聚力。

（二）培训的种类

员工培训的种类有：职前培训、在岗培训、脱产培训。

1. 职前培训

职前培训又称入职培训，是指新员工在入职之前接受的培训。职前培训是针对企业新录用的员工为对象的集中培训。职前培训的内容主要包括两部分：一部分是组织文化教育，另一部分是基础业务知识教育。

2. 在岗培训

在岗培训，就是在工作现场，由上级主管或技能娴熟的老员工通过工作或与工作有关的事情，有计划地实施的有助于员工学习与提高相关工作能力的活动。这种培训是最常用、最必要的一种培训方式。

3. 脱产培训

脱产培训，是指离开工作和工作现场，由组织内外的专家和教师，对组织内各类人员进行的集中教育培训。脱产培训分为三种：分层次脱产培训、分专业脱产培训和分等级脱产培训。

三、在岗培训

（一）在岗培训的优点

在岗培训具有的优点包括：

（1）节约成本。

（2）容易沟通。

（3）培训内容更具有针对性。

（4）容易检验培训效果。

（二）在岗培训的缺点

在岗培训的缺点有如下几个方面：

（1）缺乏良好的组织和结构完善的培训环境。

（2）要求培训者需要具备高度的责任感和熟练的训练技巧。

（3）所学知识缺乏连贯性，并且昂贵的仪器设备和工作场所也会限制受训者的操作，影响培训效果。

（三）在岗培训的常用方法

在岗培训最常用的方法有工作指导法、工作轮换法和学徒法。实施在岗培训的步骤，适用于指导新员工工作或指导现有员工从事新的工作或采用新的技能。具体操作包括准备阶段和实施阶段。

四、培训需求分析

（一）培训需求分析的内容

培训需求分析可以在三个层次上进行：组织分析、工作分析、员工分析。

组织分析：主要通过对企业的战略目标、资源、环境等因素的分析，准确找出组织存在的问题，即现有状况与应有状况之间的差距，并确定培训是不是解决这类问题的最有效的方法。

工作分析：主要是对工作的具体内容、绩效标准、所需知识、技能、态度进行分析，从而为确定培训内容、设计培训方案提供重要的资料。

员工分析：主要分析员工个体现实绩效与承诺绩效之间的差距，在此基础上确定谁需要接受培训及接受什么样的培训。

（二）培训需求的分析方法

企业培训需求的分析方法通常有：观察法、问卷调查法、访谈法、绩效分析法、阅读技术手册法、访问专家法和经验预测法等。

五、培训方法

（一）讲授法

讲授法，即培训者通过逻辑化、体系化的言语，系统地向受训者讲解某些概念、知识、方法及原理等内容的一种培训方法。

（二）案例分析法

案例分析法，就是把实际中的真实情景加以典型化处理，编写成供学习者思考和决断的案例，由其进行分析并提出解决对策的一种培训方法。

（三）角色扮演法

角色扮演法是指在一个模拟的工作环境中，指定参加者扮演某种角色，使参加者借助角色的扮演来理解角色的内容，模拟性地处理工作事务，从而提高处理各种问题的能力的一种培训方法。

（四）研讨法

研讨法是指由培训老师通过举办专题或综合研讨会的形式，组织受训者共同讨论，找到解决问题的办法或查清问题的发展变化规律及关键环节，使受训者学习和掌握有关的知识与技能的一种培训方法。

（五）其他方法

1. 工作轮换法

工作轮换法指组织有计划地按照确定的期限，让受训者转换工作岗位，变换不同的工作内容，促使受训者学习新岗位的技能和知识，从而考察员工的适应性和开发员工多种能力的一种方法。

2. 工作指导法

工作指导法是指由一位有经验的资深员工或直接主管在工作岗位上对受训者进行培训的一种方法。

3. 学徒法

学徒法是指将课堂教学与在岗培训结合起来的一种培训方法。

4. 视听法

视听法是利用现代视听技术（如投影仪、录像、电视、电影、电脑等工具）对受训人员进行培训的一种方法。

5. 网络教学法

网络教学法是指组织通过内部网络，将文字、图片及影音文件等培训资料放在网络上，形成一个网上资料库、网上课堂供员工进行课程的学习。

六、如何建立有效的员工培训体系

（一）员工培训：人力资本再生产的重要方式

人力资本理论创始人、1979年诺贝尔经济学奖获得者西奥多·舒尔茨（T.W.Schultz）在20世纪60年代依据大量的实证分析得出一个突破性结论：在现代社会，人的素质（知识、才能和健康等）的提高，对社会经济增长所起的作用，比（物质）资本和劳动（指非技术性劳动）的增加所起的作用要大得多，而人的知识才能基本上是投资（特别是教育投资）的产物。按照这种理论，不应当把人力资本的再生产仅仅视为一种消费，而应视同为一种投资，这种投资的经济效益远大于物质投资的经济效益。而且人力资本投资不再符合边际收益递减规律，而是边际收益递增的。

20 世纪 90 年代，人类社会进入了知识经济时代，企业竞争的焦点不仅是资金、技术等传统资源，还有建立在人力资本基础之上的创新能力。同时经济的全球化发展使得企业间的竞争范围更加广阔，市场变化速度日益加快，面对这种严峻的挑战，企业必须保持持续学习的能力，不断追踪日新月异的先进技术和管理思想，才能在广阔的市场中拥有一席之地。于是，增加对人力资源不断的投资，加强对员工的教育培训，提升员工素质，使人力资本持续增值，从而持续提升企业业绩和实现战略规划，成为企业界的共识。

强化员工培训，一方面可以增强企业竞争力，实现企业战略目标；另一方面将员工个人的发展目标与企业的战略发展目标统一起来，满足了员工自我发展的需要，调动了员工工作的积极性和热情，增强了企业凝聚力。充分发挥培训对于企业的积极作用，建立有效的培训体系是达成这一目标的前提条件。

（二）有效员工培训体系的特点

培训体系是否有效的判断标准是该培训体系是否能够增加企业的竞争力，实现企业的战略目标。有效的培训体系应当具备以下特征：

（1）有效的培训体系以企业战略为导向。

企业培训体系是根源于企业的发展战略、人力资源战略体系的，只有根据企业战略规划，结合人力资源发展战略，才能量身定做出符合自己持续发展的高效培训体系。

（2）有效的培训体系着眼于企业核心需求。

有效的培训体系不是头疼医头，脚疼医脚的"救火工程"，而是深入发掘企业的核心需求，根据企业的战略发展目标预测对于人力资本的需求，提前为企业需求做好人才的培养和储备。

（3）有效的培训体系是多层次全方位的。

员工培训说到底是一种成人教育，有效的培训体系应考虑员工教育的特殊性，针对不同的课程采用不同的训练技法，针对具体的条件采用多种培训方式，针对具体个人能力和发展计划制订不同的训练计划。在效益最大化的前提下，多渠道、多层次的构建培训体系，达到全员参与、共同分享培训成果的效果，使得培训方法和内容适合被培训者。

（4）有效的培训体系充分考虑了员工的自我发展的需要。

按照马斯洛的需求层次论，人的需要是多方面的，而最高需要是自我发展和自我实现。按照自身的需求接受教育培训，是对自我发展需求的肯定和满足。培训工作的最终目的是为企业的发展战略服务，同时也要与员工个人职业生涯发展相结合，实现员工素质与企业经营战略的匹配。这个体系将员工个人发展纳入企业发展的轨道，让员工在服务企业推动企业战略目标实现的同时，也能按照明确的职业发展目标，通过参加相应层次的培训，实现个人的发展，获取个人成就。另外，激烈的人才市场竞争也使员工认识到，不断提高自己的技能和能力才是其在社会中立足的根本。有效的培训体系应当肯定这一需要的正当性，并给予合理的引导。

（三）建立有效培训体系的基本原则

1. 理论联系实际、学以致用的原则

员工培训要坚持针对性和实践性，以工作的实际需要为出发点，与职位的特点紧密结合，与培训对象的年龄、知识结构紧密结合。

2. 全员培训与重点提高的原则

应有计划有步骤的对在职的各级各类人员进行培训，提高全员素质。同时，应重点培训一批技术骨干、管理骨干，特别是中高层管理人员。

3. 因材施教的原则

针对每个人员的实际技能、岗位和个人发展意愿等开展员工培训工作，培训方式和方法切合个人的性格特点和学习能力。

4. 讲求实效的原则

效果和质量是员工培训成功与否的关键，为此必须制定全面周密的培训计划和采用先进科学的培训方法和手段。

5. 激励的原则

将人员培训与人员任职、晋升、奖惩、工资福利等结合起来，让受训者受到某种程度的鼓励，同时管理者应当多关心培训人员的学习、工作和生活。

（四）建立有效的培训体系

1. 培训需求分析与评估

拟定培训计划，首先应当确定培训需求。从自然减员因素、现有岗位的需求量、企业规模扩大的需求量和技术发展的需求量等多个方面对培训需求进行的预测。对于一般性的培训活动，需求的决定可以通过以下几种方法：

（1）业务分析（Business Analysis）。通过探讨公司未来几年内业务发展方向及变革计划，确定业务重点，并配合公司整体发展策略，运用前瞻性的观点，将新开发的业务事先纳入培训范畴。

（2）组织分析（Organization Analysis）。培训的必要性和适当性，以及组织文化的配合是极其重要的前提，否则培训后，如果造成公司内更大的认知差异，就得不偿失了。其次，对于组织结构、组织目标及组织优劣等也应该加以分析，以确定训练的范围与重点。

（3）工作分析（Job Analysis）。培训的目的之一在于提高工作质量，以工作说明书和工作规范表为依据，确定职位的工作条件、职责及负责人员素质，并界定培训的内涵。

（4）调查分析（Opinion Survey）。对各级主管和承办人员进行面谈或者进行问卷调查，询问其工作需求，并据实说明训练的主题或应强化的能力是什么。

（5）绩效考评（Performance Appraisal）。合理而公平的绩效考核可以显示员工能力缺陷，在期末绩效考核完成后，反映员工需要改善的计划能够激发其潜力，因此绩效考核成为确定培训需求的重要来源。

（6）评价中心（Assessment Center）。在员工的提升过程中，为了确保选择人选的适当性，利用评价中心测定候选人的能力是一种有效的方法，且可以兼而测知员工培训需求的重点。对于特殊性的培训，可以利用自我申请的方式，以符合工作专业的需要和时效。

培训需求反映了员工和企业对培训的期望，但是要将这些需求转化为计划，还需要对需求进行评估。对培训需求的评估通常要从以下几个方面出发：

（1）培训需求是否和企业的战略目标相一致。只有符合企业发展战略目标的培训需求才会得到满足。培训需求至少应当满足知识的传授、技能的培养和态度的转变其中任何一个目标。

（2）培训需求是否和企业文化一致。如果某种培训需求与企业文化相冲突，会造成企业文化的混乱，其结果是得不偿失。

（3）培训需求所涉及的员工数目。不同的员工有不同的培训需求，对于企业大多数员工的培训需求，应当放在优先考虑的地位。

（4）培训需求对组织目标的重要性。如果通过培训能给组织带来巨大的效益，这样的培训应该得到优先满足。

（5）通过培训业务水平可以提高的程度。通过培训业务水平能够得到大幅度提高的需求，应当得到优先满足。培训需求评估可以界定培训需求是否应当得到满足，将需要按轻重缓急组成一个排序，为设计培训体系创造了条件。

2. 如何建立有效的培训体系

员工培训体系包括培训机构、培训对象、培训方式和培训管理等，培训管理又包括培训计划、培训实施和培训评估等三个方面。建立有效的培训体系需要对上述几个方面进行优化设计。

（1）培训机构。企业培训的机构有两类：外部培训机构和企业内部培训机构。外部机构包括专业培训公司，大学以及跨公司间的合作（即派本公司的员工到其他企业挂职锻炼等）。企业内部培训机构则包括专门的培训实体，或由人力资源部履行其职责。企业从其资金、人员及培训内容等因素考虑，来决定选择外部培训机构还是企业内部培训机构。一般来讲，规模较大的企业可以建立自己的培训机构，如摩托罗拉公司的摩托罗拉大学和明基电通的明基大学等。规模较小的公司，或者培训内容比较专业，或者参加培训的人员较少缺乏规模经济效益时，可以求助于外部咨询机构。

（2）培训对象。根据参加培训的人员不同，培训可分为：高层管理人员培训、中层管理人员培训、普通职员培训和工人培训。应根据不同的受训对象，设计相应的培训方式和内容。一般而言，对于高层管理人员应以灌输理念能力为主，参训人数不宜太多，采用短期而密集的方式，运用讨论学习方法；对于中层人员，注重人际交往能力的训练和引导，参训规模可以适当扩大，延长培训时间，采用演讲、讨论及报告等交错的方式，利用互动机会增加学习效果；对于普通的职员和工人培训，需要加强其专业技能的培养，可以大班制的方式执行，长期性的延伸教育，充实员工的基本理念和加强事务操作。

（3）培训方式。从培训的方式来看，有职内培训（On-the-job Training）和职外培训（Off-the-job Training）。职内教育指工作教导、工作轮调、工作见习和工作指派等方式，职内教育对于提升员工理念、人际交往和专业技术能力方面具有良好的效果。职外教育指在专门的培训现场接受履行职务所必要的知识、技能和态度的培训，非在职培训的方法很多，可采用传授知识，发展技能训练以及改变工作态度的培训等。应将职内教育和职外教育相结合，对不同的培训内容采用不同的方式，灵活进行员工培训。

（4）培训计划。员工培训的管理非常重要，有效的培训体系需要良好的管理作为保障。培训计划涵盖培训依据、培训目的、培训对象、培训时间、课程内容、师资来源、实施进度和培训经费等项目。

有效的培训体系要求在制订培训计划时应当因循拟定的管理程序，先由人力资源管理部门（或者培训主管单位）分发培训需求调查表，经各级单位人员讨论填写完毕直属主管核定后，由人力资源管理部门汇总，拟定培训草案，提请上一级主管审定，在年度计划会议上讨论通过。

在培训方法方面，应当考虑采用多种方式，对演讲、座谈、讨论、模拟等方法善加运用，可以增强培训效果。同时在培训内容上，最好能够采用自主管理的方式，由员工与主管或讲师共同制定培训目标、主题，场地开放自由化，可以增加员工学习意愿，提升学习效果。

(5) 培训实施。培训计划制定后，就要有组织计划的实施。从实际操作面上讲，应该注意几个问题：

① 执行培训时最好与考核相结合，重视过程控制，观察培训过程中参训者的反应及意见。培训是持续性的心智改造过程，所以员工在培训过程中的社会化改变比训练结果更值得关注。

② 培训计划执行时应当注重弹性原则和例外管理。对于一般性的训练，可以统筹办理，人力资源管理部门主要负责。对于特定性的培训，应采用例外管理，由各个单位根据具体情况弹性处理。

③ 培训活动应注意事前沟通，塑造学习气氛，从而加强学习互动，营造良好的学习氛围，逐步建立学习性组织。

(6) 培训评估。培训的成效评估和反馈是不容忽视的。培训的成效评估一方面是对学习效果的检验，另一方面是对培训工作的总结。成效评估的方法分为过程评估和事后评估。前者重视培训活动的改善，从而达到提升实质培训成效的作用；后者则供人力资源管理部门的决策参考。从合理化的观点来看，最好是将两者结合起来。成效评估的方法有实验设计法，准实验设计法和非实验设计法。具体而言，根据“柯氏（Kirkpatrick）”培训评估的四层次，成效评估方法采用以下方法：

① 如果培训的目的在于了解参训者的反应，可以利用观察法、面谈或意见调查等方式，从而了解参训者对培训内容、主题、教材、环境等的满意程度。

② 如果为了解参训者的学习效果，可以利用笔试或者心得体会，了解其知识增加程度。

③ 如果为了解参训者行为的改变，可以对其行为进行观察及访谈其主管或同事。

④ 对工作实绩的测定这种方法较为困难，它可能受到外来因素的影响。

第六节　留　人

企业能否留住人才的关键在于需要理解一个不成文的公式“留人＝物质报酬＋心理契约”，因此留人需要重点关注绩效考核、薪酬设计、心理契约等方面。

一、绩效考核

（一）有效绩效考核的原则

为了满足员工渴望得到公正的评价的要求，绩效考评应当遵循以下原则。

(1) 明确化、公开化原则。

员工绩效评价标准、程序和评价的责任都应有明确的规定，而且在评价中应当严格遵守这些规定。同时，评价标准、程序和对评价责任者的规定在组织内部都应当对全体员工公开。

这样，才能使员工对绩效评价工作产生信任感，对评价结果持理解、接受的态度。

（2）客观评价原则。

绩效评价应当根据明确规定的评价标准，针对客观评价资料进行评价，尽量避免掺入主观性或感情色彩。也就是说，首先，要做到“用事实说话”，评价一定要建立在客观事实的基础上。其次，要做到把被评价者与既定标准作比较，而不是人与人之间作比较。

（3）单头评价原则。

对各级员工的评价，都必须由被评价者的直接上级进行。直接上级相对来说最了解被评价者的实际工作表现，也最有可能反映真实情况。间接上级对直接上级作出的评价评语不应当擅自修改。这并不排除间接上级对评价结果的调查修正作用。单头评价明确了评价责任所在，并且使评价系统与组织指挥系统取得一致，有利于加强组织的指挥机能。

4. 反馈原则

评价的结果（评语）一定要反馈给被评价者本人，否则就起不到绩效评价的教育作用。在反馈评价结果的同时，应当向被评价者就评语进行说明解释，肯定成绩和进步，说明不足之处，提供今后努力的参考意见等。

（5）差别原则。

考核的等级之间应当有鲜明的差别界限，针对不同的评价评语在工资、晋升、使用等方面体现明显差别，使评价带有刺激性，鼓励和激发员工的上进心。

（6）平时评价和定期评价并重原则。

一个人平时立己行事，视其所以，观其所由，察其所安，所得考核资料，自然比较正确。只重定期考核，而平时考核记录不全，则难以公平合理。

除以上原则外，对评价者进行充分训练，使其排除主观因素，并能够对评价标准有准确的、统一的理解，也是非常重要的。

（二）有效绩效考核的实施者

无论使用哪种绩效管理方法，都必须选择员工的绩效信息来源或确定绩效考评者。一般来说，绩效信息来源主要有：直接上级、同级同事、直接下属、被考评者本人和顾客。

从不同的信息来源获得员工的绩效考评信息，会使绩效管理过程更为准确有效，这也就是目前在企业中广为流行的一个绩效考评方法——360 度绩效考评法。这种方法就是让多位评价者对一位管理人员的绩效进行评价的方法，其优点就是提供了一种将在其主观评价方法中容易出现的偏差减到最少的有效手段。

合理的信息来源应当满足的理想条件有：一是了解被考评岗位的性质、工作内容、要求及考核标准与企业政策；二是熟悉被考评者本人的工作表现，尤其是本考核周期内的，最好有直接的近距离密切观察其工作的机会；三是绩效信息来源必须公正、客观，不具偏见。

1. 直接上级

直接管理者最经常被作为绩效信息来源的人或绩效考评者，也很符合理想条件的前两条，即他们对下属所从事的工作要求有全面的了解，并有充分的机会对员工进行观察，也就是说，直接上级有能力对其下属作出评价。

2. 同级同事

同级同事也是员工绩效信息的重要来源或考评者。他们对被考评者的岗位最熟悉、最内行，对被考评同事的情况往往也很了解，但同事之间必须关系融洽，相互信任，相互间有一定的交往协作，而不是各自为战的独立作业。这种办法多用于专业性组织，企业专业性很强的部门也可以使用。同级同事进行考评的缺点是，他们与被评价者之间的关系可能会造成评价的偏差。另外，当绩效评价的结果被用做管理决策的依据时，员工与同事之间也常常感到不太舒服，所以这种评价结果仅被用在员工的开发目的中。

3. 直接下属

在对管理者进行考评时，其直接下属员工是一种特别有价值的绩效信息来源。下属是最有权利评价其直接上级是如何管理或领导他们的。不过下属人员往往愿意以匿名的方式提供管理者的绩效反馈。

4. 被评价者本人

这就是常说的自我鉴定。虽然自我评价并不是经常作为绩效评价信息的唯一来源，但也非常有价值。员工是最了解自己工作行为的人，自我考评能令被评价者感到满意，抵制少且能有利于工作的改进。但是这种评价方法的缺点是导致个人夸大对自己的绩效考评。自我评价最好用在绩效反馈阶段的前期，以帮助员工思考一下他们自己的绩效，从而将绩效面谈目标集中在上级和下级之间存在分歧的方面。

5. 顾　客

纳入顾客因素的员工绩效考评体系最适合下列的两种情况：一是员工所从事的工作是直接为顾客提供服务的，或是客户联系公司内部所需要的其他服务；二是当公司希望了解顾客对公司产品或服务的期望时，利用客房评价的方式也是很合适的。也就是说，顾客评价成为将公司市场营销战略与人力资源活动和政策相联系这一战略目标的服务工具。因此，让顾客进行评价不仅有助于客观评价员工的绩效，而且有助于确定企业是否应当为改善服务质量而在其他人力资源活动方面（如培训、薪酬体系等等）也有所改变。

顾客评价的缺点是成本较高。为了对一位员工进行评价，企业花费在打印、邮寄、电话以及人工在内的各项成本支出就可能会较高。因此，许多公司只是在每年中的一段较短时期内进行客户调查的工作。

总而言之，到底哪一种绩效信息来源是最好的还取决于特定的工作本身。最好的绩效信息应当来自于那些能够最有机会观察员工的行为及其结果的人。上述五种不同的绩效信息来源各自都有优势和不足。通常情况下，综合采用不同的评价者效果较好。表 8.2 总结了以上五种不同绩效信息来源的优势与不足。

表 8.2　采用不同信息来源监督员工行为活动的频率

	绩效信息来源				
	上　级	同　事	下　级	被考评者本人	顾　客
与任务有关的					
行　为	偶　尔	经　常	很　少	总　是	经　常
结　果	经　常	经　常	偶　尔	经　常	经　常
与人际关系有关的					
行　为	偶　尔	经　常	经　常	总　是	经　常
结　果	偶　尔	经　常	经　常	经　常	经　常

（三）有效绩效考核的十三大误区

1. 一叶障目，不见森林

相当多的中国企业在导入和实施绩效管理时仅着眼于绩效管理体系本身，忽视甚至割裂绩效管理同企业其他方面的联系，为绩效管理而绩效管理。陷于该陷阱的企业往往一叶障目，不见森林，没有利用绩效管理系统向企业所有员工发出完整的、正确的信息：企业的战略目标是什么？如何实现该战略目标？企业关注、注重的是什么？企业重视并奖励员工的何种行为？如何创造价值？

2. 照抄照搬，盲目模仿

企业的管理体系必须充分考虑企业的特点、发展阶段、战略目标、员工知识、技能、能力等，不顾企业自身特点，盲目模仿、沿用其他企业管理实践只能导致水土不服。在现实生活中，不少企业实行“拿来主义”，如把别的企业（尤其是绩效优秀的跨国公司）的绩效管理表格和绩效评估打分方法拿来，或稍作修改、或原本照搬，即在本企业推行。尤其是目前流行的所谓“最佳实践”大行其道，加之不少咨询公司推波助澜，使不少急于提高企业绩效而又不知从何入手的管理者们纷纷仿效，其结果往往是南辕北辙，事与愿违。殊不知，在管理中没有“最佳的”实践，只有“最契合的”实践。

3. 重绩效考核，轻绩效管理

绩效管理乃一系统，包括绩效计划、绩效反馈、绩效考核和绩效激励和发展等四个阶段。然而，不幸的现实是不少本土企业多关注绩效考核，而忽略绩效管理的其他环节，尤其是绩效反馈。绩效考核仅是绩效管理流程的一环。

4. 重视员工个人绩效管理，忽视企业整体绩效管理

绩效管理的主旨是企业战略和经营目标的达成，其手段是通过员工个人目标的实现从而带动企业整体目标的达成。然而，在管理的现实中，管理者们往往是本末倒置。他们多关注员工个人绩效的管理，轻视、甚至忽视企业整体绩效的管理。其实，企业整体绩效管理才是管理者应该关注的重点，员工的绩效管理是工具和过程。某饮料企业原来仅考核员工的个人业绩，没有从企业整体业绩方面入手，结果显而易见：员工绩效好不能带来企业绩效优异。高绩效的企业往往设有绩效管理委员会，由企业高层亲自领导，其成员包括企划、财务、人力资源等部门负责人，他们的任务是确保企业的战略和经营目标能层层分解到员工个人，使员工的工人目标与企业的目标协调一致，不仅管理员工的绩效，而且使团队、部门、企业整体的绩效有机地联系起来，得到很好的管理。

5. 把绩效考核简单化

不少企业把绩效考核的目标和用途简单化。对于他们来说，考核＝打分＝发奖金，即通过绩效考核对员工的绩效打分，然后把绩效分数机械地等同于薪酬，特别是与员工的月度、季度、半年或年度奖金挂钩。把考核结果同薪酬直接联系没有错，而且在中国企业中还应该加强、普及。但是，绩效考核的目标是多重的，考核的结果更要广泛地运用在员工招聘、培训和发展、晋升等人力资源管理系统中。

6. 片面追求考核指标量化

绩效衡量的指标最好要可量化，避免评估者主观的偏差，本来是好事。然而，尽管中国的传统文化强调中庸，不走极端。但是，在实践过程中，企业的管理者们容易从一个极端走向另一个极端。过去，对于企业和员工的绩效没有评估，或即使有评估，也是依据主观判断

为主，人为因素占很大分量。在西方管理理念引入中国后，企业管理者们认识到传统的绩效评估方法的弊端，转而追求一切衡量指标皆可量化。一味追求衡量指标量化暴露了中国企业中管理人员因为文化的因素不愿直面员工，尤其是绩差员工，不愿提供负面反馈意见的思想。同时，一味追求所有指标可量化还反映了企业的高级管理人员（尤其是民营企业的所有者）对中层管理人员执行绩效考核的能力的不信任的心态。不少民营企业老总对下属缺乏信心，有的甚至怀疑主管人员的判断能力。所以，他们希望所有衡量指标都能量化，最好通过系统软件即可生成考核结果。

7. 绩效系统建立后一劳永逸

绩效管理系统不是一成不变的、静止、僵化的体系。建立了绩效管理体系不等于管理工作的一劳永逸。除了管理体系，尤其是绩效管理工具自身内在的缺点，外部变化的经济、政治、技术、社会环境对企业的绩效管理不断提出新的要求，也带来新的机遇。今天的中国企业管理者们已经对“做，还是不做”这一绩效管理中哈姆雷特式经典问题给出了正确的答案，在导入并建立了本企业的绩效管理体系之后，还要不断就其他诸如“改，还是不改”“弃，还是不弃”等更多哈姆雷特式的绩效管理问题不断进行思考、探索、尝试。

8. 忽略绩效反馈

绩效管理的最根本目标是不断提高员工和企业的绩效，在竞争日趋激烈的环境中建立持久的竞争优势。因此，在绩效管理的过程中，绩效反馈相对是更重要的一环。忽略绩效反馈环节，把绩效管理静止化地对待的思维和实践对企业不断改进和提高的杀伤力极大。

在不少企业中，有效的绩效反馈不仅被忽视，而且是被有意地忽视或被避开。中国的传统文化讲究面子，人们多愿当面说好话，提供负面的反馈意见对于提供者和接受者来说都是件尴尬的事情。为了解决这一问题，企业应该一方面建立开放、坦诚、对事不对人的绩效文化，还应该给管理人员提供有关绩效反馈方面的培训，提高他们提供绩效反馈意见的技能，更好地面对绩效有问题的员工。

9. 追求目标设定的魔方

绩效目标的设定是绩效管理流程的第一道步骤。一个好的绩效目标要满足具体、可衡量、可实现、与工作相关、时间性的要求。为了使绩效目标成为员工本人的努力目标而非企业或主管强加于其的目标，在设定目标的过程中，管理人员和员工应充分沟通，就目标达成共识。然而，在本土企业中，许多管理人员把目标设定看成是头痛的事情。所以，他们期望咨询公司能提供一种绩效设定的魔幻秘方，不用直接面对员工，省略沟通、讨论（甚至争论或争吵），即可设定科学、客观的绩效目标。

某大型国有企业的管理人员在同下属企业的经营者设定绩效目标时深感头痛。坐在集团公司总部的管理人员自知对企业和经济环境的了解不如子公司经营者“门儿清”，由于自身的利益关系，委托人（其实还不是严格意义上的委托人）和代理人对于子公司经营目标设定的过程充满博弈。该企业的管理人员希望咨询公司能帮助其制定能自动设定经营绩效目标的公式，这样，企业管理人员就不必每年同下属企业经营者玩“猫捉老鼠”的游戏。

诚然，这样的想法是天真的，也是不负责任的。了解企业的外部运行环境和内部运作特点、了解下属的工作、把企业的目标分解成员工的工作目标是管理人员的天职和不可推卸的责任。

10. 追求考核指标的穷尽

一些企业管理者希望考核面面俱到，不管细枝末节，凡是员工做的工作，都要考核，否则员工就会偷懒，不愿从事不被考核的工作。

实际上，考核指标的选取一定要特别慎重。企业进行绩效考核要着眼于正确的绩效衡量指标。可以用来考核的指标非常多，企业要找出能驱动价值创造的绩效目标，判断其对企业的影响。绩效管理的目标是确保员工做正确的事情。过多的考核指标只会分散员工的关注重点，使得员工不得不“眉毛胡子一把抓”。对于企业来说，管理需付出成本。面面俱到、细枝末节的衡量指标只会加大管理成本、分散管理人员和员工的注意力。此外，指标要简单易懂，复杂的考核指标只会困惑员工。

11. 工具力求最新颖

不少企业在引入绩效管理时对于绩效管理和衡量的工具求新、求全，片面地以为新颖的、被大多数高绩效企业采用的绩效管理和衡量方法一定能够帮助自己的企业提高绩效，完全忽视绩效衡量方法所要求的企业管理信息系统的匹配程度。经济增加值、平衡计分卡等绩效管理工具等不仅需要实施企业的管理和信息系统支持，还要求外部信息必须能够得到。

12. 绩效管理是人力资源部门的工作

人们以往认为绩效管理仅是人力资源部门的工作。这种观点只对了三分之一。实际上，员工的绩效关乎整个企业。如此重大的任务不能只交给人力资源部门来承担。绩效管理应成为部门经理、员工个人、人力资源部共同承担的工作，尽管每一方担负的职责有所区别。建立高绩效企业文化是从公司高层到每位员工的不可推卸的责任，离开绝大部门管理人员及所有员工而仅靠人力资源部门推动的绩效管理体系注定是要失败的。

13. 考核过于频繁

既然绩效如此重要，管理人员关注绩效考核就不应该受到指责。但是，事物往往过犹不及。在作者的咨询和培训过程中，发现不少企业管理人员希望每月对员工的绩效进行考核。其实，无论绩效管理抑或绩效考核，管理人员都需投入大量的时间和精力。对于管理人员来说，时间是最宝贵、最稀缺的管理资源。过于频繁的考核弊大于利。第一，如若严格执行，势必加大管理成本；第二，在管理资源如此稀缺的情况下，过于频繁的考核必定导致考核流于形式，走过场。其最好的结果是没有带来任何正面的结果，其最坏的结果是使绩效考核和绩效管理变成管理人员不愿从事、员工认为毫无意义的管理官僚主义和管理笑话。

二、薪酬设计

薪酬管理是企业为实现其目标，由人力资源部负责、其他职能部门参与的、涉及薪酬系统的一切管理工作，也是制定出吸引人才、留住人才、鼓舞士气的薪酬体系的过程，它是保证企业生产经营正常运行的必要条件。

（一）薪酬的含义

美国薪酬管理专家乔奇（George Milkovich） 认为：薪酬是指员工从企业所得到的金钱和各种形式的服务和福利，它作为企业给员工的劳动回报的一部分，是劳动者应得的劳动报酬。

事实上，薪酬是一个比较宽泛的概念。本章所指的薪酬包含了企业付给员工的工资、奖金或奖励、福利等多种形式的报酬，如图 8.4 所示。

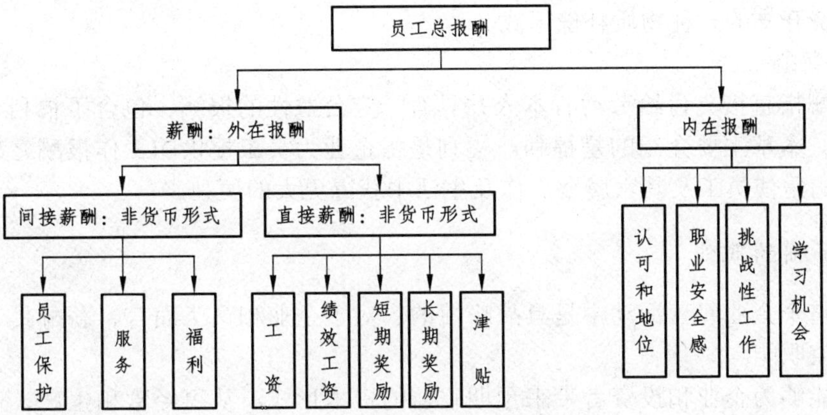

图 8.4　企业对员工支付的总报酬

（二）薪酬的主要形式

薪酬是个综合性范畴，包括企业员工的全部劳动报酬收入，不仅包括货币收入，而且包括非货币收入。图 8.4 表示的是企业对员工的支付总报酬模式。

1. 外在报酬与内在报酬

外在报酬是指员工因受到雇用而获得的各种形式的收入，包括工资或薪水、绩效工资、短期奖励、股票期权等长期奖励、津贴以及各种非货币形式的福利、服务和员工保护等。外在报酬的优点在于比较容易定性及进行定量分析，在不同个人、工种和组织之间进行比较也好操作。但随着工作的弹性化和丰富化，员工对内在报酬的追求也越来越强烈。

内在报酬是指企业为员工提供较多的学习机会、挑战性工作、职业安全感，以及员工通过自己努力工作而受到晋升、表扬或受到认可与组织的重视。内在报酬的特点是难以进行清晰的定义，不易进行定量分析和比较，没有固定的标准，操作难度比较大，需要较高水平的管理艺术。

2. 直接薪酬

直接薪酬指以法定的货币形式直接支付给劳动者本人的报酬，包括以下几部分。

（1）基本工资。工资是薪酬系统中的主要组成部分。它是指企业依据国家法律规定和劳动合同，以货币形式支付给员工的劳动报酬，也是固定收入。

（2）绩效工资。用马克思的三种劳动的观点来说，绩效工资主要是根据员工的第三种劳动即凝固劳动来支付工资，是以实际的最终劳动成果确定员工的薪酬的工资制度，也称浮动工资。

（3）奖金或奖励。奖金或奖励是指企业对员工杰出的表现或卓越的贡献所支付的员工工资以外的奖励性报酬，也是企业为了鼓励员工提高劳动效率和工作质量付给员工的货币奖励。绩效工资与奖金或奖励之间存在着不同：一是企业支付给员工的奖金不会自动被累积进员工的基本工资中。员工要想再次获得同样的奖金，就必须继续努力；二是奖励薪金对于员工的奖励通常是以实物产出为基础的，而不是以主观的绩效评价结果为基础的。

（4）津贴。津贴是一种补充性劳动报酬，也称附加薪酬，分为非薪酬性和薪酬性两种。非薪酬性津贴主要是指对一些有特殊贡献的专业技术人员发放企业津贴，其目的类似于发放奖金，但以津贴的形式发放。薪酬性津贴主要是指员工在特殊劳动条件下所付出的额外劳动消耗和生活费开支的一种物质补偿形式。

3. 间接薪酬

间接薪酬指直接支付给劳动者本人并具有一定公益性的报酬，包含了福利、服务和员工保护等内容。本章主要介绍的是福利。福利是指企业为员工提供的工作报酬之外的一切物质待遇，其目的是使员工及其家属在工作及生活中获得更大的便利。

（三）薪酬的职能

薪酬在整个企业经营活动中是具战略性的，对于企业和员工而言，薪酬具有以下职能。

（1）增值职能。

薪酬是能够为企业和投资者带来预期收益的资本形式。从事经营和生产，企业必须雇用劳动力，薪酬就是用来购买劳动力所支付的特定成本，是用来交换劳动者活动的一种手段。薪酬的投入可以为投资者带来预期的大于成本的收益，也是投资者对活劳动（劳动力要素）进行投资的动力所在。

（2）激励职能。

管理者可以通过薪酬评价员工的工作绩效，促进劳动者的工作数量和质量的提高，保护和激励员工的劳动积极性。从企业管理的角度看，激励职能是薪酬的核心职能。

（3）协调职能。

薪酬也是企业合理配置劳动力、提高企业效率的杠杆。企业作为一个生产组织，可以通过薪酬水平的变动，将组织目标和管理者意图传递给企业员工，促使个人行为与组织行为融合，调节员工与组织之间、员工与员工之间的关系。

（4）配置职能。

在企业管理系统中，薪酬管理是企业管理系统中的一个子系统，它与企业其他管理系统有机地结合在一起，管理者通过薪酬变动调节企业各生产环节的人力资源，实现企业内部各种资源的有效配置。

（四）薪酬制度的原则

如上所述，企业要发挥薪酬的重要职能，采取有效的薪酬管理，其薪酬制度应具备公平性、竞争性、激励性、经济性、合法性等原则。

（1）公平性。

薪酬管理要公平，这是最主要的原则。这里的公平性包括三个层次：外部公平性、内部公平性、个人公平性。

（2）竞争性。

竞争性是指企业的薪酬要能在社会上或人才市场上具有吸引人才的作用，能够战胜其他企业，招聘到所需要的人才。

（3）激励性。

激励性是指薪酬系统对员工要有强烈的激励作用，在企业内部各类、各级职务的薪酬水准上，适当拉开差距，真正体现按劳分配的原则。

（4）经济性。

一般来说，薪酬系统要具有竞争性与激励性，使员工感到安全，但也应该接受成本控制，也就是在成本许可的范围内制定薪酬，因此，它不能不受经济性的制约。而且企业薪酬系统的各个方面都要平衡，基本工资、奖金或奖励、津贴与福利的结构要注意经济性的原则。

（5）合法性。

企业薪酬制度必须符合我国党和政府的政策与法规。

三、心理契约

（一）“心理契约”的含义

“心理契约”是美国著名管理心理学家施恩（E. H. Schein）教授提出的一个名词。他认为，心理契约是“个人将有所奉献与组织欲望有所获取之间，以及组织将针对个人期望收获而有所提供的一种配合。”（《职业的有效管理》，施恩著，三联书店 1992 年 6 月版）它虽然不是一种有形的契约，但它确实又是发挥着一种有形契约的影响。他的意思可以描述为这样一种状态：企业的成长与员工的发展的满足条件虽然没有通过一纸契约载明，而且因为是动态变动的也不可能加以载明，但企业与员工却依然能找到决策的各自“焦点”，如同一纸契约加以规范。

（二）“心理契约”的内容

一般而言，心理契约包含以下七个方面的期望：良好的工作环境，任务与职业取向的吻合，安全与归属感，报酬，价值认同，培训与发展的机会，晋升。

心理契约的主体是员工在企业中的心理状态，而用于衡量员工在企业中心理状态的三个基本概念是工作满意度、工作参与和组织承诺。在企业这样的以经济活动为主的组织中，员工的工作满意度是企业心理契约管理的重点和关键。心理契约管理的目的，就是通过人力资源管理实现员工的工作满意度，并进而实现员工对组织的强烈归属感和对工作的高度投入。因此，企业要想实现对人力资源的最有效配置，就必须全面介入心理契约的 EAR 循环，通过影响 EAR 循环来实现对员工的期望。所谓 EAR 循环，是指心理契约建立（Establishing，E 阶段）、调整（Adjusting，A 阶段）和实现（Realization，R 阶段）的过程。

（三）“心理契约”的过程

1. E 阶段

企业应了解员工的期望，并使员工明确企业及其所在部门的现状及未来几年内的发展状况，从而帮助其建立一个合理预期，促使其趋同预期而努力工作。

2. A 阶段

心理契约建立在对企业未来预测的基础上，当现实与预测产生偏差时，调整不可避免。企业应及时与员工沟通，现在出现了什么新情况，所以期望其进行调整。特别当企业的状况发生重大改变以致引起员工的心理剧烈波动时，高层的及时沟通能降低员工的心理负担，降低负面影响。

3. R 阶段

企业应及时考察实现程度，了解员工的合理预期在多大程度上已变为现实：工作环境是否如所希望的那样变好了？是否接受了应有的培训？职务变动了吗？薪水提高了吗？哪些期望已经实现，实现的原因是什么？尚未实现的是源自员工的能力问题，还是企业方面的原因。这样一系列问题找到答案以后，企业就将随着员工进入下一个阶段的 EAR 循环。

简而言之，虽然“心理契约”只存在于员工的心中，但它的无形规约能使企业与员工在动态的条件下保持良好、稳定的关系，使员工视自己为人力资源开发的主体，将个体的发展充分整合到企业的发展之中。所以，只有充分把握心理契约，参与员工 EAR 循环过程的始终，企业才能创造出永远充满活力的组织。

（四）建立企业“心理契约”

建立企业的“心理契约”，必须以科学的职业生涯管理为前提。企业作为一个经济组织，其成长与发展永远处于一个动态的发展过程之中，在这一过程中，企业人力资源的物理状态和心理状态都处于一个不断变化的过程中。如何保证企业的人力资源有效地长期地为企业的发展服务，而不至于随着企业的变动成长而发生人心离散，是企业人力资源管理的目标，企业能与员工达成并维持一份动态平衡的“心理契约”是这一目标状态的生动体现。职业生涯管理是美国近十几年来从人力资源管理理论与实践中发展起来的新学科。

所谓生涯，根据美国组织行为专家道格拉斯 · 霍尔的观念，是指一个人一生工作经历中所包括的一系列活动和行为。组织生涯发展是组织生涯管理和个人生涯计划活动相结合所产生的结果。把个人的生涯计划和组织的生涯管理两者结合起来，通过组织内生涯发展系统以达到组织人力资源需求与个人生涯需求之间的平衡，能创造一个高效率的工作环境。马克思就认为，人所奋斗的一切，无不与他的利益有关。职工培训配合生涯设计是加强职工成就感和工作满意度以及对企业忠诚度，阻止企业人才外流的好办法。

达成与维持“心理契约”要以人为本的企业文化为氛围。健康向上的企业文化能在企业中创设出一种奋发、进取、和谐、平等的企业氛围和企业精神，为全体员工塑造强大的精神支柱，形成坚不可摧的生命共同体。以人为本的现代企业文化，指的是现代企业的文化价值观应建立在注重人的能力充分发挥这一基石之上，企业的一切经营管理活动都围绕如何正确发挥人的能力。这里的能力，特指有益于企业人的合理生存发展、社会职业活动和社会发展的能力，其精神实质在于倡导企业员工通过充分正确发挥其能力，为企业多做贡献，实现个人的社会价值。现代企业理论认为，企业员工把自己的工作自由与权利交给企业安排，是因为他们相信企业能实现他们的愿望，能提供与之工作绩效对称的发展，否则这种平衡是不能维持的。建设以人为本的企业文化，实现人尽其能，人尽其用，高效开发员工的能力与潜力，无疑给达成与维持“心理契约”创设良好的氛围、空间，增强员工努力工作的热情与信念，激发企业与员工共同信守“契约”所默示的各自对应的“承诺”。因此，这种企业文化的建设，要求企业及其管理者为职工的能力发挥提供良好的制度保障、有效的机制、正确的政策和宽松的企业氛围，换言之，它要求建立一个以能力发展为价值导向的企业经济体制及其运行机制；还要求每个企业员工把能力最大限度地正确发挥作为自己价值追求的主导目标，并积极为此而努力。在这种文化之下，企业领导与员工上下同心，使经营理念得以落实、共识得以建立，公司使命得以实践，实现人与事的理想结合。

建立“心理契约”要认识到员工的特定需要和有效激励方式。激励的形式分为精神的和物质的两种。精神激励用以满足心理上的需要，物质激励用以满足生理上的需要。由于物质是人类生存的基础和基本条件，衣食住行是人类最基本的物质需要，从这种意义上说，物质利益对人类具有永恒的意义，是个永恒的追求。同时，现代心理理论认为，人类的行为是一个可控的系统，借助于心理的方法，对人的行为进行研究和分析，并给予肯定和激励，使有利于生产、有益于社会的行为得到社会的承认，达到定向控制的目的，使其强化，这样就能维持其动机，促进这些行为的保持和发展。

管理柔性化的心理契约，往往产生事半功倍的效果。随着知识经济时代的到来，原来的金字塔式管理所带来的刚性管理开始柔性化。这其中的原因在于，知识经济时代条件下，劳资双方的关系将发生革命性变化。这是人力资源管理从刚性转向柔化的物质原因。原来的强制与命令越来越难以奏效，权威的维系越来越难以凭借权力，劳资双方的“契约关系”越来越变得更像“盟约关系”。柔性管理本质上是一种 “以人为中心”的管理，要求用“柔性”的方式去管理和开发人力资源。在现代市场经济中，企业要使顾客（外部上帝）满意，首先要以员工（内部上帝）满意作为基础和条件。人力资源的柔性管理是在尊重人的人格独立与个人尊严的前提下，在提高广大员工对企业的向心力、凝聚力与归属感的基础上，所实行的分权化的管理。柔性管理的最大特点在于它主要不是依靠外力（如上级的发号施令），而是依靠人性解放、权力平等、民主管理，从内心深处来激发每个员工的内在潜力、主动性和创造精神，使他们能真正做到心情舒畅、不遗余力地为企业不断开拓新的优良业绩，成为企业在全球性剧烈的市场竞争中取得竞争优势的力量源泉。对柔性管理进行过深入探讨的郑其绪教授这样概括柔性管理的特征：内在重于外在，心理重于物理，身教重于言教，肯定重于否定，激励重于控制，务实重于务虚。显然，在人力资源管理柔性化之后，管理者更加看重的是职工的积极性和创造性，更加看重的是职工的主动精神和自我约束。

【课后思考题】

1. 请简要回答人力资源管理的含义。
2. 请简要回答人力资源管理的发展历程。
3. 请简要回答人力资源管理的特点。
4. 请简要回答人力资源管理的职能。
5. 请简要回答人力资源管理的活动内容。
6. 请阐述人力资源管理活动的承担者。
7. 请阐述人力资源管理的意义。
8. 请阐述人本管理思想的源泉。
9. 请阐述人本管理的内涵理解。
10. 请简要回答人本管理的基本要素。
11. 请简要回答人本管理的理论模式。
12. 请简要回答人本管理的基本内容。
13. 请简要回答人本管理的四个阶段。
14. 请简要回答人力资源规划。
15. 请简要回答岗位设置的基本内容。
16. 请简要回答工作分析的基本内容。

17. 请简要回答招聘与录用的基本内容。
18. 请阐述用人原则。
19. 请阐述用人程序的基本内容。
20. 请阐述培训的概念。
21. 请阐述培训的内容与种类。
22. 请简要回答在岗培训的基本内容。
23. 请简要回答如何对培训需求进行分析。
24. 请阐述培训方法的种类及其基本内容。
25. 请阐述如何建立有效的员工培训体系。
26. 请简要回答绩效考核的基本内容。
27. 请简要回答薪酬设计的基本内容。
28. 请简要回答心理契约的基本内容。

第九章　企业营销管理

【学习目标】

1. 了解市场的概念、全过程营销的基本流程，以及营销与推销的区别。
2. 了解顾客让渡价值、全员营销概念、内部营销与外部营销的结合等原理。
3. 理解和掌握需求创造原则、目标诉求原则、非价格竞争原则、流通网络化原则、企业主体性原则、科学认识市场原则、全面营销原则、推拉结合原则、社会责任原则及其创新原则的基本内涵和意义。
4. 了解提升营销人员营销能力的“一二三七”。

营销学的应用是“取”和“予”的关系；“欲取之，必先予之”。

“生活处处是营销”，例如“媒人”，再如“学校招生”，再比如“谈恋爱”。

名人名言：营销的目的就是要使推销成为多余。营销的目的在于深刻地认识和了解顾客，从而使产品或服务完全适合顾客的需要而形成产品自我销售（管理大师彼得·杜鲁克）。

第一节　营销管理概述

一、营销学的研究对象、本质、目的、含义

（一）研究对象

营销学这门学科的研究的对象是站在生产者的立场上，研究如何使自己的产品到达消费者手中的全过程。

产品即能够给人带来各种满足和享受的东西。

有形产品：看得见、摸得着的物质形态的产品。

无形产品：看不见、摸不着的物质形态的产品。

（二）本　质

营销学的本质：发现需求和满足需求。其中，发现需求是重要的，满足需求有两个含义：假如发现了消费者的某个需求，设法加以满足，做到利润的最大化；假如你没有能力加以满足，那么或转产或等待，做到损失的最小化。

经典案例：好又多如何发现需求，满足需求？

（三）目　的

营销学的目的：通过提供消费者满意的产品，实现企业利润的最大化，即双赢。
成功实现交换：交换成功的关键在于双方的满足。
营销的关键在于转变思维的角度，即换位思考。

（四）市场营销学含义

市场营销是个人或组织通过创造并同他人或组织交换产品和价值以获得其所需所欲之物的一种社会过程。重点理解营销学含义之中的创造、交换以及所需所欲这三个关键词。

创造的关键在于理解技术创新形成绝对差异化和广告诉求不同形成形式差异化，共同应对“眼球经济”的今天，毕竟“抓住消费者的眼球就是抓住了消费者的钱包”。

交换是市场营销的核心。交换取决于营销者的产品满足顾客需求的程度和对交换过程管理的水平。

市场营销的目标是满足需求和欲望，换位思考理解双方的需求和欲望有利于交换的成功。

二、市　场

“非营销学意义上的市场”即经济学意义上的市场。

营销学意义上的市场是购买者和供给者或者说是买卖双方时间和空间上的一种集合，是研究均衡价格和均衡数量的出现，是指具有相同购买欲望的一群人的集合。

市场专门研究消费者的现实需求和潜在需求的状况，或者说是专门研究需求一方的情况。大多数的市场营销学家认为：市场＝人口＋购买欲望＋购买力。但是经济学家的观点与营销学家的观点大相径庭，其不同的观点可以从图 9.1 看出。

营销学上的市场是指具有特定的需求或欲望，而且愿意并能够通过交换来满足这种需要和欲望的全部现实的和潜在的购买者的总和。

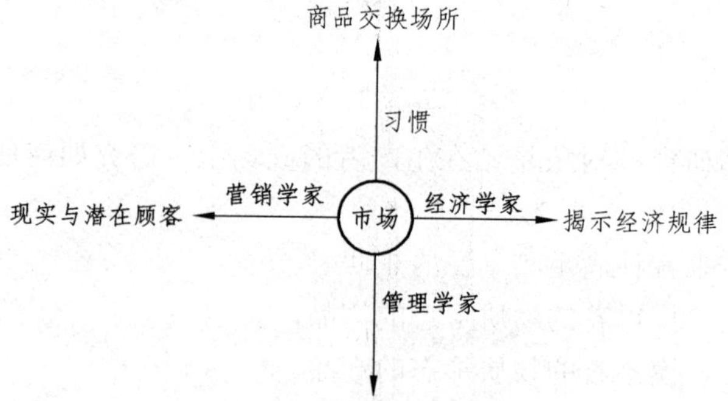

图 9.1　市场的营销学含义

三、两种需求观

现实需求：对现实生活中已经存在的产品的需求。
潜在需求：对现实生活中还不存在的产品的需求。

现实需求和潜在需求应重点满足哪一种呢?

潜在需求是矛盾的主要方面，应重点把握，进行垄断（权力垄断、产品垄断）即“只此一家别无分店”，与众不同。

生产者在满足社会需求方面分三个层次：适应需求、引导需求、创造需求。

适应需求：创造、生产适应消费者在某个阶段需求特点的产品。

引导需求：将消费者的需求引导到正确的航向上。

创造需求：积极开发消费者中未满足的潜在需求。

关于现实需求和潜在需求两者的关系可以用图 9.2 进行描述。

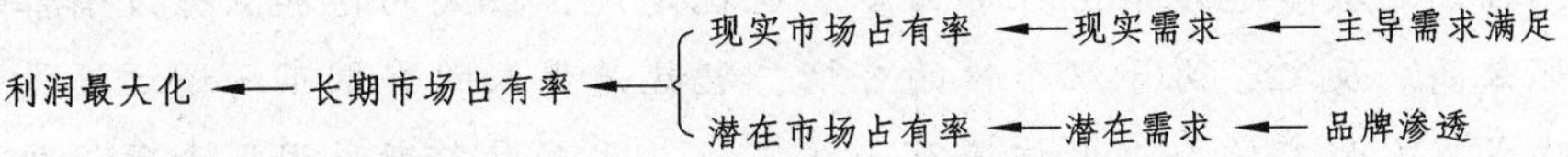

图 9.2　现实需求和潜在需求两者的关系

四、营销与推销

营销与推销的共同点：两者都希望产品能到达消费者手中，创造利润的最大化。

营销与推销的不同点：营销是通过发现消费者的需求，满足其需求，提供消费者满意的产品，来赢得自己利润的最大化，是双赢的过程（消费者主权）；推销是不太考虑消费者的需求和满足，主要考虑企业是否得到满意的利润（生产者主权）。

营销——拉的策略；推销——推的策略。两者的区别在于一个是推的策略，一个是拉引的策略，具体如图 9.3 所示。

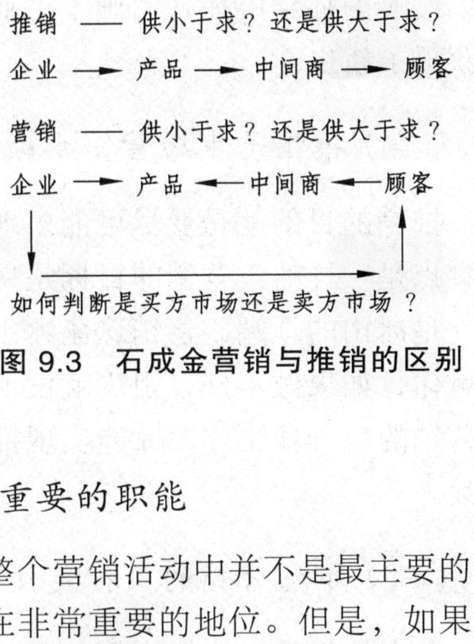

图 9.3　石成金营销与推销的区别

对于推销和营销的区别有以下总结内容。

（一）推销是市场营销的职能之一，但往往不是最重要的职能

推销仅仅是营销过程中的一个步骤或者一项活动，在整个营销活动中并不是最主要的部分。当企业面临的销售压力很大时，很多人都会把推销放在非常重要的地位。但是，如果通过周密的市场调研，科学的市场细分，有针对性的目标市场选择，按照顾客的要求组织产品设计，按照顾客能接受的价格水平来确定价格，按照顾客购买最便利的要求来构筑分销网络，就可能造成顾客盈门的现象，那么，相比之下，还会有人把推销或者销售看得那么重要吗?当然不会。

如果前期工作不完善，产品出来了，销售压力很大，必然会觉得销售最重要，这样一来很容易陷入误区:

误区之一：生产出来的产品根本就是顾客不愿意接受的商品，这时候还要加大马力去搞推销或者促销。在这种情况下，不管怎么促销，市场营销活动都不会达到最佳的效果。

误区之二：实际的销售状况可能已经接近市场的饱和点，而还在开足马力促销，这样，投入产出比不可能处在最佳位置上，甚至会给企业造成盲目性，失掉最佳的选择。

【案例 9.1】

万宝路现在给大家留下的印象是铁骨铮铮的男子汉个性。可是原来的万宝路并不是男子汉的形象，而是一种女性化香烟。当初菲利普·摩尔斯到美国创业，开发这种香烟主要是针对女性烟迷，而且广告做得非常成功。然而，销售虽然获得了一定的成效，但是并没有实现销售目标。什么原因呢？是自己的营销没做好呢，还是哪儿出现了问题？菲利普·摩尔斯请来了李奥·贝纳广告公司。李奥·贝纳公司接受这项使命之后，做的第一项工作就是市场调研。他们通过对市场的调研发现，并没有那么多的女人抽烟，即使抽烟的女人，由于受爱美之心的约束，抽烟的数量也没有男人那么多。也就是说，最大的饱和点并没有菲利普·摩尔斯所期望的那么高。反之，男子汉个性的香烟，也就是男人的香烟市场还远远没有饱和，如果把万宝路改成男人形象的香烟也许还有一线机会。于是摩尔斯采用了李奥·贝纳广告公司提出的建议，于 1954 年，也就是在万宝路 30 年大庆之际，推出了铁骨铮铮的男子汉个性的新万宝路。1968 年，新万宝路跃居美国香烟市场的第二位。20 世纪 70 年代初，万宝路成为美国香烟第一品牌。

从这一案例可以看出，如果只从销售的角度抓销售，或者只通过促销来促销的话，企业可能就会失去发展的机会。但是，菲利普·摩尔斯从营销的全过程入手，找出了企业发展之所以缓慢的症结所在，明确了企业怎样去冲破发展缓慢的局面。由于目标、方法对头，万宝路获得了新生。

（二）推销是市场营销冰山的顶端

推销的目的就是要尽可能多地实现商品的销售，营销的目的当然也是如此，所以两者的落脚点是一样的。营销的目标是尽可能多地实现产品的销售。如果把营销比作一座冰山，推销就是冰山的顶端。营销这座冰山的最高点是尽可能多地实现产品的销售，可是这座冰山容易融化，如果做不好，山尖就没那么高，推销的目标就实现不了。因此，必须踏踏实实地做好营销的每一项工作，才能实现推销目标，否则推销的目标不可能实现，或者仅仅成为纸上谈兵。

（三）市场营销的目标是使推销成为多余

著名的管理学大师德鲁克先生说："市场营销的目标是使推销成为多余。"

也就是说，如果能够重视营销工作，科学地做好营销管理工作，就可以使我们的推销压力变得越来越小。不过，它不可能变成零，原因就在于营销过程的第一步是营销调研，通过市场营销调研搞清楚该做什么，所以市场营销实际上是以当前环境为基础对未来市场环境的一种推测，在对未来环境推测的基础上设定营销目标，构筑营销方案，营销方案的实施是在未来环境下进行的，预测不可能百分之百的正确，因此，处于营销过程末端的推销不可能没有压力。

当然，前面的工作做得越有成效，后面的压力就越小。因此要重视营销工作的整体性和协调性。要在战略上藐视推销，在战术上重视推销。也就是说，从战略的角度看，推销不是最重要的，必须从全过程的角度通盘考虑，只有这样才能走出只重视推销造成的困境。

五、全过程营销

营销的目标是最大限度地激发顾客的购买欲望。那么，怎样才能激发顾客的购买欲望呢？这就是我们将要揭示的全过程营销问题，它必须通过市场营销的一系列活动和有组织的过程来实现。

（一）市场调研

1. 市场调研的意义

市场调研是营销工作的第一步，是一个非常重要的基础性工作，它能够告诉我们该做什么。只有收集到大量、及时、准确的信息，才能减少营销决策的盲目性，使之更加具有针对性和更加科学化。

2. 市场调研的前提

(1) 营销理念。

那么，调研什么呢？在回答这个问题之前，必须有一个正确的、做好营销工作的理念。营销理念解决的最核心的问题就是企业和市场的关系。

企业和市场是什么关系呢？顾客是上帝，企业赖以生存的基础是市场，换句话说也就是顾客。顾客是企业赖以生存的客观基础，因此企业的一切努力都应该是为了全心全意为顾客服务。

(2) 市场认识。

市场营销活动的另一个基本前提是市场认识。不同的购买目的形成了不同的市场类别，一类是由真正意义上的消费者组成的买主集团，我们通常把它叫做市场。这类买主比较外行，对购买的商品缺乏准确、大量、充分的信息。而另一类买主，是由生产者组成的买主集团，也叫做生产者市场。生产者市场是一种组织购买行为，它是组织生产的一部分。

另外，中间商作为生产制造企业的分销商，在经销过程中也是企业的一个买主，这就构成了另一类买主。

还有一种是政府及非盈利组织，它们也要采购各种各样的商品，企业有时候也要面对这部分顾客。

这样，企业所面对的市场常常表现为消费者市场、生产者市场、中间商市场、政府及非盈利组织市场。不同的市场有不同的需求特征，了解不同的市场，才能有针对性地开展营销活动，收到理想的营销绩效。这是开展营销工作的最基本的前提。

关于市场的认识如图 9.4 所示。

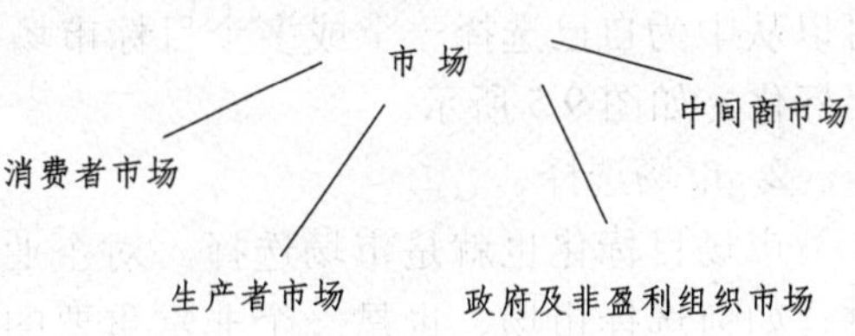

图 9.4　市场划分类型图

3. 市场调研的内容

市场调研是营销工作的基础，是营销工作的第一步。

(1) 环境调研。

这里所说的环境，包括企业外部影响企业营销活动、企业不能控制或难以控制的所有因素。市场调研工作所要了解的环境，就是处在企业外部、企业本身不能控制或难以控制的影响因素。如果企业能够及时准确地了解它，知道自己处在什么样的环境当中，哪些因素对自己有利，哪些因素对自己不利，便可以在开展营销活动时抓住有利的因素充分加以利用，同时采取适当的办法规避那些对自己不利的因素，把它们降低到最小限度。这是开展营销活动时一项非常重要的工作，也是制订营销战略和策略的重要基础。

(2) 市场营销活动效果调研。

在开展营销活动时，可能经常遇到这样的问题，比如说做了广告，广告效果如何？开发了一个新产品，新产品在市场上引起的反响如何？或者说一个降价促销活动，在市场上产生了什么样的反应？这些情况，都属于市场营销活动的效果，都是企业家需要了解的。因此，市场营销调研当中还应该包括第二项内容——市场营销活动的效果调研。

（二）营销战略

要想从企业的营销活动过程中了解市场环境，辨析出哪些因素对自己有利，哪些因素对自己不利，就要对现有的活动进行评价——哪些事情依靠这样的环境可以继续做下去或者应当继续投资？哪些项目不能继续投资或者应当减少投资？在对当前环境进行评价的基础上，搞清楚哪些是企业新的增长点，需要增加投资，就可以以此为目标来设计营销战略和营销组合策略。

所谓战略，是指长远性、方针性、全局性的谋略，它是策略的指导；而战略的实施又需要策略或者对策的有效组合。

在市场营销当中，营销战略和营销策略这两者之间不能脱节，而是要相辅相成。战略是指导，策略是具体实施的做法。

那么，在市场营销当中，战略包括哪些，策略又包括哪些，战略和策略这两者之间是怎样衔接的？

在回答什么是战略之前，首先必须明白一个问题：企业不管多大，都不可能满足所有顾客的所有需求。比如通用汽车公司很大，但是它也不能满足所有人的所有需求。因此，必须要搞明白，企业生产、经营什么样的商品，满足顾客什么样的需求，才能给企业带来最大的市场回报，或者说挣的钱最多。在这种情况下，需要对不同的市场进行了解，其前提是对市场进行细分。也就是说，战略的第一项内容便是市场细分。

1. 市场细分

市场细分就是根据消费者需求的差异性，把消费者分成若干个群体，使每一个群体有大致相同的需求特征，而且群体之间有着明显或者比较明显的差别。企业根据市场细分的结果，可以从中为自己选择一个或多个目标市场。因此，营销战略涉及的第二部分内容，就是市场目标化，如图 9.5 所示。

2. 市场选择

市场目标化也就是市场选择。对企业来讲，如何选择市场，也是一个非常重要的课题。如果在选择过程中带有盲目性，企业投资就可能出现失误。因此，必须慎重而又科学地选择自己的营销对象，只有这样，企业的营销才能获得成功。

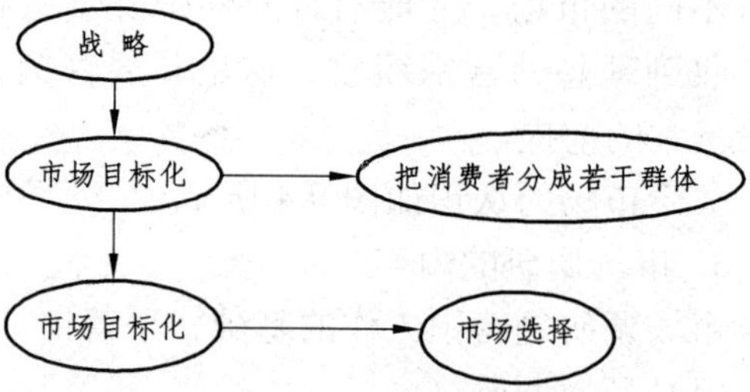

图 9.5　营销战略

市场营销需要选择某一个消费群体，比如说高收入阶层，把他们作为自己的营销市场，以满足他们的需求为目标。但是竞争对手也可能把高收入阶层作为他的营销市场。那么，在你和竞争对手面对同样一个消费者群体开展营销活动的情况下，怎样才能争取更多的用户、或者说让消费者购买你的商品而不是竞争对手的商品呢？这就涉及如何进行个性化设计和塑造的问题，也就是市场定位。

3. 市场定位

定位就是确定一个位置。市场就是顾客，市场定位就是在消费者心目中确定一个位置。

什么样的情况叫做营销成功？或者说最成功的营销表现是什么？可能有人说，实现市场占有率的提高，实现更多商品的销售就是最成功的营销。的确，这是市场营销的成功标志。不过，一个市场营销最成功的表现，不单单是体现在产品上，更主要的是体现在品牌上。因此，企业家必须给顾客留下一个深刻的印象或者一个个性化的品牌。也就是说，市场定位的核心其实就是品牌个性化的设计与塑造。

在市场营销中，之所以强调企业要做第一，是因为市场上只关注第一，第一以后的市场被关注度将会大打折扣。

企业只有做到第一，在社会上才会有知名度，在市场上才会有拉动力。因此，企业要努力营造在某个方面的第一，营造在某个领域中的卖点，而这恰恰就是市场定位所要实现的。

这个环环紧扣的过程就叫做 STP 过程，也叫 STP 战略。经过 STP 过程，配合营销组合策略，可以获得一部分市场份额。而一个企业获得了一定的市场份额之后，都不会满足已取得的营销业绩，都会考虑怎么把企业做大，这就涉及拓展战略和竞争战略。

4. 市场拓展

企业赖以生存的基础是顾客，是市场，要想做大企业，首先要做大市场，也就是要进行市场拓展。市场拓展如果成功，企业会迅速地发展壮大；企业发展壮大了，就有可能获得更多的市场回报。当然，市场拓展是一个充满风险的过程，拓展成功能够使企业发展，市场回报增大，但如果不成功，企业失败得更快。因此，必须审慎地对待市场拓展中的战略和预测。

不管是市场进入还是市场拓展都面临着一个问题，那就是市场竞争，竞争无处不在，无时不有。

5. 市场竞争

以前说市场竞争就是市场上的战争，也叫商战，就是你死我活，优胜劣汰，一定要置竞争对手于死地。而现在，要想正确地应对市场竞争，则需要设计一些新的理念。

目前，有人提出了如何与竞争对手寻找利益的共同点，在竞争中合作，在合作中竞争，在竞争中发展，亦即共生效益的问题，而且变得越来越时尚。比如 Exxon 和美孚石油公司的合作，克莱斯勒与奔驰公司的合作等，都是在这种新的竞争理念下比较成功的合作典范。

（三）营销组合策略

营销组合策略的因素包括产品、价格、分销、促销，由于其英文拼写均以 P 字母开头，所以通常称为 4P 组合策略。

1. 产　品

在商品交换的过程中，一切可用于交换的、顾客可接受的有形和无形的东西都是产品。所有的产品都有一个生命周期的问题，也就是市场的生命周期问题。一个产品在市场上停留一段时间以后必然要被新产品所替代，这是一个循环的、变化的现象，也就是市场生命周期。就是说企业必须重视新产品开发，这就是人们经常说的产品常新，企业长青。中国的企业在同外企的竞争中之所以缺乏竞争力，常常是因为创新力不够，这一点表现得非常突出，所以我们必须给予高度重视。讲到产品还要涉及品牌，品牌虽然只是产品的一部分，但它直接影响到顾客，顾客往往是根据品牌来选购商品的，企业要想拉动顾客就必须重视品牌。品牌已经升华到战略层面，前面提到的定位主要就是指品牌的定位。也就是说，品牌既是一个策略问题，又是一个战略问题。

2. 价　格

好的产品必须要有一个令人满意的价格。令人满意的价格并不一定是一个低价格。不同的人有不同的收入水平，有不同的生活环境和不同的需求特征。令人满意的价格有可能是很高的价格，也有可能是很低的价格，因为在价格因素中有很多是心理上的因素。

3. 分销渠道

有好的产品和满意的价格还不够，还应该有一个通畅的分销渠道。

对企业来讲，要想使你的产品顺利地被顾客接受，就必须构筑通畅的营销网络，这种密集的分销网络是赢得市场营销成功的一个非常重要、非常关键的因素。分销包括两方面的内容，其中一大块是商流，也就是所有权的转移，所有权从生产者转到中间商，再转到用户，最终实现商品的价值，而企业则获得回报，这就是商流。

另一大块是物流，物流就是商品实际物体的移动。商品实际物体的移动总是伴随着商流的发生而发生，当然转移、流动的次数是不相等的。

在商品经济日益发达的今天，商流和物流的次数存在着越来越大的背离，商流可能有很多次，而物流可能只有一次。比如，商流可能已经发生多次，如合同的转让，这也就是所有权的转移，而物流却只有一次，亦即直接从生产厂家、从它的中转仓库运到最终的购买者手中。这样可以降低整个分销过程中的“总量”分销成本，为赢得市场竞争力的提高构筑必要的条件。分销渠道如图 9.6 所示。

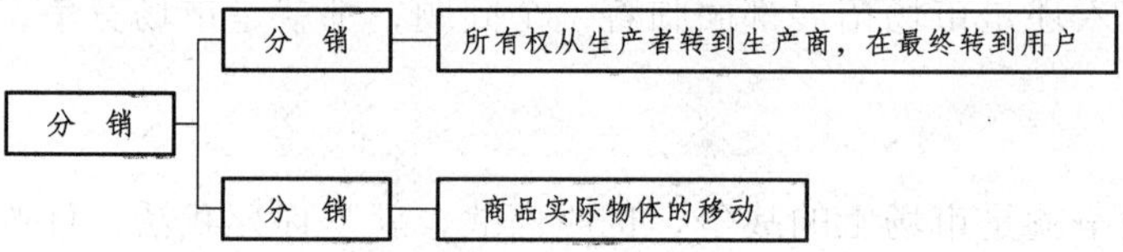

图 9.6　分销渠道

4. 合理有效的促销方式

当然，在营销实践当中同样离不开促销，合理、有效的促销方式是激发顾客购买欲望的非常直接的营销手段。比如说，一个成功的广告对顾客的拉动效果是非常明显的，得体的促销活动也是营销过程中一个重要的手段。

促销包括人员推销、广告、公关和销售促进等方式，这四种方式的结合叫营销组合，用于营销，就是营销方案。促销组合如图 9.7 所示。

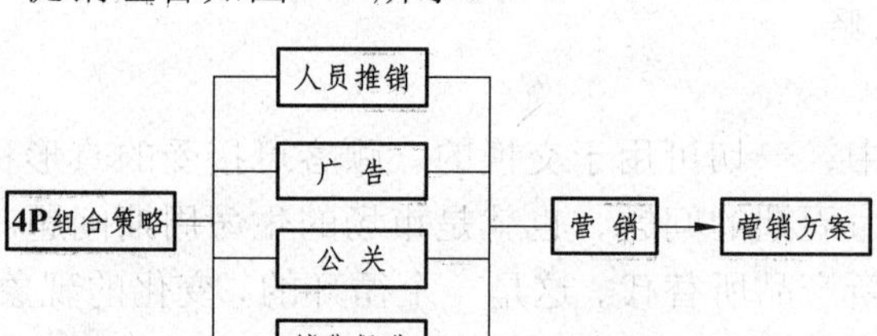

图 9.7　营销组合策略

按照营销方案开展营销活动所取得的效果如何？顾客是否认同和接受？那就需要进行市场调研。这就是前面提到的营销调研的第二项内容——市场营销活动的效果。企业家只有及时、准确、全面地了解本企业市场营销活动的效果，才能知道如何去调整或改变自己的市场营销活动，才能使自己的市场营销活动获得更好的营销业绩。

以上情况充分说明，市场营销是一个综合性的商务活动过程，这些活动环环紧扣，紧密连接在一起。换句话说，市场营销是一项综合性的商务活动，绝不能片面地用某一个环节来代替营销活动的全过程。市场营销整个活动过程如图 9.8 所示。

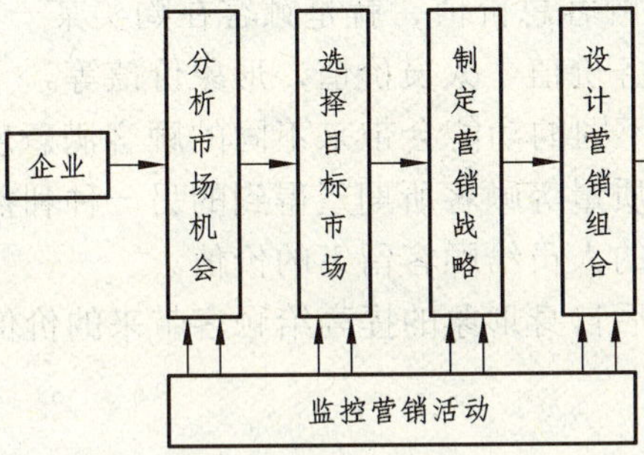

图 9.8 市场营销活动的全过程

第二节　市场营销是追求顾客满意的活动

前面已经提到，市场营销是追求顾客满意的活动。那么，为什么要追求顾客满意？顾客满意和不满意会给我们的市场带来什么样的影响，与我们的营销绩效有什么样的关系呢？

一、顾客让渡价值

国外有这样一个调查事例：一个顾客购买了某个品牌的商品，如果他感到满意的话，平均会向 3.3 个人去传播他的经历。这种传播属于褒扬性的宣传，它起到的作用比企业做广告的效果要好得多。所以，企业追求顾客满意，能给企业带来更加到位的宣传效果。反之，如果一个顾客不满意，平均会向 11 个人去传播他这种不愉快的经历。这就应了我们中国那句俗话，叫“好事不出门，坏事传千里”。

顾客满意与否所带来的营销绩效是大不相同的。所以，作为一个企业，只有追求顾客满意，而且真正做到让顾客满意，它的营销绩效才能够得到提升。那么，什么样的情况才能使顾客最为满意呢？

实际上，顾客在购买商品的时候，对于商品都有一个心理预期。如果达到这种预期，就会觉得满意，如果超过这个预期，就会感到惊喜。顾客最满意的表现形式就是惊喜。有一个企业家说得非常好，他说：我的一切努力都是为了追求顾客的惊喜，正是顾客的一次次惊喜，铸就了颠扑不破的品牌形象和良好的企业信誉。如果达不到惊喜，提高满意度如何衡量，它的影响因素是什么？营销学提出了顾客让渡价值这个概念。顾客所获得的总的利益，我们把它叫做顾客总价值。顾客所付出的总的代价，我们把它叫做顾客总成本。

顾客让渡价值实际上就是让渡给顾客的价值。它是由顾客所获得的总利益与顾客所付出的总代价之间的差额决定的。换句话说，就是顾客所获得的净利润。它是衡量顾客满意与否的一个非常重要的指标。顾客获得的利益越多，他的满意度就越高。

那么，顾客所获得的利益都包括哪些？顾客所付出的代价又包括哪些呢？

（一）顾客总利益

顾客所获得的总利益，或曰顾客总价值，就是顾客在购买某一商品或服务时所期望获得的一组利益，包括产品价值、服务价值、人员价值、形象价值等。

不同的产品有不同的功能，不同的功能会带来不同的顾客满意度，因此就有不同的价值。

服务价值就是服务的范围、质量等顾客所期望得到的另一种利益。

人员价值指的是与顾客接触的人员给顾客留下的价值。

形象价值就是顾客购买产品后自身形象的提高给顾客带来的价值。

（二）顾客总成本

顾客在接受产品和服务时，也要相应地付出一些代价，我们把顾客所付出的全部代价，即顾客为了购买和使用一个产品所耗费的时间、精神、体力、货币等，称为顾客总成本。它分别表现为货币成本、时间成本、精神成本、体力成本以及其他方面的成本。

货币成本就是消费者购买商品的价格。商品的功能相同时，消费者当然希望价格越便宜越好。

时间成本就是消费者在购买和使用商品的过程中在时间上所花费的代价。

精神成本就是由于产品质量等方面的原因，对消费者所造成的精神方面的伤害。

体力成本就是消费者在购买和使用产品的过程中所耗用的体力。

使用成本就是消费者在使用产品的过程中所花费的代价。

关于顾客让渡价值请参见图 9.9 所示。

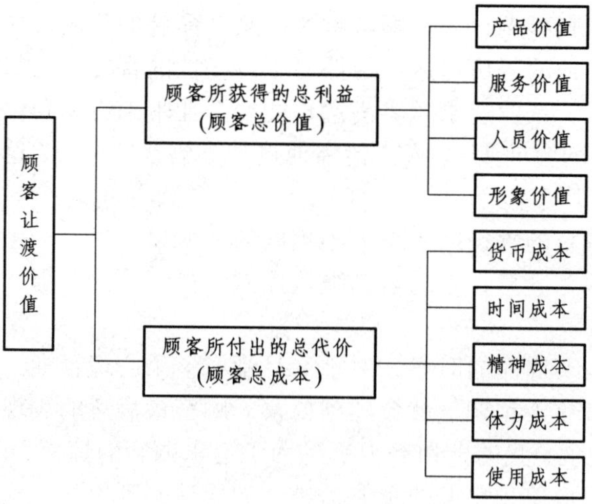

图 9.9　顾客让渡价值示意图

在营销过程当中，应认真分析决定顾客满意与否的各类因素，力求做到给顾客提供的总价值尽可能多，同时又使顾客付出的总代价尽可能少，这样，顾客的满意度就会提高，企业的市场竞争力就会增加，进而，市场回报自然也就增加了。

那么，怎样才能做到这一点呢？要想达到顾客满意，必须通过市场营销全过程的整合和协调运作才能实现。而且在实践中，总是存在着顾客不满意的现象。这样，就需要找到不满意顾客，找出并解决令他们不满意的问题，使其转化为忠诚顾客。

二、全员营销概念

在一个企业里，任何一个部门都不可能独立完成追求顾客满意的营销目标，必须要有各部门的有机配合，经过采购、生产、销售、售后服务等部门全体员工共同努力才能实现，这就是我们所说的全员营销概念。

在全员营销管理过程中，值得一提的是目标管理。目标管理的前提是各个环节责、权、利的界定，通过内部的市场化，各个环节都能达到下一个环节的满意，从而最终实现顾客满意。

（一）目标管理

中国的许多国有企业，在改革过程中面临着方方面面的压力。来源于内部的压力有时候主要表现在中层干部——企业最高决策者的思想比较容易更新，但在推广运用中往往受到中层干部的消极抵抗。克服这种压力的办法就是进行中层革命。中层革命首先是思想革命，在思想上，中层干部必须理解企业的战略性调整是为适应竞争的需要而做出的理性选择；其次是能力革命，也就是说，在战略调整中，中层干部必须适应新的岗位设置的要求。不同的历史时期，不同的竞争环境和不同的企业发展目标都要求有不同的组织结构、不同的营销目标和不同的岗位设置，因此也就有不同的人才需求。企业竞争归根结底是人力资源的竞争，营销方案的实施要靠人来实现，所谓学习性企业就表现在这些方面。

通用电气公司的韦尔奇是一个非常成功的管理者，他对人力资源的管理有一个非常重要的理论。他认为，人才可以大致分为这样三个层面（见图9.10)：第一个层面大约占20%左右，是那些能够适应岗位并有一定创造力的人，他们是企业的核心骨干，对这部分人要给予奖励，要通过激励机制发挥他们的主观能动性，以使企业获得更大的回报；另外70%的员工，是那些没有太大的创造能力、但能适应岗位需要的人才；第三部分约占10%左右，是一些不适应岗位，或者说不适应现在岗位的员工，对他们要进行富有人情味的调整。

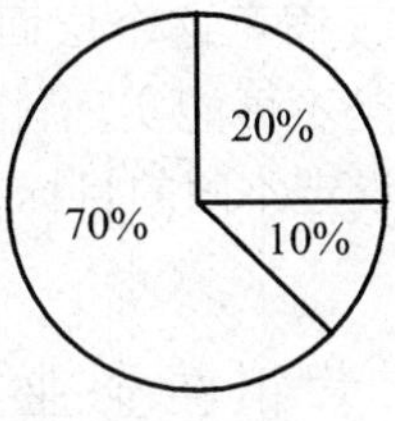

70%: 适岗，没有太大的创造力
20%: 适岗，有一定创造力
10%: 不适应现在岗位

图 9.10　韦尔奇人才分类图

（二）检查监督机制

在企业的全员营销的目标管理中，要保障目标实现，就要实行检查监督机制。

如果企业没有一个很好的检查监督机制，就不可能保证目标得以实现。

那么，为什么要检查呢？有人可能提出这样的问题。管理学上经常提到，信任是重要的，用人不疑，疑人不用，总检查不是不相信下属吗？如果不相信下属的话，管理怎么能够充分发挥它的作用呢？

我们说，信任固然重要，但人都是有惰性的，时间长了，不可能保证每个人都一直向着目标去努力。企业要想实现目标，就必须约束它的成员的行为，督促大家坚持不懈地为实现目标而努力工作，这就需要检查。检查是为了防止出现问题，通过检查把各种隐患扼杀在最微小的状态，而不是等出了问题以后才去检查。检查不是对信任的否认，信任确实是重要的，但比信任更重要的是监控。

如巴林银行的倒闭，最关键的原因之一就在于它的检查监督体系没有很好地发挥作用，过分地信任了尼克里森，而过分的信任则导致了纵容。尼克里森自己也在回忆录中提到，不知道为什么，他那么容易就骗过了总部。巴林银行是一个有 200 多年历史的老牌金融机构，就是因为没有很好地运用它的检查监督机制，过分地信任了尼克里森，结果毁掉了巴林银行。

三、内部营销与外部营销的结合

上面提到了检查监督，只有严格地执行检查监督才能保证全员营销管理的实行。全员营销是为了追求顾客满意，而达到顾客满意是通过员工实现的。如果自己的员工不满意，就不能够保证顾客长久的满意。因此，在全员营销的概念之下，还要强调内部营销与外部营销的结合。

前面提到的市场营销全部是指外部营销，所谓外部营销就是把顾客作为营销目标，目的是追求顾客满意。

而内部营销，则是把员工作为营销目标，追求的是员工满意。这是因为，只有在员工满意的基础上才有可能实现顾客满意。

那么，内部营销靠什么来实现呢？要靠制度、靠机制、靠管理。

我们经常说，管理 10 个人和管理 1 万个人不是一个概念，就是这个道理。要想把管理提高到员工满意这个层面上来，就必须要靠制度，如果把管理单纯建立在员工觉悟提高的基础上，是不可能实现科学管理的。只有依靠完善的制度、灵活的机制和科学的管理，为不同的岗位设定不同的目标，才能实现全员营销的最大化。

四、营销在企业中的地位

那么，作为一个企业，究竟应该把营销摆在什么地位呢？有的企业认为，营销和财务相比，财务比营销更为重要，应该以财务为中心；而有的企业则提出要以营销为中心。那么，到底应该以财务为中心，还是以营销为中心？营销在企业中究竟应该摆在什么样的地位和发挥什么样的作用呢？

让我们首先看看 20 世纪 20 年代以前企业的职能分布，如图 9.11 所示。

从图 9.11 中可以看出，一个企业有很多职能，有生产、财务、人事、营销、新产品开发、材料采购等等。在众多的职能当中，营销和其他职能是被等同看待的。这个阶段之所以把营销放在这样一个地位，是因为在 20 世纪 20 年代之前，绝大部分商品处于短缺状态，根本不愁销售，营销当然也就得不到足够的重视，而且营销学本身也没有发展到比较科学的境地。

让我们再看看 20 世纪 20 年代以后企业的职能分布，如图 9.12 所示。

图 9.11　20 世纪 20 年代以前企业职能分布图

图 9.12　20 世纪 20 年代以后企业职能分布图

从图 9.12 中发现，到了这个阶段，在企业众多的职能当中，营销变得比较重要了。按照平面图来划分，营销所占的面积与其他职能相比稍大了一些，这反映出企业比较重视营销了。具体的表现就是企业加大了销售工作的力度，比如说重视了广告，重视了通过各种各样的促销形式来激发顾客的购买欲望。但是，在营销中，如何根据市场上反映的有关信息去指导企业的生产经营活动并做出相应调整的这些问题，在这个阶段还没有得到充分的认识和理想的应用。严格说来，是打着营销的旗号做推销或销售的事情，营销的作用并没有得到充分的发挥。

第二次世界大战以后，营销在西方国家的企业中处于中心地位，如图 9.13 所示。这是因为，随着第二次世界大战的结束，大量军工企业转化为民用，供过于求的市场环境进一步加剧，销售的压力进一步增加。在这种情况下，如何解决产品滞销问题引起了企业的重视，从而导致市场营销发生了根本性的变化。从这时起，市场营销跳出了单纯的流通领域，它不仅仅研究流通，而且还研究消费，同时又研究生产。也就是说，从内部流通到消费，从生产到消费的全过程，根据消费者的需求来组织生产经营活动，这时候营销活动就处在了中心地位。

图 9.13　二战以后营销处于中心地位

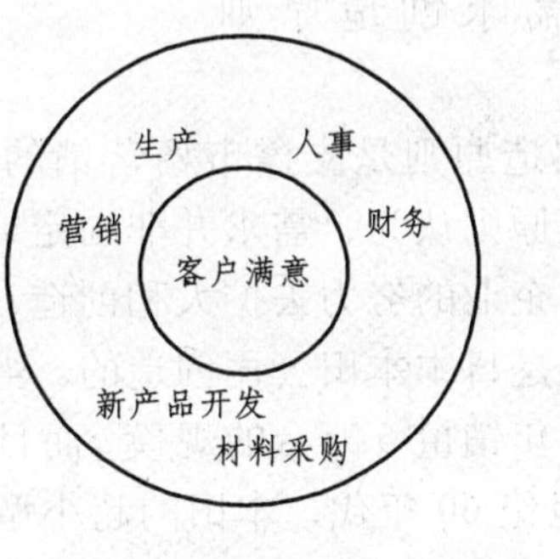

图 9.14　顾客满意概念开始被引入

图 9.14 与图 9.13 相比，有了较大的变化，这个阶段营销的对象已经变成顾客。企业的各个部门通力合作，以追求顾客的满意为目标。每一个部门、每一个员工全都为了追求顾客满意而努力，但是很快就被企业给否定了，因为它是不科学的。这是因为，尽管企业的各个部门都直接或者间接地对顾客满意与否产生影响，可是生产、财务、人事等非营销部门同顾

客并不发生直接接触，直接面对顾客、面对市场的是营销部门，是他们和顾客洽商，给顾客提供售后服务。因此，营销部门是企业对外的一个窗口。

图 9.15 就进入了比较科学的层面。从外圈来看，营销处在中心地位，其中心地位就决定了要根据它来整合企业的其他职能，生产什么、生产多少以及如何生产，都要依据营销部门的信息加以决定。从里圈来看，营销部门又是一个窗口地位，它是企业唯一直接面对顾客、面对市场的部门，其他职能部门顾客满意是间接地通过营销部门体现出来的。这个窗口的地位又决定了营销部门工作的努力程度——营销部门工作的好坏，不仅影响销售部门本身，而且还影响整个企业的对外形象及整个品牌的形象。

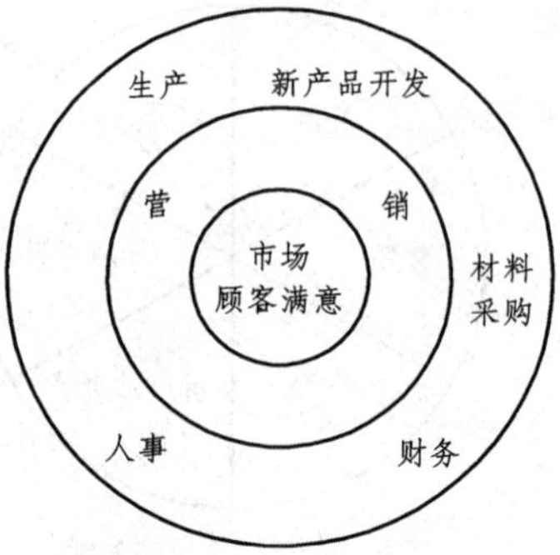

图 9.15　市场营销既处于中心位置，又是对外的窗口

综合以上说明，在企业经营过程中，市场营销既处于中心地位，又处于窗口地位，它的努力程度，不但直接关系到销售的多少，而且还起到整合企业内部职能的作用，同时又对维护和提升品牌形象以及企业的整体形象具有决定性的影响。

第三节　市场营销的十原则

如图 9.16 所示的十项基本原则规定和支撑着现代市场营销的“存在价值”，而企业能否生存和发展，关键在于是否导入市场营销，并全面把握和遵循其基本原则。

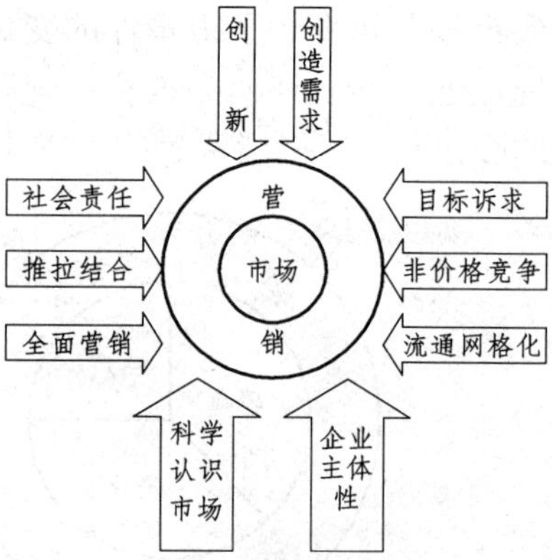

图 9.16　市场营销的原则

一、需求创造原则

需求创造原则是支撑市场营销的诸原则中的核心原则。该原则认为，需求并非固定或有一定限度，而可以通过企业的努力去扩大和创造。例如，美国摩托车市场就是日本本田公司创造的。当时，美国摩托车市场只有年销量 6 万台的规模，而且都癖好大型摩托车。20 世纪 60 年代，本田的超小型摩托车进军美国市场，并建议美国普通家庭生活中使用摩托车，但美国市场上并没有显现出对它的需求。经过一段时间的努力，本田终于打开了美国摩托车市场的大门，创造了年销售量高达 100 万台以上的需求。

（1）需求创造原则要求企业明确需求的可创造性。其一，需求具有多样性、发展性和层次性等特点，它会随社会和科技进步以及经济发展而变化。其二，有些需求实际存在，但却没被企业发现或者企业对其不予关注。这往往是因为这些企业根本不考虑有这样的需求存在，也不去进行调查分析，而一味地坚信企业自己的想法，固执己见，或者构思僵化等所致。其三，连顾客自己也不知道是否存在的需求，即潜在需求，要靠企业去挖掘，去诱导。例如，日本一家巧克力公司利用日本追求西方生活的心理，通过一切宣传手段，培养日本青年人过“情人节”的习惯。宣布在情人节期间购买巧克力可半价优惠，还为此开发出各种精美的巧克力。通过努力，最后终于达到了目的，在日本形成了过情人节并赠送巧克力的风尚，该公司也成了日本最大的巧克力公司。

（2）需求创造原则要求企业懂得如何创造需求，即发现、创造提供什么样的价值。现在最重要的是，企业必须提供顾客认为最有价值的利益，即真正解决顾客问题和满足顾客需求的产品和服务。化妆品为顾客提供的利益是“美”。如果企业站在顾客的角度来考虑问题，把“售货处”当做“购货处”甚至“使顾客心情舒畅的场所”来对待，那么就一定能创造并获得更多的需求。

二、目标诉求原则

市场营销的发展大致经历了三个阶段：大量市场营销、多品种市场营销、目标市场营销，现在处于目标市场营销阶段。目标市场营销要求产品、价格、渠道、促销等都必须与目标市场相适应，以目标市场的需求为其产品的诉求点，以目标人群为其诉求对象，制定目标人群能接受的价格，开拓最能接近目标人群的渠道，采用目标人群普遍欢迎的促销方式和广告媒体。

香港牛奶公司“高钙牛奶”诉求“高钙”，诉求对象为年龄在25～40岁的、受过教育的、有较高收入的女性。其理由是：第一，“高钙”能预防骨质疏松症，而在香港，有骨质疏松症隐患的人以25～40岁的女性居多；第二，“高钙牛奶”在香港是一种全新产品。“高钙牛奶”由于诉求明确，结果取得了巨大成功，在消费牛奶市场上远远甩开竞争对手，占到市场份额的56%，而牛奶公司在整个乳品市场的份额也由54%升至70%。

但也有不少企业恨不得一口吞下所有的市场，结果适得其反。如三株口服液，靠广告语“服三株，肠胃舒”明确的产品功效诉求打天下，1996年三株销售达80亿元。于是三株开始头脑发热，违背市场营销的基本原则，改原来“肠胃”目标诉求为“有病请喝三株”的“有病”广泛诉求，结果自己埋下了一颗毁灭自己的定时炸弹。

三、非价格竞争原则

企业间竞争大致可分为两类：价格竞争和非价格竞争。价格竞争是通过降价来使顾客花更少的钱却得到同样满足的一种竞争。如果在产品、服务等其他方面几乎相同的情况下，往往容易陷入价格竞争，使企业成为“无利益的繁忙”。只要对近几年我国市场上价格大战稍加回顾就会一目了然。价格竞争用来评价价值的尺度是大家都知道的价格，所以价格的决定就显得非常重要。

非价格竞争，就是为顾客提供更好、更有特色、或者更能适合各自需求的产品和服务的一种竞争。非价格竞争，对顾客和企业都有利。第一，产品和消费者需求都存在差异性；第二，不同的产品有不同的价格需求关系，一些体现身份地位的产品非高价卖不出。如汽车就有两种职能："身份象征"的社会职能和作为运输工具的物理职能。美国通用汽车公司在20世纪30年代推出价格为7 000美元的卡迪拉克新车而一举获得巨大成功。卡迪拉克的顾客不是购买运输工具，而是购买地位和身份。第三，运用价格以外的竞争手段，如产品的品种、质量、性能、专利、品牌、款式、特色、包装、保证、服务、形象、各种促销活动等来唤起顾客的购买欲望，并使其购买产品，从而达到战胜竞争对手的目的。

四、流通网络化原则

流通网络是在从上游的制造商到下游的消费者的路径过程中，制造商与流通业者、消费者在连接点的有机联系，形成网络系统，积极开展相互间的协作。企业不仅要制造或采购适合顾客需求的产品和服务，而且还要构筑起能顺利、及时将其转移给顾客的流通渠道，否则无法产生销售，实现交换。另外，从维持产品和服务价值的角度来讲，其关键是要通过一定的渠道将其优秀价值向市场和顾客进行说明、说服和推荐。因此，必须建立起制造商、流通业者和消费者或用户间的有机网络，构筑起完备的流通系统，运用通信技术和信息技术积极有效地开展与市场的沟通活动。

从一定意义上讲，流通网络的形成是保证大量销售的重要依据。在日本的大量生产时代，一些综合性家电企业，为了保证大量销售，建立起了系列批发商和系列零售商，如松下公司的系列零售店仅国内就多达27 000个，从而实现了其家用电器像自来水一样流入各家庭的梦想。

五、企业主体性原则

市场营销总是站在以企业为主体的角度来考虑企业主体原则。该原则认为，企业生产出来的产品和服务决不会像自然流水一样的流通，而要求企业有意图、有计划地开展市场营销活动。也就是说，这些业务关系者涉及制造商、批发商和零售商等流通的各个阶段，希望处在各个阶段的企业都能开展各自的市场营销活动。换言之，流通过程中的各企业都必须积极主动地分别开展对应市场的活动，即市场营销活动。

六、科学认识市场原则

在市场营销中市场和顾客是出发点，但并不能因为作为这种出发点的市场和顾客发生着较大变化而受其影响，必须正确的掌握现场、现实和现物的实际情况。为此，必须坚决克服那种单凭感觉和经验的自我本位主义、主观主义，充分运用市场分析、消费者行为分析、竞争分析、顾客满意度调查、各种实验、试销等科学的分析技术，正确地把握市场和顾客的现状和发展趋势。

另外，企业之间围绕所限定的买卖活动展开激烈的竞争，这不仅要求企业付出极大的努力，而且还必须积极探索合理的竞争机制，采取适当的竞争对应措施。

七、全面营销原则

近几年来，我国出现消费疲软，迎来了“不好卖”的时代，造成了价值3万多亿元的产品积压。

然而在这“不好卖”的时代里却有不少制造商连续推出走俏产品，也有一些大型零售商势头强劲，生意兴隆。

从这“好卖”不“不好卖”的产品中可以得出一条规律：在社会和市场成熟化、消费需求多样化的时代，好卖的产品不是以制造商和卖主的立场开发和采购的产品，而是应该从消费者和用户的立场开发、制造或采购的产品。

因此，企业需要建立起一种全面营销体制，如同斯坦福大学教授里查德·P. 巴戈茨所指出的，现代市场营销具备一种统括职能，即由原来与生产、财务、人事 R&D等职能平行转变为将其统括起来及时有效应付激变环境的最重要职能（见图 9.17、图 9.18）。

图 9.17　营销平行职能

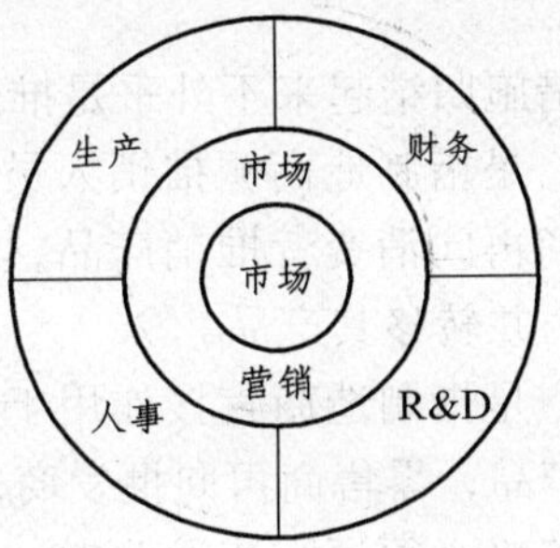

图 9.18　营销统概职能

（1）市场营销的概念和策略广泛渗透到各部门，即从董事会到工厂的生产线；广泛深入人心，即从经营者到一般从业人员。换言之，全面营销也就是全公司营销、全体员工营销。

（2）企业所有部门都必须树立起市场营销观念，服从市场营销，服务于市场营销。

（3）公司以市场（顾客）为导向，根据市场营销的需要来确定企业的职能部门及其人员配置，分配经营资源，决定企业总体发展方向，如图 9.19、图 9.20 所示。

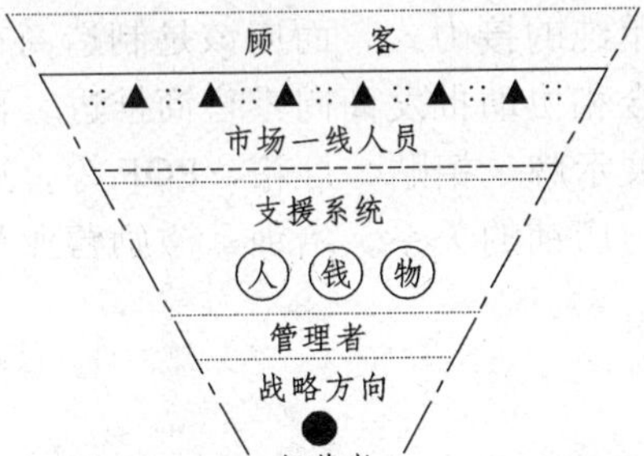

图 9.19　市场营销导向组织示意图

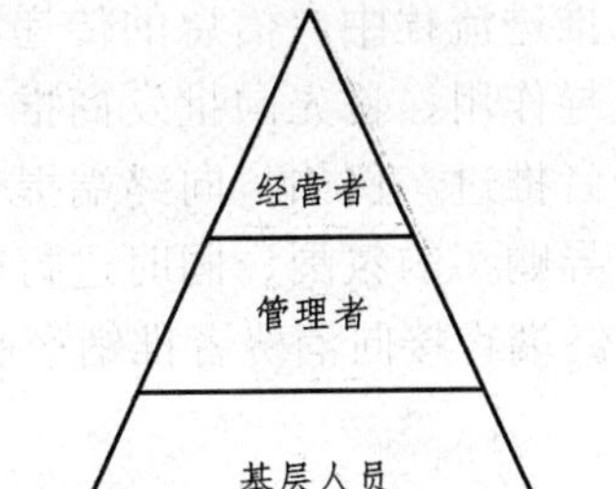

图 9.20　传统组织示意图

（4）实行职能重心转移，制造商要由“销售已经开发、生产的产品，转向开发、生产好卖的产品”；流通业者要由原来“销售已采购的产品转变为采购畅销的产品”。

（4）企业要克服自以为是的观点，不要认为自己的产品是好东西，就一定会人见人爱，要知道人家凭什么非得爱你，非得买你的产品不可，你的产品究竟能给消费者和用户带来什么好处，具备什么样的特色，是否能比其他产品更好地满足其需求，等等。

（6）全面运用营销手段。

① 既要运用各种营销手段，又不能是简单相加，而应有机结合，相互协调，如不同的产品，制定不同的价格，选择不同的渠道，采取不同的促销方式。

② 营销手段的组合并非静态不变，应该动态把握，适时调整，如产品生命周期所处阶段变化时，其他营销手段也随之改变。

八、推拉结合原则

各种促销措施归结起来不外乎是推进策略和拉引策略。

推进策略，是指制造商派推销人员作用于批发商，促进产品交易，批发商再向零售商推销产品，零售商再向消费者推销产品，这样，从上游到下游，一个阶段一个阶段的，进行信息传递和沟通，并转移其产品。

拉引策略，是指制造商直接作用于消费者，唤起消费者的兴趣和购买欲望，引导消费者到商店寻购其产品，零售商再向批发商，批发商再向制造商询问和订购产品。

（1）推进策略必须说服流通业者，调动流通业者的积极性，所以人员推销的沟通形式最受重视，其次是营业推广，这包括对流通业者的推销活动和销售店支援活动等。相反，拉引策略面对消费者，向消费者传递信息，唤起消费者的兴趣和欲望，为此，需要打广告，搞公共关系，进行消费者教育，或者直接邮寄广告等。

（2）最现实且最有效的做法，并不是其中哪一个，而应该是前拉后推，推拉结合。这对消费者和中间商都非常重要。不过也有几个因素必须予以考虑。第一，根据产品特性，其侧重点要有所不同。第二，在消费者购买过程中的不同阶段，要区别运用推拉策略。第三，推拉必须有机配合，协调启动。一是要把握好时机；二是要使拉引涉及的范围与流通业者的覆盖面基本吻合。

（3）在推进流程中，信息的传递和沟通不能是单纯的接力式，而应该是制造商在整个过程中发挥主导作用，首先向批发商推进，接着要配合和协助批发商向零售商推进，再配合零售商向消费者推进。例如，向终端提供宣传手册、展示牌、招贴、灯箱、POP 等，进行硬包装，营造引导购买的氛围；同时进行软包装，搞好与店铺的关系，培训、激励营业员，甚至派推销员到终端直接向消费者推销产品。

九、社会责任原则

当今时代，企业规模不断扩大，对社会的影响也越来越大。因此，企业的市场营销活动要被社会所接受，承担起对社会的责任。

（1）保护消费者。国际消费者机构（IOCU）规定，消费者享有 7 项权利。《中华人民共和国消费者权益保护法》规定了消费者的 9 项权利。企业要按法律要求保护消费者及其利益，并使其享受该享有的权利。

（2）顾客满意（CS）。要改革职工意识，以顾客为中心推进经营活动。如果顾客不满意就不会再购买，或者不再光顾。市场营销活动的最终目的就是要使顾客满意。顾客满意公式为：

对应程度≥期待程度…………满意

对应程度＜期待程度…………不满意

（3）保护地球环境。近年来，绿色营销、绿色产品、绿色消费、绿色消费者等词语像雨后春笋一样涌现出来，企业必须面对并适应这种“绿色”趋势。

（4）消费需求与社会的协调。① 既要满足消费者的需求和欲望，又要符合道德规范，符合消费者和整个社会的长远利益。② 要正确处理消费者需求、企业利润和社会整体利益之间的矛盾。③ 要考虑企业发展和社会的协调。④ 要考虑目的性结果与伴随性结果的一致性或者预防伴随性结果的负面影响。如特殊钢厂，其目的是为顾客制造高性能的金属，但它却在实现其目的的同时，产生出噪音，放射出热量，排放烟雾和有害气体等。

十、创新原则

市场营销随经济社会的发展经历了一个不断完善、不断创新的过程。市场营销要运用动态的观点坚持不断创新。

（1）开拓新市场，创造新需求，发现新的市场营销机会。

（2）开发新产品。随着科学技术的进步，产品的生命周期不断缩短，更新换代加快，要求企业不断地开发新产品。

（3）新价格的确定。这包含三个意思：① 要求企业不断改进工艺，提高效率，降低成本，以适应市场上的价格变化；② 根据产品所处生命周期的不同阶段和竞争者价格策略及时做出反映，调整产品价格策略；③ 价格的决定要贯穿一个观念，即产品要在自由竞争市场上接受消费者严格的挑选。产品的成本与消费者没有多大的关系，主要看其产品对消费者是否有价值，有多大的价值。

（4）改革流通渠道，导入新的渠道模式。最近我国流通业态发生了很大变化，导入了不少新的业态，如邮购、电视购物、直销、超级市场、折扣商店、平价商店、专门商店、便利商店、仓储商店、量贩店，尤其是成为热门话题的电子商务、网络营销，这是在今后必定大力发展的新的渠道模式。

（5）开发新的促销方式或在现有方式上增加新的内涵。据有关报道，5 年后，美国的网络广告将超过电视广告。

第四节　提升营销人员营销能力的“一二三七”

销售业绩是企业的生命线，是企业获取利润的基础。因此，不断提升销售业绩是企业生存和进一步发展的主要途径。对于企业而言，应该通过市场定位、价格策略、服务策略以及促销策略等各种途径和手段来提升销售业绩。对于企业的销售人员而言，应该通过“一个问题，两个观点、三个方面、七大语言技巧”来提升自身在销售过程之中的销售能力，最终实现企业的销售目标。本节将围绕如何提升销售人员在卖场中的销售能力而展开。

古希腊著名哲学家和教育家亚里士多德（Aristoteles，公元前 384—前 322）在他的著作《修辞》中谈到“为了让人信服，必须学会如何以逻辑赢得心智，以感情赢得人心，使人们认为你有权威。”他强调了影响力和说服力的三个基本原理：

（1）以逻辑赢得心智——注重事实、数据、信息和符合逻辑的表达。

（2）以感情赢得心——感情或同情心能使人们在工作环境中感到满足。如果有人对自己热情并使自己信服，自己就会感到舒畅。

（3）使人们认为自己有权威。

将亚里士多德的观点应用于企业的营销实践，不难看出，企业的销售人员在卖场中的中心任务就是要实现与顾客之间的良好沟通，让终端顾客信服我们的产品，最终获取与顾客之间的“双赢”局面。那么在终端卖场销售过程中，如何提升销售人员的销售能力？我们建议从下面的三个方面来实现。

一、一个问题

一个问题就是要弄清楚问题的所在，并时时提醒自己关注的问题。

古人说：“务实物，无息币。”意思是把商品及时推销出去，货币资金才会不停息地周转。资金周转越快，越能促进生产的发展；生产越发展，产品才会越丰富。丰富的产品如何被销售出去？这就要靠销售人员的能力、魅力和技巧。好的销售人员，能使厂家和商家“库无存货”“资金畅流”，企业的利润也就成倍增长。

销售人员必须明确自己的工作与企业的生存、发展有直接的关系，提升卖场销售中的销售业绩对企业和销售员自身都具有较高的意义。因此必须明确实现产品销售、提升销售业绩就是我们销售人员的工作重心这个关键问题。

二、两个观点

两个观点就是不要忘记有两种观点——自己和别人的。一定要弄清楚别人的目标和兴趣所在、别人关心什么，并且在试图说服他们时，一定要分析清楚并牢牢记住对方的真实意图，不要一厢情愿地猜想。

对于销售人员而言，就是需要具有一种“双赢”的营销理念，双赢理念是指企业销售人员在经营活动中不仅要考虑企业的利益，同时也要主动地考虑顾客的利益。要在销售中贯彻“我有利，客无利，则可不存；我利大，客利小，则客不久；客我利相当，客久存，我久利”的双赢理念。要始终记住客户的增长是企业发展的源泉。所以像同仁堂这种百年老店能经久不衰，就是因为它不仅考虑双赢，而且还提出宁可自己吃亏，也要让顾客满意的理念。

因此，销售人员在销售过程中，需要把握消费者的购买意图和自己的销售目标，采用“换位思考”来探讨消费者的真实目的，努力寻求两种观点之间的中间点，为最终实现销售目标打下坚实的基础。

三、三个方面

在终端卖场的实战销售中，销售人员面临最大的沟通问题就是消费者常常说“你的产品价格太贵了”。这就是现代销售过程之中，消费者和销售人员两者在价格上的异议。面临这样的问题，作为终端卖场的销售人员如何才能够实现产品的销售，我们认为需要从以下三个方面来提升销售人员的销售能力。

（一）心——唤起情感、价值观和信念

香港一位销售大王说：“推销员要打动顾客的心而不是顾客的脑袋，因为，心离顾客装钱包的口袋最近。”脑袋就是理智，心就是感情。意思是说推销员要努力渲染推销气氛来打动顾客的感情，从而激发顾客的购买欲望。

销售人员唤起情感、价值观和信念的有效方法是对产品的特点和利益进行形象描述。就像一句推销名言所说：“如果你想勾起对方吃牛排的欲望，将牛排放到他的面前固然有效，但最令人无法抗拒的是煎牛排的‘嗞嗞’声，让牛排躺在铁板上，嗞嗞作响，浑身冒油，香味四溢，使人不由得咽下口水，极大地刺激其购买的欲望。”

又如在服装销售过程之中，消费者常常对服装的价格过高有异议，面临这种情况，销售人员的重心就是要有效降低消费者价高的心理线，努力说服消费者进行亲身体验。

“价格值不值，我们先不谈，你先试穿，感受一下我们服装的上身效果。”当消费者试穿完毕，在试衣镜面前观看效果的时候，销售人员应该给以恰到好处的赞扬。“上身效果还不错吧，感觉挺好的。”

独特的卖场音乐、柔和灯光和销售人员恰到好处的赞扬语言就是要从内心激发消费者的购买欲望，从感情上调动其购买的冲动，使消费者价格过高的心理线逐渐下移，为最终实现消费者的购买行为打下坚实的感情基础。

（二）心智——唤起智能和逻辑

众所周知，消费者 80%的购物可以利用感情来打动内心实现其冲动购买，其余 20%的购物属于理智购买。面对理智购买的消费者，我们的销售人员应该采用逻辑推理来提升我们产品的性价比，使消费者更加理性地信服我们的产品。

推销员唤起智能和逻辑的有效方法就是采用补偿和摊销手段来提升消费者对产品的理解价值。

补偿方法来提升消费者的认可价值。如销售人员向顾客说：“我们的服装无论从面料、设计，还是从质量和服务上都比其他的竞争者品牌更具有性价比，我们虽然表面上比较贵，但是价高质量更高，价高服务更高。”

摊销方法来降低消费者价高的心理。如“我们的产品价格虽然高一点，但是它的使用寿命可以达到 10 年，远远超过同行业的其他品牌，从使用寿命的角度出发，每年的摊销成本是

很低的啊！如果购买一般的商品，10 年之内需要更换 3～4 次，总的购物成本将远远超过我们的产品价格。你看哪个才真正地划算呢？”

这实际上就是要用理性的计算或逻辑推理来降低消费者的价高心理线，提升消费者对我们产品的理解价值，最终到达销售的目的。

（三）底线——唤起物质利益

在打动了消费者的内心和激发了消费者的逻辑思维后，我们需要采用一定的物质利益来“催化”消费者的购买行动。

推销员唤起物质利益的有效方法就是采用具有附带经济价值的促销方式来诱导消费者最后的购买行动。

如：“买一赠一”“满一百送五十”“最后十件大甩卖”“最后打折期间”“有奖销售”“购物赠送礼品”“假日优惠券”“折扣优惠券”“商店代金券”“保险促销”“一条龙服务”“免费胶卷试用”“捆绑促销”等多种形式来实现对消费者基本物质利益的最后诱导，这些促销方式将成为激发消费者购买行动的最后“催化剂”。

综上所述，终端卖场的销售人员需要通过“一个问题、两个观点、三个方面”来提升自身的销售能力，只有提高终端卖场的销售业绩，我们的企业才可以得到生存和发展，我们销售人员也才可以实现自己的人生价值。

四、七大语言技巧——导购员：永远不要对顾客说“没有”

销售是商品经济的伴身物，它是随着商品经济生产的形成而出现，是一种社会现象，是商品经济的重要组成部分。

销售活动基本组成要素有销售人员、销售对象和产品。销售的实质就是销售主体双方在销售过程中而形成的销售关系，也是销售产品由销售员向销售对象运动的过程。从事销售工作的人员主要是依据积极发挥自己的主观能动性，通过辨别顾客的需要，观察顾客的心理，问候顾客的问题，运用各种销售技巧，使顾客接受销售的产品，以促成交易。

现代的导购是销售人员咨询口才的巧妙发挥，是导购员向销售对象传递信息、沟通思想的过程，是具有一定的技巧性的。所以，导购员在向顾客推荐介绍商品时，应注意以下七个方面的说话技巧。

（一）尽量避免命令式语气，多采用请求式语句

什么是命令式语句，什么是请求式语句呢？

我们举一个搭公共汽车的例子来说明：假如一个人上来之后，向坐着的人说：“喂!过去一点，这里我要坐!”这是命令式语气。其结果是即使座位很松，对方也不见得乐意把位子空出来。如果他换个口气说：“对不起，能不能让我也挤一挤？”这是请求式的语句，由于他说话客气，所以对方是乐意帮忙的。

命令语句是说话者单方面的意见，没有征求别人意见就勉强别人去做。请求式的语句是尊重对方，以协商的态度，请别人去做。

例如，顾客正在拿着某一件衣服对着镜子看服装的效果。

导购员说："穿上看嘛!"

这样的命令式语句将大大低降低顾客的购买欲望。

如果导购人员这样说："请你试穿，效果就可以真正地展现出来!"

又例如，顾客问导购员，"你们服装的这一款还有没有货？"

导购员答："没有了，这个款式下个月才有货。"令顾客不舒服而转向购买竞争者的品牌。但若是回答"本厂的这个款式已经全部销售出去了，不过我们已在加班生产，您愿意等几天吗？"则会挽留住一位顾客。

（二）少用否定语句，多采用请求式语句

否定语句容易使消费者产生厌恶的购物心理，请求语句有利于建立与消费者之间良好的情感沟通。

例如，顾客问："这样的货品没有白色的吗？"

导购员回答："没有"。

这就是否定句，顾客听后反应自然是既然没了，我就不买了。但是如果导购员回答："目前只剩下黄色和蓝色的了，这两种颜色都很好看，您先试一试吧!"这是一种肯定的回答，但给人一种温和的感觉，容易拉近与顾客之间的距离，实现最终的销售目的。

（三）要用请求式的肯定语句说出拒绝的话

在现代导购过程之中，导购员切忌直接说出拒绝的语言，需要学会拒绝的艺术，学会采用请求式的肯定语句表达出拒绝的内涵。

例如，现代导购过程之中，90%的顾客都会提出"降价"的要求，如果导购员立即回答："办不到"，那么便会当场挫伤顾客的心境而打消购买的欲望。

如果导购员向顾客说："对不起，我们的商品质量保证，价钱是很实实在在的，您试穿看看，很漂亮的。"这实际上就是用肯定的语句请顾客体谅，这就是技巧。

或者，导购员可以向顾客说："我们的服装无论从面料、设计，还是从质量和服务上都比其他的竞争者品牌更具有性价比，我们虽然表面上比较贵，但是价高质量更高，价高服务更高。"这实际上就是要降低消费者的价高心理线，提高消费者的理解价值，最终到达销售的目的。

（四）要一边说话，一边看顾客的反应

英国心理学家奥格登说："说话的意义并不像字典上所查的那么固定，因为现实情况的差别，话语便会呈现不同含义。"

导购员切忌演说式的独白，而应一边说一边看顾客的反应，提一些问题，了解顾客需求以确定自己的说话方式。

例如，在卖场的导购过程中，可以提出诸如以下的问题：

"您认为我们的产品怎么样？"

"你看看，是否可以试穿一下我们的服装？"

"你看看穿衣镜中的效果如何？"

“你对我们产品的质量和服务还有哪些不太清晰的地方？”

“您还需要我们为你提供哪些服务呢？”

“你认为我们产品的性价比如何？”

这些问题的提出将有利于激发消费者的思维，了解消费者对我们产品的认知价值，有利于购买双方建立双向的沟通机制，为最终的销售目标的完成打下坚实的基础。

（五）要用负正法讲话

导购员为了激发顾客的购买欲望和兴趣，吸引消费者的注意力，可以先把商品的缺点说出来，然后再加以肯定它的优点。

例如，“我们的货品价钱虽然高了点，但款式、面料及质量都是一流的。”

或者，“我们的产品价格虽然高一点，但是它的使用寿命可以达到10年，远远超过同行业的其他品牌，从使用寿命的角度出发，每年的摊销成本是很低的！如果购买一般的商品，10年之内需要更换3～4次，总的购物成本将远远超过我们的产品价格。你看是否划算呢？”

这样的负正法导购讲话将会逐渐地引导消费者沿着我们设定的思维运转，有利于最终提升对我们产品的理解价值，为实现最后的购买起到良好的“催化剂”作用。

（六）言词生动，声音悦耳

导购员为了实现与消费者之间的共鸣，避免其在消费者的心中成为障碍，在语言上要注意以下三个方面。

（1）言词符合时代。时代在进步，导购员必须跟上时代，与时俱进，以时代流行的言词与顾客讲话，才能够打动和感染顾客，产生共鸣。

（2）注意说话中的停顿和重点，让消费者清晰地把握导购员传递信息的要点。

（3）声音应温和悦耳，讲究抑扬顿挫，这样才不至于使人感到枯燥乏味，使顾客在的沟通过程中更加身心愉悦、心情愉快。

（七）重视讲解艺术，把握针对性

对一般普通顾客，讲解语言要通俗易懂、符合顾客的胃口，切忌专业化和学术化；而对专业人员和技术人员，由于他们学有所长，懂行，善于分析，所以，讲解语言自然不能通俗化，应突出专业知识。

例如，儿童玩具的销售过程之中，面对不同层面的消费者，导购语言应该具有差异化。

如果是家长带领小孩来到你的导购场地，对于儿童的导购语言应该是围绕儿童玩具的“如何操作？如何好玩？”展开，通常做法是直接将玩具拿给儿童玩耍，只有让儿童在亲身体验的过程之中才能够真正地激发其兴趣，调动儿童冲动的购买思维。

面对家长，导购员应该重点从“玩具有利于小孩的智力开发、动手能力的提升等”多个方面与家长进行沟通和交流，有利于激发家长理性的购买思维。

因此，在销售的过程之中，导购员语言的针对性就是体现在对不同的人说出不同的语言，切忌千篇一律，照本宣科。

综上所述，我们探讨了销售人员必备的七项说话的技巧，很可能并不全面。但现代社会对销售工作的重视，现代企业对销售人员的依赖，也使得销售人员必须不断地提高，以不断地适应社会和社会条件下的企业，成为开拓市场的尖兵和架起商界的彩虹。正如我国著名的营销培训师冯启先生所说的 28 字箴言：“用脑生活，用心工作，注重过程，关注结果，勤于学习，勇于实践，善于创新。”这就是当代导购人员应该具备的基本技能和素质。

【课后思考题】

1. 请简要回答如何理解市场的内涵。
2. 请阐述营销与推销的区别。
3. 请阐述全过程营销的流程。
4. 请简要回答如何理解顾客让渡价值。
5. 请简要回答如何理解全员营销。
6. 请简要回答如何理解内部营销与外部营销的结合。
7. 请阐述营销在企业中的地位。
8. 请简要回答如何理解需求创造原则。
9. 请简要回答如何理解目标诉求原则。
10. 请简要回答如何理解非价格竞争原则。
11. 请简要回答如何理解流通网络化原则。
12. 请简要回答如何理解企业主体性原则。
13. 请简要回答如何理解科学认识市场原则。
14. 请简要回答如何理解全面营销原则。
15. 请简要回答如何理解推拉结合原则。
16. 请简要回答如何理解社会责任原则。
17. 请简要回答如何理解创新原则。
18. 请阐述如何理解提升营销人员营销能力的“一二三七”？

第十章 企业文化管理

【学习目标】

1. 理解和掌握企业文化的概念、西方企业文化主要流派及其基本观点、企业文化的基本特征、企业文化的本质特征、企业文化的基本功能、企业文化的分类、企业文化的结构、企业文化的内容。
2. 理解和掌握企业文化塑造的原则、路径和误区。
3. 理解和掌握企业文化创新的背景、内涵、意义和路径。

第一节 企业文化的概述

一、企业文化的概念

（一）日本经济成功的启示

众所周知，日本在第二次世界大战后千疮百孔，资源几乎等于零但为什么发展如此之快？美国企业界人士、管理学界的学者纷纷涌向日本，学习、考察和探索日本经济腾飞的奥秘。尽管美国人对日本经济迅猛发展的看法不尽一致，但他们都认为日本的成功得益于自己独特的管理模式。日本人的高明之处就在于重视人的管理，重视人的价值观念及其作用，能够把“硬性”管理与“软性”管理有机地统一起来。因此，文化的本质是人的问题，是人的价值观念问题。“企业文化”的概念就这样被美国人提出来了。可见，企业文化是探索企业管理的本质，是属于管理领域的新问题。

日本经济的腾飞与成功，有赖于它的企业文化性质。东西方文化原本就存在着很大的区别：西方文化推崇理性、讲求科学、重视效率、关注管理中物的因素的作用；东方文化则推崇信念和情感的力量，着眼于人的管理。这种文化在企业中形成以人为主的价值观和行为，把企业的每一个成员都作为有思想、有感情的人来对待，尊重每个人，着眼于上下级之间、同事之间感情上的相互沟通，使每个成员对企业都有一种强烈的归属感，对集体都有一种强烈的责任感。这种观念在日本企业制度中得到了最充分的体现。

（二）中国成功企业的文化

今天，文化建设发展到以人为本的文化管理阶段，是管理理念的升华，具有重大的理论与实践意义。历史上对人本质的认识，经历了“政治人”“经济人”“社会人”到“文化人”的认识过程。2 000 多年前，古希腊学者亚里士多德认识到“人是政治的动物”，揭示了人类管理史上的“政治人”时代；200多年前，英国学者亚当·斯密认识到人是经济的动物，开启了人类管理史上的“经济人”时代；70多年前，人群关系论者埃尔顿·梅奥等人创立了“社会人”的假说，为人类管理思想注入新的内涵；50多年前，德国哲学家卡西尔出版《人论——人类文化哲学导引》一书，提出“人是文化的动物”，从而我们进入了人类管理史上的“文化人”时代。组织作为“人”的团体，也应是文化的团体，因此我们必须加强组织文化建设，实施以人为本的文化管理。

实践证明，组织文化对组织发展具有重大意义。1998年3月25日，海尔文化作为企业文化运作成功的案例，走进了当今世界经济管理最具权威的最高学府——哈佛大学的课堂。该校的L. P教授谈到海尔案例时，深有感触地说：“过去，看一个企业的业绩仅仅看账面，而现在，更多地看公司的文化及产生的凝聚力，这是公司能否持久发展的关键。我们要研究那些成功的企业，我们要知道是哪些好的企业文化影响了公司，这对企业发展非常有意义。”北大方正总裁在总结方正文化时说：“方正10年长成这么一棵大树，有其独特的文化根源——北大各种学派兼容并蓄的文化。这一文化传统使得方正吸纳了来自五湖四海，各个学校的人才为方正发展作贡献。”

（三）狭义定义

组织文化是组织在长期的实践活动中所形成的并且为组织成员普遍认可和遵循的具有本组织特色的价值观念、团体意识、工作作风、行为规范和思维方式的总和。

组织文化是指组织在长期的生存和发展中所形成的、为本组织所特有的且为组织多数成员共同遵循的最高目标、价值标准、基本信念和行为规范等的总和及其在组织活动中的反映。被引用最多的国际公认的组织文化定义是沙因（Edgar H Schein）先生在《组织文化与领导》中的定义：群体在解决其外在适应性与内部整合的问题时，学得的一组基本假定，因为它们运作得很好，而被视为有效，因此传授给新成员，作为当遇到这些问题时，如何去知觉、思考及感觉的正确方法。

沙因先生的定义之所以被公认，郑伯勋教授曾说，“尽管组织文化的探讨至少有五大传统十二个观点，再次说明了此领域的复杂多元。但我觉得有用仍是评估这些传统和观点的重要指标……只有在功能论基础上，我们才能讨论组织文化对企业经营的助益和功用。而显然，Schein的论著正是此中佼佼者”。

孙兵先生定义的企业文化是：企业为解决生存和发展的问题而树立形成的，被组织成员认为有效而共享，并共同遵循的基本信念和认知。企业文化集中体现了一个企业经营管理的核心主张，以及由此产生的组织行为。这个定义与沙因的定义是一脉相承的。讲通俗点，就是每一位员工都明白怎样做是对企业有利的，而且都自觉自愿地这样做，久而久之便形成了一种习惯；再经过一定时间的积淀，习惯成了自然，成了人们头脑里一种牢固的“观念”，而这种“观念”一旦形成，又会反作用于（约束）大家的行为，逐渐以规章制度、道德公允的形式成为众人的“行为规范”。

（四）广义定义

从广义上说，文化是人类社会历史实践过程中所创造的物质财富与精神财富的总和，文化是社会的意识形态以及与之相适应的组织机构与制度。

企业文化是企业内全体成员的意志、特性、习惯和科学文化水平等因素相互作用的结果，它与文教、科研、军事等组织的文化性质是不同的。

二、西方企业文化主要流派及其基本观点

（一）美籍日裔学者威廉·大内的《Z理论——美国企业如何迎接日本的挑战》

此书分析了企业管理与文化的关系，不仅证明以无形的信任、情感的微妙性和集体价值观为特征的日本管理方式更适应现代生活，能带来更高的生产率，而且进一步揭示了形成日美管理模式差别的文化原因，指出日本管理模式根源于日本民族长期的“文化均质”，而美国则是一个“异质性”的国家（多元文化组合）。

（二）美国麦肯锡咨询公司管理专家理查德·帕斯卡尔和安东尼·阿索斯合著的《日本企业管理艺术》

此书指出，企业管理现代化既要注意管理“硬件”的现代化，更要注重管理“软件”的现代化。他们在研究了美国与日本企业管理模式后认为，企业管理不仅是一门科学，还是一种文化。

（三）美国哈佛大学教授特雷斯·迪尔和麦肯锡咨询公司顾问艾伦·肯尼迪合著的《企业文化——现代企业精神支柱》

此书是企业文化理论诞生的标志性著作。它的重要结论是：一个强大的文化几乎一直是美国企业持续成功的幕后驱动力。他们认为，企业文化由价值观、英雄和象征凝聚而成，这些价值观、神话、英雄和象征对企业员工具有重大意义。因此，企业领导人应当区别和诊断自己的企业文化，把主要时间用来思考企业的价值观，并将协调不同价值观的冲突作为自己的主要职责。对企业的管理，首先是对企业文化的管理，只有全力以赴地强调企业文化建设，才能取得成功。

（四）美国管理学家托马斯和小罗伯特·沃特曼合著的《寻求优势——美国最成功公司的经验》

此书把企业文化定义为：汲取传统文化之精华，结合当代先进的管理与策略，为企业员工构建一套明确的价值观念和行为规范，创造一个优良的环境、气氛，以帮助企业整体地、静悄悄地进行经营管理活动。

（五）美国管理学家劳伦斯·米勒的《美国企业精神——美国未来企业经营的八大原则》

此书提出了美国未来企业经营的若干条基本原则：目标原则、共识原则、卓越原则、一体原则、绩效原则、亲密原则、正直原则等。

米勒强调每一家企业都必须检讨自己的文化，这不仅是为了加强本身的竞争地位，还因为国家未来的财富要由企业的文化来决定。在未来的全球竞争时代中，企业唯有培育出一种能够激励员工竞争的企业文化，才能立于不败之地。

（六）美国管理学家戴维·布雷德福和艾伦·科恩合著的《追求卓越的管理》

此书从管理者的领导原则和风格出发，提出如何激励、团结员工，使之成为全心全意为达到企业目标而努力的团队。他们认为，现代管理者应该从“英雄型”转向“育才型”，并提出卓越的企业部门的特征应该是：员工精神振奋、全体成员为紧密结合的团队、迅速地解决问题、朝气蓬勃的积极竞争、信任下属的能力和见解。

三、企业文化的基本特征

文化是一种社会现象，这种社会现象随着社会的进步与发展而不断地得以发展，并且是以物质为基础的。人类社会发展的各个阶段都有与之相适应的社会文化。在这里，社会文化是一个很大的概念与范畴，在这个范畴中，还存在着与物质生产基本经济单位相适应的群体文化，这种群体文化体现在企业之中就成为企业文化。企业文化是随生产力的发展与提高、商品经济的发达程度相关联的，生产力与商品经济越发达，越需要有相应的文化与之相呼应。文化进入企业之后，就成为一种比较微观的现象了。企业文化作为一种微观现象，具有如下特征。

（一）企业文化是客观存在的，是不以人们的意志为转移的

这是企业文化的客观属性。不管社会发展的生产力程度如何、商品经济程度如何，文化是客观存在的，只不过在不同的社会形态下，文化的特定含义会有所不同。如封建社会下的封建文化、官僚体制下的官僚文化、市场机制下的企业文化等。

（二）企业文化是社会文化的亚文化，是在社会政治、经济、文化的综合作用下产生并发展的

这是企业文化的亚文化属性。市场机制的企业生产经营活动是在一个开放的环境中进行的，企业的运营活动是整个社会运营活动中的一个环节，企业通过市场与企业环节保持密切的联系，并接受有关环境的指导、约束、影响，因此，企业文化现象是整个社会文化现象的一部分。

（三）企业文化现象的产生和发展是与企业生产、经营活动相适应的，它有自身的运动规律

这是企业文化的本质属性。从本质上讲，企业文化是一种经济管理文化，它反映了人们从事企业经济活动的观念和方式；从具体内容讲，企业文化取决于企业发展的历史、企业所处的社会与地理环境、企业生产经营的特点、企业高层管理人员以及全体员工的价值取向等因素，因此，不同的企业具有不同的文化特色。

（四）企业文化现象作为一种客观存在，在其发展过程中具有积极与消极之分

这是企业文化的“两分”属性。一般而言，积极的企业文化会使企业朝着团结、创新、卓越、高效的方向发展，对企业的发展起到巨大的推动作用；消极的企业文化会使企业弥散着分散、保守、迟缓、低效的“空气”，对企业的发展起着阻滞作用。

四、企业文化的本质特征

（一）个异性

不同的民族、不同的社会、不同的地区、不同的企业都有其自身的文化氛围和文化风格，即便是在环境、设施、制度、管理组织等方面很相似的两个企业，在其文化上也会呈现出不同的特色与魅力，这主要是由“人”决定的，这也体现了个性文化的魅力。个性文化一旦形成就会产生巨大的感召力、凝聚力和对外辐射力，它是企业文化的魅力和生命之所在。

（二）共识性

共识性所追求的是员工共同的价值判断和价值取向，并对此达成一定的共识。这种共识是企业文化的主流和主文化。共识是需要培养和引导的，一般情况下，优秀的企业文化发展的轨迹是：由“个识”发展成为“共识”，一旦达成共识，就是企业全体员工追求的价值目标。当然，有很多实际问题仍需解决，比如：独断专行的“个识”会演变成强求一律的“共识”，确立的“共识”本身价值取向存在问题等，这些问题是非常现实的。

（三）非强制性

企业文化从根本上而言不是强调人们遵守各种硬性的规章制度和纪律，而是强调在文化上的“认同”，强调人的自主意识和主动性，通过启发人的自觉意识达到自控和自律。当然，非强制性中也包含某种强制性，即软性约束。对于少数人而言，一种主流文化一旦发挥作用，即使他们并未产生认同或达成共识，也同样受这种主流文化的氛围、风俗、习惯等非正式规则的约束。如果违背这种主流文化的话，就会受到舆论的谴责或制度的惩罚。

（四）相对稳定性

企业文化的生长呈现长期性，文化的作用具有延绵性。一种积极的企业文化，尤其是居核心地位的价值观念的形成往往需要很长的时间，需要先进人物起楷模作用，需要一些引发事件，需要领导者的耐心倡导和培育。文化一旦形成，就会成为企业发展的灵魂，不会朝令夕改，它会长期地发挥作用。

当然，稳定性是相对的，企业受到环境的影响与冲击，需要不断地适应环境的变化与要求，企业文化也是同样的道理，要与时俱进，不断适应环境的新要求，“适者生存，优胜劣汰”是一条屡试屡爽的规律。

五、企业文化的基本功能

（1）凝聚功能。

凝聚功能即“黏合剂”功能。由于企业文化体现着强烈的“群体意识”，可以改变原来那种从个人角度建立价值观念的一盘散沙状态，体现了世界上流行管理方式的要求。企业文化比企业外在的硬性管理方法本能地具有一种内在凝聚力和感召力，它使企业每个员工产生浓厚的归宿感、荣誉感和目标服从感。尤其在危难之际，更能体现出这种功能。

(2) 导向功能

导向功能即“方向盘”功能。这项功能主要表现在企业价值观对企业主体行为的引导上。由于企业价值观是企业多数人的“共识”，因此，导向功能对多数人来讲是建立在自觉的基础之上的；对少数未取得“共识”的人群来讲，导向功能带有某种“强制”性质。

(3) 激励功能

激励功能即“发动机”功能。管理的核心是人，管理的目的就是要把蕴藏在人体内的聪明智慧和才能充分地挖掘出来。企业文化能够最大限度地激发员工的积极性和首创精神，实际上，在企业文化的激励下，员工积极工作，将自己的劳动融化到集体事业中去，共同创造、分享企业的荣誉和成果，本身又会得到自我实现及其他高层次精神需要的满足，从中受到激励。

(4) 约束功能。

约束功能即“离合器”功能。企业文化对员工有一种无形的约束力，它以潜移默化的方式形成一种群体道德规范和行为准则，造成一种无形的压力与气氛，使员工产生自控意识，达到内在的自我约束。

(5) 协调功能。

协调功能即“润滑剂”功能。企业文化可以使企业成员形成一种价值趋同性，增加相互之间的共同语言和信任，有良好的沟通氛围，减少不必要的摩擦和矛盾，使员工之间的关系亲密和谐。

(6) 维系功能。

维系功能即“纽带”功能。维系企业正常运行的“纽带”有三条，资本纽带、权力纽带和文化纽带。在这三条纽带中，文化纽带是韧性最强、最能突出企业个性的纽带，同时也是维系企业内部力量统一、维系企业于社会良好关系、保持企业持久繁荣的最重要的精神力量。

(7) 教化功能。

教化功能即“运动场”功能。人的素质是企业素质的核心，因此，如何提高人的素质很大程度上取决于他所处的环境和条件。通过优秀的企业文化对人产生熏陶作用，使之能在各方面都有所收获。

(8) 优化功能

优化功能即“调节器”功能。优秀的企业文化一旦形成，就会内生一种无形力量，对企业经营管理的各个方面起到优化作用，并且这种作用体现在管理的全过程之中。

(9) 增誉功能

增誉功能即“显示器”功能。企业文化比较集中地概括了企业的基本宗旨、经营哲学和行为准则。它是企业一项巨大的无形资产，为企业带来高美誉度和高生产力。

六、企业文化的分类

(一) 从发育状态上分类

1. 成长型企业文化

这是一种年轻的、充满活力的企业文化类型。它比较适应处于成长期的企业，尤其适用于企业初创时期、企业经营迅速发展时期、企业资本迅速膨胀时期对企业文化的需要。这种企业文化具有一种新鲜感，对员工会产生很大的吸引力和感召力。但是，由于成长型企业文化所面对的外部市场环境急剧变化，企业内部的结构与各种制度尚未定型，因此，这种文化类型是不稳定的，如果不善于引导和培育，会出现偏差。

2. 成熟型企业文化

这是一种个性突出、相对稳定的企业文化类型。它比较适用处于成熟期的企业。这类企业经营规模稳定，人员流动率降低，内部管理运行状态良好，企业与社会公众的关系已经调试到正常状态，与之相适应的企业文化也进入稳定期，并且通过企业成长期文化的冲突与整合，个性特征越来越鲜明，主流文化深入人心，形成了许多非正式规则和强烈的文化氛围，此时企业的规章制度顺理成章，政令畅通无阻，企业文化的发展进入黄金时期。当然，成熟型的企业文化也有不足之处，即具有某种惯性与惰性，往往阻碍企业文化的进步，阻碍对新思维、新观念的吸收。

3. 衰退型企业文化

这是一种不合时宜、阻碍企业进步的企业文化类型。如果不对这种文化加以更新的话，它会成为阻碍企业发展的最大障碍，或成为导致企业走下坡路的罪魁祸首。

（二）从企业性质上分类

1. 国有企业文化

国有企业文化呈现出典型的政治责任感和社会责任感较强、政策性较强、计划性较强、全局意识和奉献精神较强，且有一定“老大自居”观念的特征。

2. 合资企业文化

合资企业文化的形成受合资双方文化背景和经营管理方式的影响，是双方文化优势的嫁接，具有综合性和优化性的特征。在这种文化中渗透着比较浓重的科学、理性、创新和追求卓越的意识。但这种文化也容易出现冲突现象，貌合神离，造成合资失败。

3. 乡镇企业文化

这是我国一种特殊的文化类型。它受农耕文化和传统家族文化的影响较深，带有明显的农村社区文化和泛家族文化的特征。同时又由于乡镇企业一开始没有靠山，因此养成了强烈的自主意识、市场竞争意识和创业意识。随着社会的发展与进步，乡镇企业文化也在不断地适应社会环境的变化与要求，有些乡镇企业文化已经成为先进企业文化的代表。

4. 民营企业文化

这是一种具有较强活力的企业文化类型。它既具有创新精神、冒险精神、强烈的争夺市场的意识，也具有现代科技意识、人才意识，特别是较多的民营企业文化体现了创业者的个人品格，企业家精神成为企业文化的主导力量。因此，民营企业文化具有鲜明的个性特征，是最具生命力和发展前景的企业文化。

（三）从内容特质上分类

（1）目标型企业文化，就是以企业最高目标为核心理念的企业文化类型。

（2）竞争型企业文化，就是以竞争为核心理念的企业文化类型。

（3）创新型企业文化，就是以创新为核心理念的企业文化类型。

（4）务实型企业文化，就是以求真务实为核心理念的企业文化类型。

（5）团队型企业文化，就是以团队精神为核心理念的企业文化类型。

（6）传统型企业文化，就是突出民族优良传统、党的优良传统以及企业历史传统特征的企业文化类型。

（四）从市场角度分类

1. 强人文化

这是一种高风险、快反馈的文化类型。它具有孤注一掷的特性，总是试图赢得巨大成功、最优的竞争，追求最优、最大、最好的价值，设计最诱人的广告。在这种文化氛围下，员工工作紧张、压力大，工作绩效的反馈及时。它是趋于年轻人的文化，虽有活力但缺乏持久力。这种文化一般在建筑业、风险投资业、娱乐业中比较多见。

2. 拼搏与娱乐文化

这是一种低风险、快反馈的文化类型。它赖以生存的土壤往往是生机勃勃、运转灵活的销售组织和服务行业。在这类企业中，员工拼命干、尽情玩，工作风险小，而且工作绩效的反馈极快，这种文化造就了最好的工作环境，使工作与娱乐实现最完美的结合。这种文化一般在灵活性较强的组织和服务行业中比较多见。

3. 赌博文化

这是一种高风险、慢反馈的文化类型。在这种文化氛围中，人们重视理想、重视未来，具有极强的风险意识，但是效率低下，员工们也不知是否成功，工作绩效得不到及时反馈，发展缓慢。这种文化一般在拥有较强实力的大公司中比较多见。

4. 过程文化

这是一种低风险、慢反馈的文化类型。这种文化的核心价值是用完善的技术、科学的方法解决所意识到的风险。具有这种文化的企业，员工循规蹈矩，严格按程序办事，缺乏创造性，因为收入尚可，员工的流动率较低，企业整个的效率低下但却具有相当的稳定性。这种文化一般在金融保险业、公共事业中产生。

七、企业文化的结构

根据文化就是“反映人类创造的物质财富和精神财富的总和”这样一个基本定义，组织文化应包括从物质文化层到行为文化层、制度文化层，最后再到精神文化层的完整体系。

（一）物质文化层

物质文化是组织文化的表层文化，是指组织如企业的物质基础、物质条件和物质手段等方面的总和。物质文化的特点就是看得见、摸得着、很直观。那么，为什么要把这些属于物质实体的东西作为文化来看待呢？这是因为，不仅仪器设备、技术装备、工艺流程、操作手段等这些与企业生产直接相关的物质现象要体现企业的文化素质，而且厂区布局、建筑形态、工作环境等也要体现企业的文化素质。这就是我们之所以讲物质现象的本质是反映和体现文化内涵的原因。

（二）行为文化层

从层次看，行为文化是企业文化的浅层部分，这是相对于表层的物质文化而言的。从内容看，行为文化既包括企业的生产行为、分配行为、交换行为和消费行为所反映的文化内涵与意义，同时，也包括企业形象、企业风尚和企业礼仪等行为文化因素。对企业来说，生产行为文化的建设是企业文化建设的最重要最基础的文化建设，生产行为的合理化、有效性直接影响分配行为、交换行为和消费行为的有效性。比如，可口可乐公司的“永远的 coca-cola”、丰田公司的“以生产大众喜爱的汽车”、日产汽车公司的“创造人与汽车的明天”、惠普公司的“以世界第一流的高精度而自豪”、中国一汽的“永葆第一”等，都是体现行为文化的重要内容与形式。

（三）制度文化层

制度文化是企业文化建设的中层结构部分，它又是相对于表层的物质文化、浅层的行为文化建设而言的。制度文化层主要内容有组织与领导制度、工艺与工作管理制度、职工管理制度、分配管理制度等方面。应该说，不同的文化意识，就会有不同的制度建设思想。

（四）精神文化层

精神文化层是组织文化结构中的核心层次，作为深层文化它是相对于中层的制度文化、浅层的行为文化和表层的物质文化而言的。可以看出，这四个层面构成了组织文化建设的一个完整系统，比较好地把物质文明建设和精神文明建设有机地统一起来，形成了一个由内向外发散、再从外向内深入的开放网络，从而促进组织的不断创新与发展。精神文化是指组织文化中的核心和主体，是广大员工共同而潜在的意识形态，包括管理哲学、敬业精神、人本主义的价值观念、道德观念等。

如企业有什么样的经营思想，必然要影响到它的价值观念。比如，若认为“质量第一”是生产经营之本，那就必然会有“用户至上”的价值观念。所以，价值观就是企业对经营管理目的的基本看法和判断，而企业精神则是在企业价值观念的基础上所形成的一种群体意识和精神状态。

综上所述，精神文化是企业文化建设的核心层次，它直接决定和影响制度文化层的建设；制度文化层又影响和决定行为文化层的建设；而行为文化层最终要影响和决定物质文化的建设。当然，从本原上看物质决定精神，经济基础决定上层建筑；但从发展过程看，精神的反作用不可低估，企业精神文化的建设同样不可低估。

八、企业文化的内容

从最能体现组织文化特征的内容来看，组织文化包括组织价值观、组织精神、伦理规范以及组织素养等。

（一）组织的价值观

组织的价值观就是组织内部管理层和全体员工对该组织的生产、经营、服务等活动以及指导这些活动的一般看法或基本观点。它包括组织存在的意义和目的、组织中各项规章制度的必要性与作用、组织中各层级和各部门的各种不同岗位上的人们的行为与组织利益之间的关系等。

（二）组织精神

组织精神反映了一个组织的基本素养和精神风貌，成为凝聚组织成员共同奋斗的精神源泉。组织精神是指组织经过共同努力奋斗和长期培养所逐步形成的，认识和看待事物的共同心理趋势、价值取向和主导意识、组织精神是一个组织的精神支柱，是组织文化的核心，它反映了组织成员对组织的特征、形象、地位等的理解和认同，也包含了对组织未来发展和命运所抱有的理想和希望。

（三）伦理规范

伦理规范是指从道德意义上考虑的、由社会向人们提出并应当遵守的行为准则；它通过社会公众舆论规范人们的行为。组织文化内容结构中的伦理规范既体现组织自下而上环境中社会文化的一般性要求，又体现着本组织各项管理的特殊需求。

由此可见，以道德规范为内容与基础的员工伦理行为准则是传统的组织管理规章制度的补充、完善和发展。正是这种补充、完善和发展，使组织的价值观融入了新的文化力量。

（四）组织素养

组织的素养包括组织中各层级员工的基本思想素养、科技和文化教育水平、工作能力、精力以及身体状况等。

第二节　企业文化的塑造

一、企业文化塑造的原则

（一）强化以人为中心

文化应以人为载体，人是文化生成与承载的第一要素。企业文化中的人不仅仅是指企业家、管理者，也包括企业的全体职工。企业文化建设中要强调关心人、尊重人、理解人和信任人。企业团体意识的形成，首先是企业的全体成员有共同的价值观念，有一致的奋斗目标，才能形成向心力，才能成为一个具有战斗力的整体。

（二）表里一致，切忌形式主义

企业文化属意识形态的范畴，但它又要通过企业或职工的行为和外部形态表现出来，这就容易形成表里不一致的现象。建设企业文化必须首先从职工的思想观念入手，树立正确的价值观念和哲学思想，在此基础上形成企业精神和企业形象，防止搞形式主义，言行不一。形式主义不仅不能建设好企业文化，而且是对企业文化概念的歪曲。

（三）注重个异性

个异性是企业文化的一个重要特征。文化本来就是在本身组织发展的历史过程中形成的。每个企业都有自己的历史传统和经营特点，企业文化建设要充分利用这一点，建设具有自己特色的文化。企业有了自己的特色，而且被顾客所公认，才能在企业之林中独树一帜，才有竞争的优势。

（四）不能忽视经济性

企业是一个经济组织，企业文化是一个微观经济组织文化，应具有经济性。所谓经济性，是指企业文化必须为企业的经济活动服务，要有利于提高企业生产力和经济效益，有利于企业的生存和发展。前面讨论的关于企业文化的各项内容中，虽然并不涉及“经济”二字，但建设和实施的内容最终目的都不会离开企业经济目标的实现和谋求企业的生存和发展。所以，企业文化建设实际是一个企业战略问题，称文化战略。

（五）继承传统文化的精华

马克思主义认为：“人们自己创造自己的历史，但他们并不是随心所欲地创造，而是在直接碰到的从过去继承下来的条件下创造。”（《马克思恩格斯选集》第 1 卷，第 603 页）中国企业文化建设也是这样，它应该是在传统文化的基础上进行增值开发，否则企业文化就会失去存在的基础，也就没有生命力。增值开发就是对传统文化进行借鉴，弃其糟粕，取其精华。我国传统文化中的民本思想、平等思想、务实思想等都是值得增值开发的内容。我国民本思想自古以来就相当强烈，并在一定程度上制约着专制行为。社会主义企业中，劳动者是企业的主人，企业文化建设自然要以民本思想为重要的思想来源，并通过这一思想的开发利用，使职工群众产生强烈的主人翁意识，自觉地参与企业的民主管理。我国民族精神坚持人的平等性，认为“人皆为尧舜”，这正是过去中国革命的思想基础。这种思想的增值开发并用于现代企业的文化建设，将为企业职工提供平等竞争的机会，有利于倡导按劳分配、同工同酬的运行机制。务实精神要求人们实事求是、谦虚谨慎、戒骄戒躁、刻苦努力、奋发向上。对此如能发扬光大，必将形成艰苦创业、勇于创新的企业精神。大庆“三老四严”的“铁人精神”就是这种民族精神增值开发的结果。

（六）实现六个坚持

（1）坚持目标原则。即企业文化建设要有一个方向和目标。坚持目标原则是一个涉及把职工的思想与行为朝什么方向和目标去凝聚、去激励和去校正的大问题。企业必须根据自己的实际，确定文化建设的方向和目标，并细化为阶段性目标，以便有计划地实施。

（2）坚持主体原则。所谓坚持主体原则，就是指：一要体现企业作为生产经营主体的原则，也就是要坚持市场主体的原则，以有利于企业主体意识的培育和形成；二要体现国情与民族特点的主体性，即体现我国民族文化传统的主体性和体现中国特色社会主义的主体意识。否则，企业文化建设就没有根基。

（3）坚持价值原则。所谓坚持价值原则，就是指企业文化建设要坚持企业的价值观念和价值取向标准。企业的价值观是企业文化建设的核心问题。

(4) 坚持创新原则。企业必须紧密结合自己的个性和特点，以及面临的具体内外环境及其特点来创新。只有这样，企业文化的建设才具有生命力，体现的才是自己企业的企业文化，也才真正是活着的企业文化。

(5) 坚持职工参与原则。企业文化的构建需要全体员工共同参与制定，身体力行，言行一致，形成共同认可的价值观和行为规范。

(6) 坚持点面结合的原则。即要在企业文化建设中，注意抓典型的示范和推动作用，包括典型事例、典型人物、典型集体等。

二、企业文化塑造的路径

组织文化的塑造是个长期的过程。同时也是组织发展过程中的一项艰巨、细致的系统工程。

（一）诊　断

诊断指总结现有企业文化状况。掌握了现有企业文化状况的翔实资料之后，接下来便可以进行诊断，可以对企业中已有的企业价值观、企业精神、道德风尚、企业制度等因素进行评价，判断出哪些是恰当的，哪些是不恰当的，哪些是符合时代要求的，哪些是将为时代所淘汰的，等等。

（二）定　格

定格指确立企业价值观及整个企业文化体系。通过诊断，可以确立未来的企业价值观，并围绕所确立的价值观建立相应的企业目标、企业制度、企业道德、企业文化礼仪等，从而将企业文化的整个体系构建出来。为了便于广大职工记忆、流传和推广，我们还应该把企业价值观及企业精神用简明扼要、精炼确切的语言表述出来。

（三）强　化

强化指大力推进企业文化建设。企业文化定格后，应马上进入企业文化建设的强化阶段。在这一阶段，企业应通过各种途径、利用各种方式宣传和强化员工的企业文化意识，力求使企业新文化、新观念家喻户晓，深入人心。

（四）调　整

调整指积极完善企业文化体系。企业文化建设到达该阶段，应有计划、有针对性地对企业文化进行评价，看看它起了哪些作用，尚存在哪些不足，然后结合实际对其进行调整、丰富和补充，以便使企业文化体系日趋成熟，日渐完善。

（五）发　展

发展指实现企业生产、经营的突破。企业发展的最终目的是要在经营上获胜，在市场、发行中争雄。企业文化建设在不断经历调整、完善后，至此迈入了正轨，并渐渐步入发展的良性循环，从而推动企业生产经营顺利发展。

三、企业文化塑造的误区

（一）企业文化政治化

在许多企业的走廊、办公室到各车间的墙上，四处可见形形色色、措词铿锵的标语口号，如“团结”“求实”“拼搏”“奉献”等。这些已经被滥用的词汇无法真实地反映本企业的价值取向、经营哲学、行为方式、管理风格，更遑论在全体员工中产生共鸣了。

（二）企业文化口号化

把企业文化等同于空洞的口号，缺乏企业的个性特色，连企业的决策者本身都说不清楚其所代表的具象表现，对员工自然无法起到强烈的凝聚力和向心力的作用。

（三）企业文化文体化

有的企业把企业文化看成是唱歌、跳舞、打球，于是纷纷建立舞厅、成立音乐队、球队，并规定每月活动的次数，作为企业文化建设的硬性指标来完成，这是对企业文化的浅化。

（四）企业文化表象化

有人认为，企业文化就是创造优美的企业环境，注重企业外观色彩的统一协调，花草树木的整齐茂盛，衣冠服饰的整洁大方，设备摆放的流线优美。但这种表面的繁荣并不能掩盖企业精神内核的苍白。

（五）企业文化僵化

有些企业片面强调井然有序的工作纪律，下级对上级的绝对服从，把对员工实行严格的军事化管理等同于企业文化建设，造成组织内部气氛紧张、沉闷，缺乏创造力、活力和凝聚力，这就把企业文化带到了僵化的误区。

第三节　企业文化的创新

本着“继承发扬”的原则，我国企业的文化也应该具有“权变管理”理念，实现与时俱进，企业文化的创新不可避免，这是提升企业核心竞争力的关键所在。

一、企业文化创新的背景

企业文化在我国的实践，使一部分企业逐步形成了能够参与国际竞争的核心竞争力，但大部分企业尚处在探索和完善之中。然而竞争在一天天加剧，机遇和挑战也一天天向我们逼近，企业文化创新的历史背景有如下几点。

（一）知识经济的兴起

知识经济问题是中国乃至世界经济发展面临的新课题。21 世纪的科技进步比 20 世纪更为显著，信息技术的革命性变革给人类经济和社会的发展带来巨大的挑战。例如，在对产业结构的影响方面预计将会使今后 20 年的工业结构受到前所未有的冲击，某些企业将会被彻底改头换面（如出版印刷业），有些行业可能会爆炸性地增长（如软件业）。随着全球性的产业结构重组，数以万计的职业将会消亡，同时，数以万计的新职业会应运而生。生物技术也将迅速崛起，生物革命的浪潮必将带来一场产品形态和思想观念的重大革命，这种态势带给企业文化的挑战将是十分严峻的。

（二）世界经济一体化

近年来，世界各国经济的相互依存、相互渗透不断加深，经济区域化和全球化成为一股不可阻挡的潮流，这股潮流也使得企业风险更趋于国际化。随着外商投资规模的扩大、投资领域的拓宽，以及投资方式的多样化，使得中国企业在“家门口”就将面临极其残酷的国际市场竞争，文化的冲撞已在所难免，如果没有强有力的文化支撑，必然会被西方文化的潮水吞没。

（三）经济市场化的加速推进

随着我国改革开放的深入，社会主义市场经济的建立也明显加快了进程，国有企业市场化、政府行为市场化的力度将加大，难度也将加大；改革将更加注重综合配套性，既包括经济领域，也会触及政治体制，尤其是与传统体制密切相连的既得利益集团的阻力和数以千万计的职工下岗造成的阻力会使改革的风险更大。

二、企业文化创新的内涵

企业文化创新是指为了使企业的发展与环境相匹配，根据本身的性质和特点形成体现企业共同价值观的企业文化，并不断创新和发展的活动过程。企业文化创新的实质在于企业文化建设中突破与企业经营管理实际脱节的僵化的文化理念和观点的束缚，实现向贯穿于全部创新过程的新型经营管理方式的转变。面对日益深化、日益激烈的国内外市场竞争环境，越来越多的企业不仅从思想上认识到创新是企业文化建设的灵魂，是不断提高企业竞争力的关键，而且逐步深入地把创新贯彻到企业文化建设的各个层面，落实到企业经营管理的实践中。

三、企业文化创新的意义

（一）21 世纪企业竞争的核心就是企业文化

企业竞争的核心因时代不同而各不相同，在高度发达的今天，企业硬件的较量已经逐渐开始淡化，21 世纪 60 年代竞争的核心内容在于技术，70 年代在于管理，80 年代在于营销，90 年代在于品牌。继技术竞争、管理竞争、营销竞争、品牌竞争之后，21 世纪企业竞争的核心就是企业文化。企业文化能使企业在新世纪保持长久的竞争力，企业文化创新也由一种全新的文化理念，转变为对提高企业竞争力有决定性作用的新型经营管理模式。企业文化有助于增强企业的凝聚力，增强产品的竞争力。企业文化的核心是其思想观念，它决定着企业成员的思维方式和行为方式，能够激发员工的士气，充分发掘企业的潜能。一个好的企业文化氛围建立后，它所带来的是群体的智慧、协作的精神、新鲜的活力，这就相当于在企业核心装上了一台大功率的发动机，可为企业的创新和发展提供源源不断的精神动力。

（二）企业可持续发展的重要依托

创新企业文化是企业制度下的一个重要指标和鲜明特征。它与以往在企业内部广泛开展的企业文化活动的一个明显区别是，现代企业文化更紧密地把企业文化活动与企业的实际收益联系在一起，或者说直接挂钩。因此，它在企业的地位就愈见重要和突出。当企业内外条件发生变化时，企业文化也相应地进行调整、更新、丰富、发展。成功的企业不仅需要认识环境状态，而且还要了解其发展方向，并能够有意识地加以调整，选择合适的企业文化以适应挑战，只有这样才能在激烈的市场竞争中依靠文化带动生产力，从而提高竞争力。因此，坚持企业文化创新对于企业发展是极其重要的，它可以摒弃原有的不合理的思维和行为，以一种前所未有的新思维来创造新的成果。文化创新会直接作用于人的观念意识、思维方式，进而影响人的行为。一个企业无论实力多么雄厚，它的企业文化建设一旦停步不前，失去了创新的动力，这个企业必将成为强弩之末。

四、企业文化创新的路径

企业文化创新要以对传统企业文化的继承和发扬为前提，对构成企业文化诸要素包括经营理念、企业宗旨、管理制度、经营流程、仪式、语言等进行全方位系统性的弘扬、重建或重新表述，使之与企业的生产力发展步伐和外部环境变化相适应。

（一）企业“舵手”应当加强自身修养，转变经营观念

通俗地讲，企业文化是企业家的文化，是企业家的人格化，是其事业心和责任感、人生追求、价值取向、创新精神等的综合反映。他们必须通过自己的行动向全体成员灌输企业的价值观念。这正如我国著名猎头公司总裁钟先生所说的，“企业领导者，第一是设计师，在企业发展中如何使组织结构适应企业发展；第二是牧师，不断地布道，使员工接受企业文化，把员工自身价值的体现和企业目标的实现结合起来。”

企业文化创新的前提是企业经营管理者观念的转变。因此，进行企业文化创新，企业经营管理者必须转变观念，提高素质。

首先，要对企业文化的内涵有更全面更深层次的理解。要彻底从过去那种认为搞企业文化就是组织唱唱歌、跳跳舞、举办书法和摄影比赛等的思维定势中走出来，真正将企业文化的概念定位在企业经营理念、企业价值观、企业精神和企业形象上。

其次，要积极进行思想观念的转变。要从原来的自我封闭、行政命令、平均主义和粗放经营中走出来，牢固树立适应市场要求的全新的发展观念、改革观念、市场化经营观念、竞争观念、效益观念等。

再次，要认真掌握现代化的管理知识和技能，同时要积极吸收国外优秀的管理经验，用于企业发展，并且在文化上要积极融入世界，为企业走国际化道路做好准备。

最后，要有强烈的创新精神，思维活动和心理状态要保持一种非凡的活力，双眼紧盯着国际、国内各种信息，紧盯着市场需求，大脑中要能及时地将外界的信息重新组合构造出新的创新决策。

（二）利用人力资源开发推动企业文化创新

人力资源开发在企业文化的推广中起到不可替代的作用。全员培训是推动企业文化变革的根本手段。企业文化对于企业的推动作用得以实现，关键在于全体员工的理解、认同与身体力行。为此，在企业文化变革的过程中，必须注重培训计划的设计和实施，督促全体员工接受培训、学习。通过专门培训，可以增进员工对企业文化的认识和理解，增强员工的参与积极性，使新的企业文化能够在员工接受的基础上顺利推进。即采取诱致性变迁的方式，就是指基于员工自愿支持的观念更新与行为模式的转变。除了正式或非正式的培训活动外，还可以利用会议以及其他各种舆论工具，如企业内部刊物、标语、板报等大力宣传企业的价值观，使员工时刻都处于充满企业价值观的氛围之中。

相应的激励和约束机制是企业文化创新的不竭动力。强制性制度变迁过程往往会在下级组织招致变相的扭曲或其他阻力，况且价值观的形成是一种个性心理的累积过程，这不仅需要很长的时间，而且需要给予不断的强化。因而新的企业文化的建立和运行过程必须通过相应的激励和约束机制予以强化和保障，使之形成习惯稳定下来。比如分配机制的变革就可以作为一个切入点，因为分配机制同时体现了激励和约束机制的有机结合。另外，也要注意精神激励的重要性，按照马斯洛的需求理论，在物质的满足达到一定程度后，对自我实现的评价将压倒其他因素。企业应该增强管理过程的透明度，对员工实行公正对待。

现代企业间的竞争主要是人才的竞争，也是企业凝聚力的较量。这归根结底又是以人为本的企业文化的竞争。顽强的企业团队精神，是企业获得巨大成功的基础条件。要把企业成千上万名员工凝聚起来，只靠金钱是不够的，企业必须具备共同的价值观、目标和信念。对共同价值的认同会使员工产生稳定的归属感，从而吸引和留住人才。事实证明，企业只有形成了优秀的企业文化，才能打造一支战无不胜的员工队伍。

（三）学习型组织是企业文化创新的“永动机”

企业间的竞争是人才的竞争，实际上应该是学习能力的竞争。如果说企业文化是核心竞争力，那么其中的关键就是企业的学习能力。建立学习型组织和业务流程再造，是当今最前沿的管理理念。为了在知识经济条件下增强企业的竞争力，在世界排名前100家企业中，已有40%的企业以“学习型组织”为样本，进行脱胎换骨的改造。知识经济使知识资本成为企业成长的关键性资源，企业文化作为企业的核心竞争力的根基将受到前所未有的重视。成功的企业将是学习型组织，学习越来越成为企业生命力的源泉。企业要生存与发展，提高企业的核心竞争力，就必须强化知识管理，从根本上提高企业综合素质。

（四）企业制度与企业文化创新的“并驾齐驱”

企业制度文化和价值文化构成了企业的刚性和柔性激励和约束机制。企业制度文化创新包括组织制度创新和制度体系创新。诺贝尔经济学奖获得者道格拉斯·C. 诺思教授指出:“有效率的经济组织是增长的关键；西方世界兴起的原因就在于发展了一种有效率的经济组织。”说明企业组织创新和制度创新是推动企业发展的重要因素。

进入 21 世纪，西方大公司加快了“重组”“联合”“兼并”的步伐，进行组织创新、制度创新，目的是为了赢得新的竞争优势。在重组和兼并的过程中，不同的企业文化存在着碰撞、整合的过程，这个过程也是新的、包容性更强的企业文化形成的过程。企业制度创新与制度文化创新是一种相互依存和互动的关系。在创新过程中既要符合法理逻辑，也要符合道德情感逻辑。因为制度规范与人性之间存在着内在联系，如果制度规范与人性不相容，那么制度规范将失去生命力。在企业制度文化创新实践中，一方面要重视以理性和效率原则为基础的正式制度文化的创新,另一方面也不能忽视以情感和人性为本的非正式制度文化的培植。

事实上企业制度文化创新与人性假设、企业性质和目标相关。理性化的正式制度文化具有他律性，通过规范、制度、原则来约束人的行为，是基于人性的“恶”和机会主义及搭便车倾向。如果认为人性是“善”的，则强调以自律的非正式约束为主，当代管理学的人本化趋势实质上要求在制度文化创新中实现制度化与人性的统一，形成以制度化为基础，谋求制度化与人性、制度化与活力、创新的有机统一。

在我国，企业制度创新还存在着一些问题，比如，政企关系问题，企业内部领导体制和组织管理制度问题，国有资产经营管理和监督体制问题，以及如何规范改制等问题，这些问题无一不表明：我国企业制度创新的任务还相当艰巨。

现代企业制度的建立是企业文化创新体系的一个重要环节，但不是企业文化的全部；相反，如果忽视企业文化的整体建设，现代企业制度是难以建立的。

要营造企业文化创新的环境，首先必须增强职工创新意识，树立职工创新的信心。其次是要掌握创新的思维方法，提高职工创新的能力。创新能力一般是指产生设想的思维方式或产生新成果的创造技能。国有企业建立现代企业制度喊了这么多年，为什么难以全面推行，即使有些地方推行，收效也甚微，其中一个重要原因就在于目前我国缺乏与之配套的企业文化系统。

国有企业改革之所以难以在深层次上进行，最根本的原因还在于整个文化系统的滞后。从这个意义上我们可以说，企业文化的全面、整体地创新是建立现代企业制度的基础与条件。

（五）思维创新是企业文化创新的“源泉”

思维是人类的理性认识过程，是人脑对客观事物间接的和概括的反映。思维方式创新是指改变传统的思维习惯和逻辑起点，形成一套全新的思考问题的方式和方法，释放一种内在的创造力。建立和形成一种新的思维方式，实际上是获得了一枚分析和解决理论问题和现实问题的金钥匙。能从全新的视角、新的高度对企业文化进行定位和理解；对企业行为、竞争策略、生存方式等另辟蹊径；对企业目标的实现能起到定位准确，捷足先登的功效。古人云:“取法其上，仅得其中，取法其中，故为其下。”要得其上，唯有思维方式的创新。

21 世纪 80 年代以来，美国企业的持续创新使其国际竞争力已多年雄踞榜首。思维创新是深层次、理性化的哲学创新，是新思路和新方法的母体。有了新的、科学的思维方式，才会有新的思路和新的出路。而新的思路和方法就是新的“点子”，能给企业发展带来现实的、有效的出路和良好的效益。这是不少企业取得成功的关键所在。

成功的企业都有自己独特的企业文化，而企业文化的特色体现在经营理念、思维方式等价值体系上，反应在经营方式和竞争策略上。兵法有云，“兵行诡道，出奇制胜”。“诡道”和“出奇”都源自新的理念和新的思维方式。商场如战场，“兵无常势，水无常形”，“善成者，胜于易胜之地”。企业要常胜不衰，唯有不断地自我扬弃、自我否定，不断地进行思维方式创新。

（六）中西合璧，文化整合，实现跨文化管理

文化创新首先是古今结合，古为今用。即指文化要开放，文化是人类创造的，人类创造的东西该归人类共享，不应该存在交流的人为阻塞和封闭。对待外来文化既不能采用全部照搬，也不能全盘否定；对待传统文化更不能持民族虚无主义的观点。作为东西方两种不同时间与历史发展条件下形成的文化，具有各自的优缺点，同时它们各自的优缺点不是对立的，而是互补的。这就为东西方文化的融会贯通提供了可能，无论是东方文化还是西方文化，都是人类文化的有机体，唯有交融、互动和整合，才是人类文化的全部，才能共同繁荣。

跨文化管理又称为交叉文化管理，是指涉及不同文化背景的人、物、事的管理。跨文化管理学研究的是在跨文化条件下如何克服异质文化的冲突，进行卓有成效的管理。其目的在于如何在不同形态的文化氛围中，设计出切实可行的组织机构和管理机制，最合理地配置企业资源，特别是最大限度地挖掘和利用企业的潜力和价值，从而最大化地提高企业的综合效益。为了取得跨国经营的更大成就，目前西方国家非常重视跨文化管理的研究，并在实施中取得了很好的效果。

第一是识别文化差异。由于文化冲突是文化差异造成的，必须对文化差异进行分析识别。根据美国人类学家爱德华·赫尔的观点，文化可以分为3个范畴：正式规范、非正式规范和技术规范。正式规范是人的基本价值观，判别是非的标准，它能抵抗来自外部企图改变它的强制力量，因此正式规范引起的冲突往往不易改变；非正式规范是人们的生活习惯和习俗等，由此引起的文化冲突可以通过较长时间的文化交流克服；技术规范是指人们的知识、技术、经验等，它可以通过人们技术知识的学习而获得，很容易改变。由此看来，不同规范的文化冲突所造成的文化差异和文化冲突的程度和类型是不同的。跨国公司管理者首先要识别和区分文化差异，才能采取针对性的措施。

第二是进行跨文化培训。跨文化培训是为了加强人们对不同文化传统的反应和适应能力，促进不同文化背景的人之间的沟通和理解。跨文化培训的主要内容有对文化的认识、文化的敏感性训练、语言学习、跨文化沟通及冲突的处理、地区环境模拟等。

第三是建立共同的经营观和公司文化。通过识别文化差异和进行跨文化培训，公司员工提高了对文化的鉴别和适应能力。在对文化共性认识的基础上，根据环境的要求和公司战略发展的原则要建立起公司的共同经营观和强有力的公司文化。这一点至关重要，它有利于减少文化冲突，使得每个员工能够把自己的思想与行为同公司的经营业务和宗旨结合起来，也使子公司与母公司的结合更为紧密，同时又能在国际市场上建立起良好的声誉，增强跨国公司的文化变迁能力。

这种相互扬弃的融合过程，首先表现为管理要素（或生产要素）之间的优化配置，寻求人、财、物的整体优化和协调配置并充分重视时间、空间、信息、教育、知识（或智慧）等所具有的价值；第二，在注重感情投资的同时更注重理性化特色。管理方法是把刚性管理与柔性管理结合起来，而并非单打形式，在硬性约束的同时也不失采取一定的弹性限制，体现

管理文化的刚柔并济和软硬兼施；第三，把原则性和灵活性结合起来，在市场竞争机制优胜劣汰的硬约束环境条件下，充分发挥企业员工的主观能动作用。企业文化的融合趋向，既体现了现代管理的本质是一种文化，又预示着这种文化的发展最终将导致知识经济的产生和发展，并成为一种影响经济增长的重要因素。

企业文化的创新与发展是一个大课题，需要有一个逐步探索，逐步深入的过程，要下很大的工夫，才能实现质的突破，才能在现代企业制度的环境下实现真正意义上的企业文化创新与发展，这是时代的要求，是企业追求的永恒主题。

【课后思考题】

1. 如何理解企业文化的概念?
2. 请简要回答西方企业文化主要流派及其基本观点。
3. 请简要回答企业文化的基本特征。
4. 请简要回答企业文化的本质特征。
5. 请简要回答企业文化的基本功能。
6. 请简要回答企业文化的分类。
7. 请简要回答企业文化的结构。
8. 请简要回答企业文化的内容。
9. 请阐述企业文化塑造的原则。
10. 请阐述企业文化塑造的路径。
11. 请阐述企业文化塑造的误区。
12. 请阐述企业文化创新的背景。
13. 如何理解企业文化创新的内涵?
14. 如何理解企业文化创新的意义?
15. 如何理解企业文化创新的路径?

第十一章　企业变革管理

【学习目标】

1. 了解企业变革的定义、原因、类型。
2. 理解和掌握面对变革人们的应对周期及其企业变革的抵制和化解。
3. 理解和掌握企业变革的阶段及其变革成功的关键因素。
4. 了解企业变革管理的定义、对象、模式、内容、原则、步骤。
5. 理解和掌握企业变革对领导力提出的崭新挑战。
6. 了解变革期领导力的完善。

第一节　企业变革管理的概述

一、企业变革

（一）企业变革的定义

众所周知，世界唯一不变的就是改变。企业变革通常是指企业的人员（通常是企业中、高层管理者）主动对企业原有的状态进行改变，以适应企业内外环境的变化，并以某一目标或某一愿景为取向的一系列活动。

（二）企业变革的原因

企业变革的原因可以归纳为以下几个方面。

1. 企业一般外部环境的变化

企业一般外部环境指企业面临的 PEST，即政治法律（Political/Legal）、经济（Economic）、社会文化（Social/Cultural）和技术（Technological）等外部环境因素。企业外部环境的变化可能对企业经营活动形成制约，如日益加强的环保要求等；也可能放松原有的制约，如新技术的采用等；还有可能对企业的具体外部环境产生影响，如管制的放松，可能会降低进入壁垒，导致更加激烈的竞争。

2. 企业具体外部环境的变化

企业具体外部环境是指与实现企业目标直接相关的那部分外部环境。具体外部环境对每一个企业而言是不同的，并随着条件的改变而变化。一个企业具体外部环境的变化，取决于企业所提供的产品或服务的范围及其所服务的细分市场。波特（Michael E.Porter）教授的“五力模型”是常用的企业具体外部环境分析工具。企业具体外部环境的变化对企业的影响特别明显和强烈，也是企业变革外部原因的主要来源。

3. 顾客需求的变化

在“五力模型”中，其中之一就是顾客（消费者），但是其含义非常狭窄，仅限于研究顾客的竞价能力，仅仅将顾客作为产品的购买者。实际上，顾客不仅是产品的购买者，满足他们的需求是企业经营活动的中心。随着顾客消费观念日益成熟以及市场上产品日益丰富，顾客的要求越来越高。顾客需求日益呈现多样化、个性化要求，这导致了需求的不确定性的提高，同时对产品的性能、质量、价格和交货期等的要求也日益提高，这都要求企业适应顾客需求的变化而变化，且源于这种推动力的变革会日益重要。

4. 企业内部环境的变化

企业内部环境也是处于变化之中的，有些变化对企业而言是有益的，而有些变化对企业而言是有害的，当后一种变化日益积累，成为企业发展的阻力时，变革便是必不可少的。常见的情况有：日益严重的官僚主义、业务流程不顺畅、部门之间冲突加剧、组织僵化、集体利益被严重忽视、缺乏创新和学习等。当这些情况在企业内部出现时，就必须进行变革，否则企业容易被市场淘汰。

5. 突发事件

突发事件具有突然和不可预知等特点，这要求企业能够迅速对突发事件进行反应。上述的变革原因，既有可能为企业发展带来威胁，也可能带来机遇。变革的实施，既可能是在原因显现后实施，这种变革是“弥补性的事后变革”，也有可能是在这些原因尚未显现时实施，这种变革是基于对这些原因未来变化趋势的预测的，是一种“预测性的事前变革”。

（三）企业变革的类型

企业变革的类型一般包括激进式变革和渐进式变革，两者区别见表 11.1。总体上讲，激进式变革是一种由上而下的没有量的积累的质变，渐进式变革是一种由下而上的具有量的积累的质变。按照量变到质变的哲学原理，我们一般认为渐进式变革容易成功，而激进式变革容易失败。

表 11.1　激进式变革和渐进式变革的特点

激进式变革	渐进式变革
• 重大的/根本性的/组织的 • 转变性的 • 非连续性 • 自上而下的	• 细微的 • 递增的/持续的/不间断的 • 自然发生/自下而上

（四）面对变革人们的应对周期

面对企业变革，变革的利益相关者通常会首先说“NO”，其心理变化依次为：拒绝、抵制、愤怒责备、接受、探究和融合，其心理变化的周期如图 11.1 所示。

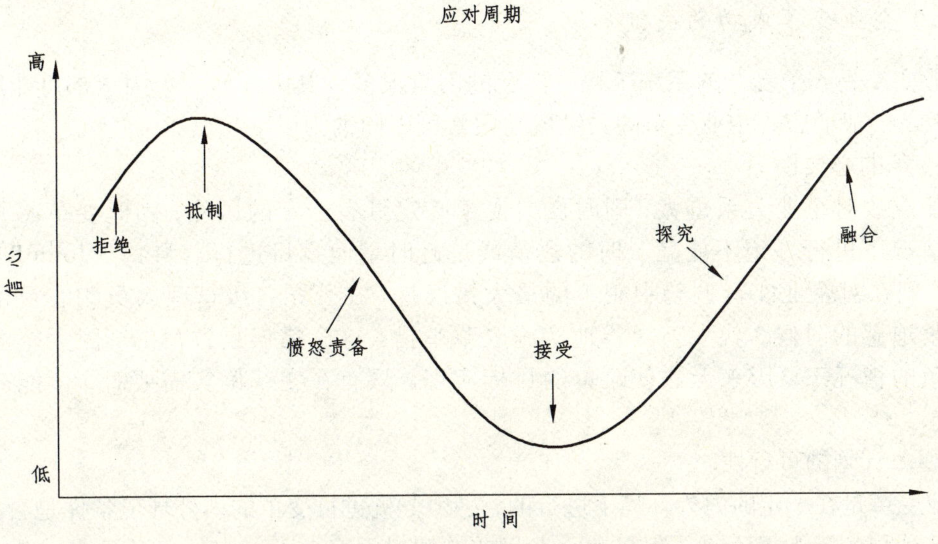

图 11.1　面对变革人们的应对周期

（五）企业变革的抵制和化解

一般而言，面对变革，人们抵制的原因多样化，企业变革领导只有深入了解人们抵制的原因后方可以找到减轻抵制的具体方法，见表 11.2。

表 11.2　抵制原因及减轻抵制的方法

抵制原因	减轻抵制的方法
• 认为是强加于人的 • 认为变革行不通 • 认为变革的理由错误 • 认为别的方式更好 • 不信任提出的人 • 对变革缺乏了解 • 害怕自己受到威胁	• 及早协商 • 不强迫 • 了解不同意见 • 找到抵制原因 • 让大家参与决策 • 沟通、沟通、再沟通

（六）企业变革的阶段

一般而言，基于量变到质变的变革原理，一个成功的变革需要经历三个阶段：解冻，变革和再冻结，如图 11.2 所示。

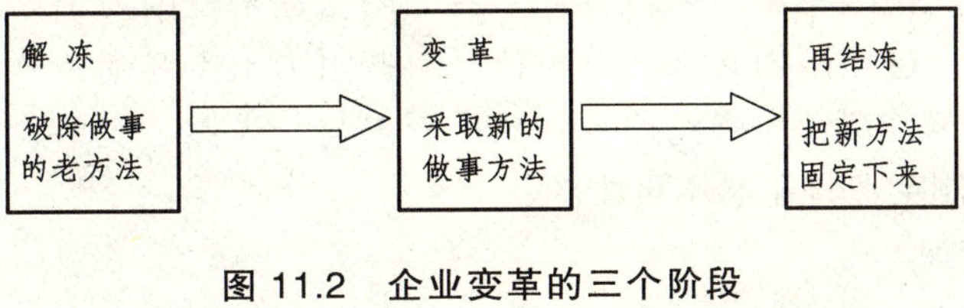

图 11.2　企业变革的三个阶段

（七）企业变革成功的关键

企业变革是一个复杂的系统工程，涉及的因素很多，其中任何一个因素都可能影响到变革的成败。一般而言，企业变革的关键成功因素可以归纳为以下几点。

1. 变革的必要性

变革成败对企业关系重大，同时任何变革必定具有一定的风险，因此变革必须在确实需要的情况下进行，绝不能凭一时的热情或是赶时髦而盲目进行。科特（John P. Koner）认为，人们在对企业实行调整中犯下的最大错误是：在公司各级管理人员和心目中还未形成高度紧迫感的时候，就大刀阔斧地实施改革举措。这个错误是致命的，因为企业在众人极度自负的情况下，历来无法使改革的目标实现。只有在变革确实需要时，才能产生足够的紧迫感。

2. 变革计划的可行性

企业变革是在一定的内外环境下进行的，必须分析进行变革的内外环境条件是否具备。有很多变革计划实际上很不错，但是就企业目前的情况而言，不一定具有可行性，造成这种状况的原因很多，可能源于企业外部环境的制约，也可能源于企业自身资源或能力的不足。如果仅仅追求变革计划本身的完美，而不注重计划的可行性，操之过急，在条件不成熟的时候就实施变革，极有可能适得其反。可以从两个方面应对这种情况：一方面，将变革计划细分成若干个子变革计划，从小做起；另一方面，关注制约变革的外部环境的变化，同时注意积蓄自身资源或能力，弥补不足。

3. 变革能够得到广泛的认同

如果得不到企业大多数员工的支持，变革不可能取得成功。要使变革得到广泛的认同，必须在变革实施之前进行有效的沟通。首先，变革必须在最高领导层内部达成共识：其次，变革要得到中层管理者的支持；最后，变革要得到一般员工的支持。可以设想，最高领导层内部无法达成共识（甚至互相唱反调）的变革是不可能得到广泛支持的；如果不能得到中层管理者的支持，难以想象会得到他们的下属的支持。在就变革进行内部沟通时，不能仅仅局限于“推销变革计划”，还要就变革的目标、范围、方法等各方面的问题进行沟通，这样既有利于确保计划内容的科学性，也能够调动员工广泛参与，而这本身就具有激励作用。

4. 妥善解决变革过程中的问题

变革源于存在问题，而同时，变革本身又会产生问题，变革的量和速度越大越快，遇到的问题也就越多越复杂。其中有些问题在变革之前能够预料到，有些则是不能事先预料的。这就要求企业能够根据企业的战略原则和变革的原则，妥善解决出现的问题。

5. 变革中阻力的化解

变革中的阻力来源于企业员工和企业本身等。企业员工出于担心失去既得利益或者不愿意打破原有习惯，从而拒绝变革。来自企业本身的阻力通常是因为企业内部不同利益集团对变革认识不统一。对于这些阻力必须区分对待，有些阻力出于对变革及其对自身的影响存在误解，这需要进行变革培训，加强沟通，强调广泛参与。当然，变革必然会触动一部分人的利益，因此一定的强制手段也是必不可少的。

6. 变革过程的管理

即使是非常优秀的变革计划，如果不能有效执行，也必定难以成功。在变革计划比较完善的情况下，变革过程中的领导、协调、沟通和激励的效果直接决定了变革的成败。其中尤为重要的一点是，一定要建立一个强有力的、得到最高领导者支持的变革领导小组（团队）。关于这方面的研究很多，这里不作过多讨论。

7. 注重变革过程的文化因素

文化是企业成员共有的价值体系，它是企业成员行为的标准。变革实施过程中，可能遇到文化的强抵触力，重要的是进行有效的疏导，并利用变革的机会在企业中确立新型的文化。这种新型的文化既要适应企业当前发展的需要，也要具有一定的延展性。

8. 变革成果的巩固

变革取得初步成功后，人们容易犯的错误是“过早地庆祝成功”，这个时候也容易失去对“反对势力”应有的警惕，或是忽视变革之后的整合，最终导致变革成果不能得到的巩固，甚至出现反复，导致变革的最终失败。这时需要的是将变革成果及时形成制度，或者使变革成果融入企业文化中，指导企业以后的发展。

二、企业变革管理

（一）企业变革管理的定义

世界著名管理大师，彼得·德鲁克提出：“我们无法左右变革，我们只能走在变革的前面。”“变革是无法避免的事情”。这种观点充分表明，环境是多变的，管理者必须不断地变革管理才能保证企业生存和发展。20 世纪 70 年代到 80 年代，由于美国最大的汽车制造企业——通用汽车公司和联合汽车工会固步自封，放弃变革，日本汽车公司通过变革管理，将日本制造的汽车打入美国市场，短短的 10 年时间，日本汽车在美国轿车市场的占有率迅速上升到 30%。另外，20 世纪 90 年代，瑞士斯沃琪公司在保留原有欧米加、浪琴这些欧洲经典品牌手表的同时，在美国和亚洲新兴市场推出时尚型斯沃琪手表，迅速提高了瑞士手表在新兴市场的占有率，同时通过变革管理，不断开拓市场，成为品牌形象高于日本卡西欧手表的全球知名时尚品牌，挤压了日本电子手表的市场空间。这两个案例说明，变革管理不仅是必要的，而且是紧迫的。世界上任何企业都需要变革管理。

众所周知，“变革可能失败，但不变肯定失败”，因此知道如何变革比知道变革原因和变革内容更为重要。企业变革的核心是管理变革，而管理变革的成功来自于变革管理。变革的成功率并不是 100%，甚至更低，常常使人产生一种“变革是死，不变也是死”的恐惧，但是市场竞争的压力，技术更新的频繁和自身成长的需要要求我们只有不断地改变方可求得组织可持续性的发展。

企业变革管理（Change Management）意即当组织成长迟缓、内部不良问题产生等无法适应经营环境的变化时，企业必须做出组织变革策略，将内部层级、工作流程以及企业文化进行必要的调整与改善管理，以使企业顺利转型，实现可持续性的市场竞争优势。

（二）企业变革管理的对象

在传统的金字塔型组织结构中，组织的成员可以分为管理层和基层员工两类。人们在变革管理的对象方面存在认识的误区，人们通常认为变革管理的对象是企业生产的产品、服务，以及与之相关的流程，变革管理是组织中的人对企业生产的产品、服务，以及与之相关的流程的改进型或创新型管理。另一种看法认为，变革管理是组织中的管理层对包括基层员工在内的产品、服务，以及与之相关的流程的管理，而且这种变革管理是自上而下的。

现在，通过不同企业破产的实例发现，对于变革管理对象的错误认识导致一些企业不思进取，缺乏创新精神，尽管基层员工艰苦奋斗，也难以挽回企业在竞争中失败、导致最终破产的结局。

变革管理的对象应该是管理层、基层员工、产品、服务，以及与之相关的流程，因为在组织中，管理层必须首先认识到变革的重要性、必要性和紧迫性，才能主动变革，这样才能领导组织中的每一位成员积极参与变革管理。在扁平化的组织结构中，由于权力的距离缩短，变革管理才能够有效地实施。

（三）企业变革管理的模式

企业变革管理的模式是动态的，它包括 PDCA 模式、BPR 模式和价值链模式三种。

1. PDCA 模式

PDCA 模式是一种循环模式，也叫戴明环。它包括四个循环往复的过程，即计划（Plan）、执行（Do）、检查（Check）、行动（Action）。首先，确定工作目标和行动计划。然后，按照计划去工作。完成计划之后，再检查计划完成的结果，包括工作质量。接下来处理检查的结果，总结成功的经验和失败的教训，以及需要解决的问题。最后，根据这一轮的经验、教训和发现的问题，重新计划，并启动下一轮的 PDCA 循环。关于 PDCA 模式更加详细的理解请参见本书质量管理章节中相关内容，这里不再赘述。

2. BPR 模式

BPR 模式是美国麻省理工学院教授迈克尔·汉默提出的。企业为了降低成本，提高产品质量和服务水平，应对市场激烈的竞争，满足客户的需求，必须采用流程再造的模式，在流程再造的过程中，企业的效率和整体竞争力会不断提高。

3. 价值链模式

企业的活动包括研发、采购、生产、营销、服务。价值链模式将这些业务层分解成彼此相关的战略性活动，这些活动之间相互连接，形成企业创造效益的业务活动链。在业务活动链中，任何一项业务活动的变革，必将导致其他业务活动的变革，这样才能保证企业活动有效地进行。这种变革的过程是动态连续的，而且是不断改进的。这种模式提高了企业的整体竞争力，使计划、组织、领导、控制的过程更加有效。

（四）企业变革管理的内容

1. 战略变革

转变企业生产经营和长期发展的战略和目标，这是企业变革管理的中心，例如，由于全球数码影像技术的出现，美国柯达公司的消费影像部门认识到胶片技术将走向衰落，公司消费影像的发展战略很快由化工胶片转变为数码影像发展战略，而这种战略变革是在国际市场计算机迅速普及、数码影像产品尚未成熟的环境下实施的。在这种战略变革的前提下，企业长期发展的目标也随之转变，而且导致企业的组织、产品、服务、流程、市场发生根本性变革。企业的战略变革往往具有创新性和革命性。

2. 结构变革

企业组织结构的变革大多是由于内部和外部环境因素引发的。外部因素如市场竞争环境愈加激烈、企业购并重组、客户需要；内部因素，如新产品的生产和营销、技术变革、人的变革。原有的金字塔型组织结构将转变成扁平化结构，企业可以通过改变组织内部结构，改变组织效率低下、人浮于事、沟通困难的状况，从工作的分工、授权、管理层次，以及沟通效率方面进行调整和设计。彼得·德鲁克提出联邦分权制的原则，即由自主管理的产品事业部形成组织。联邦分权制原则可以使管理者的精力集中在经营绩效和成果上，基层管理者的权利扩大，沟通顺畅，便于企业淘汰过时的、效益差的产品和技术，以及不合格的管理者，使企业整体的变革管理更加有效率和有效果。例如，西尔斯公司的副总裁可以管理 100 家分店，而每一家分店都是自主管理的独立单位，分店负责人管理大约 30 位部门经理，每位经理都独立经营自己的单位。每个单位的管理者对本单位的营运和效益全权负责。这种联邦分权制的扁平化管理，可以使每个业务单位的主管有足够的授权，职责明确、分工合理，这样企业可以有效地进行目标和绩效管理。

3. 技术变革

技术变革包括生产技术和管理技术的变革。因为技术变革是由于经济环境发生变化，导致需求变化而产生的，生产技术的变革必然引发管理技术的变革。企业为了取得竞争优势，必须不断研发新的技术和产品，淘汰过时的技术、产品和生产线，这种变革包括产品、技术、品牌，质量的创新，例如，微电子工业研发高处理速度的芯片，汽车制造企业研发新的车型和品牌、纺织企业研发出新的面料等。这些将带来产品的更新换代，甚至企业的转型。从采购、生产、营销到服务的管理内容发生了变化，管理技术必须在组织结构、人员配置、分工授权、沟通的方式、绩效评估、目标定位方面进行变革。

4. 流程变革

传统的管理流程是自上而下的，而变革管理过程中，由于组织结构和技术的变革，流程必然发生变革。按照联邦分权制的原则，由于每个事业部以及下属业务单位的自主管理，管理流程应当由以往串行的流程转变为并行的流程，即单向单渠道的流程转变为交互式多渠道的流程。由于变革管理的过程存在 PDCA 循环和流程再造，且联邦分权制具有扁平化和自主性特点，所以交互式多渠道的流程可以使企业各管理层级之间有效地完成双向沟通，应对来自企业自身的流程变革，以及外界环境的变化，优化资源配置，高效率地完成组织的目标。由于市场竞争的加剧，流程再造要求组织具有灵活性和适应性，这样工作方式和流程的变革是连续的，而且长期处于循环改进的状态。只有交互式多渠道的流程才能应对变革。例如，伊顿（Eaton Corporation）再造其新产品研发流程，各层管理者和员工都参与了产品开发流程的再设计，企业在五年内营业额和利润都大幅增长。

5. 企业文化变革

企业文化是一个企业由其价值观、信念、习俗仪式、处事方式和企业环境组成的特有的文化形象。战略变革、结构变革、技术变革、流程变革势必带来企业文化的变革，企业文化变革的核心是价值观的变革。在企业变革过程中，由于权力差距缩小，以及不确定性的增加，企业文化在文化的维度上发生改变，企业的管理者必须引导全体成员建立新的价值观。落后的企业价值观往往以自我为中心，管理层次繁琐复杂、办事效率低、相互排挤和缺乏信任、个人利益高于一切。在这种背景下，企业无法进行有效的变革。管理者必须为企业建立新的价值观，以团队精神为核心，建立以团队导向、成果导向、相互信任、分工明确、企业利益高于一切的企业文化是企业成功变革的重要保证。

（五）企业变革管理的原则

1. 变革管理中“人性化的一面”

任何重大的变革都会产生“人的问题”：新的管理者被提升，工作内容随之变化，需要学习提高新的技巧和能力，而员工们态度暧昧，甚至可能会有抵触情绪。如果用针锋相对、逐一解决的方式来处理“人的问题”，变革的实施速度、员工士气和最终效果等都会受到影响。这时，高级管理者的首要任务是建立一个领导团队，继而安插核心的职能人员和管理者。这种惯例的变革处理方式应在初期就尽早地发展完善，然后随变革在企业内部的深入，不断地进行调整。这样的方式就好像战略、系统或流程重组一样，需要大量的数据收集分析、预先计划和不折不扣的实施准则。变革期间的管理方式应该被完全地整合到项目设计和决策制度中，因为这两项内容体现并决定了企业战略的方向。变革管理的方式，应该建立在对企业历史、变革前的准备以及容纳变革能力的理性评估之上。

2. 从最高领导者开始

对于企业内部各个层次的员工来说，变革都是容易令人忐忑不安的，当变革即将到来时，所有人的目光都会投向 CEO，寻求来自领导层的力量、支持和指引。领导者们就要身体力行，积极采纳新的方式，给下属们以挑战和激励。他们必须统一号令，并以身作则。领导者们还需要懂得，即便他们在公众中的对外形象是统一的，企业的变革，还是要由那些一个个迥然相异的内部员工们最终完成。

有着紧密协同工作的管理层团队，最容易获得成功。他们的团结形成了一股向心力，引领变革的方向，理解变革将带来的企业文化和员工行为的转变，并在这些变革的领域内身先士卒。只有当领导层团结起来，致力于推进变革的流程，表现出必达目标的决心，变革引起的下游效应才能在员工中间广泛体现出来。

3. 将各个层面的员工都带动起来

当企业的变革项目从初期的制定战略、明确目标，逐渐开展到具体方案设计和实施执行的时候，变革将影响到整个公司的不同层面。在变革的措施中，需要在内部明确指定各级层次的领导者，然后将设计和实施执行的责任层层下放。这样，变革才能自上而下地顺利展开。在公司内部的每一个层面上，经过培训的被指定领导者，必须从公司愿景出发，严格执行自己的使命，让变革落到实处。

某家大型保险公司长期业绩平平，为筹备上市，他们打算实施变革以改善自己的业绩和市场表现。公司在实施变革的过程中，遵循了这种“自上而下的层叠领导力传递”方式，对每个层次的领导团队都给予培训和支持。首先，10 名高层执行官制定总体战略、愿景和目标。接下来，60 多位总监和经理人员进行具体的设计规划。最后，由 500 名左右的基层管理者来主持具体的实施工作。这样，公司的组织结构在实施变革的过程中保持不变，而变革使得员工收入迅速增加到了原来的 2 倍。同时，这个过程也是企业寻求下一代领导者的一个极好方法。

4. 将企业变革正规化

员工天生都是理智的，他们会问，怎样程度的变革才是公司需要的？公司是不是行进在正确的方向上？我们个人是不是值得致力于使转变切实发生呢？他们会向领导层去寻求答案。将企业变革描述成一种正式、正规的重大事件，并将公司的愿景以书面形式公布出来，对于统一领导层与下属团队的思路、促进整体团队协作来说，是非常好的机会。

这个过程可以通过 3 步来完成：首先，正视现实，着重强调变革的重要性；接下来，对公司持续发展的未来和达成目标表现出坚定的信念；最后，为指导变革实施的行动和决策提供一张路线图。领导者们需要针对公司内部的不同受众，用不同的方式传达变革的信息，使得即将到来的变革与企业中的每个人切身相关。

一家包装消费品行业的企业在经历了数年的收入下滑之后，为保持市场竞争力决定在运营上实施一系列的重大变革，包括 30%的裁员。在会议上，公司的领导层阐述了当前的严峻局面，并指明缩减规模是唯一出路。同时，高层管理者从公司数代积累、赖以生存的品牌价值出发，精心构建了有说服力的愿景发展计划。凭借着直面现实的态度，员工充分意识到了变革的必要性，从而使得管理层在实施有史以来最大的紧缩计划之时，仍能够激励内部员工前进，员工们并未因此士气低落，相反，留下来的员工们产生了一种帮助企业继续前进的决心。

5. 培养主人翁意识

主持企业变革项目的领导者，需要在变革期间有超水平的发挥，以一个企业变革倡导者甚至是狂热分子的形象，让大多数员工树立对变革的认同感，而非简单应允甚至被动地接受。主持企业变革，需要高层管理者们拥有主人翁意识，在自己的影响力范围内承担起责任。这就要求他们引导员工发现问题并提出解决方案，同时附以刺激性的激励和回报。激励的形式既可以是物质的（如津贴），也可以是精神上的（如伙伴情谊，与公司同命运的精神）。

一家大型医疗护理机构，准备将行政、支持性部门重组为共享服务式的模式。起初，人力资源部的中层与跨部门的顾问团队设计出了详细的重整方案，然而在方案即将实施之际，却遭到人力资源部高级主管们的抵制，原因在于后者没有参与其中，难以建立起主人翁式的责任感和紧迫感。基于此，重组流程又经历了一次“再深入”，高级主管们和方案设计团队一道工作，切身了解变革的方方面面。经历这个转折点之后，重组计划实施得异常顺利。同时，它还在高层主管间建立起了一个论坛似的交流机制，使得团队感到了前所未有的、同舟共济的精神力量。

6. 及时、有效地沟通信息

在很多情况下，变革的领导者们都容易犯一个错误：他们认为公司里的其他人员也同他们一样，深刻地理解了变革的必要性，看清了变革的方向。然而事实并非如此。

在最佳的变革方案中，必定包含了经常、及时地对核心问题进行重申和阐述。沟通需要自下而上、顺畅地进行，在适当的时候向员工们传达适当的信息，同时征求意见和反馈。一般来说，这可能需要通过多种渠道，进行大量甚至是重复性的沟通工作来完成。

在 20 世纪 90 年代末，美国国税局局长认为，应该将纳税人视为顾客一样对待，将为人忌惮的官僚机构转变为世界级水平的服务组织。但是，想要让超过 10 万名员工转变官僚作风，说来容易做来难，远不止是重新设计系统和改变流程那么简单。国税局的领导者们通过下面的方式完成了这个“不可能任务”。

首先，他们设计并执行了一套详细的沟通计划，局长和高层管理人员每日向下属发送语音邮件、培训计划、相关内容的录像带、内部新闻信件，在市政厅召开全体大会等，用多种方式在变革的全过程中与员工进行沟通交流。及时、持续且有效的沟通是整个计划的核心，它最终使得国税局的顾客满意度从起初在众多调查中的最低水准，提升到目前高于麦当劳和大多数航空公司的水平。

7. 对公司文化进行评估

成功的企业变革计划在自上而下地开展时，会逐渐提升实施速度和强度。因而，领导者在每一个层次上对企业文化的理解和主导变得十分重要。企业在变革期间常犯的错误是，太晚或是从不进行企业文化的评估。彻底地评估企业文化，有助于评价是否为即将到来的变革做好了充分准备，找出主要问题，明确内部冲突。

对企业文化的“诊断”能够确立核心价值、信念、行为和感知，这些都是实施成功的变革所必须考虑的因素。它们作为重新设计企业的基本元素，对于确立新的企业愿景、建设变革所需的基础设施和项目等至关重要。

8. 明确地阐述企业文化

一旦企业文化为员工们所理解，就要像其他信息一样，在变革过程中不断地重申。企业的领导者们应当对自己的文化及其所代表的行为方式心中有数，并找寻机会树立、激励那些体现企业文化的行为。这需要确立一个底线，明确变革所需要的状态和文化，并详尽规划，以推动文化变革。

一家拥有一系列著名品牌的个人消费品公司，意识到当前形势下必须更多地专注于盈利能力和底线的责任职权分配。除了重新设计内部制度和激励机制之外，公司还制定了转变企业文化的系统计划，并从企业的中心地——市场运作开始实施。管理者让市场部的员工在早期就参与变革，这样便形成了一批热衷于公司新理念的员工。他们将新的企业文化应用到市场宣传活动、预算计划和激励项目中，使得责任职权更加明确。看到高层倡导的新理念在项目中的出色效果，其他部门的员工们很快地接受并适应了新的企业文化。

9. 做好准备迎接突发状况

没有一个变革项目是完完全全按照计划、一丝不苟地成功实施的。对于推进变革的高层来说，外部环境瞬息万变，员工们也可能会有始料未及的反应，原先预料会有抵制的地方可能风平浪静，原先以为顺利推进的部分可能会遇到意想不到的阻力。因此，管理者需要对变革的后果、企业的态度和适应力不断地重新评估。他们可依赖实时收集的一手数据信息和坚实可靠的决策流程，随时对实施进行调整，保证变革的动力和效果。

美国一家领先的卫生保健公司，由于不能及时适应市场变化，面临激烈的竞争和庞大的财务压力。公司决定推行全新的运营模式。在具体设计的过程中，董事会任命了新的 CEO 和领导团队。起初，新的领导班子对变革计划心存怀疑，但在确凿的数据和事实面前，他们确信，只要得到了公司绝大多数的支持，变革势在必行。领导层对实施速度和后续工作实时进行调整，此后的领导层更迭也并未影响到新运营模式的本质。

10. 看重与个人的交流

企业变革既是一个组织层面上的再造，也是一项针对员工个人的过程。员工们每周投入数十个小时工作，许多人将同事看做是第二个家庭中的一分子。个人，或是由个人组成的集体，有理由知道他们的工作将如何变革，在变革的过程中和变革结束后公司期望他们做哪些工作，如何评价衡量他们的表现，变革的成功或失败对他们及周围意味着什么。团队领导人在这些方面应该尽可能地坦诚直率，提供诸如升职、赏识、奖金这类明晰可见的回报，这将在推广变革中起到奇效，而革除顽固阻碍者，可以维护、增强组织对于变革的决心。

（六）企业变革管理的步骤

企业变革的核心是创新，而创新的成功来自于变革管理。有这样一句话：变革可能失败，但不变肯定失败。企业变革的产生源自于全球竞争的环境，源自于领导自身变革模型的影响。

企业组织成长缓慢，内部问题层出不穷，外部经营环境变化（全球竞争、环境保护主义、政府管制、机器人在产业链中的突出作用、太空技术等高科技的高速发展），企业面临生存困境，都无不要求企业与周围环境相适应。

“变”是：适者生存，物竞天择。

“变”是：理所当然，情势所迫。

CEO 们只有真正理解变革管理的重要性与紧迫性后，才会掀起一场影响深远的“革命”。

企业变革管理的步骤：

（1）CEO 利用辅助决策机构（智囊团、幕僚班子、合理化建议部门、信息部门、外部性咨询管理专家机构）进行变革内容调研。采集资料，数据形成调查报告。来分析要变革的是企业组织那个环节，哪个关键点，哪个部分。进行企业诊断，确定问题，难题所在。

（2）变革是从上而下的变革。这就必需一个协同作战的领导联盟。领导联盟要由董事会成员、监事会成员，CEO、副总裁，以及部门经理构成。组织成员不要超过 11 人。

（3）变革要循序渐进，不要急于求成。可先做变革试点。先从一个团队、一个部门开始。等有了成效后，再巩固成效，步步为营。

（4）变革管理一定要使员工参与进来。充分利用企业组织内部舆论工具造势（广播，电视，企业内部局域网，报纸内刊，宣传栏），为变革宣传造势，排扰解惑。同时，制造紧迫感与危机感。让员工知道变革的必要性。解释为什么要变革，变革能给员工带来什么既得利益与潜在利益。

（5）组织精干的管理人员走访一些员工家庭。取得员工们的信任，建立一种平等的、及时性的、双向的沟通渠道与反馈机制。

（6）设立变革目标，制定远景规划。针对变革进程中出现的问题与难题，想好对策，制订应急预案，随时修正、补救。

（7）变革管理必须要有奖惩制度。奖惩要及时、公平。奖惩时效不超过 3 个工作日。

（8）变革过程要注重效率与效果。效率是“正确地做事”，效果是“做正确的事”。

（9）要了解变革的阻力在哪里。要注意小道消息对变革不利的影响和非正式组织对变革的阻碍。小道消息如果是负面的，CEO 要抓正确的舆论导向。对非正式组织的核心人员要用“玉米加大棒”化解阻力。

（10）CEO 要构建信任。在我国秦朝时，商鞅变法中的“千金移木”的故事，能给 CEO 在管理上如何构建信任以一种启示。将变革进行到底，CEO 们的事业将蓬勃发展，蒸蒸日上。

第二节　企业变革期的领导力

“乐于坚持并有自我认知，乐于承担奉献和接受损失，忠诚、有耐力并且善于接受挑战”

——Warren Bennis and Burt Nanus，《领导者》

企业面对的一切环境都是变化的。面对变化企业如何进行管理，就是变革管理。变革管理变得越来越重要，企业越来越重视创新。创新不仅仅是技术的创新，还是观念和管理的创新。企业要创新就要进行战略上、结构上和人员上的调整，这一系列的调整都会使企业发生新的变化。企业创新越多，变化就越多，变革管理就越重要。引发变革的原因有很多，从利率变动、消费者需求变化、竞争对手的新举措到团队内部成员的新想法，所有的这一切都可能导致变革。管理者只有了解变革原因后，才可能预先关注这些因素，一旦变革出现也会有所准备，做出正确的应对。

克劳塞维茨在《战争论》中描述道：战争打得一塌糊涂的时候，高级将领的作用是什么？就是要在茫茫的黑暗中，用自己发出的微光，带领着队伍前进。在这个急速变革的年代，领袖的作用丝毫不亚于瞬息万变战场上的高级将领。

无论今天的商业领袖们愿不愿意，都必须面对不确定性和永恒的变化。这似乎正应了一位法国小说家的名言——“改变的事情越多，他们就越是维持不变”。掌握变革是企业领导者必需的技能。

那么在这种由于市场竞争的加剧所带来的企业组织流程再造、价值链再造、管理模式转变、业务流程转变等变革，在这种变革极易夭折的关键时刻，企业的领导者应该做些什么？

一、企业变革对领导力提出了崭新的挑战

企业领导在变革过程中的挑战主要表现在以下几个方面。

(1) 缺乏远景；

(2) 没有正确处理员工的抵触；

(3) 计划不当；

(4) 交流不畅/缺乏交流；

(5) 后续工作不完备；

(6) 过分强调驱动力，导致反抗；

(7) 变革过程中的中断较多，变革不容易被接受；

(8) 企业组织文化长期没有改变，变革的推行较难；

(9) 没有变革成功经验的借鉴。

二、如何完善变革时期的领导力

（一）领导必须更有作为

领导者往往依靠经验来主导变革，而这恰恰容易导致失败。那些曾经给你带来喜悦的经验，可能让现在的你头脑混乱，你越是按照常规逻辑思考，就离正确的答案越远。变革的矛盾之处在于，成功的变革者有时不仅需要你忽略掉优秀管理的准则，还需要有针对性地违反他们。

有效管理一个稳定的组织，需要三种价值的驱使：可控性（时刻了解正在发生的事情并使不可控因素带来的影响最小化），连贯性（一次又一次地得到相同的结果），以及可预见性

(对可控因素进行实时管理，避免意外的发生)。

如果把带领变革比喻为运输产品，那么这个过程就更像是探索未知的地区而不是行驶在高速公路上。我们无法知道一个月后抵达哪里，也无法知道到达那里需要付出怎样的代价，但必须在探索未知地域的同时，继续保持产品运输和利润。

成功企业的领导者往往走在“游行队伍”的最前方，他们希望下属列队整齐、在指挥下步调一致。但这样的变革，只是当员工改变他们的能力和行为，以支持新的价值观时才会发生。他们需要经历学习的过程，因此渐进的变革更好。

当变革之船驶向“深水区”时，新观念和旧看法的冲突，利益既得者和变革“当局”的博弈，都极有可能使变革夭折。鲍尔·考特曾说“变革的成功 70%～90%归功于领导能力，只有 10%～30%来自于管理。”企业领导主要是要透视未来，影响和激励人们实现变革目标。在执行和实施变革计划中，解决变革实施和变革计划之中出现的问题。

企业领导在变革过程之中承担的职能主要有：确定远景及实现远景的策略；通过交流向人们展示变革的美好前景，并使他们紧跟变革的步伐；激励和鼓舞员工；创造变革。要进行变革，团队领导者就需要具有更高的领导才能，并有较强的管理资源的能力，同时变革领导者也要勇于冒险。

（二）战略执行是变革关键

真正强大的，最终能够成功的企业，一定是战略执行做得最好的企业。如果企业制定了很好的战略，却没有很好的执行，仍会导致最终的失败；如果在企业具有很强的战略执行能力和完善的战略管理体系，即使制定的战略不够完善，也可以在执行的过程中不断修正和评估，最终拥有一套优秀的战略，同时保证它的成功执行。

如何使企业战略更好的执行？这需要使用一些量化指标，然后用一张战略图向管理者展示，哪些指标亮了“红灯”，就要急需关注和解决；哪些指标是“黄灯”，需要急需努力和关注，管理者就能够有针对性能，有重点地不断改进。建立一套战略管理流程对于战略的执行绝对重要。推动战略执行的要点如下：

一是战略目标的制定。制定战略目标应当采取协商的方式，一般可由上级向下级下达企业整体的战略目标，并采用工作分解结构（Work Break-down Structure，WBS）方法来分解细化下级各自的具体目标，通过协商为下级创造参与规划的机会，充分调动下级的积极性。

二是战略目标的实施。战略目标分解细化和量化后，变革领导就应该放手把权力交给下级，而自己去抓重点的、关键性的环节。在战略执行过程中应加强检查、监督和控制，否则会使企业偏离战略目标的方向。

三是战略成果的评价。战略执行的最后阶段要进行战略成果的评价，以确认战略目标执行的效率和效果，并与员工个人的薪酬待遇结合起来。变革领导者也可以利用进行成果评价的有利机会，与下级进行意见交流，针对每个人的情况进行具体细微的指导和帮助，推动战略的执行。

（三）获得团队成员的支持和参与

领导力并非只有高高在上的领袖在做决定，而是要发挥公司每一个层面的作用，需要获得团队成员的支持和参与。IBM 就是这样的一个例子。在 IBM 处于低谷的时候，于 1993 年引进了郭士纳作为CEO，他进来之后，想把公司转变成一个E型企业（借助互联网来发展公司业务的企业）。作为领导力的发起人，郭士纳非常有决策力和判断力，当时IBM产生了一个集中的计划，每个人都理解这个计划的目的，公司每一个层面都沟通得很好，在不到五年的时间里，IBM成功转型成为一个E型企业。

只有得到人们的支持，变革才能得以顺利推动。变革中团队领导需要尽量得到干系人和团队成员的支持，以推动变革的发展。在一些变革中团队领导者还必须获得强势人物的支持，如经理或主管资源的人。

赢得团队成员的支持和参与的要诀如下：

（1）明确变革目标，展示变革的理由和利益（描绘变革成功后的美好景象和变革所期待的结果）。

（2）预见反应和反抗，准备好应对的方法。

（3）为每个干系人列出利益清单。

（4）干系人是从不同的角度看待变革，需要告诉他们变革为其带来的诸多利益。

（5）接受反馈，进行商讨，确定变革的最佳时间。

（6）让团队成员参与到变革的计划过程当中。

（7）让每个人了解计划。

（8）直面反抗。

（9）对变革充满热情。

（四）降低团队成员对变革的抵触情绪

减轻抵触情绪的关键是站在他人的角度来思考问题。一旦变革领导者了解了团队成员的心理，从他们的角度理解问题，降低抵触情绪就会有效。例如，给那些害怕自己无法胜任新工作的员工给一些支持和鼓励，或者消除干系人的疑虑，引导他们进入变革的正方向。降低团队成员对变革的抵触情绪，主要关注以下要点。

一是提前与员工商议，解释变革的理由和变革所期望的结果。尽可能地让团队参与变革的诊断调研、计划工作和实施策略，让他们有归属感，使他们充分认识到变革的必要性和重要性；使他们感受到这种变革是他们自己的事，而不是外面或上面强加的；了解到这种变革是为了提升企业适应瞬息万变市场的能力，服务于企业长期的战略目标和员工目标。这样就可以大大减少变革的阻力，把一大部分阻力转化为动力。

二是加强员工培训，推动变革进行。在变革过程中，新的工作、技术、方法和组织结构会对组织成员产生心理压力和负担，必将使其产生抵触和反对态度，阻碍变革的进行。只有加强与组织变革相适应的员工培训才可以破除旧的职业心态。通过培训，增强员工的现代化管理意识，开阔眼界，自觉地认识到改革是一种必然趋势，使员工掌握新的管理方法和业务方法，增强员工的安全感和信心。员工培训，要先从上层管理者做起，逐步推及到中、低级的人员，给予员工以普遍培训的机会。

三是提拔人才，内外结合，推动变革。把具有开拓精神、支持变革的年轻人员提拔到各级领导岗位上来，实行管理人员特别是领导人员的聘任制、任期制和退休制；推行“竞争上岗、优胜劣汰”的用人制度；吸收外部优秀专家来参加组织变革工作，借助外力来推动组织的变革，例如，聘任外部精英来担任企业的“专家团队”，充当“智囊团”等，化阻力为动力。

（五）全面提升企业领导的变革管理能力

1. 开放的变革思维

斯蒂芬·柯维曾说“如果人们心中没有一种信念，就不能进行变革。变革能力的关键是要有一种不变的信念：即始终能够认清自己，并知道自己要做什么和珍视什么。”因此，变革领导者要有开放的思维，能够接受新的想法、不同的观点和可能的解决办法。要想让其他人做出变革，先要在很多方面改变自己，比如在以下这些方面：

假设——找出其他人真正思考和相信的事；

观察——站在别人的立场来看变革的利与弊；

风格——少说多听；

态度——对变革持开放态度，海纳百川，兼收并蓄。

2. 灵活的领导作风

变革领导者要灵活地对待不断变换的环境、人们的观点和领导别人的方式。变革领导者要根据下属的能动性和任务（环境）的紧迫性来进行权变的变革管理。企业领导在变革管理中的五种不同的领导作风见表 11.3。

表 11.3　企业领导在变革管理中的五种不同的领导作风

风　格	包括内容	适用范围
命　令（强制或指令）	没有商量就告知他人要做什么	紧急情况/危机境遇；当你不得不实施上层强加变革时
说　服	指出这一想法的益处，希望得到别人的同意	向你的干系人和团队介绍变革目的
协　商	做决定前考虑一下他人的想法	找出人们对变革目标的反应；做决定前收集信息、听取意见；获得解决问题的办法
参　与	同他人一起工作	适用于变革的任何阶段，例如共同确定变革目标，计划和实施变革可能用于持续性变革
授　权	把任务交给一个人或一个小组	在变革的过程中把任务分配给有适当的技术、专业知识或支持变革的人，但是记住你要对最终结果负责

任务是否紧迫？任务越紧迫，与人商议的时间就越少，越可能采取命令的方式。

反对意见的多少？反对意见越多，越需要与人商议，找出解决办法，传达变革带来的利益。

团队的技能和经验如何？团队的技能和经验越丰富，授权的成功性就越大。

人们的积极性有多高？人们的积极性越高，使用商议、参与和授权的效果就越好。

领导喜欢的风格与组织内一贯的领导风格是否适应？领导喜欢的风格与组织内一贯的领导风格相差得越远，实施时的困难就越大。

3. 能够激励和影响他人

变革领导者需要有正义感、热情、乐观，有时还要有激情。变革领导者激励他人需要重点关注以下三个方面：

一是尽量不要批评、指责和抱怨员工；

二是要真诚地赞扬和欣赏员工；

三是要引起员工内心迫切渴望的需要。

变革领导者通过树立榜样引导他人、通过倾听他人的想法和互换立场考虑得失以及接受意见等，建立自己与团队成员和干系人间的信任关系。

另外，变革领导者还需要采取主动的方法，将自己的想法传达给其他人，特别是传达给团队成员和干系人。了解他们在变革中的利益和对变革的反应，就能找到变革中对他们有利的方面从而减少他们对变革的抵制。

4. 具有恒心和毅力

前进的道路不可能是一帆风顺的，总会遇到困难的阻挡，而到这时，变革领导者是选择畏缩退避还是勇往直前呢？而那让他最终一直走下去的法宝是什么呢？那就是毅力！英国小说家狄更斯说过："顽强的毅力可以征服世界上任何一座高峰。"居里夫人也曾说过："人要有毅力，否则将一事无成。"毅力和壮志是事业的双翼，两者缺一不可，如果你没有坚韧的毅力，你的事业就会像雄鹰断了一个翅膀一样，不可能展翅飞翔，不可能遨翔出你的一片天空，所以毅力是你事业成功的根本保证。变革领导者即使在矛盾重重、无路可走的艰难时刻，仍要继续坚持，只有这样，变革领导者才可以走出困境而迈向成功。

5. 交流沟通

索尔·阿林斯基曾说："变革意味着运动，运动意味着摩擦。只有在无摩擦的、不存在的真空世界中运动或变革才不会引起摩擦和矛盾。"因此，变革领导者需要学会交流沟通，正如莫里斯所说："沟通要及早、清晰、时常和真诚"。提升变革领导者的交流沟通技能需要切实关注以下三个方面：

一是积极倾听他人观点，学会沟通三行为——"听、问、说"；

二是提出问题与人们讨论，引导信息并对他们的观点提出质疑；

三是提倡、宣扬团队和干系人对变革的支持。

6. 处理困难局面的能力

变革领导者在变革过程之中，不可避免地会面临并需要处理冲突和难题。处理困难局面的艺术主要有：

一是记住你的目标是寻找解决方法，而不是指责某一个人。指责即使是正确的，也会使对方顿起戒心，结果反而使他们不肯妥协。

二是不要用解雇来威胁任何人。变革领导者说过头的威胁妨碍调解，没有付诸实施的威胁使其也会失去威信，人们再也不会认真看待他所说的话。

三是区别事实和假设。变革领导者应消除任何情感因素，集中精力进行研究，深入调查，发现事实，这将有助于找到困境的根源。

四是坚持客观的态度。变革领导者担任调停者的角色，聆听员工对冲突和难题的真实意见和建议，从而实现客观、公正地解决困难局面。

7. 终身学习

变革领导者需要从自我做起，构建终身学习体系。终身学习包括广泛接受新思想、新办法，并愿意进行学习。变革领导者的终身学习需要注意以下几个方面：

冒险——愿意改变自己舒适的现状；

谦虚的自我反省——真实评估自己的成功和失败；

听取意见——从他人处获得信息和想法；

认真倾听——学会沟通三行为“听、问、说”；

吸收新的想法——用开放的思维探寻生活。

由此可见，变革领导者在变革过程中需要倾听、解释、传递信息、提出挑战、提出要求、塑造形象、协调、实施和努力前进等。而且还需要根据团队成员各自的特点，提供相应的支持和鼓励，为每个成员安排好适当的任务，这样的变革进行过程中，才可以得到团队成员的积极参与，变革的成功才更具有保障。

【课后思考题】

1. 请简述企业变革的定义。
2. 请简述企业变革的原因。
3. 请简述企业变革的类型。
4. 请简述面对变革时人们的应对周期。
5. 请简述企业变革的抵制和化解。
6. 请简述企业变革的阶段。
7. 请简述企业变革成功的关键。
8. 请简述企业变革管理的定义。
9. 如何理解企业变革管理的对象?
10. 如何理解企业变革管理的模式?
11. 如何理解企业变革管理的内容?
12. 如何理解企业变革管理的原则?
13. 如何理解企业变革管理的步骤?
14. 请简述企业变革对领导力提出了哪些崭新的挑战?
15. 如何理解变革时期领导力的完善?
16. 如何理解全面提升企业领导的变革管理能力?

中 篇

案例篇

案例一　北京松下的事业计划

【学习目标】

本案例旨在让读者了解和掌握企业计划的制订及其执行。

北京松下彩色显像管有限公司（以下简称北京松下）是中外合资企业，自建成投产以来，北京松下以良好的经营业绩确立了在我国工业界的地位。曾经连续多次被评为全国“三资”企业中高营业额、高出口额的十大“双优”企业。

北京松下高度重视计划工作，他们常说：“制定一份好的计划就意味着工作完成了一半”“什么是管理，执行计划就是管理”。公司对职员考核的五条标准中，一个重要标准就是制定计划的能力。

每年年初，公司总经理都要召开一年一次的经营方针发表会一制定计划，设定公司该年度的努力目标。根据公司的经营方针，各部门都要有该年度的活动经营方针，都要制定该年度的活动计划，设定目标。制定计划的目的在于推动以目标管理为中心的事前管理，克服无计划的随机管理。公司总经理曾经形象地说：“等着了火再去泼水傻瓜都会，管理的责任在于防止火灾的发生。”

北京松下最具代表性的就是推行“事业计划”。它的编制往往始于该财政年度的前几个月，其内容包括：生产、销售、库存、设备投资、材料采购、材料消耗、人员聘用、工资基准数等一系列详细计划，并以此为前提的资金计划、利润计划和资产负债计划。“事业计划”的一个特点就是以资金形态来表现计划的严谨性，计划的详细程度大于决算的详细程度。“事业计划”来自于全体职工的集体智慧，其中的“标准成本”“部门费用预算”等，使职工们看到各自的岗位与经济责任。总之，“事业计划”制的实施大大地加强了企业从投入到产出经营活动的可控性，指明了全体职工为实现经营目标而协调努力的方向。

北京松下不仅注重计划的制定，更注重计划的实施情况并予以检查确认，提出改善措施环节。在北京松下它被称为“把握异常”与“防止问题再发生”，这是日常管理的基本点与着眼点。公司经常强调要有问题意识，就是说在制定计划的时候能否事前预计到种种问题的发生，问题发生时能否及时正确地处理。北京松下的口号是：问题要预防在先，一旦发生了，要努力使同样的问题不发生第二次。工作今天要比昨天好，明天要比今天强。

问题：

1. 你对“制订一份好的计划就意味着工作完成了一半”“执行计划就是管理”这两句话如何评价？

2. 说明北京松下事业计划的类型。

案例二　不同命运的三家啤酒厂

【学习目标】

本案例旨在让读者了解和掌握企业战略的制定和实施。

20 世纪 80 年代以来，在我国北方某大城市，人们主要饮用白酒，啤酒消费量不高。20 世纪 80 年代以后，随着人们生活水平的提高，啤酒消费量开始迅速增长。到 20 世纪 80 年代末，该市已有啤酒厂 11 家，其中七星啤酒厂、北京啤酒厂和燕都啤酒厂三家企业占据 90%的市场份额，各自的市场占有率分别为 40%、30%和 20%。七星啤酒厂创立于 20 世纪初，是闻名全国的老字号。北京啤酒厂成立于 20 世纪 70 年代初，与七星啤酒厂一样，同为市里的国有中型骨干企业。燕都啤酒厂则是进入 20 世纪 80 年代后诞生的乡镇企业。到 20 世纪 80 年代末，三家企业中，七星啤酒牌子硬，底子厚，为当然的龙头老大；北京啤酒根正苗红，实力也不弱，排行老二；燕都啤酒排行老三，因为出身的原因，当时在人们的印象中，多少带有一些乡土气息。从 1985 年以后，这三家企业走上了三条不同的发展道路。

七星啤酒厂由于其品牌优势，一直被公认为业界巨人。利用其品牌优势，七星啤酒厂走了一条联营之路，到 1990 年，其在全国的联营伙伴已达 30 多家。联营最初几年，着实是风光了一阵。既不用扩建厂房，也不用增加投资，一张小小的商标就能引来白花花的银子，但因联营厂家良莠不齐，啤酒质量难以保证，顾客投诉频起，七星啤酒厂此时已无力控制局面，一时间经营业绩暴落，传媒也由过去的笑脸变为冷面。七星啤酒厂面临着有史以来的最大困境，1995 年其市场份额已不到 10%，企业负债累累，职工士气也跌至谷底。

与七星啤酒厂相比，北京啤酒厂比较沉稳谨慎。其产品宣传上着重突出“高雅、高贵、高档”的“三高”特点，在宾馆、酒店及一部分高收入人群中站稳了脚跟。回顾该企业几年来的历程，应该说是稳重有升、有所开展。但从全行业急剧膨胀的该市来说，其业绩并不令人十分满意，尽管绝对规模较以前扩大不少，但因目前市场容量有限，市场份额只有 20%，而且近几年国外品牌纷纷抢摊我国市场，北京啤酒厂感到了前所未有的威胁和压力。对于今后的战略，最高管理层必须做出抉择。

燕都啤酒厂则是一颗耀眼的新星。十几年来该厂坚持“以优质创品牌，以份额求发展”的经营战略，一方面通过改进技术、设备和狠抓管理来提高产品质量；另一方面则通过扩大规模来降低成本，扩大市场份额。在前几年的“联营热”中，决策层始终保持清醒的头脑，采取了通过兼并、收购其他弱小企业来扩大自身规模的策略，努力使规模稳居全国同行业前列。如今，燕都啤酒已成为最受消费者欢迎的品牌之一，其市场占有率已超过60%。

问题（单项选择）：

1. 从七星啤酒厂由胜而衰的过程中，我们可以看出（　　）。
   A. 品牌无影无踪，说倒就倒，不能作为资产来考虑
   B. 品牌可以看做资产，但贬值极快
   C. 品牌只能带来短期利益，不能作为长久打算
   D. 品牌是一种特殊的资产，必须加以精心呵护
2. 北京啤酒厂最有可能奉行的是哪种战略（　　）？
   A. 无差异战略　　B. 密集性战略
   C. 差异性战略　　D. 收缩性战略
3. 下列哪一项最有可能是七星啤酒厂陨落的主要原因（　　）？
   A. 技术落伍　　B. 质量管理不力
   C. 联营策略不当　　D. 领导能力不足
4. 燕都啤酒厂所奉行的最有可能是哪种竞争策略（　　）？
   A. 无差异战略　　B. 差异性战略
   C. 密集性战略　　D. 难以判定
5. 从啤酒高份额的变化来看以下哪一种说法是正确的（　　）？
   A. 消费者在品牌面前具有“喜新厌旧”的特点
   B. 品牌并无实际意义，当然还得看管理水平
   C. 消费者对品牌的忠诚不是无条件的
   D. 品牌当然是越老越好
6. 七星啤酒厂走出困境的当务之急应当是（　　）。
   A. 开展全面质量管理，提高产品质量
   B. 做好思想工作，提高职工士气
   C. 调整经营战略，重塑企业形象
   D. 改换产品品牌，消除不良影响
7. 北京啤酒厂如果要进一步发展，应当优先考虑（　　）。
   A. 寻求联营，扩大规模
   B. 实行多角化经营，进入其他领域
   C. 改变经营战略，调整市场目标
   D. 引进先进设备，建立技术优势
8. 燕都啤酒的成功说明（　　）。
   A. 战略选择是赢得竞争的重要因素　　B. 产品成本是赢得竞争的重要因素
   C. 产品质量是赢得竞争的重要因素　　D. 广告宣传是赢得竞争的重要因素

案例三　娃哈哈的一步险棋

【学习目标】

本案例旨在让读者了解和掌握影响企业决策的机遇和风险。

1994 年，长江三峡开始施工，但也同时产生了一个难题，就是百万移民如何安置，这是全国瞩目乃至举世瞩目的难题。

1994 年 8 月的一天，娃哈哈集团的老总宗庆后随着一支由浙江省副省长带队的浙江省政府及企业对口支援代表团来到了三峡库区——有着 2 000 多年历史的涪陵市。在三天考察时间里，宗庆后天天忙碌于考察涪陵工厂，调查了解涪陵的交通、工业生产能力等。三天后，宗庆后提出了一份计划：娃哈哈同意在涪陵合并三家当地特困企业，投资 4 000 万元组建娃哈哈涪陵分公司，初步决定上矿泉水、果奶、罐头食品、保健酒等四个项目。

为增加杭州干部对涪陵公司的感性认识，宗庆后回杭州后组织了由近 20 名中层干部参加的队伍考察了涪陵。涪陵自然条件恶劣，公路崎岖，生产条件艰苦，配套生产落后，而且当地人的思想观念也很落后，还停留在计划经济阶段，所有这些都令前往考察的干部们大为踌躇。回到杭州后，大部分干部都反对这个项目，“到穷地方来背个大包袱，风险太大”，“弄不好前功尽弃，也拖累整个集团的发展”。反对意见充斥在宗庆后的耳边。

宗庆后知道干部们的反对有一定道理：涪陵境内的运输不畅；劳动力虽然便宜，但是就业观念、纪律观念淡薄，对现代企业的快节奏、高效率还不适应；三家特困企业厂房破落，恢复生产代价很大。更大的问题在于杭州与涪陵相隔千里，指挥协调及其不便，而公司干部还没有在外独立工作的经验。总的来说，风险确实很大。

然而，宗庆后认为这个项目有很多有利条件，主要理由如下。

（1）政策优势。

对口支援、对口扶贫，是我国的国策，政府一定会给予有利支持，贫困地区发展经济的愿望比发达地区更强烈，国家也会给予贫困地区十分优惠的政策扶持，涪陵政府尤其有合作的诚意。

（2）企业发展的需要。

在涪陵建厂，可以实现销地产，进一步占领西南大市场，实现跨省经营，为将来形成跨国集团公司打好基础。

（3）可以培养出一支能够独当一面的干部队伍。

（4）可以树立良好的企业形象。

权衡利弊，宗庆后最终决定上涪陵公司这个项目。

问题：

1. 宗庆后所做的决策是什么性质的决策？为什么？
2. 他的决策依据是什么？

案例四　丝佳公司的战略选择

【学习目标】

本案例旨在让读者了解和掌握企业的战略选择。

丝佳公司是一家以生产牙膏为主的企业。最近，公司召开了一次高层管理会议，重点讨论公司的中期发展战略。总经理高先生强烈主张公司应积极扩展新的业务领域。他认为，随着时间的推移，丝佳公司的销售额和市场占有率将很难再有所提高，但几个主要股东不会满意这中低增长，他们已经习惯了丝佳在前几年的高增长。因此，高总经理不同意单纯在现有基础上扩充公司主业规模的主张。

高总经理在会议上这样分析："根据我所掌握的资料，我公司目前的主业市场需求将趋于稳定，但是有两点我们必须注意：第一点，在过去的一年中，我们的主要市场新增了三家竞争对手，而且估计还会有三家将在不久加入到我公司的主业中来。尽管这些现实的和潜在的竞争者在其目标市场选择上避开了与我公司完全重合，但他们迟早会直接或间接地对我们形成冲击。据我所知，其中有两家公司正在筹备进口国外设备，通过扩张生产规模而降低单位成本，估计两三年后国内牙膏市场将出现一轮新的价格战。这肯定将影响我们的业绩。所以，高价格和高利润的时代已快过去了。在我看来，从现在起，我们必须将面对严酷的竞争。第二点，现在国外一些发达国家已开始流行一种漱口液，这种漱口液不仅具有牙膏的功能，而且具有清洁喉部的功效。另外，这种漱口液产品不需要使用牙刷，用起来很方便，我估计用不着很长时间，国内各个城市的白领阶层将接受这种产品。毫无疑问，这将对我公司的事业形成直接冲击。因此，我认为我们应该从现在起开始考虑我们的主业调整，而决不能再像以前那样，对牙膏产品经营维持那么高的投入。"

会上，大家非常认真地听取了高总经理的报告，但是最后并没有完全采纳他的意见。许多人不是不同意高总经理的意见，而是担心对于公司主业的调整一旦没有计划设想的那样顺利，那么，公司的效益下滑将超出员工可以接受的范围。大多数人觉得比较稳妥的做法是分两个方面同步进行；一方面，稳住牙膏这一主产品的经营；另一方面，积极着手寻找新的经营领域。高总经理也接受了这样的建议。

高总经理认为，在牙膏市场上，为迎接公司即将面临的激烈竞争，必须设法进一步扩大市场。一方面，对现有市场进行渗透，设法鼓励顾客多使用丝佳公司的产品；另一方面，选择农村等市场进行开发。在对主市场的渗透方面，高总和公司其他高级主管经过反复研究，提出了下列三项基本策略。

第一，强化促销行动，准备与当地政府以及有关医疗机构联合，在全国各大城市开展宣传活动。估计全部宣传活动结束以后，可增加销售额 1.12 亿元、利润 2 300 万元。

第二，改变产品保证，分别针对单身用户、两口之家、三口之家以及四口以上的大家庭推出不同的牙膏组件，以刺激人们更多地消费牙膏。这样一来，估计可增加 9% 的年销量。

第三，执行差别价格策略。据市场研究部门估计，在各种用户群中，三口之家对降价是最敏感的，降价 5 个百分点可导致增加大约 10 个百分点的利润。

以上三种策略，成功的概率各有不同。高总经理等人估计，第一项策略的成功率有60%，而第二、三项策略成功的可能性分别为35%和70%。

在新市场开发方面，高总经理等人最终确定，以城市人口中 55～65 岁的消费群为目标市场，推出一种有固齿功效的需要，而目前国内市场上还没有对应的产品。高总经理决定尽快将新产品投放市场。

问题（单项选择）:

1. 如果不考虑股东的偏好，那么下列哪一项措施最适合丝佳公司的经营条件（　　）?
   A. 按照高总经理的意见，立即调整公司的主业，收缩乃至放弃目前牙膏的生产经营
   B. 保持牙膏产品的经营，但要加强对产品特色的宣传，同时寻找新的经营领域
   C. 按前几年的策略继续发展下去
   D. 保持牙膏产品的经营，同时做好打价格战的准备
2. 在市场渗透和市场开发的策略分析种，丝佳公司面临的决策问题分别属于哪种类型（　　）?
   A. 追踪决策和初始决策　　B. 初始决策和追踪决策
   C. 都是追踪决策　　D. 都是初始决策
3. 站在丝佳公司的立场上，高总经理对城市白领牙膏消费潜力的判断是（　　）。
   A. 中性的　　B. 乐观的
   C. 悲观的　　D. 不定的
4. 如果丝佳公司的新产品开发取得成功，那么该企业的替代品威胁将有什么变化（　　）?
   A. 变大
   B. 变小
   C. 无法判断
   D. 不会改变，因为替代品威胁的情况与新产品开发的成败无关
5. 关于丝佳公司为进行市场渗透设计的三项策略，下列哪种说法是不准确的（　　）?
   A. 三项策略均有一定的风险　　B. 第二项策略风险最大
   C. 第三项策略风险最小　　D. 第三项策略风险最大

案例五　巴恩斯医院

【学习目标】

本案例旨在让读者了解和掌握企业组织结构。

10月的某一天，产科护士长黛安娜给巴恩斯医院的院长戴维斯博士打来电话，要求立即做出一项新的人事安排。从黛安娜的急切声音中，院长感觉到一定发生了什么事，因此要她

立即到办公室来。5分钟后，黛安娜递给了院长一封辞职信。

“戴维斯博士，我再也干不下去了，”她开始申述：“我在产科当护士长已经四个月了，我简直干不下去了。我怎么能干得了这工作呢？我有两个上司，每个人都有不同的要求，都要求优先处理。要知道，我只是一个凡人。我已经尽最大的努力适应这种工作，但看来这是不可能的。让我给举个例子吧。请相信我，这是一件平平常常的事。像这样的事情，每天都在发生。

“昨天早上7：45，我来到办公室就发现桌上留了张纸条，是杰克逊（医院的主任护士）给我的。她告诉我，她上午10点钟需要一份床位利用情况报告，供她下午在向董事会作汇报时用。我知道，这样一份报告至少要花一个半小时才能写出来。30分钟以后，乔伊斯（黛安娜的直接主管，基层护士监督员）走进来质问我为什么我的两位护士不在班上。我告诉她雷诺兹医生（外科主任）从我这要走了她们两位，说是急诊外科手术正缺人手，需要借用一下。我告诉她，我也反对过，但雷诺兹坚持说只能这么办。你猜，乔伊斯说什么？她叫我立即让这些护士回到产科部。她还说，一个小时以后，她会回来检查我是否把这事办好了！我跟你说，这样的事情每天都发生好几次的。一家医院就只能这样运作吗？”

问题：

1. 有人越权行事了吗？如果有请指出。
2. 这个案例涉及直线职权、参谋职权，请问他们分别是什么？
3. 如何处理直线职权和参谋职权的关系？
4. 如果你是院长，你会如何处理？

案例六　重组中的木材公司

【学习目标】

本案例旨在让读者了解和掌握企业组织设计的合理性。

近几年来，匹克木材公司获得了大幅度扩展。可它在20世纪初创业时不过是美国西北部的一个小型锯木厂（作坊），后来，得到了森林地，开始建造越来越大的厂房。到了20世纪70年代，它已成为世界上一个最大的木材制品公司。可是，在整个70年代和80年代初，由于住房和商业建筑价格大幅度地降温，公司不得不勒紧它的裤带。这意味着公司总部，还有其销售部门、胶合板厂，都要在组织结构上大大的调整一下。公司在威斯康星州的胶合板厂，生产过程已经大大自动化，但厂里职工的工作岗位却基本上还是50年代的样子。人事部经理对剥皮车间工作岗位的设置有新的打算。在过去，那里有不少分工非常细的手工活：一个工人浸泡原木，一个工人翻滚原木，然后第三个工人剥离树皮，再由一个工人把原木转移到位，等等。而现在，全部过程都在一个大盆里进行，由一个操作工在控制塔里操纵，运来的原木会沿着输送带逐一完成各道工序。只需给那个操作工配备两个非技术工人就够了，在他的指挥下，他们把可能阻塞加工里程的不到位或卡在一起的原木拨正或松开即可。对那个操作工来说，他比以前需要更多的知识、技术，也负有更大的责任。不过，对另外两个工人来说，除了像以前那样又脏又要担点风险外，只保留最起码的一点技术就行了。

匹克木材公司在它的顶峰时，颇为自己公司总部的工作效率而自豪。堆积如山的文件里详细记载着成千上万个客户与所需产品之间的关系。工厂将产品生产出来后便运往各地区仓库，由它们在指定的区域内向各自的客户提供服务。再说，公司总部的所有记录已输入电脑数据库，可以随时调取。在匹克木材公司的重组计划中，针对全国六大地区设立了地区经销办事处（营业所），每个办事处都有电脑直接与中央数据库联网。

罗恩是匹克木材公司的总经理，他希望维持公司管理系统运作上的连续性。他坚持，他的指示要逐级下达，使每一个管理层次都清楚明了公司新的政策与工作程序。

总经理把产品销售的责任委派给一位市场经营的副总经理，由他负责所有的地区经销办事处。不过，由于销售收入对财务资金至关重要，总经理指示地区经销办事处的经理把每天的销售情况直接向公司总会计师汇报。那位负责市场经营的副总经理经常在傍晚时亲临观察，而总会计师米尔斯认为不必如此，因为她不得不关照那些地区办事处的经理们应该把精力放在明天打算干什么。有时候，她的指示与那位副总经理的吩咐相左。

匹克木材公司在重组结构上货真价实的效益是减少了管理的层次，许多中间管理层再也不见了，留下的经理们精神抖擞，结果呢，每个人比以前照看更多的业务。

在威斯康星州的那家厂里，设立了一个质量控制部门，检查几道关键工序，以防最终产品出毛病。质量控制部门的经理几次想把运行中的流水线停下来，而生产部门经理总是不肯这样干，结果出了次品，不能出厂，利润受到严重损失。

为了解决类似问题，匹克木材公司的总经理派了一个工作组，由米尔斯牵头，从公司的工程部、质量控制部、生产部、采购部和销售部抽出一批专门人才，暂时脱离日常业务，去参加工作组的调查。

问题（单项选择）：

1. 胶合板厂的剥皮车间调整了工作岗位设置，让两个非技术工人配合一个操作工工作。对那个操作工来说，这意味着什么（　　）？

   A. 部门划分形式的变化　　B. 组织集权化了

   C. 工作专业化了　　D. 工作扩大化了

2. 在剥皮车间的新安排中，那个操作工的岗位更重要了。这是通过什么途径来实现的（　　）？

   A. 扩宽了工作范围　　B. 增强了工作的责任

   C. 扩大了工作的权限　　D. 以上三者均有

3. 在公司总部，为积累客户与产品之间关系的记录和材料而设立某个专门的部门，这个部门是以什么为部门化依据来设置的（　　）？

   A. 职能部门化　　B. 产品部门化

   C. 地区部门化　　D. 顾客部门化

4. 总经理要求他的指示要逐级下达，这里强调了什么原则？地区经销办事处的经理们被要求向总会计师汇报每天的销售情况，总会计师也直接向享受经理们发出指示，这又违反了什么原则（　　）？

A. 分别为指挥链原则和管理工作分工原则

B. 分别为指挥链原则和统一指挥原则

C. 分别为统一指挥原则和职能职权原则

D. 分别为同意指挥原则和集权与分权想结合原则

5. 某地区经销办事处经理接到一客户的紧急特殊售后服务要求，需要胶合板车间派工人来帮助，其沟通经过了这样一条路线：销售经理——市场经营副总经理——总经理——制造副总经理——胶合板车间主任——某工人。这是采用了何种沟通渠道（　　）？

A. 上行沟通　　B. 下行沟通

C. 纵向沟通　　D. 斜向沟通

6. 匹克木材公司通过重组减少了管理层次，这意味着管理或控制幅度和组织结构形态各自发生了什么变化（　　）？

A. 幅度扩大，结构扁平化　　B. 幅度扩大，结构高耸化

C. 幅度缩小，结构扁平化　　D. 幅度缩小，结构高耸化和集权化

7. 不管生产部门经理的感觉如何，质量出了毛病就要将运行中的生产线停下来。为此，质量控制部门的经理需要有（　　）。

A. 建议权

B. 共同决定权

C. 职能职权

D. 以上三者都不足以确保质量控制部门经理在需要时停止生产线作业

案例七　忙碌的生产部长

【学习目标】

本案例旨在让读者了解和掌握企业生产管理中的领导艺术。

金星公司是南部一家专门生产住宅建筑上用的特殊制品的合资企业。王雷是该厂的生产部长，他的直接上级是公司总经理。张立是装配车间的主任，归王雷领导。张立手下有 7 名工人负责装配住宅中的各种用锁。

夏季的一天下午，公司总经理打来电话对王雷说：“我们受到好几次客户投诉，说我们的锁装配得不好。”王雷对此事很快作了调查，然后来到总经理办公室，向上司汇报说：“我可以放心地跟你说，那些蹩脚的锁的装配，没有我的责任。那是装配车间主任张立的失职，他没有去检查手下的工人是否按正确的装配程序工作。”

王雷同时向总经理汇报了他在这个星期所做的几件重要工作：① 对工厂的下半年生产进度与人员使用作了初步安排；② 在装卸码头指导搬运工人们使用一台新买的起重机；③ 对一位求职者进行面试，填补厂里质量管理职位的空缺；④ 包装生产线上一位操作工去看病，他顶班在生产线上干了大半天；⑤ 将生产系统中有关人员间的关系做了一点调整，让工程师们以后直接向工厂的总监汇报工作，不必再通过总工程师；⑥ 与总会计师一起查阅报表，检查厂里上半年的经费开支和生产情况。

王雷向总经理出示了他摘录的几项数字记录，见表 1。

表 1　摘录的数字记录

	上半年实际	下半年实际
1. 经费开支		
设备维修与折旧	1 000 万元	
水电等公用事业费	100 万元	
电脑使用与信息费	300 万元	
原材料	10 000 万元	?
其他生产用品	500 万元	
工资	6 000 万元	6 100 万元
现金开支	100 万元	
总支出	18 000 万元	
2. 生产结果：		
总产量	2 000 万件	1 900 万件
其中：报废品	200 万件	50 万件
合格品售价	10 元/件	10 元/件
3. 利润额：	?	?

王雷还向总经理说明了他个人对企业盈利情况的分析。他认为目前的形势已不容乐观，所以他计划下半年要在监督和激励工人方面再下点功夫，宁可多花点钱，也要确保将废品控制在 50 万件以内，不过总产量也许会跌到 1 900 万件。他估算了一下，劳动力成本会从 6 000 万元上升到 6 100 万元，但原材料耗费自然会随着报废品的减少而降低，其他开支保持不变。王雷认为，采取这一措施是明智的，因为它在预期的开支与看来可能达到的成果之间是均衡的，因此，此举将使企业盈利状况得到改善。王雷将自己的计划意见交给了总经理，由他定夺是否采取新的方案。

那天从总经理那里汇报回来，王雷抓紧时间半妥了几件事：一是与工会处理了一桩劳资纠纷；二是向厂里的基层管理人员解释了在工伤赔偿政策上打算作哪些改动；三是同销售部经理讨论了产品的更新换代问题；再是打电话给一家供应厂商，告诉他们有一台关键的加工器坏了，无法修理，请他们速来换一台；最后还考虑了如何改进厂里的制造工艺。待办完这些事，他一看表才知道早已过了下班的时间。

问题（单项选择）：

1. 王雷和张立分别是这家企业哪一层次的管理人员（　　）？

   A. 高层和中层的　　B. 中层和基层的

   C. 高层和基层的　　D. 都是中层的

2. 关于锁的装配不善问题，公司总经理应该首先责成谁负起最终责任？这依据的是什么原则（　　）？

   A. 装配车间主任，监督职责明确原则

   B. 装配车间的工人们，执行职责明确原则

   C. 生产部长，责任的不可下授原则

   D. 依据责权对等原则，没人该对此负责

3. 王雷向总经理汇报说他这星期做了几件重要的工作，请在下列空格里依次写下这些工作所体现的活动或职能性质：

   A. ________________　　B. ________________

   C. ________________　　D. ________________

   E. ________________　　F. ________________

4. 依据王雷所提供的资料分析，金星公司上半年的盈利状况怎样？如果按照王雷的方案对生产活动进行调整，半年的盈利状况将会怎样（　　）？

   A. 上半年获得利润，下半年利润将继续增加

   B. 上半年发生亏损，下半年亏损将继续增大

   C. 上半年有微利，下半年将发生亏损

   D. 上半年不赢也不亏，下半年将发生亏损

5. 劳资纠纷的处理和工伤赔偿政策的解释都共同需要何种管理技能（　　）？

   A. 人际技能　　B. 技术技能

   C. 概念技能　　D. 根本不需要管理方面的技能

6. 产品更新换代和制造工艺改进都对管理工作的职能和技能有哪些要求（　　）？

   A. 它们都是技术方面的问题，与管理工作无关

   B. 它们都涉及管理中的决策职能，所以只要具备概念技能就可做好该类工作

   C. 它们是纯粹技术领域内的业务决策，做好该项决策需要有一定的管理技能，但主要限于技术技能方面

   D. 技术领域的决策是一项富有挑战性的管理工作，要求同时具备概念技能和技术技能，甚至有时还需要人际技能

7. 打电话请供应厂商来换一台目前用坏的机器一样的设备，这是设备简单替换问题，需要的管理技能主要是（　　）。

   A. 概念技能和技术技能　　B. 人际技能和技术技能

   C. 技术技能　　D. 人际技能和概念技能

案例八　三个领导，三种风格

【学习目标】

本案例旨在让读者了解和掌握企业领导的领导风格模型。

刚刚大学毕业的吴君通过学校推荐来到钢材集团总公司下属的第三分公司，给张总经理作秘书。张总经理可谓日理万机，因为公司的大小事情都必须要向他汇报，得到他的指示才能行事。尽管如此吴君感到工作还是比较轻松。因为任何事情她只需要交给总经理，再把总经理的答复转给相关责任人，就算完成任务了。可是好景不长，因为张总经理每日太过奔波劳碌，终于病倒了。

新上任了王总经理。王总经理开始对吴君每日无论大小适宜都要请示提出了批评，让她慢慢学会分清轻重缓急，有些事情可以直接转交其他副总经理处理。这样，能让总经理每日有更多的时间去考虑公司的长远目标，确立组织发展方向，然后在高层领导者之间召开会议，进行研讨。自王总经理上任以来，公司出台了新的发展展览、市场定位及公司内部的规章制度。公司的业绩也在短期内有了很大的提高。同时，吴君也很忙碌，有时需要跑很多的部门去协调一件工作，让她觉得学到了很多东西，也充实了不少。因为业绩突出，王总经理干了一年就被调到总公司去了。

之后又来了李总经理。相对于张总经理的事必躬亲以及王总经理的有张有弛，李总经理就要随意得多了。他到任以后，先是了解了一下公司的总体情况，感到非常满意，就对下面的经理说："公司目前的运营一切顺利。我看大家都做得比较到位，总经理嘛，关键时刻把把关就可以了，不是很重要的事情你们就看着办吧。"这样一来，吴君享受到了自工作以来没有过的轻松，因为一周也没有几件事情要找总经理。

吴君现在有时间了，她对比思考着这三个领导，真是各有各的特点。

问题：

1. 你认为三个领导的风格有区别吗？请按照所学的情景领导模型进行归类。
2. 你认为哪个领导的管理风格更可取？

案例九　公司规矩和朋友规矩

【学习目标】

本案例旨在让读者了解和掌握企业领导与员工之间的相互沟通技能。

作为美国国际农机公司创始人、世界第一部收割机的发明者——西洛斯·梅考克，从不滥用职权，既坚定制度的严肃性，又不伤害员工的感情。

有一次，一个老员工违反了工作制度，酗酒闹事，迟到早退。按照公司的管理制度的有关条款，应当开除。管理人员做出这一决定，梅考客表示同意。决定一公布，这个老员工火冒三丈，他委屈地对梅考客说："当年公司债务累累时，我与你共患难，3 个月不拿工资我也毫无怨言，而今犯这点错误就把我开除了，真是一点情份都不讲！"听完老员工的叙说，梅考客平静地说："你知不知道这是公司，是个有规矩的地方，这不是你我两个人的私事，我只能按规定办事，不能有一点例外。"

随后，梅考客了解到这个老员工的妻子去世了，留下两个孩子，一个跌断了一条腿，一个因吃不到妈妈的奶水而啼哭不止。老员工是在极度的痛苦中借酒消愁，结果误了上班。梅考客为之震惊，安慰老员工说："你真糊涂，现在你什么都不要想，赶快回家去，料理你妻子的后事，照顾孩子们。你不是把我当成你的朋友吗？所以，你放心，我不会让你走上绝路的。"说着，从包里掏出一沓钞票塞到老员工手里。老员工感动得留下热泪，哽咽地说："我想不到你会这样好！"梅考客认为，比起当年风雨同舟时员工对自己的帮助，这事简直不值一提。他嘱咐老员工说："回家安心照顾家吧，不必担心自己的工作。"

听了老板的话，老员工转悲为喜，说："你是想撤消开除我的命令吗？"

"你希望我这样做吗？"梅考客亲切地问。

"不，我不希望你为我破坏了规矩。"老员工坚决地说。

"对，这才是我的好朋友，你放心地回去吧，我会适当安排的。"

事后梅考客安排这个老员工到一家牧场当了管家。

梅考客处理工作不感情用事。有几个同他一起工作多年的员工，在公司遇到困难的时候背离了他，十几年后，公司情况得到好转，这几个人又找上门来。对这样的人任何人都是难以容忍的，即使在当时，梅考客也为此深感痛心，并气愤地说："我希望永远不再见到你们！"如今，公司兴隆，事业大振，梅考客早已把自己的誓言放在脑后，他欣然接受了这几名员工。老板不念旧恶，这使这几名员工深受教育。从此以后，他们同梅考客同心协力，为国际农机公司的强盛做出了自己的贡献。

问题：

你对梅考客的为人处事有何看法？

案例十　新上任的销售部经理

【学习目标】

本案例旨在让读者了解和掌握企业领导激励员工的手段和方法。

上个月月底的一次公司办公会议上，公司李总经理宣布了一项人事任免决定：考虑到销售部陈兴经理月初出车祸受伤后，销售部工作受到了一定的影响，为了加强销售部工作，任命王军为销售部经理职务，免去他现任的公司办公室副主任职务，以便于他全力抓销售部工作；同时免去陈兴销售部经理职务，待他养好伤后，由公司另行安排工作。在办公会议上李总和党委曹书记都对销售部工作提出了要求，希望王军上任后能使销售部的工作有一个新的起色。

在公司任命小王为销售部经理的办公会议之前，李总和曹书记其实都已分别找小王谈了话。从谈话中小王明显感觉到两位公司领导都对这两年销售部的工作不满意。自从去年底工厂改制成公司后，各个部门都改了名称，不少部门负责人也作了必要的调整。当时公司考虑到销售部在公司举足轻重的地位，陈兴担任销售科长已有多年，对业务熟悉，与科内的员工相处得也还可以，虽然工作中有时缺乏果断，失去了不少机会，但这也难怪他，因为现在的内外环境也实在太复杂了。所以公司经过再三考虑，改制时，销售科改为销售部，人员基本不变，老陈仍被任命为经理。老陈当销售经理已快 8 个月了。这 8 个月销售部的工作没什么起色，销售量一月不如一月，特别令公司领导不满的是资金回笼问题。公司靠销售部卖出产品，回笼资金，来发工资、买原材料。可这 8 个月来，资金回笼率只有 30%～40%，弄得公司这几个月靠银行借款在发工资。公司领导找陈经理谈了好多次，但他总是强调，现在环境不好，生意难做。销售员都说产品销不动，因而常常是整天坐在办公室聊天。面对销售员的这种状况，陈经理也显得无能为力。正好这时陈经理出车祸，公司领导决定让小王出任销售部经理。小王深感这是领导对他的器重。从办公室副主任到销售部经理，这提了半级，更为重要的是他将独当一面，再说销售部是公司的关键部门，用李总的话说，公司的生死存亡在很大程度上就看销售部了。因此，小王也觉得这职位的分量，他决心要全力以赴，干好这工作。

王军今年 35 岁，他是公司里重点培养的青年干部之一。他中专毕业，分配到工厂，算来已有 15 个年头。刚进厂时，他在机修车间机加工工段当青工，当年的工段长正是现在公司的李总。当时李总就发现小王是个勤快、好学，又有主见的青工，分配他干车床活，他二话没说，就认真地干开了。工段里大家都说车床活最累，不少干车床的工人都在设法调工作，调不了就出工不出力，因此，车床组在工段里是个老大难小组。小王到了组里，表现突出，没过几个月，他的劳动时定额超过了一些干了几年车床的师傅。两年后，李总把小王提为车床组组长。小王工作有干劲，说干就干，而且处处以身作则。以后又担任工段长，车间副主任。在这期间他利用业余时间读完了机械大专的全部课程，通过自学考试，获得了机械专业大专文凭。当然这中间的甜、酸、苦、辣只有他自已最清楚，但别人都说，小王运道好，30 岁不到当了车间副主任，前年又调厂部做起了厂办副主任，现在又被任命为销售部经理，真是平步青云。

自从公司领导谈话以后，小王一直在琢磨：怎样才能抓好销售部的工作呢？他也从旁人处对销售部的情况作了一些了解。公司销售部共有 24 位员工，其中有 10 位销售员，分别负责公司产品在全国各地的销售工作，其他均为统计、开票、会计、行政等二线保障人员。他认为销售部任务是否能完成全部着落在销售员身上，因此抓好销售员是个关键。现在问题是如何抓？这使小王想起他当工段长时的一段往事。当年他被任命为机加工工段工段长时，他已在机加工工段车床组做了 5 年组长了，他对工段情况很了解，他知道，要使工段工作上个台阶，就得想法使车床组这个工段的瓶颈组的工作上一个台阶。他当组长时曾向工段长提出把车床组工人的奖金发放与完成工时定额挂得再紧一点，但当时的工段长怕引起矛盾，小王的方案一直没有得到实施。对此小王很有想法，觉得工段长没魄力。现在他当工段长了，决心实施自己的方案。方案的要点在于：（1）工时定额从原计划的 360 提到 400。对此小王的解释是，车工现行工时定额过多地考虑了中间工人的情况，完全可以提高，使得定额具有挑战性。（2）车工完成新定额得全额资金，达不到就扣资金，扣的幅度为 1/3、1/2，直至全部扣除，一切看定额的完成情况。工人完成新定额的情况是以后加工资的首要考核依据。因为小王一直在车工组干，所以对那儿的情况了如指掌。刚推行他的方案时，引起了一些矛盾，但实施下来问题不大，少数人没了奖金，但大多数人又有奖金、又有加工资的机会，个别的不满无关大局，从整体看车工组的面貌有了变化，从而使整个工段的工作也有了发展。当李厂长看到车工组的变化后，多次在会议上表扬了小王，说他是有工作朝气的青年干部。现在小王走马上任销售部经理，他也想大刀阔斧地好好干一干。

王经理在他上任的第一次全体销售部员工大会上表示，他先要花一周时间作调查研究，在此期间一切仍按原来的程序工作。这一周时间王经理做了三件事：一是查阅近 5 年的本公司销售统计资料，特别注意每个销售员每个月完成的销售量。他发现前几年销售员完成的量在 30～40 台/月，可这两年一直在 25～30 台/月之间。销售员的人数从原来的 6 个，增加到 8 个，现在是 10 个，但销售总量却没有大的增加。二是通过他在当厂办副主任时的关系走访了本市和邻近地区的同类厂，了解它们的销售情况，特别是销售员的工作情况，做这件事花了他不少时间，动用了很多关系，了解下来大体上好的厂家销售员的销售量达 30～35 台/月，差的只有 10～20 台/月。三是制订一个销售员的奖金、浮动工资与完成销售量挂钩的方案。王经理发现，以往销售员的奖金与完成的销售量有些挂钩，但拉开的差距不大，浮动工资基本上是平均分摊。王经理准备在这方面要有所突破。

在第二次全体员工会议以后，王经理把 10 位销售员留下来继续开会，在会上他推出了一个奖金、浮动工资与完成销售量挂钩的试行方案。方案的要点有三：（1）每位销售员每月应完成的销售量定为 38 台；（2）完成这一指标得全奖，如完不成，则每完不成一台扣 20% 的奖金，达不到 34 台，扣除全额奖金（值得一提的是，全额奖金金额约为工资的 2/3）；（3）连续 3 个月完成指标，第 4 个月向上浮动一级工资，连续一年完成指标再向上浮动一级工资，如享受浮动工资后，没完成指标，第 2 个月起取消浮动工资，如连续半年完不成指标，则下浮一级工资，连续一年完不成，再下浮半级工资。在对试行方案作解释时，王经理说，方案是在调查研究的基础上制订出来的，试行方案首先需要大家转变观念，要体现按劳分配原则。同时他告诉销售员，他实施奖金向销售员倾斜的原则，销售员的奖金额为一般人员的 200%，但要拿到，则必须完成指标。同时他补充，完成销售量是以奖金回笼到位为准。可想而知这方案一宣布，马上引起销售员的一片哗然。但王经理坚持实施这一方案，他口头上解释说：这是试行方案，可在实施中修改，但一定要试。心里却在想：就得要采取强硬措施，好好管一管，要不大家怎么肯拼命干。

问题：

1. 看了案例以后，你有什么想法？
2. 你认为王经理对人的看法属于哪种“人性假设”？为什么？
3. 你认为王经理的方案是否能激励员工？为什么？
4. 如果你是王经理，该怎样做？

案例十一　员工培训

【学习目标】

本案例旨在让读者了解和掌握企业人力资源管理之中的“育人”哲学。

某公司是上海的一家股份制公司，按计划，该公司人力资源部三月份要派人去深圳某培训中心参加一次培训。当时人力资源部的人员都想参加，不仅是因为培训地点在特区，可以借培训的机会到特区看一看，而且据了解，此次培训内容很精彩，而且培训讲师都是一些在大公司工作且有丰富管理经验的专家。

但很不凑巧，当时人力资源部工作特别忙，所以主管权衡再三最后决定由手头工作比较少的小刘和小钱去参加。人力资源部主管把培训时间、费用等事项跟小刘和小钱做了简单的交待。

培训期间，小刘和小钱听课很认真，对教师所讲内容做了认真记录和整理。但在课间和课后小刘与小钱俩人总在一起，很少跟其他学员交流，也没有跟讲师交流。

培训回来后，主管只是简单地询问了一些培训期间的情况，小刘、小钱与同事也没有详细讨论过培训的情况。过了一段时间，同事都觉得小刘和小钱培训后并没有什么明显的变化，小刘和小钱本人也觉得听课时很精彩，但是对实际工作并没有什么帮助。

问题：

1. 该公司的小刘和小钱的培训效果令人满意吗?
2. 该项培训的人员选派是否存在某些问题？为什么?
3. 根据案例提出，为了提高培训效果，企业应注意哪些问题?

案例十二　摩托罗拉公司的沟通方式

【学习目标】

本案例旨在让读者了解和掌握企业内部部门及其员工之间的沟通制度。

摩托罗拉公司于 1992 年在天井经济开发区破土兴建第一家寻呼机、电池、基站等 5 个生产厂，成为摩托罗拉在其本土之外最大生产基地，投资额比原来最初的投资额增加了 9 倍，工人数从不到 100 人增加到 8 000 多人，年产值达 28 亿美元。这是一个在华投资成功的企业。

在摩托罗拉公司，每一个高级管理者都被要求与普通操作工形成介乎于同志和兄妹之间的关系——在人格上千方百计地保持平等。“对人保持不变的尊重”是公司的文化。最能表现摩托罗拉该文化的是它的“Open Door”，即“所有管理者办公室的门都是绝对敞开的，任何职工在任何时候都可以直接进来，与任何级别的上司平等交流”。每个季度第一个月的 1～21 日中层干部都要同自己的下属和自己的主管进行一次关于职业发展的对话，回答“你在过去 3 个月里受到尊重了吗”等的 6 个问题。这种对话是一对一和随时随地的。摩托罗拉的管理者为每一个被管理者还预备了 12 条这种“Open Door”式表达意见和发泄不满的途径，即沟通方式。

我建议（I recommend）。以书面形式提出对公司各发面的意见和建议，全面参与公司管理。

畅所欲言（Speak out）。这是一种保密的双向沟通渠道。如果要对真实的问题进行评论或投诉，应诉人必须在 3 日内对隐去姓名的投诉信给予答复。整理完毕后由第三者按投诉人要求的方式反馈给投诉人，全过程必须在 9 天内完成。

总经理座谈会（GM Dialogue）。每周四召开座谈会，大部分问题可以当场答复，7 日内对有关为体的处理结果予以反馈。

报纸与电视台（Newspaper and TV）。摩托罗拉给自己内部报纸起的名字叫“大家庭”，内部设有有限电视台，起名叫“大家庭电视台”。

每日简报（DBS）。可方便快捷地了解公司和部门的重要事件和通知。

员工大会（Townhall Meeting）。由经理直接传达公司的重要信息，而且有问必答。

教育日（Education Day）。每年在这一天重温公司文化、历史、理念和有关规定。

墙报（Notice Board）。墙报定期更换，刊登弘扬企业文化的励志文章。

热线电话（Hot Line）。遇到任何问题时都可以向这个电话反映，昼夜均有人值守。

职工委员会（ESC）。职工委员会是员工与管理层直接沟通的另一个桥梁，委员会主任由员工关系部经理兼任。

邮件系统（Email）。摩托罗拉有自己的一套邮件系统，员工可以通过分配给自己的账户和管理者沟通。

589 信箱（589 Mail Box）。当员工的意见通过以上渠道无法得到充分、及时和公正的解决时，可以直接写信给 589 信箱。此信箱主要是由中国区人力资源部掌握。

问题：

1. 按照你所学到的内容，试着给以上 12 种沟通方式进行归类。
2. 简述摩托罗拉沟通系统的特点。
3. 你认为这些沟通的方式是否会得到满意的结果?

案例十三　AC 航班坠落事件

【学习目标】

本案例旨在让读者了解和掌握企业的应急管理手段及其方法。

一个初春的晚上 7 点 40 分，AC 航班正飞在离目的地 K 市不远处的高空。机上的燃料还可维持近两个小时的航程。在正常情况下，像 AC 这样的航班，由此飞行到降落K机场，仅需不到半小时的时间。可以说，飞机的这一缓冲保护措施是安全的。但没有谁能想到，AC 航班在降落前遭遇了一系列耽搁和问题。

首先，晚上 8: 00，K 机场航空交通管理员通知 AC 航班飞行员，由于机场出现了严重的交通问题，他们必须在机场上空盘旋待命。8: 45，AC 航班的副驾驶员向机场报告他们飞机的“燃料快用完了”。交通管理员收到了这一信息，然而，在 9: 24 之前，飞机并没有被批准降落机场。而在此之前，AC 航班机组成员没有再向K机场传递任何情况十分危急的信息，致使飞机座舱中的机组成员在相互紧张地通告说他们的燃料供给出现了危机。

9: 24，AC 航班第一次试降失败。由于飞行高度太低及能见度太差的原因，飞机安全着陆没有保证。当机场指示 AC 航班进行第二次试降时，机组成员再次提到他们的燃料将要用尽，但飞行员还是告诉机场交通管理员说新分配的飞行跑道“可行”。几分钟后，准确时间是 9: 32，飞机有两个引擎失灵了，1 分钟后，另外两个也停止了工作。耗尽燃料的飞机终于在 9: 34 坠毁于 K 市，机上 73 名人员全部遇难。

当事故调查人员考察了飞机座舱中的磁带并与当事的机场交通管理员交谈之后，他们发现导致这场悲剧的原因实际上很简单：机场方面不知道 AC 航班的燃料会这么快耗尽。下面是有关人员对这一事件所作的调查。

第一，飞行员一直说他们“燃料不足”，交通管理员则告诉调查者，这是飞行员们惯用的一句话。当因故出现降落延误时，管理员认为，每架飞机都不同程度存在燃料问题。但是，如果飞行员发出“燃料危急”的呼声，管理员有义务优先为其导航，并尽可能迅速地允许其着陆。一位管理员这样指出：“如果飞行员表明情况十分危急，那么，所有的规则程序都可以不顾，我们会尽可能以 最快的速度引导其降落的。”事实是，AC 航班的飞行员从未说过“情况危急”，由此导致K机场交通管理员一直未能理解到飞行员所面临的真正问题。

第二，AC 航班飞行员的语调也并未向交通管理员传递有关燃料紧急的严重信息。机场交通管理员普遍接受过专门训练,可以在多数情况下捕捉到飞行员声音中极细微的语调变化。尽管 AC 航班机组成员内部也表现出对燃料问题的极大忧虑，但他们向K机场传达信息时的语调却是冷静而职业化的。

另外也应当指出，AC 航班的飞行员不愿意声明情况紧急是有一些客观原因的。如按条例规定，驾驶员在飞行中作了紧急情况报告之后，他们事后需要补写出长篇的、正式的书面汇报交给有关方面。还有，紧急情况报告后如果飞行员被发现在估算飞机在飞行中需要多少油量方面存在严重的疏漏，那么，飞行管理局就有理由吊销其驾驶执照。这些消极的强化因素，在相当程度上阻碍着飞行员发出紧急呼救。在这种情况下，飞行员的专业技能和荣誉感便会变成一种“赌注”!

问题（单项选择）:

1. AC 航班的不幸坠毁根本上是因为何种原因（　　）?
   A. 飞机燃料贮备不足以及飞行员在计算剩余油量方面的疏忽大意
   B. 机场交通管理员在工作中的玩忽职守、推卸责任
   C. 飞机燃料危急的信息没有被清晰地传递又未被充分地接受，因而造成飞机失事的真正原因是信息沟通过程中的障碍

D. AC 航班飞行员在信息沟通过程中的用语不当问题

2. AC 航班飞行员在相机场要求准允降落时使用了"油量不足""燃料用完"之类的话语，这些在机场交通管里员心中被认为不过是飞行员们的老生常谈和惯用伎俩。这种情况说明，处于紧急状态之中的 AC 航班飞行员本应格外注意以下哪一点（　　）？

A. 使用恰当的编码　　B. 选择合适的沟通渠道

C. 选择合适的信息发送者　　D. 选择合适的信息接收者

3. 从机场交通管理员的角度来说，既然他们认为 AC 航班飞行员对"燃料用完"的报告难以令人相信其飞机处于紧急状态中，这个时候，为稳妥和安全性起见，他们最好需要做什么（　　）？

A. 对报告情况的飞行员进行及时的信息反馈

B. 使自己在接受信息时也同时成为信息发送者

C. 开展双向的信息沟通

D. 以上所有方面

4. 事故调查者在收听录音磁带时发现，AC 航班飞行员的报告在语调上没有传递出情况紧急的信息，这可以说是如下哪一方面的典型实例（　　）？

A. 不擅长使用口头语言进行沟通

B. 不擅长使用书面语言进行沟通

C. 不擅长使用非言语语言进行沟通

D. 这根本是就与沟通语言的使用问题无关

5. AC 航班飞行员在实际情况紧急时不愿意直言向机场交通管理员报告"情况十分危急"，相反，在航班机组成员内部却相互紧张地通告燃料供给的危机，这说明了（　　）。

A. 组织沟通往往比人际沟通问题更为复杂

B. 组织中的制度规定会对信息的有效沟通造成强烈的影响

C. 组织中的一些控制措施实际会左右组织成员的沟通行为

D. 以上均正确

6. 根据案例材料，政府飞行管理局队由于油量估计不准确而误发出"紧急呼救"信号的飞行员，将按规定吊销其驾驶执照。这种"消极的"强化措施是属于（　　）。

A. 惩罚　　B. 正强化

C. 自然消退　　D. 负强化

案例十四　哈勃太空望远镜主镜片的缺陷

【学习目标】

本案例旨在让读者了解和掌握企业创新研发中的"细节决定成败"。

经过长达 15 年的精心准备，耗资超过 15 亿美元的哈勃（Hubble）太空望远镜终于在 1990 年 4 月发射升空。但是，美国国家航天管理局（NASA）发现望远镜的主镜片仍然存在缺陷。由于主镜片的中心过于平坦，导致成像模糊。因此望远镜对遥远的星体无法清晰地聚焦，结果造成一般以上的实验和许多观察项目无法进行。

更让人觉得可悲的是，镜片的生产商珀金斯——埃尔默公司（Perkings-Elmer）使用了一个有缺陷的光学模板来生产如此精密的镜片。具体原因是，在镜片生产过程中，进行检验的一种无反射校正装置没有设置好。校正装置上的 1.3 mm 的误差导致镜片研磨、抛光成了错误的形状，但是没人发现这个错误。具有讽刺意味的是，与其他许多 NASA 项目所不同的是，这一次并没有时间上的压力，而是有充分的时间来发现望远镜上的错误。实际上，镜片的粗磨在 1978 年就开始了，知道 1981 年才抛光完毕。此后，由于“挑战者号”航天飞机的失事，完工后的望远镜又在地上待了两年。

NASA 中负责哈勃项目的官员对望远镜制造过程中的细节根本不关心。事后一个由 6 个组成的调查委员会的负责人说：“至少有 3 个明显的证据说明问题的存在，但这 3 次机会都失去了。”

问题：

从上例中你得到了什么启示?

案例十五　发生在小浪底工地的故事

【学习目标】

本案例旨在让读者了解和掌握企业管理的系统性和综合性。

到目前为止，小浪底是我国在黄河上兴建的最大的水利枢纽工程，建成后将使黄河的防洪能力从目前的 60 年一遇提高到 1 000 年一遇。由于工程引进了 11.90 亿美元的国际贷款，按照世界银行的规定，必须进行国际招标。经过激烈竞争，意大利、德国、法国的三个公司以低价位、高质量的优势分别中标大坝工程、泄洪工程、发电设施工程的责任方。这些公司中标后，又将各自的部分工程以工程分包或劳务分包的形式分包给其他的外国公司或中国公司，形成了工地上 51 个国家 700 多名外商和上万名中国建设者同台竞技的局面。

1994 年 9 月 12 日，小浪底主体工程开工，工地上没有说了就算的唯一领导，也没有绝对权威，不论业主、承包商、工程队，大家都必须遵循的唯一准则就是合同，谁违反合同谁受罚，低报价、高索赔是国际惯例。于是，工地上发生了一系列耐人寻味的故事。

故事一：一名中国工人在施工中掉了 4 颗钉子，外方管理人员马上派人去拍照。不久，中方收到一封信函：浪费材料，索赔 28 万元。计算依据是：一个工作面掉 4 颗钉子，一万个工作面就是 4 万颗。钉子从采购到施工现场，经历了运输、储存等 11 个环节，成本已翻了 32 倍。

故事二：在尾水洞工程施工中，由于天热，有一位职工把安全帽摘下来放在旁边，外方管理人员马上跑过来拍照。第二天这位工人便接到了一份罚款50元的通知单。后来不管天多热，这位工人再也不会摘下安全帽了。

故事三：导流洞施工现场，一个水龙头没有拧紧，水“啪嗒、啪嗒”往下滴，一位须发斑白的外方工长站在一旁，边观察边纪录，寒风中足足站了两个多小时。第二天，一张“流了多长时间，浪费了多少水”的现场纪录便放在中方现场经理的案头，后果是那个班组全体人员当月工资扣除了一半。

故事四：中外双方合作开挖排水洞，外方负责钻洞爆破，中方负责除渣，合同对各工序所用时间都有一定要求。外方为了提高效率绞尽了脑汁，打钻时，什么时候开钻，几分几秒钻了多深，几分几秒提钻，都作详细记录，认真分析总结怎样将时间缩到最短。洞身喷水泥浆时，用了多少料，喷了多大面积，是否浪费了，当天就用电脑分析，随时调整。而中方施工没有日报表制度，材料不够就追加，到月底算账亏了，亏在哪里都不清楚。中方负责除渣，总是慢半拍，到月底结账时，中方每人每月只得了30元钱，第二个月，中国工人个个像上足劲的发条。

故事五：某隧道局有3 000多员工，分包一项工程干了9个月，共被索赔5 700多万元，而他们的全部劳务收入只有5 400万元，这意味着9个月的辛劳是以倒贴300万元为报偿的。

一位干了几十年的“老水电”说：在老外手下干，有一种如履薄冰之感：多用了材料，外商会不会索赔？完不成定额外商会不会索赔？逼着你把每天的工作做好。小浪底建设管理局的一位领导说：“我敢打保票，从小浪底出去的工人，今后在国内会更有竞争力。”

问题：

1. 案例材料反映的是什么问题？产生这类问题的原因是什么？
2. 你认为外方采用的是一种什么样的管理模式？如果你是中方的施工经理将会采取何种对策减少损失？
3. 昂贵的“学费”对中国企业有何启示？

案例十六　海尔“赛马不相马”

【学习目标】

本案例旨在让读者了解和掌握企业人力资源管理之中的“用人”哲学。

1995年某月，海尔人力资源开发中心主任的办公桌上放着职工汪华为的辞职申请书。汪华为是刚进集团工作不久的大学生。在集团下属的冰箱厂工作时，他表现突出，提出了一些有创造性的工作意见，被评为“揭榜明星”。领导看到了他的发展潜力，于是集团将其提升为电冰箱总厂财务处干部。这既是对其已有成绩的肯定，也为其进一步磨炼提供了一个更广阔的舞台。汪华为作为年轻的大学生，在海尔集团有着良好的发展前途，缘何要中途辞职？丁主任大惑不解。

经了解，汪华为接受了另一家用人单位的月工资高出上千元的承诺，他正准备跳槽。仅仅是因为更好的物质待遇吗？事情恐怕并非如此简单。虽然汪华为在海尔的努力工作得到了及时肯定，上级赋予他更大的权力和责任，但他仍认为一流大学的文凭应是一张王牌和优势至上的通行证，理所当然，他可以进厂就担当要职，驾驭别人，而非别人驾驭他。而海尔提出的"赛马不相马"的用人机制更注重实际能力和工作努力后的市场效果，人人都有平等竞争的机会，"能者上，庸者下"；岗位轮流制更是让人觉得企业中的"仕途漫漫"。作为刚步入社会的大学生，汪华为颇有些心理不平衡。另外，海尔有着严格的内部管理，员工不准在厂内或上班时间吸烟，违反者重罚；员工不准在上班时间看报纸，包括《海尔报》；匆忙之间去接电话，忘了将椅子归回原位，也要受到批评。因为公司有一条"离开时桌椅归回原位"的规定；《海尔报》开辟了"工作研究"专栏，工作稍有疏忽就可能在上面亮相；每月一次的干部例会，当众批评或表扬，没有业绩也没犯错误的平庸之辈也被归入批评之列；海豚式升迁、能上能下的用人机制更让人感到一种无处不在的压力。当另一家用人单位口头承诺重用他时，他便递上了辞职申请书。

丁主任望着办公大楼的外面，今年新招进的一批大学生正在参加上岗前的军训，与草地浑然一色的橄榄绿让人真正感受到了这些年轻人的活力和朝气。究竟一个企业应如何为刚走出校门的大学生提供一个施展才华的空间？企业如何才能争得来人才并留得住人才和保持合理的人员流动性？

海尔的用人理念

企业管理一般主要管四样东西：管人、管物、管财、管信息。后三者又都要由人去管理和操作，人是行为的主体，可以说，人的管理是企业管理的核心。因此，现代的企业总是把人力资源开发放在相当重要的位置，每个企业都有自己的一套用人理念。海尔当然也不例外。

古人曰："用人不疑，疑人不用"，韩愈曰："世有伯乐，然后有千里马"。而作为中国家电行业排头兵的海尔集团在市场经济形势下，却明确提出：所谓"用人不疑，疑人不用"是对市场经济的反动，主张"人人是人才，赛马不相马"，即为海尔人提供公平竞争的机会和环境，尽量避免"伯乐"相马过程中的主观局限性和片面性。

海尔总裁张瑞敏针对干部必须接受监督制约指出：所谓"用人不疑，疑人不用"在市场经济条件下是一种反动理论，是导致干部放纵自己的理论温床。

《海尔报》上也曾撰写专文讨论此问题。该文指出，通过赛马赛出了人，但用了的人不等于不需要监督。封建社会靠道德力量约束人，如忠义、士为知己者死，市场经济则靠法制力量，目前法规还不健全，需要强化监督。市场是变的，人也会变。必要的监督、制约制度对于干部来说，是一种真正的关心和爱护，因为道德的力量是软弱的，不能把干部的健康成长完全放在他个人的修炼上。"无法不可以治国，有章才可成方圆"，在市场经济条件下，权利在失去监督的情况下，就意味着腐败。所谓的道德约束、自身修养、素质往往在利益面前低头三尺。但权力的下放并不等于监督制约的放弃。越是有成材苗头的干部，越是贡献突出的干部，越是委以重任的干部，越要加强监督。总之，只要他们手中有权、有钱，就必须建立监督制约机制。

海尔集团总裁张瑞敏认为，企业领导者的主要任务不是去发现人才，而是去建立一个可以出人才的机制，并维持这个机制健康持久的运行。这种人才机制应该给每个人相同的竞争机会，把静态变为动态，把相马变为赛马，充分挖掘每个人的潜质，并且每个层次的人才都应接受监督，压力与动力并存，方能适应市场的需要。

在以上人力思路的指导下，海尔建立了系列的赛马规则括“三工并存”“动态转换”“在位监控”“届满轮流”“海豚式升迁”“竞争上岗”制度和较完善的激励机制等。

张瑞敏的领导风格

张瑞敏，一个和新中国同龄的山东莱州人，1984 年接管青岛电冰箱总厂，引进了德国利勃海尔公司的冰箱技术，幸运地搭上了当时轻工部定点冰箱厂的末班车。经过近 15 年的发展，今天的海尔集团已成为中国民族企业的优秀代表，张瑞敏也获得了许多殊荣。1985 年，为了提高工人的质量意识，张瑞敏带领工人亲手砸毁了 76 台质量不合格的冰箱；1998 年，张瑞敏逆市场而行，在同行业都降价的情况下，宣布产品涨价 10%。这些都在家电史上被传为佳话。张瑞敏给许多采访记者的印象是，他有着丰富的哲学思维，很有点在谈笑间让对手灰飞烟灭的现代儒商风范。关于人力资源开发方面，张瑞敏曾说：“给你比赛的场地，帮你明确比赛的目标，比赛的规则公开化，谁能跑在前面，就看你自己的了。”

“兵随将转，无不可用之人。作为企业领导，你的任务不是去发现人才，而是建立一个出人才的机制，给每个人相同的竞争机会。作为企业领导，你可以不知道下属的短处，但不能不知道他的长处。”“每个人都可以参加预赛、半决赛、决赛，但进入新的领域时必须重新参加该领域的预赛。”

海尔的系列赛马规则

1. 在位监控

对于在位监控，海尔集团提出两个内容：一是干部主观上要能够自我控制、自我约束，有自律意识；二是作为集团要建立控制体系，控制工作方向、工作目标，避免犯方向性错误；控制财务，避免违法违纪。

海尔集团建立了较为严格的监督控制机制，任何在职人员都要接受三种监督，即自检（自我约束和监督）、互检（所在团队或班组内互相约束和监督）、专检（业绩考核部门的监督）。干部的考核指标分为 5 项，一是自清管理，二是创新意识及发现、解决问题的能力，三是市场的美誉度，四是个人的财务控制能力，五是所负责企业的经营状况。对这五项指标赋予不同的权重，最后得出评价分数，分为三个等级。每月考评，工作没有失误但也没有起色的干部也被归入批评之列，这使在职的干部随时都有压力。《海尔报》上引用过一句名言：“没有危机感，其实就有了危机；有了危机感，才能没有危机；在危机感中生存，反而避免了危机。”

戈风钰同志担任海尔运输公司的总经理，1997 年初运输公司一直成为员工抱怨和投诉的对象。从 1997 年年初开始，《海尔报》连续登出三篇文章，甚至点名批评运输公司经理，促使运输公司不得不重新调整工作，包括设立职工意见箱、投诉电话和便民服务车。在这种严格的监控机制下，海尔的员工无时不感受到一种巨大的压力，许多刚踏入社会的大学生可能一下子还受不了这种约束。

2. 届满轮流

海尔集团的另一特色性的人员管理思路就是届满轮流。集团的经营在逐步跨领域发展，从白色家电涉足黑色家电，产品系列越来越大。但是海尔集团内部的发展并不平衡，企业与企业之间不仅有差距，有的差距还很大；而且集团整体高速的发展也并不等于每个局部都是健康的发展。那些不发展的企业的干部没有目标，看不到自己的现状与竞争对手之间的差距，头脑跟不上市场的变化，于是就原地踏步。市场原则是不进则退。随着集团的逐步壮大，越来越需要一批具有长远眼光、能把握全局、对多个领域了如指掌的优秀人才。针对这种情况，海尔集团提出“届满要轮流”的人员管理思路，即在一定的岗位上任期满后，由集团根据总体目标并结合个人发展需要，调到其他岗位上任职。届满轮流培养了一批多面手，但同时也让许多年轻人认为是“青云直上”的一种客观障碍。

3. 三工转换

海尔集团实行“三工并存、动态转换”制度。三工，即在全员合同制基础上把员工的身份分为优秀员工、合格员工、试用员工（临时工）三种，根据工作态度和效果，三种身份之间可以进行动态转化。“今天工作不努力，明天努力找工作”。三工动态转换与物质待遇挂钩，在这种用工制度下，工作努力的员工，可及时地被转换为合格员工或优秀员工，同时也意味着有的员工只要一天工作不努力，就可能得用十天、百天甚至更长的时间来弥补过失，就会由优秀员工被转换为合格员工或试用员工，甚至丢掉岗位。另外，在海尔的生产车间里通常都有一个 S 形的大脚印，每天下班时，班组长做工作总结，当天表现不好的职工都要当着大家的面站在 S 形的大脚印上，直到下班。另外，海尔内部采用竞争上岗制度，空缺的职务都在公告栏统一贴出来，任何员工都可以参加应聘。海尔建立了一套较为完善的激励机制，包括责任激励、目标激励、荣誉激励、物质激励等。这对于处处感到压力的海尔员工来说，无疑是一种心理调节器。

海尔的用人机制可以概括为“人人是人才，赛马不相马”。海尔管理层的最大特色是年轻，平均年龄仅 26 岁，其中海尔冰箱公司和空调公司的总经理都才 31 岁。松下电器公司到海尔参观时，曾戏称此为“毛头小子战略”。《青岛日报》《中国消费者报》《经济日报》《中国商报》等许多报纸都对海尔的人力资源开发部思路作了报道。丁主任的办公桌边上正放着公司编辑的长篇文章：《赛马不相马及海豚式升迁》，全面介绍海尔集团的人力资源管理。

丁主任深知，虽然汪华为可能是一时受了蝇头小利的诱惑，但这件事非同小可。许多问题摆在了丁主任的面前：是否海尔的管理过严？怎样培养职工尤其是刚进入社会的大学生的“市场无情”意识？如何完善现有的人才机制，特别是激励机制？如何在放权与监控机制之间找到一个最佳的结合点？如何使各层次的人才责、权、利有机地相结合？

问题：

1. 有人认为海尔的管理制度太严、管理方法太硬，很难留住高学历和名牌大学的人才。你如何看待这一问题？

2. 对于传统的用人观念“用人不疑、疑人不用”，“世有伯乐，然后才有千里马”，你怎样看待？全面评价海尔的人员管理思路。

3. 试分析“届满轮流”制度，它主要是为了培养人还是防止小圈子，或防止惰性？

案例十七　齐山市帐篷厂的选举风波

【学习目标】

本案例旨在让读者了解和掌握企业领导的领导风格及其模型。

企业概况

齐山市帐篷厂拥有300多名职工，连续4年利润超百万元。从初创的艰难起步，到现在达到并保持了同行业中的领先水平，这一成绩主要应归功于副厂长兼党委书记王展志的努力——厂长身体长期不佳，基本上不管事。王展志现年50岁，年富力强，在轻工行业工作了20多年，在领导和同事中间留下了踏实肯干的印象。20世纪90年代初，他被调任为齐山市帐篷厂副厂长，实际上挑起了负责全厂的重任。上任之初，他狠抓产品质量，勇创品牌，

很快就打开了局面。在当时国有企业普遍不景气的情况下，他意识到设备落后是本厂发展的最大障碍，遂四处筹集资金500万，准备引进新的生产设备。与此同时，他还采取措施完善职工的生产、生活设施，改善职工的劳动条件。上任五六年来，他勤勤恳恳，不辞劳苦，一心扑在工作上，多次被评为省级劳模。

选举风波

1998年，厂长因身体状况急剧恶化、抢救无效而去世。而这时齐山市帐篷厂的主管单位齐山市轻工总公司为响应上级发扬职工民主的号召，决定进行民选厂长试点。经研究，帐篷厂的基础较好，王厂长又在企业界影响较大，因此决定在帐篷厂试点。经过征询厂领导的意见，并在车间和班组进行了摸底，总公司领导又于3月14日招标答辩前，特地选择了一位声望一般的工会主席和另一名副厂长作为“陪选”的候选人。

3月14日，总公司领导信心十足，邀请了同行业准备试点的企业进行观摩，还特地通知几家新闻媒体进行采访，以扩大影响。进行完竞争选演说之后，王展志的心情是舒坦而平静的。对这次选举他十分有把握，以为这是板上钉钉的，在场的总公司领导也满意地和他握手致意。

然而，宣布民主投票的结果时，却是如此出人意外：250名职工参加投票，三名候选人均不足20票，其余均为投外国明星、国内名人的废票。竞选委员会宣布本次投票暂停。事后了解得知，青年职工几乎全是弃权或乱投。

职工的看法

是王厂长真的不胜任工作，还是职工中有其他的选择？总公司领导高度重视这个情况。第二天下午，总公司党委书记张得胜同公司干部处长等几位同志一起前往帐篷厂。

王展志受到的打击是沉重的，他准备拟写辞职报告。车间的工作基本上都停了，轮班的工人坐着小声议论；一些女工则干脆拿出了毛线织毛衣；工人都在等这件事的最终结果。张得胜等人去职工宿舍打牌，边打边与轮休的工人聊天，很快事情的脉络就比较清楚了。

青年职工说，王厂长的确不容易，每天总是最早到厂，最迟才离开，真正是一心扑在事业上，把厂当作自己的家。但他工作方法简单，态度生硬，主观武断，一碰到员工有错误的地方就大发脾气。他一天到晚都在忙着厂务，从不与下属沟通，不去了解员工的需要，职工虽然也知道王厂长是一心为了厂，但在情感上很难与王厂长产生共鸣。有些职工由于受过王厂长的过火批评，意见很大，经常背地里发牢骚，这种人在青年职工中有一定影响。然而由于中层干部基本上都是由王厂长亲自提拔，他们对王厂长相当敬畏，所以员工的意见很难通过中层干部到达王厂长的桌面上。另外总公司由于帐篷厂效益独树一帜，因而从各方面都相当支持王厂长。而且厂长在企业界由基层干到高层，对管理工厂很有自己的一套，各种规章制度，计划组织都严格而合理。职工的牢骚只能在私下场合引起喝彩，他们也不敢进行消极怠工。而职工认为这次选举是一个绝好的发表意见的机会，能引起总公司的关注，并希望能换一个工作作风不一样的厂长。

张得胜认为这样一个勤勤恳恳的优秀厂长，却得到这样的评价，在当前的形势下，这样的同志已不适合再当厂长。经过研究，初步定下将其平调到总公司担任行政职务。

事情一波三折

消息很快就在公司中传开了，许多总公司的二级企业领导对此产生了不同的看法。第二天正好是星期天，张得胜还没有起床，齐山市食品厂的党委书记与厂长便来敲门。他们认为，像王展志这样能抓敢管、踏实肯干的干部现在不是太多，而是太少。他是有一些缺点与不足，但是效益是明摆着的，这在目前各国营企业不太景气的环境下是难能可贵的。他们认为王展志继续担任厂长比较合适。

下午，劳务公司经理、服装公司的退居二线的经理等人也来了，这下事情更加复杂了。他们说他们几个二级企业的厂长经理通了一下气，对此事极感震惊。有些人愤愤不平地说，现在的青年职工浑身长刺，不好好管他们，企业什么事情都不能够搞得好。还有人议论，像王厂长这样好的厂长都要下，那还有谁敢当厂长？不如早撂担子算了。服装公司经理说：“我与王厂长相处多年，我很了解他，他如果不合格，我更不合格，要撤他，干脆把我也撤了吧！”

晚上，帐篷厂的几个中层干部也来了。他们认为王厂长治厂有方，雷厉风行，帐篷厂就是靠着他方能够保持严格的秩序和获得良好的收益。如果离开了他，谁也难料帐篷厂会变成什么样子。

总公司的几位负责人急忙碰了一下头，最后决定再去帐篷厂召开一次厂长与职工的民主对话会。19日的民主对话会开了整整一天，王展志坦诚地接受了职工的批评，并决心在今后的工作中克服缺点。而职工代表在肯定王厂长的优点的同时，也尖锐地指出他的缺点，认为再由他担任厂长已不合适。总公司的负责人及帐篷厂的中高层领导都参与了对话。总公司连夜研究对策。

问题：

1. 你是怎样评价王展志的领导作风？
2. 为什么王展志会在干部与职工中得到两种截然不同的评价？
3. 如果你是总公司的领导者，你将如何处理这一风波？
4. 如果你是王展志，并假设继续担任厂长，你应当采取什么样的行动？

案例十八　一个老总，两个助手

【学习目标】

本案例旨在让读者了解和掌握企业直线参谋的作用及其正确使用的方法。

大连液压件厂厂长陈锡仁是于20世纪80年代中期开始走马上任的。为了摆脱当时的困境，他将企业局部的几个车间分别与美国、日本、韩国及东南亚等国的企业嫁接组建合资公司，成立大连液压系统总公司，使原厂从濒临倒闭的境遇中走了出来。

陈总近十年的事业生涯是在改革开放后，国营企业面临竞争和挑战的境遇中拼搏过来的，他提出的改造老企业的基本思路和企业发展战略，在实战中体现了优势，液压件厂经历了十几年的发展也形成了其自身的特点和模式。年近六十的陈总几年前就注意物色两位接班人刘成和王斯亮，并有意识地培养锻炼他们，半年前让他俩担任助理，刘成主要分管中日、中韩几个合资公司的工作，王斯亮主要分管与中美及与东南亚合资企业的工作。前不久，陈厂长利用出国考察的机会将一个任务同时交给他所器重的两名助手去进行调研和变革设计，希望他们通过深入基层认真地调查研究和独立思考，找出总公司各企业中存在的问题和隐患，并借此考察他们。这两位精明能干的助手心领神会。

几天前，陈厂长回国，一进办公室，心情极好，几乎同时收到两位助理提交给他的建议，两位助手的年轻有为令他喜上眉头。两人提出了截然不同的两种建议，而各自的阐述都很有见地，平分秋色，陈锡仁近年来第一次感到自己的判断力几乎降到了最低点，他在心中暗想难道真的是自己老了？该退休了？应该从哪些方面评价他们为好？

助手王斯亮，四十岁，十几年前大学毕业，被分配到机械局引进技术办公室，1983年考入中美科技管理中心MBA班，学习二年。毕业后到美国企业挂职见习一年，恰逢液压件厂从美国VG公司引进先进自控生产技术，他主动找到陈厂长要求从局里下到企业，参加技术引进工作。

在工厂创办“中美VG液压系统有限公司”前期中，作为中方驻美联络代表，当该合资企业成为我国大型成套液压系统生产基地和国家机电产品重点企业后，1993年他又参与引进美国 OM 工厂叶片泵生产技术。在此之前，老厂长还委派他去东南亚建立国外销售网点，并参与厂里与马来西亚合资公司的筹建工作，前后在美国、东南亚工作近八年；今年初他被调回总公司担任助理分管与美国、马来西亚合资的几个公司。

王斯亮回厂工作半年后，他原来的雄心和热情几乎减半，这几年在外面，每当看到外商满意地称赞工厂的产品质量，称赞双方合资合作的成功，他都由衷地为工厂感到自豪。他相信，原来的老企业一定是打破了原有的分配上的“大锅饭”，解除了计划经济带来的弊端，脱胎换骨成为一个现代化的企业，可回厂一看却是问题成堆。

首先是“大锅饭”变成了“小锅饭”，合资企业产品的效益可观，收入经常是非合资公司的几倍，而职工的收入差距却被总公司控制在20%～30%左右。在合资企业内部管理严格，奖勤罚懒，计件工资加奖励，使得工人的收入拉开了档次，调动了工人的积极性。这种做法理应在总厂所属的各公司推开。各公司既是独立法人，独立核算就应该不受总厂的奖金总额的控制，有权按公司效益多发奖金。

还有一个问题也让他头痛，他分管的V G公司，美方技术代表威廉先生向他反映：当初合资时，本应按有关政策对职工择优录用，况且厂里所有的职工都愿意进合资企业，可是老厂长却偏要坚持美方只能同液压系统车间合资，因此，这个车间的职工要按建制进入合资企业，而不进行择优录用。这样一来那些虽谈不上老弱病残，但起码是不求上进的职工也随着原车间被编入了合资企业，总公司答应老职工到退休年龄可退给厂部，对不努力工作违纪违章屡教不改者也可退给厂部，有些工人虽说不是违章违纪，但总是成绩平平，老职工早来晚走工作负责，但暮气沉沉，不思进取，这毕竟影响了合资企业职工的总体素质。如果实行厂内择优录用，选拔上岗，可使职工队伍大大地年青化，劳动生产率还会有很大的提高。要想办成世界一流的生产企业，没有一流的职工是不可思议的。王斯亮也颇有同感。

但在总公司经理办公会上提出这个问题后，与会者以沉默回报了他。更令他烦恼的是，此事传到了下面，工人们都对他抱有抵触情绪，甚至年青工人（被威廉先生认为是这种改革的受益者）也不例外。

另一件让他哭笑不得的事情是：老厂长临出国考察之前，向他交待：“由于国内企业三角债严重，产品售后的应收款很难在短期内收回，影响资金周转，数额大了会拖垮企业，为此要多开拓国际市场。你刚从国外回来外边市场情况熟，多做这方面的工作。”他欣然答应立即着手成立国际业务部，物色懂外贸的营销负责人。

在他认真审视了厂内五个合资公司干部后，发现他们都是清一色的原厂五个车间的主任或技术干部，这几年与外商合资时，被任命为中方经理，因忙于抓生产和内部管理，很少有机会出国，更谈不上了解国际市场的营销业务，即便是被派出国考察，也是在合资伙伴的陪同下，到对方公司和业务部门研修数月，参观学习，回国后不少干部自觉学习和进修外贸知识，但这种基础素质又怎么能适应国际市场瞬时万变的情况呢？于是王斯亮决心眼睛向外，在厂外物色优秀人选。

通过他过去业务往来较多机电进出口公司的同学，介绍了两位读过 MBA 并分别在外企和进出口公司工作过的年青业务骨干。当费尽口舌把两人劝说得活了心，表示愿意来厂负责国际市场营销工作后，王斯亮高兴极了。他兴冲冲地到厂部人事部门介绍了情况，希望他们先去对方单位进一步了解情况后，把有关材料报请老厂长定夺取舍。没想到人事部部长冷冷地说，我们厂的干部还没做到人尽其才，作为一般外贸业务人员已经聘了两个，而且部门负责人原则上由厂里自己培养提拔，甚至可以送出学成回来再干，不可轻易引进，这已是内部不成文的规矩。

为此，王斯亮提出下一次企业组织变革就应该从这些问题入手：一是各公司打破含有平均主义成分的“小锅饭”，重奖重罚拉开收入的档次，各公司应按自己的效益发放奖金；二是工人择优上岗，下岗者厂内待业，由总厂发给最低生活费，或另行安排；三是打破封闭的干部任用制度，从社会上广招人才，引进竞争机制，反对“自产自销”。

助手刘成，三十九岁，1982 年大学毕业来厂工作，在车间生产一线从事本专业的技术工作，当过助工、工程师、引进项目组长、车间主任；车间合资时担任中日三野油缸有限公司中方经理；担任总经理助理后，又分管与日本、韩国、台湾合资的几个企业。中日合资企业过程中，他在消化吸收引进技术的同时，注重学习日本的现场管理、质量管理、群体动力等管理思想和方法，并结合企业的老传统，密切联系和依靠一线技术工人，使车间的引进设备和技术，达到最佳的效能指标。产品质量受到用户的好评，以至于供不应求。

他平时作风扎实，与外方合作默契，受到外方的称赞，同时也赢得了中方员工的拥护。最近他调研了与韩国、台湾厂商合资的企业，发现许多青年职工招工来厂时，听说是外企，热情很高，入厂后技术熟练了，就想离开企业；中年职工对自己辛苦学成的车、钳、铆、焊技术被淘汰，面对新技术有劲使不上表现出焦虑和不安，甚至不思进取；原车间主任和一些技术负责人，成为合资公司的经理、副经理后，只注意制度、规范，严格控制及生产任务量的完成，不关心工人的思想情绪，甚至工作作风跋扈，不注意从总公司的全局出发考虑问题，引起工人的不满，时常出现质量差错，生产成本居高不下，虽说产值高，销售量大，经济效益可观，但成本利润率低也是一个不容乐观的隐患。

针对上述问题，刘成对照了三野公司的管理经验和亲身体验，觉得合资企业缺乏凝聚力，一盘散沙，仅靠较高的工资奖金维系工人的积极性；而且管理上抓的肤浅，掩盖了很多深层矛盾。国营企业嫁接后，比一般的中外合资企业职工享有更多的职业保障和福利条件，职工对企业应更具归属感才对；现在的状态主要是管理者忽视了中国的国情。针对这些问题，刘成认为企业组织变革应该从注重产量效益转向注重质量效益，并提出三点建议：

第一，注重职工群体的组织归属感培养，倡导敬业、爱厂、团结、奉献的企业精神，增强企业的凝聚力；

第二，注重职工的岗位成才，除自然增员或特殊需要须从厂外补充外，少从社会上招收员工，要鼓励中青年职工一专多能，不断学习，更新知识技能，并对岗位成才者给以奖励，授予技术职称等荣誉称号；

第三，制定新的经营策略，超前规划培养干部。

总公司各企业与外商合作，大部分产品销往国外，有效地利用了外商的国际市场销售网络，总公司自己开辟新的国际市场固然有益，但是中国的市场潜力是最大的，外商之所以把技术和生产移到中国，看中的是今后中国市场的广大。中美 VG 液压系统有限公司的产品就是替代进口，故在国内市场供不应求。国内许多厂家买的进口叶片泵，就是本厂产品出口外销后，外商又高价卖给中国的。

中国在加入世贸组织后将面临国际竞争，那时对中国企业来说，国际竞争就在国内。因此，我们应抢先一步，利用本企业干部熟悉国内市场的销售渠道和以往的关系用户，以及国内用户注重售后技术服务的特点，在企业内选拔一批懂技术的干部，学习市场营销、经贸法律方面的知识，在今后三年中，通过有计划地送出去培养，抢先一步开拓占领国内市场。刘成的建议写好后，几乎与王斯亮的同时送到了陈厂长的办公桌上。

问题：

1. 你若是陈厂长，你将怎样评价这两位助手及怎样取舍这两个建议？

2. 分析刘、王二位助理，为什么会拿出截然不同的建议方案？

3. 这两种建议各是基于什么样的背景根源？有无片面之处？如何化解阻力，建立共识，达到改善方案之目的？

案例十九　戴尔公司

【学习目标】

本案例旨在让读者了解和掌握企业营销管理中的直效营销。

IT 企业中的戴尔公司以其高成长业绩为世人所称道。该公司成立于 1984 年，它与世界巨型的超霸企业微软、英特尔公司在各自的行业中都占据了超过一半的产值。戴尔公司目前已成为全球最大的计算机直销商。该企业 1999 年的收益达 270 亿美元。在全球 34 个国家设有销售办事处，销售的产品和服务遍及 170 个国家和地区，所供应的客户包括商业、工业、政府教育机构和广大的个人消费者。

戴尔企业发展成功的最大奥秘就是在产品销售上坚持直销。该公司的创始人迈克尔 · 戴尔曾不止一次地宣称他的“黄金三原则”，即“坚持直销”“摒弃库存”“与客户结盟”。

1. 戴尔的直销管理

直销又称直接商业模式（Direct Business Model），即企业不经过中间商，而是将产品直接销售给用户。戴尔公司在十几年的发展过程中形成了一整套企业直销的销售制度与作法，即戴尔与客户有直接的联系渠道，由客户直接向戴尔发订单，在订单中详细列出产品所需的配置，然后由企业“按单生产”。戴尔在他的《戴尔直销》一书中明确指出：“在非直销模式中，有两支销售队伍，即制造商给经销商，经销商再给顾客。而在直销模式中，我们只需要一支销售队伍，他们完全面向顾客”。那么，戴尔公司是如何面向顾客的呢？

（1）将客户作为企业生产流程的中心与起点。

戴尔公司一直坚持将客户作为企业生产流程的中心而不是竞争对手。戴尔对客户和竞争对手的看法是：想着顾客，而不是竞争者。随市场竞争的日益加剧，企业为了更好地节省成本，降低费用，有效地争取客户，出现了一种更为捷径的做法，即将营销的重点放在竞争对手身上，在模仿竞争对手做法的基础上，还要更胜一筹，与其直接争夺客户，扩大市场份额。但是，戴尔公司一直坚持深入地研究顾客。他们认为，许多公司都太在意竞争对手的作为，因而更受牵制，花了太多时间在别人身后努力追赶，却没有时间往前看。企业过于坚持自己的经营方式，一味让消费者去适应会导致经营失败。戴尔坚持直销，最大的优势就是能与顾客建立直接的关系，这样，戴尔的顾客可以十分方便地找到他们所需要的机器配置，戴尔则可以按照客户的订单制造出完全符合顾客需求的定制计算机。

（2）加强对客户的管理。

戴尔公司与其他企业的另一个不同是不仅要作产品细分，还要作顾客细分，对客户实行动态管理。他们认为：随着企业对每一个顾客群认识的加深，则对顾客所代表的财务机会更能够精确衡量，从而可以更有效地分析各营运项目的资产运用，通过评估细分市场的投资回报率，制定出企业发展的绩效目标，使各项业务的全部潜能得以充分发挥。戴尔坚持认为："分得越细，我们就越能准确预测顾客日后的需求与其需求的时机。"在这种指导思想下，1994年，戴尔公司的客户被分成两大类：即大型顾客和小型顾客，当年的公司资产为35亿美元；1996年，在大型顾客市场中，又分化出大型公司、中型公司、政府与教育机构三块市场，公司资产升至78亿美元；到1997年，戴尔又进一步把大型公司细分为全球性企业客户和大型公司两块市场，小型顾客则进一步分解为小型公司和一般消费者两块业务。当年公司资产攀升到120亿美元。

（3）戴尔的直销管理特点。

戴尔公司坚持直销是因为通过直线销售模式，顾客不仅可以直接与戴尔公司互动，可以买到具有很好价格性能比的电脑，更重要的是顾客可以得到戴尔公司最新技术和最完善的服务，收到很好的投资回报。因为，顾客花费同等价格可以买到更快速的机器，或只要花费稍高一点的价格，就可以买到更高速度的机器，而且，最新技术总是具有更高的可靠性、稳定性和更多的性能。要实现这一点，戴尔公司力求做到最完善的服务。公司为顾客提供全国范围的保修服务和跟踪服务，目前戴尔公司是全球少数几个能够提供现场服务的供应商之一。

戴尔公司在直销上的另一特点，就是建立电话服务网络。公司仅在中国就有 94 个免费付费电话，公司花在每个月上的付费电话有 10 万美元。在厦门，戴尔有一个 CTI 系统（电脑电话集成系统），它可以对打入的电话进行整理，并检查等候时间，以确保尽可能快地给顾客回答。而且公司要确保有足够的工程师来接听顾客服务电话，一般技术上的问题，公司可以在30分钟内通过电话解决；如果是顾客硬件上的问题，一周之内保证解决；公司销售的笔记本电脑，公司有国际服务承诺，顾客只要在当地拨打免费电话，就会有当地的工程师解决问题。现在，戴尔实现了这一目标的90%。

（4）利用互联网，开展网上营销管理。

戴尔公司在1994年将直销模式发展到互联网上，而且业绩突飞猛进，再次处于业内领先地位。今天，戴尔运营着全球最大规模的互联网商务网站。该网站销售额占公司总收益的40%～50%。戴尔 PowerEdge 服务器运作的 www.dell.com 网址包括80个国家的站点，目前每季度有超过4 000万人浏览。客户可以评估多种配置，及时获取报价，得到技术支持，订购一个或多个系统。在21世纪，戴尔公司的网上销售重点转向亚洲，2001年的目标是增加50%，公司还打算在互联网销售产品的基础上，整合从零部件供应商到最终用户的整个供应链。

2. 抛弃传统的经营模式，实行零库存

在 PC 行业，最大的"隐形杀手"就是库存成本。有关资料披露，戴尔在全球的库存天数平均在7天以内，而 COMPAQ 的库存天数为26天，中国 IT 巨头联想集团是30天，而一般 PC 机厂商的库存时间是 2 个月。由此可见，戴尔可以以比其他竞争对手快得多的速度将最新的技术提供给用户，这大大降低了库存成本，增加了企业利润。

直销与分销的一个重要区别就是库存问题。传统分销渠道代理是存储货物的渠道，厂商的库存职能是由分销商来完成或至少分销商承担了绝大部分。但在直销渠道中，不存在厂商和分销商的合作，库存则是一个不可避免的问题。戴尔坚持直销，其模式还包括“摒弃库存”。那么戴尔是怎样保证实现“零库存”的呢？戴尔总裁的表述是：“以信息代替库存”。企业与供应商协调的重点就是精确迅速的信息。戴尔不断地寻求减少库存，并进一步缩短生产线与顾客家门口的时空距离。

戴尔实行的按单生产，保证企业实现了“零库存”的目标。零库存不仅意味着减少资金占用的优势，还使企业最大限度地减少了作为 PC 行业的巨大降价风险。直销的精髓在于速度，优势体现在库存成本。特别是计算机产品更新迅速，价格变动频繁，使得库存成本高低成为一个至关重要的因素。戴尔的“以信息代替库存”在具体做法上，是用户货款与供应商货款中间的时间差——即在未来的 15 天内，别人（顾客）已经帮戴尔把钱付了，而这中间的利润至少是戴尔公司自有资金的存款利率。当然，要做到这一点，要求厂商与供应商顾客之间的供应链衔接要科学合理，甚至非常完美，还要有抗市场冲击和非市场因素干扰的能力。

3. 与客户结盟

“与客户结盟”是戴尔直销模式的特点之一。戴尔与客户结盟最重要的方式就是精心研究顾客的需要，与顾客进行最快速的信息交流，最大限度地满足顾客的需要，并提供尽可能多的服务。戴尔每个月要接到 40 万个寻求技术支援的电话，而顾客每周上网查询订购的次数多达 10 万次，所有这些都需要公司有完善健全的服务系统来支撑实现。而戴尔最创新的服务形式就是“贵宾网页”，共设 8 000 个迷你网站，这是戴尔公司针对每一个重要顾客的特定需求精心设计的企业个人电脑资源管理工具。顾客可以在这些网页上找到企业常规的个人电脑规格与报价，并上线订购，同时，还可以进入戴尔的技术支援资料库下载资讯，为负责管理企业电脑资源的员工省下许多宝贵的时间，该做法深受企业界欢迎。目前，戴尔电脑“贵宾网页”正以每月 1 000 个的速度在增长，这极大增加了客户对公司的忠诚度。

戴尔公司不仅与客户结盟，还注重与供应商的结盟。戴尔与众不同的一个做法是把“随订随组”的作业效率纳入到供应体系之中，这使得它比其他电脑供应商更有效率。这种做法使戴尔的直销运营模式更切合实际，因为公司更清楚地掌握实际销售量，这是戴尔能够以 7 天存货保证供应的基础。戴尔目前的计划是为供应商提供每小时更新的资料，这在其他企业是不可想象的。

戴尔与供应商原料进货之间的联结是其成功的关键。这是因为，一是购买者与供应商之间的价值可以共享，二是无论是哪一种新产品，能否快速地流通到市场上都关系到市场份额的大小，甚至企业的生死。戴尔产品的需求量是由顾客直接确定的，如果顾客有需求，而企业没有原材料生产，直销岂不是一句空话。所以，戴尔公司强调与供货商之间的结盟，这种联结越紧密有效，对公司的反应能力越有好处。目前，戴尔主要是通过网络技术与供应商之间保持完善的沟通，而且十分有效。

最后，需要指出的是，戴尔也有其经销商，或者说也利用渠道。但戴尔的经销商主要是服务的提供者，而不是销售产品。戴尔要求与其配合的经销商只做服务和增值工作，他们希望通过更专业的队伍来补充企业在市场覆盖面和服务精力上的缺陷。因此，戴尔公司并不要求与经销商保持密切的联系，或与其结盟。

问题：

1. 戴尔的直销模式的管理特点是什么？
2. 戴尔计算机公司的零库存管理是什么？
3. 戴尔直销模式的直销、零库存和与客户结盟，三者之间有什么必然的联系，为什么？

案例二十　鼎立建筑公司

【学习目标】

本案例旨在让读者了解和掌握企业人力资源管理中新老员工交替的问题。

鼎立建筑公司原本是一家小企业，仅有10多名员工，主要承揽一些小型建筑项目和室内装修工程。创业之初，大家齐心协力，干劲十足，经过多年的艰苦奋斗和努力经营，目前已经发展成为员工数百资产近千万的中型建筑公司，有了比较稳定的顾客，生存已不存在问题，公司走上了比较稳定的发展道路。但仍有许多问题让公司胡经理感到头疼。

创业初期，人手少，胡经理和员工不分彼此，大家也没有分工，一个人顶上几个人用。拉项目，与工程队谈判，监督工程进展，谁在谁干，不分昼夜，不计较报酬，一些事情甚至在饭桌上就讨论解决了。胡经理为人随和，十分关心和体贴员工。由于胡经理的工作作风以及员工工作具有很大的自由度，大家工作热情高涨，公司因此得到快速发展。

然而，随着公司业务的发展，特别是经营规模急剧扩大之后，胡经理在工作中不时感觉到不像以前那样得心应手了。首先，让胡经理感到头疼的是那几位与自己一起创业的"元老"，他们自恃劳苦功高，对后来加入公司的员工，不管现在职位高低，一律不看在眼里。加之这些元老们工作散漫，不听从主管人员的安排。这种散漫的工作作风很快在公司内部蔓延开来，对新来者产生了不良的示范作用。鼎立建筑公司再也看不到创业初期的那种工作激情了。

其次，胡经理感觉到公司的内部沟通经常不顺畅，大家谁也不愿意承担责任，一遇到事情就来向他汇报，但也仅仅是遇事汇报，很少有解决问题的建议，结果导致许多环节只要胡经理不亲自去推动，似乎就要"停摆"。另外，胡经理还感到，公司内部质量意识开始淡化，对工程项目的管理大不如从前，客户的抱怨也正逐渐增多。

上述感觉让胡经理焦急万分，他认识到必须进行管理整顿。但如何整顿呢？胡经理想抓纪律，想把元老们请出公司，想改变公司激励系统……他想到了许多，觉得有许多事情要做，但一时又不知从何入手。因为胡经理本人和其他元老们一样，自公司创立以来一直一门心思地埋头苦干，并没有太多地琢磨如何让别人更好地去做事，加上他自己也没有系统地学习管理知识，实际管理经验也欠丰富。

出于无奈，他请来了管理顾问，并坦诚地向顾问说明了自己遇到的难题。顾问在做了多方面调研之后，首先与胡经理一道分析了公司这些年取得成功和现在遇到困难的原因，然后针对企业存在的问题提出了一些很有价值的建议。

问题：

1. 分析公司出现的主要问题及原因（3 点以上）。
2. 胡经理应怎样解决公司的“元老”问题？
3. 解决公司问题要在哪几方面着手？

案例二十一　李科长的烦恼

【学习目标】

本案例旨在让读者了解和掌握企业管理者的管理技巧及其管理能力。

李平（女），大学某工科专业毕业后，分配到一个中型工业企业，在车间任技术员。李平工作认真负责，一年后经厂领导同意，又考上同专业的硕士研究生，三年后研究生毕业，应原厂的要求，再回原厂工作。

该厂技术科科长前一年退休，技术科暂由王副科长负责。王副科长及其他技术员虽然资历较长，但均为本科以下学历。此时正是企业急需开发一些新产品的时期，而李平的硕士毕业论文正是有关这方面的课题，而且该厂的领导对其以前的工作有良好的印象，于是，企业决定任命李平为技术科科长。正式任命之前，厂长在与李平谈话中指出：要与科里的其他老同志团结，她的工作一方面是负责技术科的全面领导，另一方面的重点是负责新产品的开发工作。

该厂技术科目前有两个副科长，均为男性：王副科长现已 56 岁，中专毕业，建厂初期就进厂工作，已有 30 余年，对该厂的各项技术工作都十分熟悉，工作经验很丰富，与现有各位厂领导关系都很好，但考虑到其学历较低，不适应当前科学技术发展的要求，没有任命为正科长。夏副科长 40 岁，本科学历，十年前调入该厂，五年前曾参与当时的一系列新产品开发，获得成功，其中部分产品成为目前该厂的主导产品，但考虑到其现有技术知识结构，与当前正在开发的新产品不适应，而且他与王副科长关系不很融洽，所以，也没有任命为科长，技术科还有其他 7 名技术员，除一位是去年分配来的女大学生外，其余都是男性，年龄均在 35～50 之间。由于这批新产品的开发是相当复杂的工作，开发成功与否，对企业有重大的影响，所以，该厂成立新产品开发领导小组，由一位副厂长任组长，李平科长任副组长，但由李平具体负责，小组成员还包括夏副科长、两名技术人员，销售科和供应科各一名副科长。

李平感到自己虽然有较多的专业知识，但技术科的两位副科长和其他技术员都是自己的老前辈，有较多的工作经验。因此，在分配工作任务、确定技术措施、进行产品设计等方面，李平都通过各种会议征求大家的意见，充分民主，共同商定。一段时间后，李平感到同事们提出的方案不是很好，但好的方案大家并不认真对待，往往有时还没有深入研究，大家就给予否定。王副科长会习惯性地向厂长汇报和研究有关全厂的技术工作建议，这些建议又与李平的建议相左，厂领导却并不明确表示支持谁，仅强调精神团结，夏副科长对新产品开发已有一套自己的方案，但李平很清楚地知道那是不可行的，从其责任心来讲也是不能同意的，可又不好意思由自己直接来推翻，希望由新产品开发领导小组来作出决议，但组长（分管副厂长）又不表态，其他成员似乎是无所适从。有时王、夏二人对科里的一些工作意见不一致，李平也感到十分为难。科里工作效率低，士气也不高，李平感到这个科长真是很难当。

问题：

1. 你认为谁能胜任厂技术科科长的工作?
2. 如果李平担任厂技术科科长的工作? 怎样打开工作局面?
3. 如果李平抓新产品开发工作，应采取哪些有效措施?

案例二十二　韦尔奇对通用电气公司的改造

【学习目标】

本案例旨在让读者了解和掌握企业变革管理之中的组织变革。

当韦尔奇于 20 世纪 80 年代初接手通用电气时，美国正面临着日本、韩国等企业的强大竞争，不少行业在进口产品的冲击下不断衰落，例如钢材、纺织、造船、家电、汽车。韦尔奇上任伊始，对公司的状况极为不满，认为公司染上了不少美国大公司都有的“恐龙症”，即机构臃肿、部门林立、等级森严、层次繁多、程序复杂、官僚主义严重、反应迟钝等。在日本、德国等竞争对手面前束手无策、节节败退。为了改变这种状况，韦尔奇明确提出要以经营小企业的方式来经营通用电气，彻底消除官僚主义，并采取了一系列的具体措施。

韦尔奇一上台就大刀阔斧地削减重叠机构。当时，全公司共有 40 多万职工，其中有“经理”头衔的就达 2.5 万人，高层经理 500 多人，仅副总裁就有 130 人。公司的管理层次就有 12 层，工资级别多达 29 级。韦尔奇先后砍掉了 350 多个部门，将公司职工减为 27 万人。有人称他为“中子弹韦尔奇”，意即他像中子弹一样把人干掉，同时使建筑物保持完好无损。不过，这个比喻并不十分恰当，因为韦尔奇连建筑物本身也要加以摧毁和改造。他在裁减冗员的同时，大力压缩管理层次。这样，原来高耸的金字塔结构一下子变成了低平而结实的扁平结构。

现在，通用电气共有 13 个事业部，每个事业部都有特定的生产经营领域，如照明、电力设备、工程塑料、发动机等。公司对事业部高度授权，使其具有充分的经营自主权，但通用电气在某些方面又高度民主集中化。除了金融事业部以外，其余的事业部都没有注册为独立的公司，而全部统一在通用电气的名下，都同属一个法人企业。这与其他很多大公司不一样。另外，通用电气的资金也是统一控制和使用，每个事业部可以按照年度预算计划使用资金，但所有的销售收入都必须归入到公司的统一账户上，既不能有“利润留存”，也不参与公司进行“利润分成”。各事业部发展需要的投资，均统一由公司计划安排。这样一来资金上的高度民主集中的体制至少有两大好处：一是可以减少应纳税额；二是可以集中大量资金用于发展那些有较大市场效益但投资规模较大的项目。有人问韦尔奇，在企业管理中是独裁领导好还是民主领导好？他说最好是二者的结合，即决策前应该广泛征求意见，但决策时必须一个人说了算。

问题：

1. 韦尔奇通用公司组织模式的变革有怎样的特点？
2. 组织结构或管理模式的转变对提升企业的核心竞争力有怎样的作用？
3. 韦尔奇的个人魅力是什么？

案例二十三　康柏计算机公司

【学习目标】

本案例旨在让读者了解和掌握企业变革管理之中的创新。

康柏计算机公司是近几十年来发展最快的公司，在它成立还不到四年的时间里，就登上了“财富”杂志的500强之列。康柏公司创立之初有很多构想，在他们开始生产与IBM和PC机相兼容的个人电脑之前，他们曾考虑过许多不同的事业，包括开设一家墨西哥餐馆以及销售一种能帮助人们寻找丢失钥匙的电子装置。

最后他们决定生产个人电脑是根据几个创始人的工作经历作出的，这段工作经历使他们能够在工作中了解有关计算机市场的需求情况。虽然在20世纪80年代中期对计算机需求的增长速度在一定程度上放慢，但康柏公司的领导人准确地预测到对新型计算机的需求必将有相当大的持续增长。同时，他们也很清楚地意识到随着生产计算机硅片成本的不断下降，制造出比原先更便宜的计算机是完全可能的，而计算机价格的下降必然导致市场需求的增加。但是他们面临的最大问题是竞争，尤其是与计算机行业的霸主IBM的竞争。

年轻的康柏公司所采取的第一个决定步骤是模仿生产这个行业的领袖人物——IBM的产品。IBM的PC是个人电脑的样本，在IBM公司进入个人电脑市场之前，以第一台个人电脑创造者——苹果公司为首的许多独立计算机公司在该领域取得成功。IBM公司的进入将一些小企业挤出了该领域。而另一些得以生存的公司只能生产与IBM的PC机相兼容的PC兼容机。这些PC机的生产者强调价格优势胜于质量优势，以此将他们的产品区别于IBM的PC机。但康柏公司又迈出了关键一步，决定生产不同于IBM的PC兼容机，而不是单纯的削减价格。康柏公司一直在静等着IBM开发出新的机型后才推出自己的版本，这样就使康柏公司能够发觉出IBM的PC机的毛病，再致力于改进。

康柏公司花了三年时间以一个学徒的身份向IBM这一高师学习，随后该公司为推出自己的新机型作了充分的准备。经过艰苦的努力，康柏公司生产出了第一台基于Intel180386的个人电脑，这种电脑被大多数专家认为极有可能成为新一代电脑的版本，康柏公司又对市场进行了深入的研究，认为 IBM 不会推出基于新硅片的机型，因为这种新一代的个人电脑很有可能排挤 IBM 的其他类型计算机。而康柏公司不存在这个问题。

事实上当 IBM 公司推出自己的 386 机型时，康柏公司已经宣告了自己的胜利。IBM 公司并不像康柏公司那样使自己新制造出来的机型与老机型兼容，他想创立一个全新的样本，这样实际上已经表明它承认了康柏公司的领先地位，IBM 不得不寻找一些全新的样本来夺回自己的领导地位。

问题：

1. 康柏公司的创立和发展过程是怎样形成竞争优势的？
2. 康柏公司的战略管理有什么特色？
3. 技术创新是康柏公司的核心优势吗？

案例二十四　通用的组织结构创新

【学习目标】

本案例旨在让读者了解和掌握企业变革管理之中的组织变革及其创新。

1916 年，随着联合汽车公司并入“通用”，阿尔弗雷德 · 斯隆出任通用副总裁。一段时间后，他发现通用管理上存在着问题，先后写了三份分析通用内部管理弱点的报告。但是，总裁杜兰特只是赞赏，却不予采纳。到了 1920—1921 年的经济危机期间，“通用”在经济管理上的问题彻底暴露出来了。公司危机四伏，摇摇欲坠。这时杜兰特引咎辞职，皮埃尔 · 杜邦兼任总经理。斯隆在他的支持下，开始了改革的进程，而且一直持续了十年。

斯隆分析了通用公司的弊病，指出公司过去将领导权集中在少数高级领导人身上，他们事无巨细，大包大揽，反而事与愿违，造成了公司各部门失去控制的局面。他认为，大公司较为完善的组织管理体制，应以集中管理与分散经营二者之间的直线管理为基础。只有在这两种显然相互冲突的原则之间取得平衡，把两者的优点结合起来，才能获得最好成绩的效果。根据这一思想，斯隆提出了改组通用公司的组织机构的计划，并第一次提出了事业部制的概念。

1920 年 12 月 30 日，斯隆的计划得到了公司董事会的一致同意，次年 1 月 3 日，开始在通用推行。斯隆改组了通用汽车公司，将管理部门分成参谋部和前线工作部（前者是在总部进行工作，后者负责各个方面的经营活动）的做法很为大家熟悉，这种分组在 19 世纪较大的铁路公司里已经形成。现代军队，特别是普鲁士军队也率先使用了这种组织形式，许多概念同时在工业公司里获得发展。斯隆也确实用过军事方面的例子来说明他正要在通用汽车公司里干什么。

斯隆在通用汽车公司创造了一个多部门的结构，他废除了杜兰特的许多附属机构，将力量最强的汽车制造单位集中成几个部门。这种战略现在人们已经熟悉，但在当时是第一流的主意并且出色地执行了。多年后斯隆这样说明：我们的产品品种是有缺陷的，通用汽车生产一系列不同的汽车，聪明的办法是造出价格尽可能各有不同的汽车，就好像一个指挥一次战役的将军希望在可能遭到进攻的每个地方都要有一支军队一样。“我们的车在一些地方太多，而在另一些地方却没有。”首先要做的事情之一是开发系列产品，在竞争出现的各个阵地上对付挑战。斯隆认为，通用汽车公司生产的车应从卡迪拉克牌往下安排到别克牌、奥克兰牌最后到雪佛来牌。这是 20 世纪 20 年代早期的产品阵容。之后有了改变，即 1925 年增加了庞蒂艾克牌，以填补雪佛来和奥兹莫比尔中间的缺口，奥克兰被淘汰了，增加了拉萨利，后来它也被淘汰了。

每个不同牌子的汽车都有自己专门的管理人员，每个单位的总经理相互之间不得不尽心合作与竞争。这意味着生产别克牌的部门与生产奥兹莫比尔的部门都要生产零件，但价格和样式有重叠之处。这样，许多买别克车牌的主顾可能对奥兹莫比尔牌也感兴趣，反之亦然。斯隆希望在保证竞争的有利之处的同时，也享有规模经济的成果。零件、卡车、金融和通用汽车公司的其它单位都有较大程度的经营自主权，其领导人成功获奖赏，失败则让位。通用汽车公司后来成为一架巨大的机器，但斯隆力图使它具有较小公司所具有的激情和活力。

斯隆的战略机器实施产生了效果。1921 年，通用汽车公司生产了 21.5 万辆汽车，占国内销售额的 7%，到 1926 年底，斯隆将小汽车和卡车的产量增加到 120 万辆。通用汽车公司现在已拥有 40%以上的汽车市场。1940 年，该公司产车 180 万辆，占国内总销量的一半。相反，福特公司的市场份额由 1921 年的 56%降到 1940 年的 19%，不仅远远落后于通用汽车公司，而且次于克莱斯隆勒公司成为第三位，后者在 1921 年时甚至还没有出现。这是美国商业史上最戏剧性的沉浮升降之一。

问题：

1. 通用公司的战略目标与战略管理是怎样结合的?
2. 其组织结构是怎样与企业的战略目标相结合的?
3. 直线制向事业部制转变的条件是什么?

案例二十五　第二机器制造厂的生产计划

【学习目标】

本案例旨在让读者了解和掌握企业计划管理之中的生产计划。

第二机器制造厂是生产矿山机械的中型国有企业，在过去高度计划经济管理体制下，企业生产经营由国家统一规定，企业有稳定的外部环境，企业的计划工作主要是编制生产计划与国家计划衔接，并以生产计划为中心编制销售、财务、技术等专业计划，企业计划的准确性和可执行性都较高。

经济体制改革后，企业是相对独立的商品生产者，必须参与市场竞争，基本由自己确定生产计划。但因为市场变化大，企业生产经营活动常常因实际情况与计划指标数字差别较大而受影响。如 1990 年，根据市场调查和预测，企业确定生产某种型号装载机 150 台，根据这个任务，生产部门相应调整了生产能力，供应部门组织了有关部门原材料和配件的供应。但到年中，国家压缩基本建设投资，市场对装载机需求大幅度减少，企业只好调整生产计划，造成企业的损失和原材料及配件的积压。这种情况这几年经常发生，企业的领导人认为，与其编制计划而造成损失，不如以销定产，市场需要什么，企业就生产什么。

所以，从 1991 年开始，第二机器制造厂就不再强调年度计划的严肃性，对年度计划的编制就相当粗略，企业只是根据订货合同和国家任务，编制生产作业计划。于是企业一方面加强广告宣传工作，积极参加各种订货会和展销会等，通过各种机会获取定单；另一方面加强生产调度工作，以应付各种临时的意外情况。这种管理方式实行不久就产生成效，企业对市场的适应性提高了，原材料和产品的积压减少，取得较好的经济效益。

但进入 20 世纪 90 年代中后期，这种计划方式暴露出许多问题，主要是一方面对市场缺乏分析，而企业的主要竞争对手——北方机器厂推出一种能适应市场新需求的新型装载机，使第二机器厂的主要产品的市场地位受到严重挑战；另一方面，由于企业对长远的发展方向没有明确的目标，使得企业几年来不能有计划地进行技改工作，造成现在工艺落后，设备老化，没有发展后劲。在前一次的大型矿山机械设备招标会上，由于产品性能低，制造成本高，使得第二机器厂败给北方机器厂。这引起来第二机器制造厂领导的反思：在市场经济体制下，企业的管理工作应如何适应？

问题：

1. 企业的计划模式如何适应市场形式的变化？
2. 怎样有效发挥计划的职能？
3. 计划与市场变化怎样有效结合？

案例二十六　苹果电脑公司

【学习目标】

本案例旨在让读者了解和掌握企业与企业之间的战略联盟，共同构筑价值链竞争优势。

苹果电脑公司曾是美国个人电脑业的巨人，然而近十几年来，由于经营方针上的一系列悲剧性的失误，公司陷入了巨大的困境之中。首先是 1985 年 5 月，在公司管理层的倾轧斗争中，它的天才创业人物乔布斯愤而出走，接着又在与 IBM 和迅速崛起的微软公司的竞争中连连败北，从而使得公司陷入了自成立以来的最大的危机之中。1996 年 2 月，苹果公司聘用了著名的扭亏专家，原美国国家半导体公司总裁阿梅利奥博士担任总裁，希望这位扭亏能手能够再显神威，带领苹果公司打一场漂亮的翻身仗。然而，苹果公司的美梦很快就被无情的事实击得粉碎。利奥不但没有将苹果公司来出困境反而使其在亏损的泥潭中越陷越深。仅 1997 年 4～6 月的 3 个月中，苹果就亏损 7 000 万美元。季度业绩一公布，该公司的股票价格立刻跌至 12 年来的最低点。

利奥的做法是，他从苹果公司的内部管理的角度来整顿公司的经营。而没有从该公司那种与整个计算机通用标准不相兼容的设计方法及操作规程系统的基本构架方面考虑。所以，苹果公司产生危机与技术发展的大方向难以确定有关，靠传统的削减成本和收缩战线的方法难以解决。利奥无力回天，1997 年 7 月被解除总裁职务。

但在此时，濒临绝境的苹果公司突然看到一线曙光，董事会宣布将聘乔布斯再度出山，消息一经公布，处于低谷的公司股票当日便上涨了 5%。乔布斯是一位了不起的人物，即使在他离开苹果的日子，他仍被公认为是苹果的精神领袖。他天赋优异而又孤傲早熟。高中时就迷恋上电脑与大麻，他曾一度对东方哲学产生了浓厚的兴趣，曾只身赴印度参禅修行，整日衣衫褴褛。他大学毕业时与同伴在车库中鼓捣出世界上第一台功能齐全的个人电脑，随后创立了大名鼎鼎的苹果电脑公司。1985 年，在他事业步入巅峰时期，却在公司的内部斗争中失利，被董事会拉下管理职位。他一怒之下抛光了所持的苹果公司的股票，只留下一股为纪念。他发誓要另起炉灶，完成“下一桩大买卖”。于是他又先后创办了两家公司，分别从事尖端的 UNIX 工作站开发和电脑动画的制作。其中的一家公司已在 1996 年年底作为他重返苹果公司之前的铺垫，以 4 亿美元的价格出售给了苹果公司。

1997 年 8 月 13 日，在波士顿举行的“Mac 世界博览会”上，乔布斯和比尔·盖茨这两位不同时代的电脑巨人一起，宣布微软将向苹果公司注资 1.5 亿美元，并将与苹果公司合作开发独具特色的 Macintosh，使得苹果公司的事业达到巅峰，也是它，又将苹果公司抛向了深渊。

这一爆炸性的新闻一经公布，无异于给苹果公司打入了一剂特效强心剂，其股票一日之内上升了 40%。不过，当年苹果与 IBM 的合作并没有改善自己的处境，今日与微软言归于好，是否就意味着前途光明?

问题：

1. 苹果公司陷入困境的根本原因是什么?
2. 为什么说乔布斯是苹果公司的精神领袖？乔布斯靠什么能拯救苹果公司?
3. 苹果公司与微软联手是一种什么样的战略模式?

案例二十七　英特尔公司

【学习目标】

本案例旨在让读者了解和掌握总裁风格与企业管理之间的相互依存。

与 IBM、微软和苹果公司齐名的英特尔公司，是当今个人计算机市场的主要角逐者之一。英特尔公司发明了个人计算机的大脑——微处理器，目前，它在世界市场的占有率为 75%。这项发明及其精心的设计，使英特尔公司成为世界上最成功的公司之一。1996 年，该公司的年度销售额是 280 亿美元，年度营业收益是 52 亿美元。

然而，如果没有干劲十足、全身心投入工作的员工，就不会有英特尔公司的今天。公司总裁安迪 ·格罗夫认为："管理的任务之一就是如何使组织上下达成共识。不论身处何种地位，不论采取何种形式，坦诚交流是我们的一贯政策。什么样的问题都可以问，我们以这种方式已经淘汰了很多不合理的想法。"格罗夫称之为坦诚交流的政策，无需担心后果，员工之间可以自由地交流思想，也可以把真实的想法告诉上级。

这种做法的好处是，当人们在交流中遇到某种障碍时，公司就鼓励他们越过障碍进行真正畅通的交流，这种交流通常是好主意产生的方式。格罗夫每年要在英特尔公司的不同地点举办大约六次开放式样座谈会。他回忆说："我去参加会议，会议厅坐满后，先放几张幻灯片，以此开始整个会议。然后，人们举手发言或提问。我发现，在所讨论问题的多样性和尖锐性方面，这些开放式的员工座谈会远比那些安全分析会议更能激励员工，更能激发他们的热情和积极性。"

在加州阳光谷的英特尔公司总部，另一个更新颖的做法是：把几张写有公司目标的纸条包在幸运的甜饼里，然后把小甜饼发给员工。甜饼的纸条包括这样两条启示：工作第一；个人电脑只是个工具。

英特尔公司废除了传统的封闭式办公室以支持坦诚交流的政策，促进员工交流和鼓励正在进行的员工参与活动。在英特尔公司，全体员工，从董事长戈登 · 穆尔往下，都在开放的隔板式样办公室中工作。只要格罗夫在，他欢迎任何员工同他交谈。人们发现，采用隔板式办公，扫除了经理和员工之间、不同部门之间和不同工作单位之间的交流障碍。

格罗夫有 9 项管理启示，阐释了他对员工参与的承诺：

▼ 动力发自人的内心。管理人员最大的职责，就是创造一种环境，使目的明确的员工在此环境下人尽其才，获得成功。

▼ 出色的教练员不是依靠个人的威望使团体获得成功，而是依靠运用熟练的管理艺术，激发队员的拼搏精神，创造团队的佳绩。

▼ 想一下，为解决和避免明天的问题，你今天必须要做些什么？

▼ 尽力为同事提供最好的服务。

▼ 时间是你有限的资源。记住：当你答应做一件事的时候，你必须拒绝做另一件事。

▼ 每天抽出一小时的时间，有条不紊地处理各种不可避免的干扰事件。

▼ 对工作的评价是绝对必要的。

▼ 为了解公司个部门的真实情况，不事先通知地走访他们，观察那里所发生的事情。

▼ 如果员工不在干活，对此只有两种解释，那就是：他做不了这项工作，或者不愿意做。要判断属于何种情况，可采用下列测试方式：如果完全靠这项工作谋生，是做还是不做？如果回答是肯定的，问题就是出在人的动机上；如果回答是否定的，问题就出在缺乏能力上。

问题：

1. 请你总结英特尔公司的管理特点（四点以上）。
2. 请解释"工作第一，个人电脑只是个工具"这两句话。

3. 英特尔公司的管理风格是与总裁风格更接近，还是与公司特点更接近？你最欣赏其管理特点中的哪一点？

案例二十八　摩托罗拉公司

【学习目标】

本案例旨在让读者了解和掌握企业的战略制定及其转移。

摩托罗拉公司的前身是美国芝加哥公司的电视制造分部。但电视机于20世纪40年代在美国发明之后，美国马上就出现了一大批专门的电视机生产和销售企业，摩托罗拉也是其中一员。到60年代，它已发展成为美国市场上位居第三或第四位的大型电视机制造企业，然而其收益却不尽如人意，长期以来处于维持状态。

进入20世纪70年代，美国的电视机市场的霸主地位遭到了来自日本的撼动。大量的日本电视机以美观大方的造型，轻巧实用的功能以及低廉的价格纷纷涌入美国市场，一时间令所有的美国同类企业危机四伏，慌作一团。这一切，对原本就业绩平平的摩托罗拉公司来说，无异于雪上加霜。公司上下笼罩着一片悲哀，财务状况每况愈下。面对如此严峻的形势，每个摩托罗拉人都感到了肩上的压力和责任。一场关于摩托罗拉命运的大论战开始了：

有人说，应该继续坚守我们的传统阵地，尽力扩大生产规模，提高产品质量，增加规格品种，同时尽可能地开展降低成本运动，与日本人进行面对面的竞争。

另一些人则认为，还是应当采取现实主义的态度来对待当前的窘况。日本人在电视机制造领域超过了我们已是不争的事实。与其花费巨额财力、物力、人力同其拼斗，倒不如干脆放弃这个行业，将有限的资源集中起来，去开辟新的市场和领域。而且与日本人缠斗电视机产品，结果也未必如愿。

两派的意见针锋相对，就在他们争的不可开交时，摩托罗拉公司的总裁韦兹打断了他们的争吵，给大家讲了一个第二次世界大战时期，美军指挥官麦克阿瑟将军运用“蛙跳”战术击败日本的故事。“蛙跳”战术是指当小部队围困某一目标时，大部队则跳过这些小目标直接去进攻大的战略要地。

“蛙跳”故事的寓意是显而易见的。总裁接着又分析：由于电视机的技术正在逐渐完善，该项产业已出现步入成熟化的苗头，而且，电视机的市场需要量也将随着时间的流逝而趋于平稳乃至下降，因此，如果我们在这样一个产业里继续与日本人竞争，那代价势必太大。我们倒不如趁现在元气还未大伤，集中力量另寻他路，绕开电视机产业去开辟新的战场，这样我们反倒有可能在新的领域抢占先手，赢得先发优势，从而在新的领域里大获其利。

韦兹的高论引起公司班子成员的共鸣，但应向哪个领域发展呢？经过摩托罗拉决策层的反复酝酿，仔细推敲，决定公司命运的一项决策方案被提了出来，其主题是：放弃电视机生产，撤回原来在电视机行业所占用的力量，将其悉数投放到无线电通讯设备市场中去。

1974 年，摩托罗拉把庞大的电视机制造厂卖给了日本的松下公司，而后立即改变目标，开始集中精力研制和生产无线电通讯设备器材。从此，摩托罗拉因其敏锐的眼光、果断的决策而赢得了牢不可催的先导优势，一举奠定了自己在无线电通讯取材设备生产销售领域的市场霸主地位。

问题：

1. 根据本案例材料，摩托罗拉实行彻底的战略转移风险是什么？条件是什么？
2. 如果摩托罗拉公司不将电视机企业售出，再另行发展通讯设备生产，实行多元化经营，你认为会更好吗？（特别是在管理上）
3. 如果坚持电视机生产，强化其核心技术能力，与日本企业竞争一定就会灭亡吗？为什么？

案例二十九　艾琳化妆品公司

【学习目标】

本案例旨在让读者了解和掌握企业营销管理中的销售管理。

艾琳 · 格拉斯纳曾在一家大公司当过地区部经理，工作是一流的。离开了这家大公司后，便开始经营她自己的化妆品公司。她购买了一套化妆品配制流水线，租用了一个旧仓库，安装了一套小型的化妆品灌瓶与包装生产线。三年过去了，艾琳的化妆品公司初见成效。格拉斯纳小姐打算拓展她的产品，增添生产线，建立分销网络。她采取了以下步骤：

（1）她准备了一份使命报告书。她写道："艾琳化妆品公司准备生产一套化妆品系列，在美国东北部通过百货商店与专业商店分销上市"。她还建立了长期目标：第一，成为意大利香水在美国市场的一个主要代理人；第二，只销售高级化妆品；第三以高收入顾客为主要销售对象。

（2）去银行贷款，银行问她经营有何独到之处，她回答说，第一，她只批发给独家经销她的产品的那些百货商店和专业商店；第二，在圣诞节旺季到来的三个月之前来采购的话，在价格上打对折，甚至更优惠；第三，建立一种内部制度，所来采购的订单要先核实信用，在装货起运之前才在价格上标出适当的折扣。她一回到厂里就对运输室管理人员说："你绝对不可以在业务部认可之前运走任何东西。"

（3）格拉斯纳小姐一确认所需要的资金到位了，就着手具体计划。她特别想达到的第一个目标是在 5 座大城市开设自己的经销办事处。确定次年 6 月 1 日开业。

（4）为公司的设下的另一个目标是下一年度销售额应达到 3 百万美元。她的销售部经理认为这个目标是不现实的。格琳斯纳问生产部经理，如果所有的生产线都上马，能否完成3百万的定单任务，生产部经理说这得等他核准了生产能力的各项数字后才能答复。格拉斯纳又和律师和销售部经理联系，商讨如何加快5个新的经销办事处的开业，而他们都强调开业前还有许多准备工作，她有点失望。

（5）格拉斯纳决心把她的一些职权委派给那些主要部门的经理们。她逐一落实要达到的目标。她给出生产部经理下达的目标是：每月生产一万只产品，破损率降低到5%，工薪支出保持在预算的50万元以内。那些经理提出了许多异议。格拉斯纳说，“你只要尽力而为就是了”。到了年终，生产部完成了头两个指标。

问题：

1. 分析艾琳化妆品公司的管理模式？
2. 企业生产销售计划是怎样实施的？
3. 公司下一步发展面临什么样的问题？

案例三十　皮尔·卡丹的领导艺术

【学习目标】

本案例旨在让读者了解和掌握企业人力资源管理中的领导艺术。

皮尔·卡丹既是举世闻名的时装设计师，又是杰出的企业家。他精力过人，设计、生产、经营、人事等一切重大问题都由他本人拍版定案。他从不召集会议，而是由他本人跟各主管经理直接对话，了解情况，做出决定，然后放手让主管经理去执行。

人才是企业的灵魂，一个企业不仅要有优秀的人才，而且还要考虑怎样运用这些人才。卡丹在用人上非常有眼光，他以用人之长作为标准，只要他发现某人在某一方面有专长，就会毫不犹豫地用其所长，完全没有年龄及资格的限制。

卡丹的成功正在于他善于用人，敢于用人，并及时地纠正自己的偏差，使他能在激烈的竞争中站稳脚跟。北京崇文门外马克西姆餐厅开业的时候，卡丹从法国聘请了一位经理，但由于这位经理对中国的情况毫不了解，经营起色不大。卡丹发现后，把他调离了北京。新经理上任后，面貌很快大有改观。

问题：

1. 皮尔·卡丹的领导风格有什么特点？
2. 企业应该聘用什么样的人？
3. 人的领导才能是天生的吗？

案例三十一　年轻人辞职引发的风波

【学习目标】

本案例旨在让读者了解和掌握企业人力资源管理中的薪酬管理。

一家在同行业居领先地位、注重高素质人才培养的高技术产品制造公司，不久前有两位精明能干的年轻财务管理人员提出辞职，到提供更高薪资的竞争对手公司任职。其实，这家大公司的财务主管早在数月前就曾要求公司给这两位年轻人增加工资，因为他们的工作表现十分出色。但人事部门的主管认为，这两位年轻财务管理人员的薪资水平，按同行业平均水平来说，已经是相当高的了，而且这种加薪要求与公司现行建立在职位、年龄和资历基础上的薪资制度不符合，因此，拒绝给加薪。

对辞职事件，公司里议论纷纷，有人说，尽管他们所得报酬高于行业平均水平，但表现出色，应该加薪。也有的人反对给他们加薪。但是否应当由了解其下属表现好坏的财务部门主管对本部门员工的酬劳行使最后决定权？公司制定了明确的薪资制度，但它是否与公司雇佣和保留优秀人才的需要相适应呢？公司是否应当制定出特殊的条例来吸引优秀人才，或是随他们离开算了？……这些议论引起了公司总经理的注意，他责成人事部门牵头与生产、销售、财务等各部门人员组成一个小组，就公司工资制度征求各部门意见，供公司常务会讨论之用。

问题：

1. 企业怎样留住优秀的人才?
2. 这样的企业能进行薪酬改革吗?
3. 对人的激励除了薪酬以外还有什么?

案例三十二　日产公司围绕核心竞争力的管理变革

【学习目标】

本案例旨在让读者了解和掌握企业变革管理中的管理变革。

日本具有 68 年历史的日产公司是一个多元化发展的汽车制造商，后由法国雷诺公司控股，控股比例为 36%。但该公司在全球的市场份额从 1991 年的 6.6%下降到 5%，而在国内的市场份额则遭受了 27 年的持续下跌，8 年中有 7 年公司一直处在亏损状态，同时还背负着高额债务——1999 年财政年度伊始，净汽车负债额已达 21 000 亿日元。

1999 年 6 月，法国雷诺集团副总裁，年仅 45 岁的卡洛斯 · 戈恩被派到日产公司任首席营运官，开始全面对日产公司进行改革。卡洛斯 · 戈恩的誓言是:如果三年内不能使日产重新盈利，他将率领日产执行委员会成员辞职并永远退出汽车行业。

1999 年 10 月 18 日，日本东京车展，戈恩上任后的第 4 个月，复兴计划全盘发表：开发新的产品和新的市场机会；恢复日产品牌的效力；对技术进行大规模投资；减少 10 000 亿日元的采购、制造和行政开支。到 2000 年财政年度使公司恢复赢利，营业利润超过销售额的 4.5%，净债务水平下降 50%。

改变传统管理模式

几十年来，日本的企业管理模式一直为全球企业所推崇，其国际化企业日产公司的技术领先和质量优势以及员工的忠诚度一直是日本企业的典范，没有任何人怀疑这一点。但是面对销售指标节节下滑，市场不断溃败，就连日产企业的高层管理者也无法解释原因，显然对该公司不进行大刀阔斧的改革是难以从根本上扭转局面了。

卡洛斯 · 戈恩认为，日产的发展战略模式缺乏集中性，他的资源被分散在多条生产线和多个海外市场上，特别是试图与强大的市场主导者丰田汽车公司竞争。所以，当丰田汽车和本田汽车在美国市场上庆祝达到一个新的盈利高点时，日产却承受着在美国市场的巨额亏损。

因此，戈恩的第一个动作就是对企业发展的战略模式进行重新审核，目的是使企业集中有限的资源重点发展企业的核心业务。他迅速拍卖了一些价格不菲的资产，如日产的太空设备部门、非汽车制造部门，回收了大量现金用于汽车项目；关闭了在日本本土的 5 个工厂。

其次，他对企业内部的组织机构进行大刀阔斧的改革。以增强企业的快速应变能力。戈恩发动了一场“文化革命”，对日产严密的组织机构、严格的办事程序、严肃的上下级服从习惯和复杂的决策过程进行了大力冲击。他认为：日产的组织僵化，已经坏死，必须大力减少决策人数，建立信息信箱，提高办事程序和行政效率。以戈恩的年龄，在日本企业的“年功序列”制中只相当于课长。但他勇于打破日本人信奉多年的提拔准则。一位表现出色的课长被他在一日之内连升 5 级，在企业内形成了“地震”。三年内日产裁员 21 000 人，但生产效率却大大提高，2000 年产量比 1999 年高出 8%。卡洛斯•戈恩以他的方式终结了日产的“终身雇佣”和“年功序列”规则，在企业内部大力推行“能力晋升”制。这在日本企业中甚至引起了一场风暴。到 2001 年，日本有近一半的大公司放弃了“终身雇佣”制。

重新整合供应链

与一贯特立独行的丰田汽车公司不同，日产是一个非常传统和保守的公司。它不仅与日本政府保持着极为密切的关系，还与日本的银行与其他公司有着千丝万缕的联系。所以，日产公司股东之间不仅交叉持股，与其供应商之间也是长期固定的关系。在企业持股圈子里的成员，可能会为某个项目共同组成临时的研究开发小组或相互提供各种各样的帮助。而日产公司的股东，大多数是由它的前雇员创办和经营着。由于股份关系，使日产很难拒绝购买持股公司的原材料和零部件，尽管这些供应商的产品非常缺乏竞争力。这种长期的、有凝聚力的供销关系，已成为日产关系系统和经营模式的重要组成部分，任何破坏交叉持股圈子的行动都被视作禁忌。

但卡洛斯·戈恩要打破这些规矩。他力排众议将日产公司交叉持股公司的数量由 1400 家变成了现在的 4 家，同时，通过卖掉这些关联公司的股票而获得了大量的现金。对供应商的大调整，使得原来的 13 000 多家零部件、原材料供应商压缩为 600 多家，不符合日产公司要求的供应商被剔除，强有力的供应商得到订单。仅这一项就将占汽车成本 60%的采购成本降低到 20%。在 2000 年 4 月公司又向供应商发布了一则消息，要求再将供应品降价 8%，否则就要承担失去日产汽车业务的风险，尽管供应商们无比震惊，但是还是接受了，因为只有这样，他们才能一起走出困境。

这些行动的结果是，日产在 2000 年就将债务缩减了一半，达到了 15 年来的最低水平。在 2001 年实现盈利，税前利润为 25 亿美元。与戈恩的“三年盈利”誓言相比，他仅用了两年实现了他的所有目标。2002 年初，在日产汽车公司于东京召开的供应商会议上，面对 650 位供应商，卡洛斯·戈恩又重演了在东京车展上的一幕。他宣布公司将于 2002 年 3 月份提前一年实现日产复兴计划中承诺的同时，提前一年实施下一个三年期事业计划，即“日产 180 计划”。

“180”这三个数字分别代表了日产在从 2002 年 4 月份开始的三年内将实现的三个目标：“1”代表在宏观经济条件下，2004 年财政年度公司全球汽车年销售量将较 2001 年财政年度增加 100 万台左右；“8”代表实现 8%的经营利润率，达到全球汽车制造商的最高水平；“0”代表将汽车事业净债务降低接近零的水平。该计划为综合性运营计划，旨在通过增加销售量、提高利润率和实现零负债，来支持日产的持续性发展。其中包括提高收入，降低成本，提高质量和效率，以及从与雷诺的联盟中获得更多协同效应。

“日产复兴计划使日产摆脱了困境，而 180 计划将使公司走向辉煌。”

问题：

1. 你认为卡洛斯对日产公司的拯救是赢在管理上，还是市场开发上？
2. 卡洛斯对日产的改革日本人可以做吗？为什么？
3. 日产公司从衰落再度走向辉煌，对中国企业有借鉴意义吗？

案例三十三　“铱星”的陨落

【学习目标】

本案例旨在让读者了解和掌握企业营销管理中的产品创新的机遇与风险。

铱星是什么？

铱星是卫星全球移动通信系统的简称，是由美国摩托罗拉公司设计、研制的。它实际是由众多卫星构成的移动通信网，原计划设计 7 条卫星运行轨道，每条轨道上均匀分布 11 颗卫星，由 77 颗低轨卫星组成一个完整的卫星移动通信的星座系统。由于他们就像元素周期表中铱元素（Ir）原子核外的 77 电子围绕其运转一样，所以被命名为“铱星”。后计算证实设置 6 条卫星运行轨道就能够满足技术性能要求，改为绕地球的 66 颗卫星构成。通过这一超级通讯网络，铱星系统用户可以不依赖地面网而在地球上任何“能见到天的地方”用卫星手持电话直接通信。

传统的卫星移动通信一直是由基于地球静止轨道的全球移动卫星通信系统实现的，这种方式有明显的缺陷。如语音终端笨重，不能提供基于手持机实现的个人移动通信业务；容量不足，价格昂贵；最新的第三代基于地球静止轨道的全球移动卫星通信系统，一个大点波束内仅可提供 300～400 路话音信道；频谱利用率低；通信时延大，回声抑制费用高。

基于地球静止轨道的全球卫星移动通信系统存在许多通讯技术和功能方面的问题，1990 年，美国摩托罗拉公司提出建立铱星移动通信系统。与传统卫星通信相比，铱星具有明显的优点：

第一，技术性能高。它实现了卫星通信和移动通信大跨度的间断。采用低地球轨道卫星作为中继平台，使地面语音接受终端的体积变小，实现用卫星移动手机进行通信成为可能；由于采用多波束技术（每颗星 48 个点波束），实现了极高的频率复用率，因为大大提高了系统的通信容量。在相同面积的区域内，铱星移动通讯系统可提供的话音信道是基于地球静止轨道的全球移动卫星通信系统的 2 倍；实现南北极地区的通信覆盖；降低信号传输时延，提高了话音通信的舒适性。

第二，经济成本低。铱星的研制和生产成本要大大低地球静止轨道的通信成本。铱星计划的总投资额规模仅为 34 亿美元，而相同规模的地球静止轨道通信系统的投资额为 160 亿美元。

第三，使用成本优势明显。铱星采用的是用卫星移动手机作为地球终端的个人移动通信工具，这种手机成本仅为地球语音终端的 1/10，即 500 美元左右。而且铱星系统通信容量大，这使其单路语音信道运行成本降低，通话费每分钟是 0.65 美元，而地球静止轨道系统的通话费是每分钟 3～7 美元。

第四，时间效率高。铱星系统计划是 1990 年提出的，于 1996 年开始实验发射，1998 年正式投入营运。而地面移动通信系统的技术发展层次不能满足目前大量增加的移动通信需求，其研制、生产、发射和运营的时间都要等 2000 年以后。所以，铱星系统在当时具有极大的竞争优势。

第五，未来前景良好。铱星系统具有实现卫星与地面“闸口”站及控制中心进行通信的能力（闸口是指地面上的信号传输系统，可收发和转送铱星卫星移动通信系统的通信讯号），它不仅能够为用户提供卫星电话的使用，而且能够向发展迅速的计算机网络市场发展，构架基于计算机网络的互联网移动通信系统，并与光缆等电话网和数据网相连，提供多媒体等移动通信服务。

铱星运行轨道低，更易于实现全球个人卫星移动通信；覆盖面广及全球各个角落。

铱星的商业化运作

铱星系统是由美国于 20 世纪 80 年代末提出的第一代卫星移动通信星座系统，其每颗卫星的质量 670 千克左右，功率为 1 200 瓦，采取三轴稳定结构，每颗卫星的信道为 3 480 个，服务寿命 58 年。铱星系统最大的技术特点是通过卫星与卫星之间的接力来实现全球通信，相当于把地面蜂窝移动电话系统搬到了天上。它与目前使用的静止轨道卫星通信系统比较有两大优势：一是轨道低，传输速度快，信息损耗小，通信质量大大提高；二是不需要专门的地面接受站，每部卫星移动手持电话都可以与卫星连接，这就使地球上人迹罕至的不毛之地、通信落后的边远地区、自然灾害现场的通信都变得畅通无阻。所以说，铱星系统计划开始了个人卫星通信的新时代。

从其运行的商业角度来说，目前为用户提供的主要业务是：移动电话（手机）、寻呼和数据传输。在技术上铱星系统已突破了星间链路等关键技术问题。系统基本结构与规程移交初步建立，系统研究发展的各个方面都取得了中央对外联络部重要进展，在此期间全世界几十家公司都参与了铱星计划的实施。美国的“德尔它 2 型火箭”、俄罗斯的“质子 K 型”火箭和我国的“长征 2 号丙改进型”火箭分别承担了铱星的发射任务。1998 年 5 月，布星任务全部完成，11 月 1 日正式开通了全球通信业务。

铱星公司的破产

然而这个系统自 1998 年 1 月开始真正运营不到一年，市场危机、财务危机便纷至沓来，因无法偿还 1999 年 8 月 11 日到期的债务，甚至连利息都无法偿还。铱星公司于同年 8 月 13 日宣布破产保护，该公司股票也于 3 个月后被纳斯达克交易所“停牌”。

问题：

1. 你同意文中所讲的，铱星公司的失败有多层面的因素吗？什么样的公司会面临这样的困境？

2. 企业靠不断开发新产品来维持它的生存，但新产品开发的失败率又非常高，怎样解决这一问题？

3. 你认为铱星公司可以在企业发展中避免失败吗？

案例三十四　GE 是如何成为学习型组织的

【学习目标】

本案例旨在让读者了解和掌握通过企业文化管理构建学习型组织。

通用电气公司是全球 500 强最大的公司之一，该公司的市值达 4 500 亿美元，排名世界第一，2000 年销售额为 1 300 亿美元，净收入为 130 亿美元。该公司取得如此骄人的业绩，通用电气公司的原董事长杰克 · 韦尔奇的自传为我们进一步揭示了企业成长的秘密——这就是建设一个学习型组织。

（一）将企业的培训基地再造为企业的思想中心

杰克·韦尔奇对通用电气公司进行改造的思想在他刚担任通用公司总裁时就已经开始了。他认为企业改革不仅仅是在组织结构上的改变，更重要的是企业员工思想的变革，而要实现这一点，就要有企业的思想库。韦尔奇决定将通用的培训基地克罗顿维尔改造成为企业的思想库。“再造克罗顿维尔，再造 GE”，这就是他的目标。要“把克罗顿维尔看作一个在交互式的开放环境中传播思想的地方，它可以成为打破等级制度的最理想的场所。”“如果我们打算让最优秀的员工来到这里，那我们就必须把克罗顿维尔变成一个世界级的管理开发中心。” 韦尔奇花费了大力气将 GE 企业的精英送到这里进行思想观念的培训和改造，而他本人也身体力行，每年用 1/3 时间来到基地，直接向 GE 的各个部门的管理者传达他的信息:“卓越，质量，企业家精神，所有权，直面现实以及‘数一数二’”战略模式。

1. 克罗顿维尔学习模式的转变

GE 的克罗顿维尔开设的课程主要是进行案例学习，案例可以来自其他公司，但讨论时要从 GE 的实际情况出发。开设的课程从新员工辅导到特定的技能培训都包括。但重点是开发旨在培养领导技能的课程。它分三个层次：为最具发展潜力的高级经理开设的高级管理开发课程（EDC）；为中层经理开设的企业管理课程（BMC）；为初级管理人员开设的管理开发课程（MDC）。

克罗顿维尔每年推出三次 BMC 课程，每班大约 60 人。EDC 课程每年只有一次，安排大约 30 到 50 位最具发展潜力的高级管理人员参加。这两类课程时间都是三周，课程的内容及进度都是精心设计的。但公司更看重学习班学员的学习行动，学习班的学习成员实际上是公司领导的高级顾问。学员们将观察的视野放在世界上每一个发达国家和发展中国家，认真考察公司的发展机遇以及其他公司的成功经验，仔细评估各项计划的实施进度和实施效果。每一次课程之后，学员们都有一些意见被采纳，并被落实到 GE 公司的下一步行动中去。

公司的董事长杰克·韦尔奇每个月都要到克罗顿维尔一两次，给学员上课或进行思想交流，在近 21 年的时间里，他同 18 000 名 GE 的经理进行了直接的沟通。他通常不是以讲演的形式（因为那只是他的单项沟通，得不到及时有效的反馈），而是采取公开和广泛的面对面的交流。韦尔奇把他的想法带到每一间课堂上，通过相互交流使这些想法更丰富。他提倡每一个学员都给他以反馈和挑战。结果，韦尔奇成了一个助推器，帮助所有的人相互取长补短。而韦尔奇也认为学员们交给他的和他交给学员们一样多，“克罗顿维尔现在成了一个活力中心，为思想的交流提供源源不断的动力。”

2. 克罗顿维尔创新思想的产生

创新的思想在克罗顿维尔得到了最充分的释放。最典型的要数来自于克罗顿维尔的企业管理课程（BMC）所产生的理念变革。该理念促使 GE 的业务经营体系有了巨大的改进。1995 年，在为期 4 周的 BMC 培训班上，学员在教师的指导下，对公司通行的“数一数二”战略模式进行梳理时发现，该市场战略可能会对公司有阻碍作用，它压抑了公司的成长机遇。原因就是通用公司有诸多的高智商管理人员，这些人足以聪明到把他们的市场定义得非常狭窄，这样他们可以稳稳当当地保持住“数一数二”的位置。

学员们制作了 8 个示意图，其中一个图的内容演示了如何重新定义市场份额，并提出了“思维定势变革”的方案。他们认为，GE 需要对现行产品市场全部重新定义，应该使 GE 每一家企业的市场份额都在 10%以下。在董事长韦尔奇的倡导下，公司开始重新定义各业务领域的市场范围，例如， 1981 年，GE 给自己定义的市场范围是 1150 亿美元，而现在是 1 万亿美元。电力系统公司在他们传统定义的 27 亿美元市场中占据了 63 的份额，这看起来相当不错。但如果重新定义市场，将整个发电厂运营设备都包括进来，那么电力系统公司只在 170 亿美元的市场中占据 10%的份额。如果再把燃料、动力、存货、资产管理以及金融服务都包括进来，那么，潜在市场价值就有 1 700 亿美元之巨，GE 只占 1%到 5%。

这一市场定义观念的转变极大地开拓了 GE 管理人员的视野，并点燃了他们的雄心。在随后的 5 年里，GE 的主营业务迅速地翻了一番，由 1995 年的 700 亿美元增长到 2000 年的 1300 亿美元。

克罗顿维尔的培训后来成了 GE 员工取得成就的重要标志。参加 BMC 课程学习，必须是经各公司的层层选拔；而参加 MDC 课程，则需要经过人力资源总裁、副董事长和董事长的批准，而且所有的提名都要在公司的 C 类会议上讨论通过。而韦尔奇也达到了他的目的，不仅使管理团队的能力得到了提高，更重要的是创造了企业的思想库，各类创新思想在其中得到发扬光大，团队的凝聚力增强了，企业的活力出现了。

（二）不断创新管理模式

1.“工作外露”的管理模式

经过不断摸索创新，克罗顿维尔已经成为 GE 的改革思想发源地，并且形成了非常好的交流氛围，学员们的学习热情和对企业变革的信念空前高涨。但是，如何把学员们的坦率和热情从教室里带回到每个人的工作场所？提高和改进整个公司的工作效率又成为一个新的问题。如果大家在学习时满腔热情，成为一个新人，但回到工作岗位又回到旧的“我”，那么克罗顿维尔的作用就会大打折扣，也不能带动整个团队的进步。一个新的念头在韦尔奇的脑海里出现“我们必须要让克罗顿维尔的课堂在整个公司再现。”他的想法在几周内经过新的充实和完善后，形成了 GE 公司一项新的改革方案，这就是“工作外露（Work-Out)”计划。顾名思义，“工作外露”就是把工作中有待解决的问题公开暴露出来，以供企业人员充分讨论，尽快解决。

克罗顿维尔的课堂交流之所以能够诚挚坦率是因为人们在这里感到说话很自由。尽管韦尔奇是他们的老板，但是他很少能够影响或者说根本影响不了他们个人的职位升迁——特别是那些级别较低的培训班学员。因此，要在公司创造出这种氛围，也不能让公司的直接领导组织这些交流会。公司通过聘请外面受过训练的专业人员（多数是大学教授）来主持会议，他们听员工的谈话不会别有所图，员工们与这些人交谈会感到放心并能得到很好的启迪。在 GE 这样的座谈会上，有 40 到 100 名员工被邀请参加，他们可以自由地谈论对公司的看法，讨论不同管理层次的官僚主义行为，以及公司存在的各种问题。一个典型的“工作外露”会议可能持续两到三天，会议开始时，经理要到场讲话，他需要提出一个重要议题或安排一下总的会议议程，然后离开。在老板不在场的情况下，外部专业人员启发和引导员工进行讨论，结果，在他们的帮助下，经理和员工之间的交流变得容易多了。

“工作外露”会议的真正不寻常之处在于公司要求经理们对每一项意见都要当场做出决定。他们必须对至少 75%的问题给予是或不是的明确回答，否则对该问题的处理也要在限定的时间内解决，结果很好地消除了公司内的官僚主义。

GE 公司下属的每个分公司每年进行数百次的“工作外露”，到 1992 年，已有 2 万名员工参加过“工作外露”会议并收到了巨大成效。

韦尔奇认为：这一作法帮助公司建立了一种文化，“在这种文化里，每一个人都能发挥作用，每一个人的想法都能受到重视。”“企业经理是在‘领导’而不是‘控制’公司，他们提供的是教练式的指导，而不是牧师般的说教。”

2. 创造和提倡“无边界”理念

“工作外露”计划推广遇到的最大障碍就是公司里的各种界限，在如何突破这些界限时，以韦尔奇为首的 GE 最高管理层提倡一种“无边界”理念。对此，韦尔奇写到：“我预想中的无边界公司应该将各个职能部门之间的障碍全部消除，工程、生产、营销以及其他部门之间能够自由流通，完全透明。在无边界的公司里，‘国内’或‘国外’业务将没有区别，这意味着我们在布达佩斯或者汉城工作就像在路易斯维尔和斯克内克塔迪一样舒适。”

“一个无边界公司将把外部的墙推倒，让供应商和用户成为一个单一过程的组成部分。”

“作为一个无边界公司，它将不再仅仅奖励千里马，它还要奖励伯乐，奖励那些甄别、发现、发展和完善了好主意的人。其结果是鼓励公司的各级领导与他们的团队一起分享荣誉，而不是独占。这将使我们所有人之间的关系产生巨大的变化。”

很快 GE 公司就“无边界”理念建立了一套推广系统，1991 年，在公司 C 类的人力资源检查会议上，公司高层开始对经理们的无边界行为评级打分，进行高、中、低三个等级的评价。如果一个人的姓名旁是一个空的圆圈。那么他或者她就要尽快改变自己了，否则就得离开这一岗位或公司。

在“无边界”理念指导下，公司形成了一种明确的价值理念，据此，将不同级别的经理们归结为四种类型：第一种类型的经理能够实现预定的目标，并且认同公司的价值观，这类人在公司将有良好的发展前景。第二种类型的经理是那些没有能够实现预定目标，同时也不能够认同公司价值观的人，这类人将不能留在公司。第三类型的经理没有能够实现预定的目标，但是能够认同公司所有的价值观。对这类人，公司还给其发展机会。第四种类型的人就是能够实现预定的目标，取得经营业绩，但是却不能认同公司价值观的人。他们压迫人们工作，而不是鼓舞人工作。韦尔奇认为这种类型的人是最难处理的，在其他的情况下，这种类型的经理也有生存的价值，但在一个无边界行为成为公认价值观的公司里却不能被容忍。

通用公司不仅是这样提倡的，也是这样做的。韦尔奇在博卡的 500 业务经理大会上明确告诉他们，有四位业绩很好的公司经理离开 GE 就是因为不能尊奉公司的价值观。因为在韦尔奇看来，没有具备这些价值观的人，根本谈不上什么直面现实、坦诚、全球化、无边界、速度和激励，也就不能很好地实现公司的战略目标。

“‘工作外露’计划已经开始在公司里建立起学习型文化，‘无边界’理念则为我们这一文化增添了新的动力。”结果，公司提出的“每天发现一个更好的办法”不再仅仅是一个口号，它成为无边界行为的本质，成为公司的期望。在经过多年的 GE 硬件建设——重组、收购以及资产处理，“无边界”成了通用公司“社会结构”的核心。

通过这一系列的行动，GE 创造了一种学习型文化，这使得 GE 以不仅仅是“各个部分的简单加总”，“不是一团庞大体积的堆积物，”而是一个充满活力，实现了 1+1 大于 2 的优秀团队，实现了韦尔奇在就任董事长时提出的一个理念——整合多元化，使下属各个企业之间充分分享整个 GE 公司创造的竞争优势。

（三）不断学习，善于学习

1. 企业高层带头学习

1995年，韦尔奇在《财富》杂志上读到一篇文章，讲述的是可口可乐公司的带头人和他的团队如何向公司的管理人员教授领导技能。这立刻引起了韦尔奇的极大兴趣，他立即决定GE领导团队的每一位成员都要教一堂课。因为在此之前，公司的总部高层领导和各下属公司高级管理人员总是零零星星地讲点这种课，而百事可乐的模式使得课堂上的学员能够更真切地观察和学习公司里做得最成功的榜样人物，也使公司领导能更广泛地了解公司。

在通用的高层领导中，只要有新的观点和有启示性的东西，大家都会千方百计地把它变成可以推广应用的东西。不仅在公司内部寻找新方法，即使是公司外部也是不计代价地寻获。1991年沃尔玛的创始人萨姆·沃尔顿邀请韦尔奇参加公司的经理会议。在这次拜访中，韦尔奇学到了沃尔玛的理念。每个星期一，美国本部的沃尔玛各个地区的经理都要飞到自己负责的区域，在随后的4天里，他们要巡视自己的商店，考察竞争对手的经营情况，星期四的晚上他们要飞回本顿维尔总部，星期五上午他们要与公司的高级管理人员开会，汇报从基层得来的各种信息并立即采取行动。因此，在每一家商店柜台旁的消费者行动，公司的最高管理层都会了如指掌。企业对市场信息的高度敏感和企业高科技的服务系统的完美结合是沃尔玛成功的秘诀之一。正是运用这种结合，使沃尔玛在不断成长过程中始终保持了小公司一般的灵敏反应力。

韦尔奇立刻派他的管理团队到沃尔玛学习，将其做法移植过来，命名为“快速市场信息”在企业推广，这一做法非常有效，很快将GE所有管理人员与用户之间的距离拉近了，并创造了“现场解决产品适用性纠纷”的有效管理。

2. 管理员工自主学习

在GE，不断学习，不断创新已成为每一个人的座右铭。劳埃德·特鲁特是通用电子产品业务主管生产的副总裁，他们的部门创造了一种“矩阵”，这个矩阵可以帮助他们从他的40个工厂里找到最好的生产管理办法。他们首先确定12个对所有工厂都相同的衡量标准和程序。然后，他要求每个工厂的经理在每一个项目上给自己评分，项目包括存货周转、订单完成情况等。这一矩阵加入量化测评的方法后，透明度很高，使得每个人都对此非常重视。没有人想落在最后，因此，经理们争先恐后去做得最好的工厂参观学习，想方设法把自己的工厂搞得更好。结果，GE电子产品领域的经营利润率由94年的1.2%上升到96年的5.9%，2000年的13.8%。

管理员工自主学习的最大收获是集思广益，花费最少的成本学习别人，这已在通用形成惯例。1999年，通用公司得知电力公司通过使用供应商在线竞价系统节省了大笔进货开支后，GE的管理员工立刻开始仿效。但是购买现成的软件系统至少要花费10万美元，还有一些沟通费用。有关部门的主管人员进行了一番咨询后，决定自己动手制作这套系统。他们聘请了宾夕法尼亚州立大学的学生，在公司的软件工程师的帮助下，仅用了三周时间，花费了1.72万美元就开发出一套样板系统。两周以后，成交了第一笔交易，半年之后，公司在线采购已达数十亿美元。

3. 针对问题学习改进

GE下属的加里·雷纳公司行动集团的管理人员在1992年通过分析公司的综合指标发现，GE的产品销售价格每年下降1%，而进货成本却在持续上升。他们通过一个简单的示意图来说明这个趋势，根据图中所形成的曲线，这一图表被称为“怪物图表”。所谓“怪物图表”是因为企业的销售价格和进货成本之间的差额日益减小，企业的利润也越来越低。如果不立即采取措施，GE 的发展前景极不乐观。于是公司立刻开展了如何降低进货成本的大讨论，很快制定出了降低进货成本的改革方案，并将降低进货成本的评估指标纳入了公司主抓物资供应的管理人员的工作业绩的考核内容。在随后的 4 年里，各公司负责物资供应的领导每个季度都要到公司总部参加物资供应季度会议，由 GE 主要领导主持讨论和分享各个公司最好的物资供应管理办法。结果，那张价格下降，供货成本上升的“怪物图表”很快就被 GE“杀”死了。

问题：

1. 通用电气公司的学习型组织有什么特点？
2. 韦尔奇为什么要把克罗顿维尔变成企业的思想库？它起到了什么作用？
3. 通用企业开展的员工培训有什么效果？对我国企业有借鉴意义吗？

案例三十五　青钢集团的“五个日”管理

【学习目标】

本案例旨在让读者了解和掌握企业“以人为本”的管理思想及其实践操作。

作为山东省三大钢铁企业之一的青岛钢铁控股集团有限公司（简称青钢）一直在业内具有较高的知名度。过去的青钢，由于在 1995、1996 连续两年亏损 1.2 亿元，成为全国冶金行业和山东省“第一亏损大户”和青岛市的“污染大户”。现在的青钢，从 1997 年新领导班子组建开始，实现了“一年亏损，二年盈利，三年大发展”战略目标。1997 年，在消化减利因素 1.8 亿后，青钢集团实现利润 1 175 万；1998 年消化减利因素 2.05 亿元，实现利润 1 621 万元；1999 年消化减利因素 2.5 亿元，实现利润 1 890 万元；2000 年消化减利因素 2.6 亿元后，实现赢利 9 149 万元，2001 年赢利近 2 亿元。总资产也由最初的 20 亿元升至 60 亿元。经济效益在全国冶金行业由 1996 年的第 108 位上升到第 30 位；由山东省青岛市的亏损大户转变为赢利大户，营业收入跃升为全省第 8 位。引起了企业界和理论界广泛注意，青钢的管理模式也成为人们研究的重点。本案例揭示了青钢集团是如何通过规范管理，重新确立企业的核心竞争优势的。

一、“五个日”管理的基本内容和作业流程

“五个日”管理的核心是：以人为中心，以人本管理、目标管理、危机管理、随机管理等现代管理思想为基础，采用量化手段，通过每天进行的日目标、日反馈、日分析、日考核、

日工资评估制度，达到实施全员参与、全过程控制、全方位管理的目的。实现了把责任与目标相结合，把管理与利益驱动相结合，以确保企业月度、年度经营目标的实现。

青钢“五个日”管理在实施时的基本流程如下：

（1）确定日目标。首先要确定企业年度的经营目标。在此基础上将目标细化分解，一方面将本单位年度目标分解为工序目标和专业目标，再在此基础上分解为车间目标、工段目标和班组目标，直至分解到个人。另一方面将年度专业目标、车间目标工段和班组目标分解为月度目标和日目标，在目标细化过程中，要掌握目标具体、量度适中、留有余地、责任到人的原则。最后，日目标可以进行动态修订并输入信息反馈系统。

（2）及时日反馈。建立一个责任明确、相互制约、反映灵敏的信息反馈系统。具体规定原始数据信息的记录、收集、处理和反馈的单位、人员、程度及时间的要求。信息必须每天进行及时、准确的动态反馈，以实现系统的自我调节，使系统始终处于良性循环的可控状态，日反馈的信息是进行日分析和实施日考核的依据。

（3）进行日分析。将日反馈的信息与日目标进行比较，如达到日目标就总结经验，将行之有效的做法予以标准化，以达到每天都有所提高、有所进步的管理目的。如达不到目标，要按“三不放过”的原则，分析问题，找出原因，实施有效的控制手段。

（4）实施日考核。建立企业高效、权威的日考核机构和基层日考核小组，负责对日目标完成情况的信息在每天进行日分析后，按照考核规定，确定奖惩情况，并将该信息反馈到控制点，以达到有效激励的目的。

（5）落实日工资。每个岗位根据日目标完成情况，确定每个人每天的收入，把分配机制与管理机制相结合，每天公司内各个班组、工段、车间、厂、处都要召开日分析会，对反馈的信息进行分析，对每个人的当日收入进行考核。

二、从生产流程管理到全过程管理

“五个日”管理模式最先在青钢的第一线材厂推广应用，当时推行“四个日”管理，没有把激励机制包括其中，但也取得了非常良好的生产绩效。该厂从英国引进的设计能力为 25 万吨的高速线材生产线，实际年产量只在 11 万吨徘徊，实施“四个日”的管理模式后，高线轧机当年产量达到 27 万吨，2000 年达 36 万吨，2001 年超过 41 万吨。科学管理使青钢使用国外淘汰的二流设备创造了一流设备的业绩。

全系统推行日管理后，企业高层充分认识到没有激励机制是不完全的管理，于是将其完善为“五个日”管理，由小闭路循环发展为完整闭路循环。使青钢集团从投入到产出全过程的人流、物流、信息流、资金流配置更加合理，企业运行质量和效率大幅提高。1997 年各主要经济技术指标中有 56%进入全国同类企业前 5 名，到 2000 年这一比例已上升到 75%。

“五个日”管理是一个全方位的互动管理过程，不仅要求上级对下级进行“五个日”管理，而且要求下级对上级、各部门之间、各团队之间互相进行“五个日”管理，并由此形成“青钢职工永远为客户服务，下一道工序就是你的客户”的管理理念。管理从规范员工的行为入手，从劳动纪律切入，从工序岗位控制，从思想意识引导，从而在全员、全方位、全过程的生产流程控制中，使“五个日”管理得以贯彻落实。

一是把“五个日”管理落实到生产管理，对从投入到产出全过程中的人流、物流、信息流、资金流进行合理配置，不断提升生产运行质量和效益。第一炼钢厂钢产量2001年比1996年翻了一番；炉龄由1996年的1 100炉达到6 000多炉；第二线材厂由96年日产300多吨达到2001年的900多吨，创同类设备的产量、成材率、低消耗全国先进水平。

二是把“五个日”管理落实到成本管理，对企业的每个细节、每个侧面、每个岗位加强控制，建立起全方位、多层次、多角度的成本控制体系。铁水成本每吨由1997年的1 144元降至2001年的847元，方坯成本由每吨1 656元降至1 302元；钢材成本由1 983元降至1 523元。从1997年到2000年平均每年降低的成本都在1.5亿元以上。

三是把“五个日”管理落实到质量管理。企业把用户的满意度作为衡量质量高低的重要标准。在生产过程中，运用“五个日”的管理法，从产品的原料投入、烧结、炼铁、炼钢、轧钢、销售直到用户，进行全过程控制，稳定地生产出符合用户需要的优质产品，其产品多项获山东省和青岛市名牌产品称号，也有多项产品被认定为国家级新产品。

几年来，“五个日”管理在实施过程中不断完善，从最初的完全自上而下的监控式管理转变为双向评价、横向合作与监控并存的网络式管理体系，从集团董事长到基层团队、个人；从企业的整体战略，到各部门的职能战略，实现了各个层次动有目标，每位员工都要接受全方位的评价与指导，使管理真正发挥了作用。

三、“五个日”管理的核心——人本管理

在青钢“五个日”全控管理模式中，始终贯穿一条主线——人本管理。企业董事长王玉科认为：“企业的成功是用人的成功，优秀的企业是优秀人才的集合。”在企业的生产力诸要素中，人是最活跃、最积极、起决定作用的因素，而“五个日”管理的贯彻落实靠的就是企业的人才。

“五个日”人本管理的体现首先是建立了一套有利于人力资源发挥作用的激励机制，这套机制必须是使用有效，而不是形式上的东西。它将干部考核的标准简化为两条：一是相关部门所承担的各项经济技术指标是否完成并达到新的水平；二是职工的评价。

在人本管理中，企业建立自率观念的最有效办法是：建立明确的绩效标准和民主化的信息交流体系，以及形成一种建立在同事之间相互可比性基础上的挑战自我的环境，通过“五个日”管理之间的闭环结构，为建立职工自率意识提供了制度保障。

日目标是“由上而下”和“由下而上”目标管理的有机结合。通过制定日目标，公司为每位职工和工作团队提供了更具有可依据和可度量的指标。“五个日”管理法对日目标的考核、分析和反馈，使每个员工能够实现对自身工作自我监控，企业的所有管理层次同时得到真实有效的经营数据，不断针对现实提高自身工作效率。

日反馈、日分析、日工资的一个重要意义，在于营造出一种既合作又竞争的工作环境。通过“五个日”管理体系，青钢建立了团队之间、员工之间的比较标准，并通过日工资实现了利益分配与工作业绩的集合。仅编制日工作情况和公布日工作业绩数据就足以激发员工采取一系列改善工作的措施，这不仅促使个人努力提高他在业绩方面的排名，也使他们明白谁是最好的，并主动“见贤思齐”，以提高他们的工作效率。这种依靠人们自觉提高工作水平的

方式要远胜于自上而下的控制机制，这正是“五个日”管理的核心所在。

总之，青钢集团通过“五个日”管理使企业走出困境，重新确立其竞争优势，在这一过程中，也使企业培育、强化了以管理为特色的核心竞争力。

问题：

1. 青钢集团“五个日”的管理核心是什么？你是怎样认识“以人为本”的？
2. 我国企业的管理特点是什么？
3. 企业怎样有效推行这样的管理模式？

下　篇

流程篇

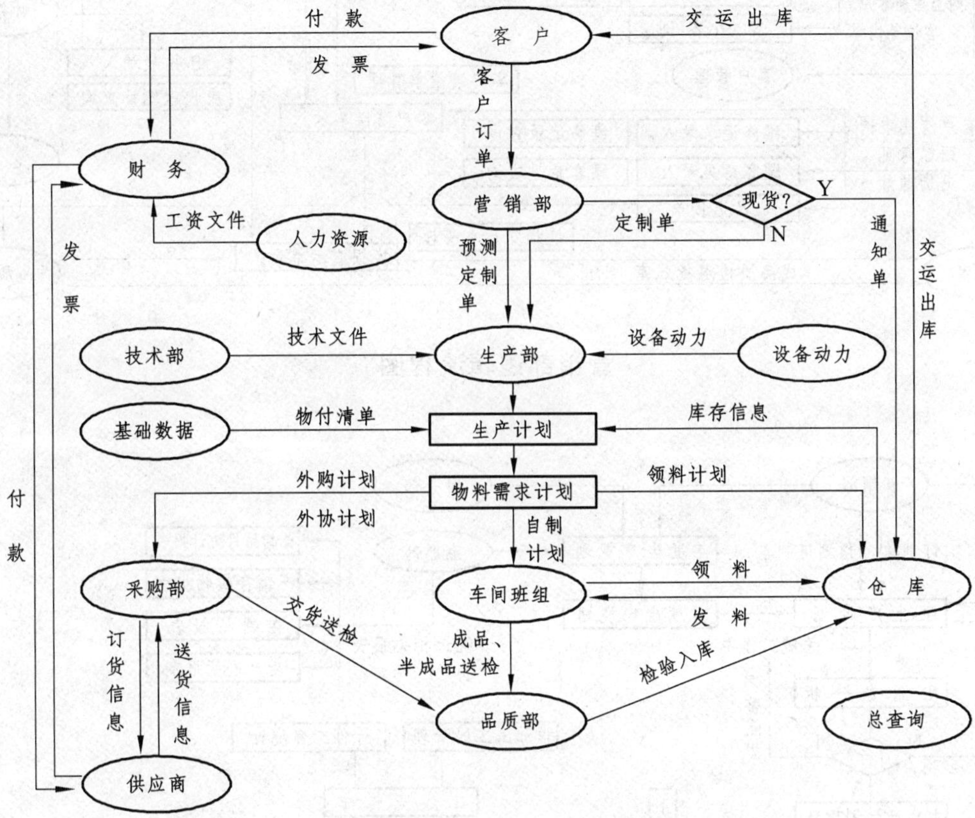

企业总的逻辑流程图

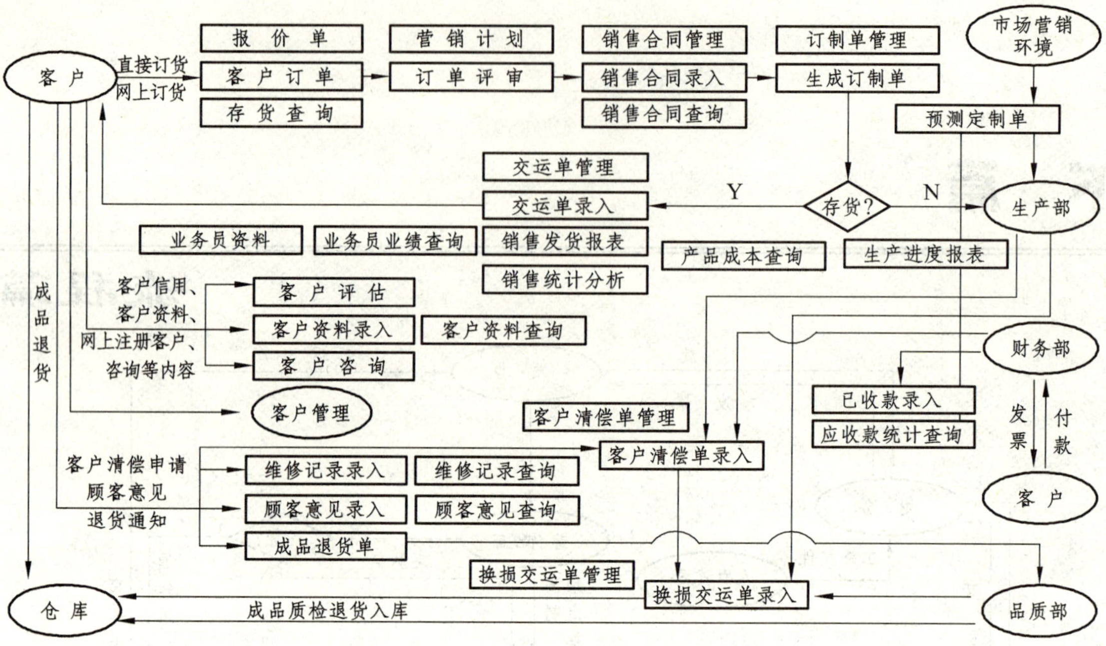

营销部逻辑流程图

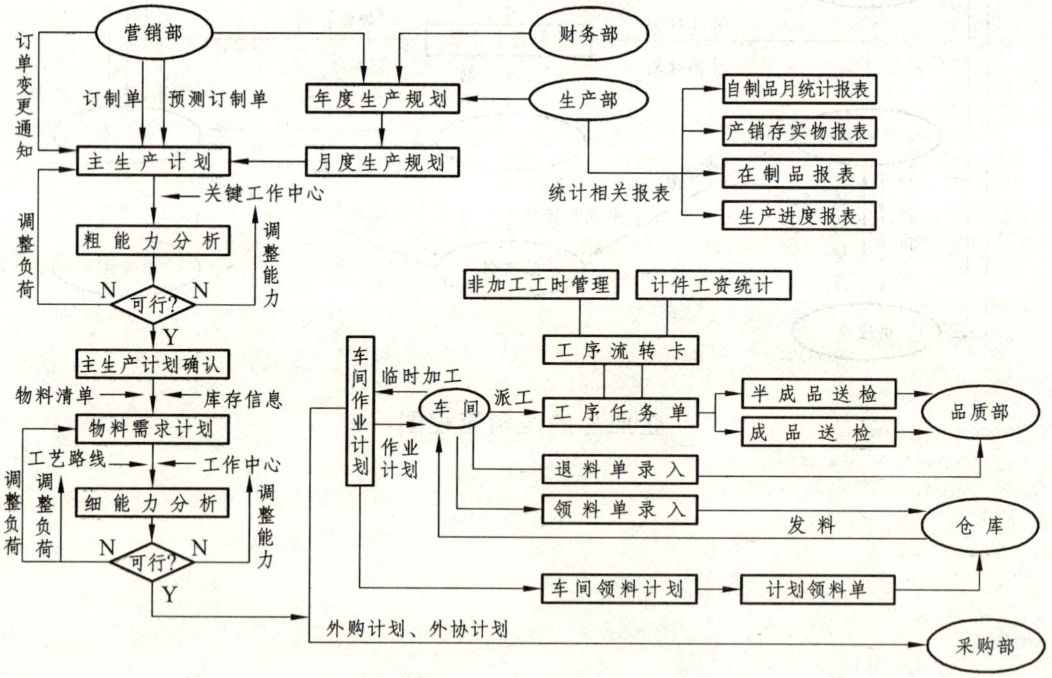

生产部逻辑流程图

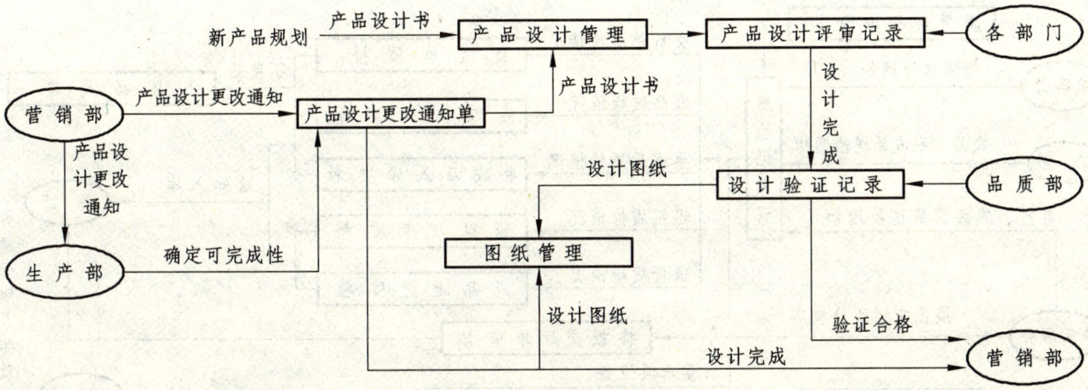

技术部逻辑流程图

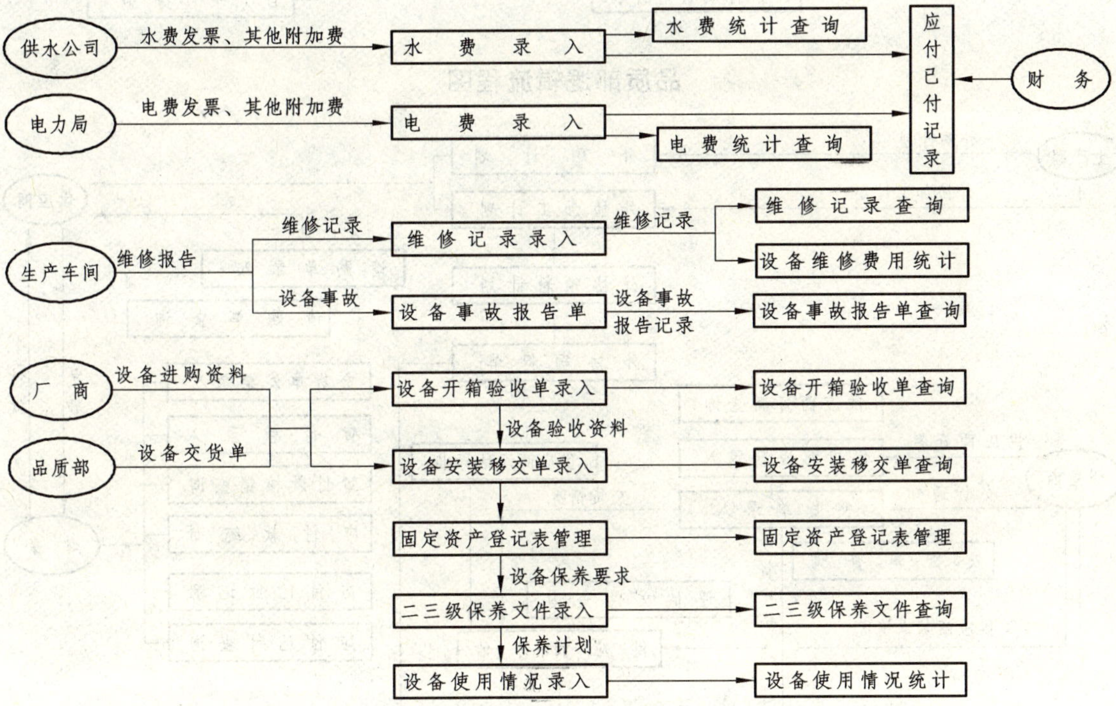

设备动力逻辑流程图

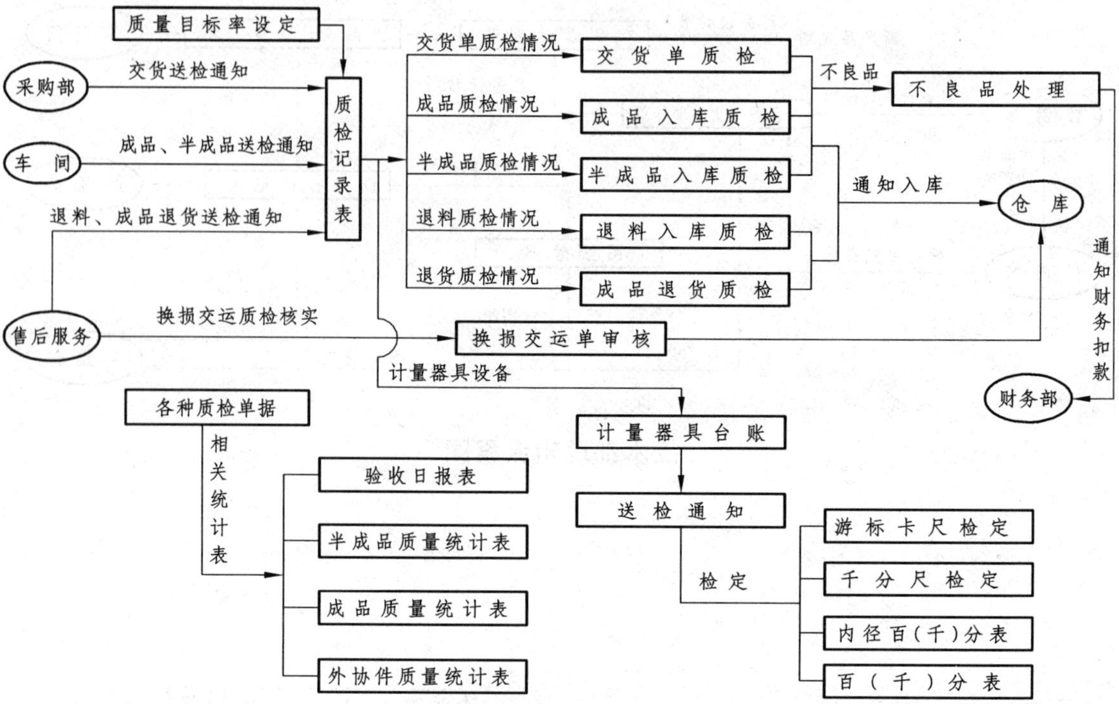

品质部逻辑流程图

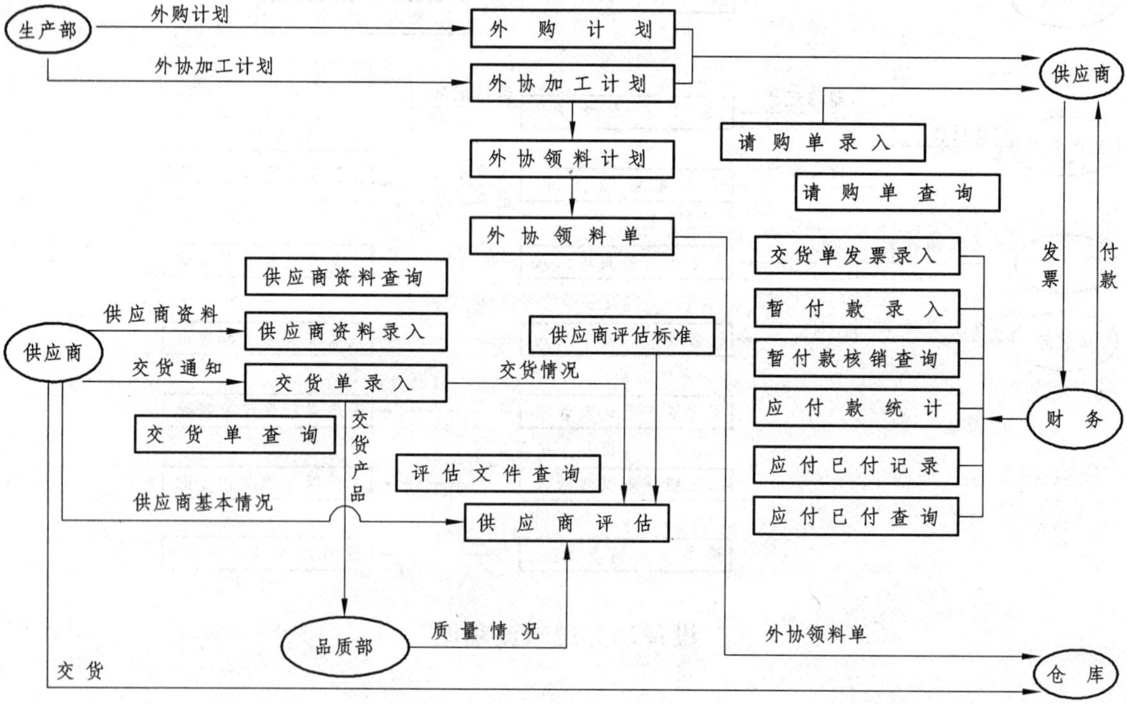

采购部逻辑流程图

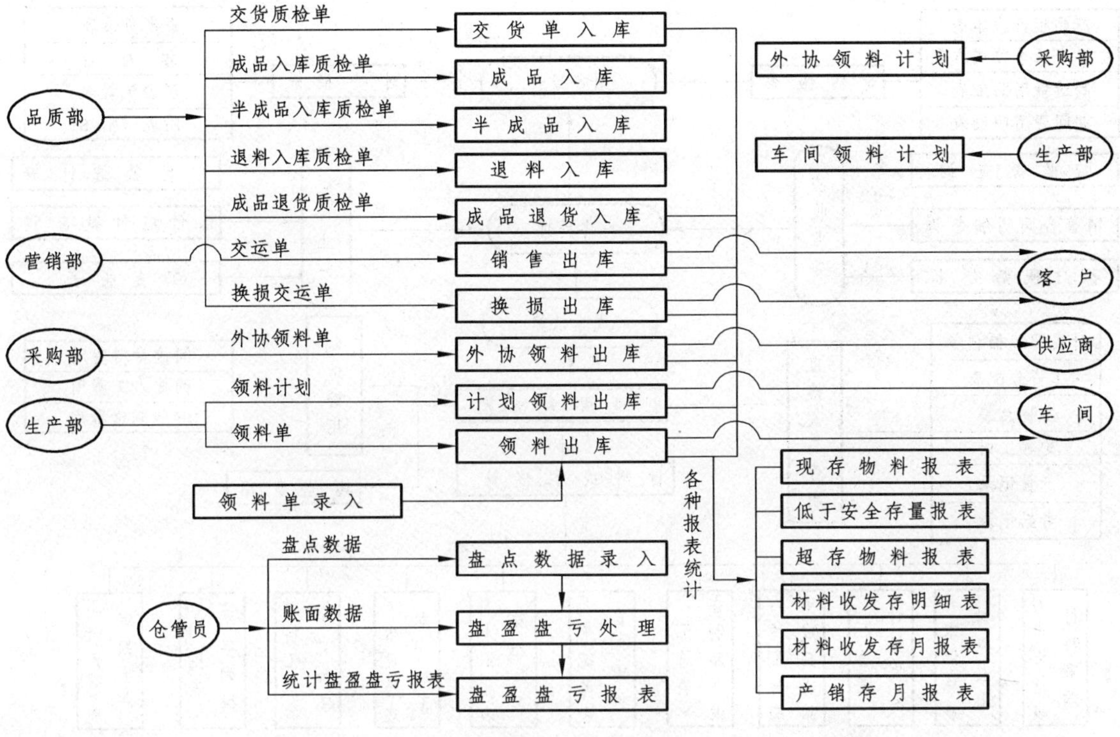

仓库管理逻辑流程图

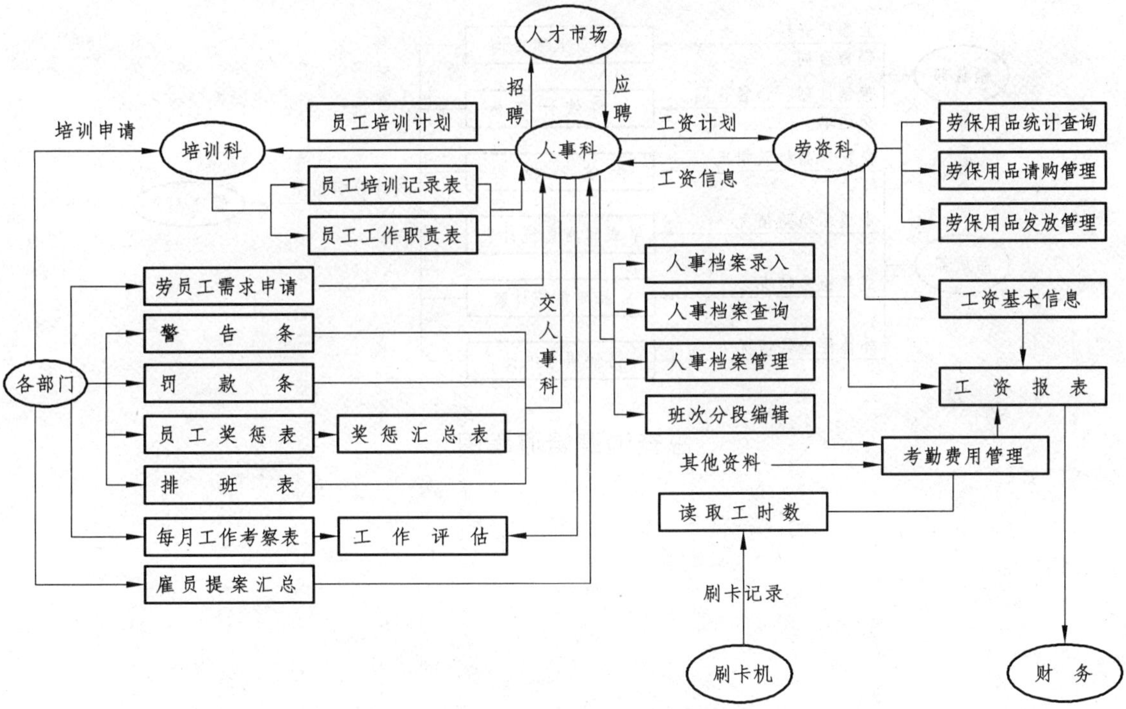

人力资源逻辑流程图

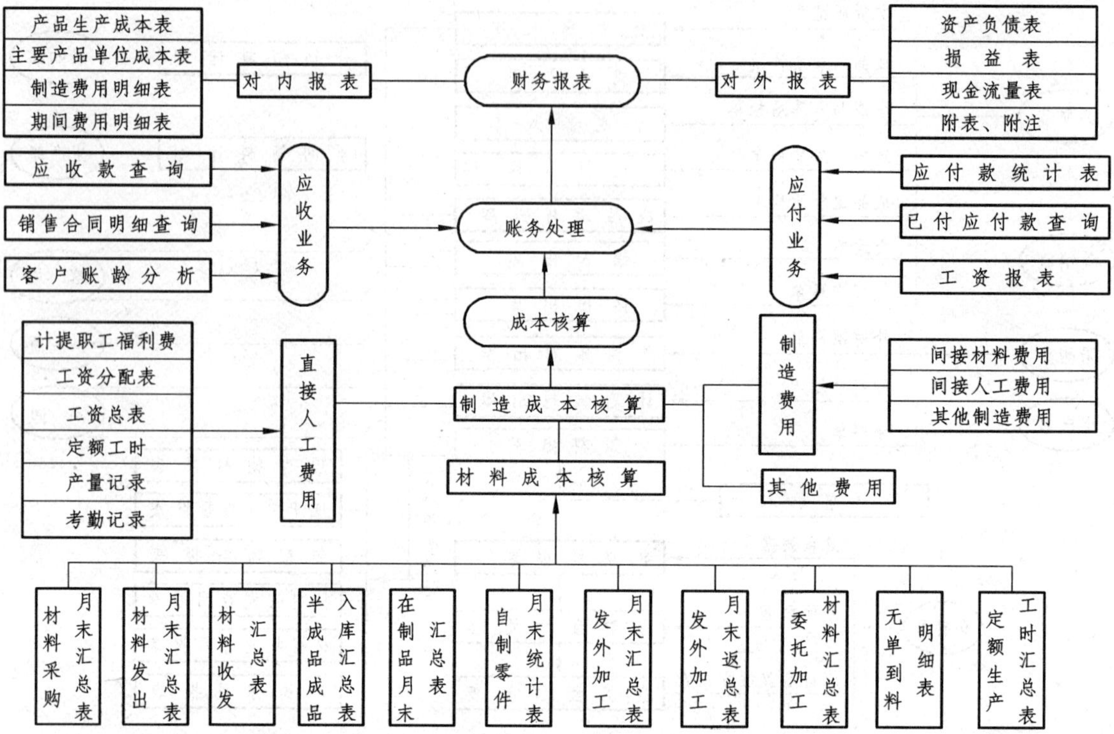

财务部逻辑流程图

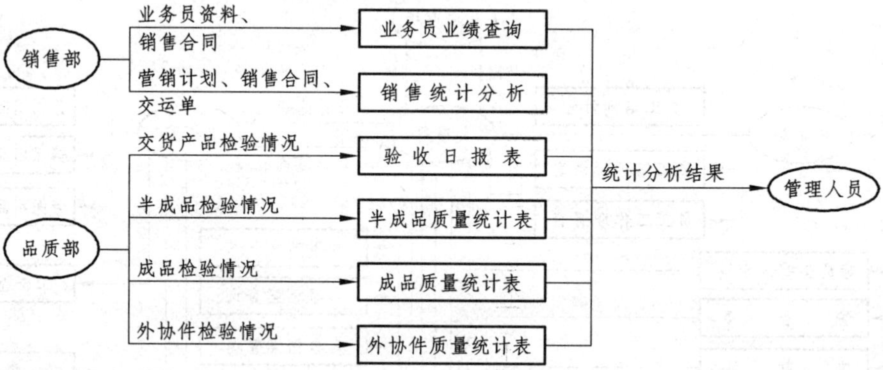

总查询逻辑流程图

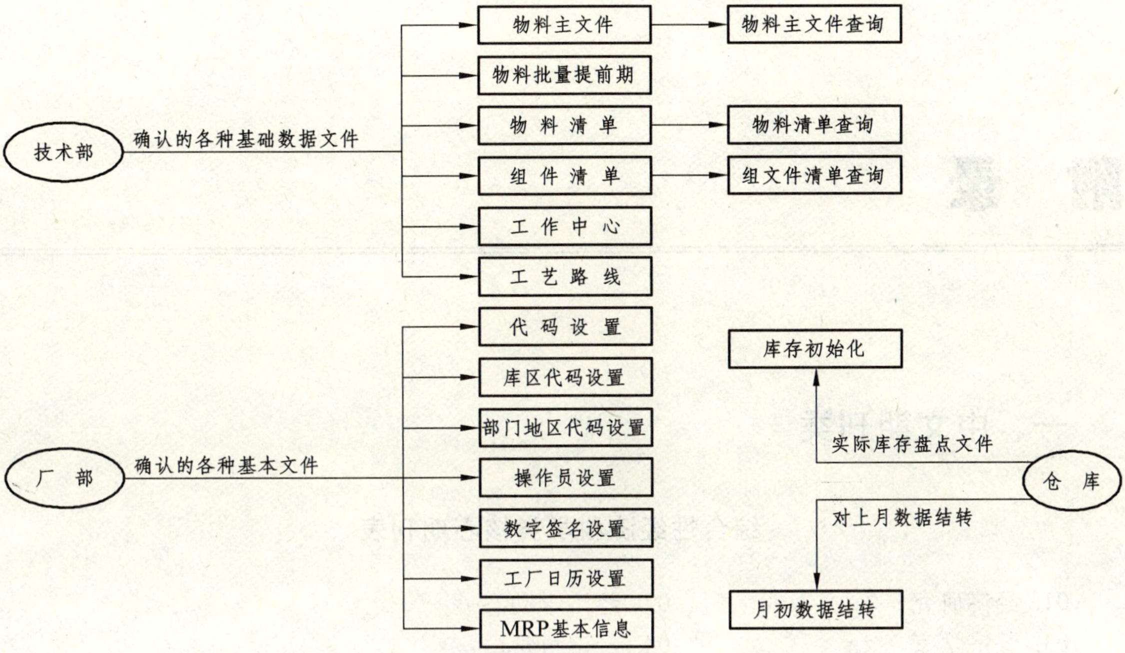

技术部
确认的各种基础数据文件
物料主文件
物料主文件查询
物料批量提前期
物 料 清 单
物料清单查询
组 件 清 单
组文件清单查询
工 作 中 心
工 艺 路 线
代 码 设 置
库区代码设置
部门地区代码设置
厂 部
确认的各种基本文件
操作员设置
数字签名设置
工厂日历设置
MRP基本信息
库存初始化
实际库存盘点文件
仓 库
对上月数据结转
月初数据结转

基础数据逻辑流程图

附 录

一、中文期刊类

综合性经济科学类核心期刊表

01. 经济研究
02. 经济学动态
03. 经济学家
04. 经济科学
05. 经济评论
06. 南开经济研究
07. 当代经济科学
08. 当代经济研究
09. 中南财经政法大学学报
10. 经济纵横
11. 山西财经大学学报
12. 经济问题
13. 现代财经
14. 上海财经大学学报
15. 经济经纬
16. 贵州财经学院学报
17. 首都经济贸易大学学报
18. 江西财经大学学报
19. 河北经贸大学学报
20. 云南财贸学院学报（改名为：云南财经大学学报）

经济学类核心期刊表

01. 世界经济
02. 经济社会体制比较
03. 外国经济与管理
04. 世界经济研究
05. 国际经济评论
06. 世界经济文汇
07. 东北亚论坛
08. 亚太经济
09. 世界经济与政治论坛
10. 管理世界
11. 数量经济技术经济研究
12. 地域研究与开发
13. 改革
14. 经济理论与经济管理
15. 开发研究
16. 上海经济研究
17. 宏观经济研究
18. 长江流域资源与环境
19. 经济研究参与
20. 生产力研究
21. 城市问题
22. 城市发展研究
23. 中国经济史研究
24. 资源科学

25. 中国人力资源开发
26. 经济体制改革
27. 经济问题探索
28. 资源、产业（改名为：资源与产业）
29. 中国经济问题
30. 南方经济
31. 现代城市研究
32. 消费经济
33. 生态经济
34. 经济数学
35. 中国流通经济
36. 开放导报
37. 特区经济
38. 现代经济探讨
39. 宏观经济管理
40. 运筹与管理
41. 改革与战略
42. 技术经济与管理研究
43. 中国经贸导刊

会计类核心期刊表

01. 会计研究
02. 审计研究
03. 审计与经济研究
04. 财务与会计
05. 财会通讯 · 综合
06. 会计之友
07. 财会月刊 · 会计
08. 中国审计
09. 商业会计
10. 上海立信会计学院学报
11. 财会研究
12. 中国注册会计师
13. 事业财会

农业经济类核心期刊表

01. 中国农村经济
02. 农业经济问题
03. 中国农村观察
04. 中国土地科学
05. 农业现代化研究
06. 农业技术经济
07. 调研世界
08. 中国农业资源与区别
09. 农村经济
10. 农业经济
11. 世界农业
12. 林业经济问题
13. 中国土地
14. 国土与自然资源研究
15. 绿色中国. B 版，理论版（改名为：林业经济）
16. 中国渔业经济

工业经济类核心期刊表

01. 中国工业经济
02. 南开管理评论
03. 经济管理
04. 管理科学
05. 工业工程与管理
06. 管理评论
07. 企业经济
08. 预测

09. 软科学
10. 工业工程
11. 企业管理
12. 管理现代化
13. 经济与管理研究
14. 旅游学刊

贸易经济类核心期刊表

01. 国际贸易问题
02. 国际贸易
03. 财贸经济
04. 商业经济与管理
05. 国际经贸探索
06. 商业研究
07. 销售与市场
08. 广东商学院学报
09. 商业时代
10. 中国商贸
11. 价格理论与实践
12. 北京工商大学学报.社会科学版
13. 国际经济合作
14. 对外经贸实务
15. 江苏商论
16. 国际商务研究
17. 中国物流与采购

财政类核心期刊表

01. 税务研究
02. 财政研究
03. 涉外税务
04. 税务与经济
05. 中央财经大学学报
06. 财经论丛
07. 当代财经
08. 财经研究
09. 财经问题研究
10. 中国财政
11. 财经科学
12. 中国税务
13. 财政监督

货币/金融、银行/保险类核心期刊表

01. 金融研究
02. 国际金融研究
03. 金融论坛
04. 金融理论与实践
05. 保险研究
06. 证券市场导报
07. 中国金融
08. 武汉金融
09. 上海金融
10. 金融与经济
11. 财经理论与实践
12. 财经
13. 投资研究
14. 新金融
15. 广东金融学院学报
16. 浙江金融
17. 河南金融管理干部学院学报
18. 经济导刊
19. 南方金融

二、外文期刊类

Economics（经济学）

Tier AA（7）

01. American Economic Review
02. Journal of Political Economy
03. Quarterly Journal of Economics
04. Review of Economic Studies
05. Journal of Economic Theory
06. Economic Journal
07. Rand Journal of Economics

Tier A（26）

01. European Economic Review
02. Berkeley Journal of Economic Analysis and Policy
03. Frontiers and Advances
04. Journal of Labor Economics
05. Journal of Monetary Economics
06. International Economic Review
07. Games and Economic Behavior
08. Economic Theory
09. Journal of Human Resources
10. Journal of Industrial Economics
11. Review of Economic Dynamics
12. Economic Inquiry
13. American Journal of Agricultural Economics
14. Journal of Comparative Economics
15. Journal of Development Economics
16. Journal of Economic Growth
17. Journal of Economic History
18. Journal of Environmental Economics and Management
19. Journal of Economic Behavior and Organization
20. Journal of Health Economics
21. Journal of Urban Economics
22. Journal of Real Estate Finance and Economics
23. Journal of Economics and Management Strategy

24. International Journal of Industrial Organization
25. Real Estate Economics
26. Journal of Mathematical Economics

Public Finance and Tax（财政与税收）

Tier AA（1）

01. Journal of Public Economics

Tier A（8）

01. Public Choice
02. National Tax Journal
03. Journal of the American Taxation Association
04. Urban Studies
05. Journal of Taxation
06. International Tax Journal
07. Public Finance
08. Public Finance Quarterly

Finance（金融）

Tier AA（3）

01. Journal of Finance
02. Journal of Financial Economics
03. Review of Financial Studies

Tier A（13）

01. Journal of Financial & Quantitative Analysis
02. Journal of Banking & Finance
03. Journal of Corporate Finance
04. Journal of Empirical Finance
05. Journal of Money, Credit and Banking
06. Mathematical Finance
07. Journal of Financial Intermediation
08. Journal of Portfolio Management
09. Financial Analysts Journal
10. Journal of Derivatives
11. European Financial Review
12. Journal of Fixed Income
13. Journal of Futures Markets

Risk Management and Insurance（风险管理与保险）

Tier AA（2）

01. Journal of Risk and Insurance
02. North American Acturial Journal

Tier A（11）

01. Geneva Papers of Risk and Insurance
02. Journal of Risk and Uncertainty
03. Risk Management
04. International Social Security Review
05. Journal of Pension Economics and Finance
06. Journal of The Institute of Actuaries
07. Risk Analysis
08. Journal of Social Policy
09. Bests Review—Life/Health Insurance Edition
10. Health Policy
11. Social Choice and Welfare

Management（管理学）

Tier AA（3）

01. Academy of Management Journal
02. Academy of Management Review
03. Strategic Management Journal

Tier A（12）

01. Human Relations
02. Human Resource Management
03. International Journal of Human Resource Management
04. Journal of Business Ethics
05. Journal of Management
06. Journal of Management Studies
07. Journal of Organizational Behavior
08. Long Range Planning
09. OBHDP
10. Organization
11. Organization Science
12. Organizational Studies

POMOR（生产与运作管理）

Tier AA（3）

01. Management Science
02. Operations Research
03. Production and Operations Management

Tier A（12）

01. Naval Research Logistics
02. IIE Transactions
03. Manufacturing and Service Operations Management
04. Transportation Science
05. Annals of Operations Research
06. Decision Sciences
07. European Journal of Operational Research
08. International Journal of Production Research
09. Journal of Operations Management
10. Operations Research Letters
11. Journal of Operational Research Society
12. Omega

Marketing（市场营销）

Tier AA（3）

01. Journal of Consumer Research
02. Journal of Marketing Research
03. Marketing Science

Tier A（12）

01. Journal of Marketing
02. International Journal of Research in Marketing
03. Journal of Advertising
04. Journal of Advertising Research
05. Journal of Business Research
06. Journal of Consumer Psychology
07. Journal of the Academy of Marketing Science
08. Marketing Letters
09. Journal of Retailing
10. Journal of International Marketing
11. Journal of Product Innovation Management

12. Quantitative Marketing and Economics

IBUS（国际贸易）

Tier AA（1）

01. Journal of International Business Studies

Tier A（9）

01. International Business Review
02. Journal of International Economics
03. Journal of International Marketing
04. Journal of World Business
05. Management International Review
06. Advances in International Marketing
07. International Marketing Review
08. Journal of Global Marketing
09. Thunderbird International Business Review

Accounting（会计）

Tier AA（3）

01. The Accounting Review
02. Journal of Accounting Research
03. Journal of Accounting and Economics

TierA（13）

01. Review of Accounting Studies
02. Contemporary Accounting Research
03. Accounting, Organizations and Society
04. Accounting Horizons
05. Auditing: A Journal of Practice and Theory
06. Behavioral Research in Accounting
07. Journal of Accounting and Public Policy
08. Journal of Accounting, Auditing & Finance
09. Journal of Management Accounting Research
10. Managerial Auditing
11. International Journal of Accounting
12. British Accounting Review
13. Research in Accounting Regulation

Econometrics and Statistics（计量经济与统计）

Tier AA（5）

01. Annals of Statistics
02. Journal of American Statistical Association (JASA)
03. Review of Economics and Statistics
04. Econometrica
05. Journal of Econometrics

Tier A（14）

01. Biometrika
02. Journal of Applied Econometrics
03. Journal of Business and Economic Statistics
04. Econometric Theory
05. Journal of Royal Statistical Society, Series B
06. Scandinavian Journal of Statistics
07. Statistica Sinica
08. Annals of Probability
09. Annals of Applied Probability
10. American Statistician
11. Computational and Statistic and Data Analysis
12. International Statistical Review
13. Journal of Forecasting
14. Canadian Journal of Statistics

三、中文经济管理类报纸

名　称	简　介
安徽经济报	
厂长经理日报	中国经济类超大型日报
21 世纪经济报道	南方日报报业集团在新世纪推出的大型财经类周报
福建工商报	提供福建工商业经济信息报道的报纸
工商时报	
国际经贸消息	由外经贸部主管的一张国际商业专业报纸，主要报道世界经济和国际市场商品行
湖北经济报	
华商报	
江苏经济报	
金融理财电子报	
金融时报	
金融早报	以报道金融市场化进程中的新动态、新经验、新知识、新观念为特色
经济参考报	新华通讯社主办的全国性经济报纸
经济日报	
经济生活报	浙江日报社主办的都市生活类报纸
经济时报	
精品购物指南	提供各类型消费指南的刊物
每日经济	报道中国经济、市场、金融、政策法规及国际市场新闻联网服务
南洋商报	
企业家报	
侨　报	在美国出版的综合性报纸，面向华人社团，内容包括美国新闻、国际新闻、中国新闻及台港澳华人新闻等
商　报	菲律宾的中文报纸，主要报道菲律宾相关新闻
商业时报	
上海经济报	
上海证券报	提供中国证券市场动态的全面报道
深圳商/晚报	
深圳商报	
市场报	

续 表

名　称	简　介
特区证券报	内容有每周评股、市场信息、券商指南等
投资与交流	一个提供经济新闻、政策法规和行业信息的网站
香港商报	
新加坡商业时报	是东南亚地区的主要商业日报之一，这个Web服务不但提供了当日报纸的大部分内容，还不定期提供过去一周报纸内容的文档服务
证券时报	
中国工商报	国家工商行政管理局主办《时代广告》《商标世界》《非公有制经济》《大潮周刊》等
中国国际商报	由中国对外贸易经济合作部主办的国际贸易报纸
中国经济时报	
中国经营报	国内最具影响力的财经报纸 ,提供各行各业的经营动态
中国贸易报	创刊于1987年，由中国国际贸易促进委员会、中国国际商会主办，是中国具有权威性和影响力的经贸类报纸之一。提供国内外贸易、经济、金融等各方面的信息
中国期货	
中国商务	中国商务网站提供新闻、评论和商业动态信息服务
中国商业新闻	是一个商业新闻索引服务
中国消费者报	提供在线投诉功能，并设有投诉曝光和法律法规等栏目
中国证券报	提供财经新闻、证券市场动态、股市评论家、盘中即时评论等内容
中华工商时报	

四、外文经济管理类报纸

名　称	简　介
观察家报	在伦敦出版的英国报纸
华尔街日报	是美国著名的报纸之一。刊登有大量报道和评论美国以及世界的工商业、财政、银行、股票投资、税收及物价等消息。同时也选择政治、外交的重点问题作详细报道
金融时报	英国著名的大量刊载经济和金融消息与评论的报纸，在伦敦出版
纽约时报	美国历史最久、规模与影响最大的报纸。内容分为国际时事报道、社会与都市新闻、体育消息、生活艺术、商业金融等部分
日本经济新闻	是在日本首都东京出版的日文日报，内容包括政治时事新闻、国际新闻、经济报道、社论等，这里是它的日文和英文 Web 服务
商业日报	刊载有美国和国际工商业、经济、贸易、金融、运输和能源方面的新闻与评论，是美国的主要商业报纸
香港大公报	香港一家影响深远的报纸，内容包括要闻、评论、经济、娱乐、体育、航运、特写等
新加坡商业时报	东南亚地区的主要商业日报之一。这个 Web 服务不但提供了当日报纸的大部分内容，还提供过去一周报纸内容的文档服务
亚洲商业日报	报道亚太地区工业、贸易和股市信息的 Web 服务
亚洲商业新闻	

五、管理类中文工具书

百科全书				
北大图分类号	书　名	著　者	出版年	备　注
G/C93-61/11	管理百科全书		1991	
G/C93-61/12	现代管理百科全书		1991	
字典词典				
北大图分类号	书　名	著　者	出版年	备注
G/C93-05/4	管理心理学辞典		1990	
G/C93-61/7	领导科学词典	华琪等编写	1988	石家庄：河北人民出版社
G/C93-61/9	领导知识词典	范恒山,倪文杰主编	1988.09	北京：中国国际广播出版社
G/C96-61/1	人才学辞典	刘茂才主编	1987	成都：四川省社会科学院出版社
G/C96-61/2	人才学辞典	张念宏，冷洪恩主编	1989.4	北京：农村读物出版社
G/C933-61/3	实用领导科学大辞典	孙钱章主编	1990.10	济南：山东人民出版社
G/C93-61/4	现代管理辞典	郑大本，赵英才主编	1987	沈阳：辽宁人民出版社
G/C93-61/5	现代管理科学词典	王振泉等编	1987.12	长春：吉林大学出版社
G/C93-61/5	现代管理科学词库	朱新民等主编	1986—	上海：上海交通大学出版社
G/C93-61/2	现代管理术语简释	孙耀君，沈鸿生编	1984	太原：山西人民出版社
G/C93-62/2	现代管理小百科		1989	
G/C93-61/10	现代化管理简明辞典		1988	
G/C93-61/7	英日汉管理科学常用词汇	魏锡禄等编	1988.05	北京：中国对外翻译出版公司
G/C93-61/4.1	中国管理科学大辞典		1985	

六、管理类外文工具书

北大图分类号	书　名	出版年
G/C93-62/K327	A handbook of management	1976
G/C93-62/M311.2	Management, administration, and productivit.	1981
G/C931.46-61/P942.4	Professional secretary's encyclopedic	1989
G/C935-61/B568	The Blackwell encyclopedic dictionary of str.	1997
G/C93-61/SH13.2	The Facts on File dictionary of personnel m.	1985
G/C93-61/G747	The Gower handbook of management	1983

七、丛 书 类

01. 国外经济管理名著丛书——中国社会科学出版社
02.《哈佛商业评论》精粹译丛——中国人民大学出版社
03. 工商管理经典译丛——中国人民大学出版社
04. 财富首脑译丛——中国社会科学出版社

八、推荐阅读书目

[1] [法]H·法约尔著，周安华等译，《工业管理与一般管理》，中国社会科学出版社，1982年版.
[2] [德]M·韦伯著，于晓等译，《新教伦理与资本主义》，于晓等译，三联书店，1987年版.
[3] [加]H·明茨伯格著，孙耀君等译，《经理工作的性质》，中国社会科学出版社，1986年版.
[4] [美]A·D·钱德勒著，《看得见的手》，商务印书馆，1987年版.
[5] [美]A·奥肯著，王奔洲等译，《平等与效率》，华夏出版社，1999年版.
[6] [美]A·德赫斯著，王晓霞译，《长寿公司》，经济日报出版社，1998年版.
[7] [美]C·I·巴纳德等著，孙耀君等译，《经理人员的职能》，中国社会科学出版社，1997年版.
[8] [美]C·哈默著，顾淑馨译，《竞争大未来》，智库股份有限公司，1993年版.
[9] [美]D·A·雷恩著，孔令济译，《管理思想的演变》，中国社会科学出版社，1997年版.

[10] [美]D·拉姆斯著，何茂春等译，《美国企业竞争六大经典战例》，1990 年版.
[11] [美]D·肯尼迪著，黎红雷等译，《美国企业文化》，广东高等教育出版社，1989 年版.
[12] [美]E·弗莱姆著，李剑峰译，《增长的痛苦》，中国经济出版社，1998 年版.
[13] [美]F·W·泰罗著，曹丽顺译，《科学管理原理》，中国社会科学出版社，1984 年版.
[14] [美]F·卡斯特等著，傅严等译，《组织与管理：系统与权变的方法》，中国社会科学出版社，2000 年版.
[15] [美]G·索罗斯著，《开放社会——改革全球资本注意》，商务印书馆，2001 年版.
[16] [美]K·盖尔西克著，《家族企业的繁衍》，经济日报出版社，1998 年版.
[17] [美]H·孔茨等著，郝国华译，《管理学》，经济科学出版社，1993 年版.
[18] [美]H·西斯克著，段文燕等译，《工业管理与组织》，中国社会科学出版社，1985 年版.
[19] [美]H·明茨伯格等著，刘瑞红等译，《战略历程：纵览战略管理学派》，机械工业出版社，2002 年版.
[20] [美]I·爱迪生著，赵睿译，《企业生命周期》，中国社会科学出版社，1997 年版.
[21] [美]J·C·柯林斯著，《基业长青》，中信出版社，2002 年版.
[22] [美]J·F·穆尔著，梁骏等译，《竞争的衰亡——商业生态系统时代的领导与战略》，北京出版社，1999 年版.
[23] [美]J·S·穆顿等著，孔令济等译，《新管理方格》，中国社会科学出版社，1986 年版.
[24] [美]J·班佛尼斯特著，王强译，《合成 21 世纪》，陕西旅游出版社，1998 年版.
[25] [美]J·科特著，方云军等译，《变革的力量：领导与管理的差异》，华夏出版社，1997 年版.
[26] [美]J·科特著，李晓涛等译，《总经理》，华夏出版社，1997 年版.
[27] [美]J·伊万诺维奇等编，李国杰等译，《管理与组织行为经典文献》，机械工业出版社，2000 年版.
[28] [美]J·熊彼特著，何畏等译，《经济发展理论》，商务印书馆，1990 年版.
[29] [美]K·普瑞斯等著，武康平等译，《以合作竞争》，辽宁教育出版社，1998 年版.
[30] [美]L·艾柯卡著，吴仁勇等译，《拯救沉船——艾柯卡自传》，华夏出版社，1997 年版.
[31] [美]L·彼德著，《彼德原理》，中国文联出版社，1996 年版.
[32] [美]L·查兰著，《执行》，机械工业出版社，2003 年版.
[33] [美]L·米勒著，尉腾蛟译，《美国企业精神》，中国友谊出版公司，1985 年版.
[34] [美]M·波特著，陈小悦等译，《竞争战略》，华夏出版社，1997 年版.
[35] [美]M·波特著，陈小悦等译，《竞争优势》，华夏出版社，1997 年版.
[36] [美]O·戴尔著，孙耀君等译，《伟大的组织者》，中国社会科学出版社，1991 年版.
[37] [美]P·德鲁克等著，杨开峰译，《知识管理》，中国人民大学出版社，1999 年版.
[38] [美]P·德鲁克著，《有效的管理者》，求实出版社，1985 年版.
[39] [美]P·德鲁克著，孙耀君等译，《管理：任务、责任、实践》，中国社会科学出版社，1987 年版.
[40] [美]P·科特勒著，《营销管理：分析、计划、执行和控制（第 9 版）》，上海人民出版社，1999 年版.
[41] [美]P·圣吉著，郭进隆译，《第五项修炼》，上海三联书店，1994 年版.

[42] [美]S·P·罗宾斯等著,《管理学》, 清华大学出版社, 2001 年版.(影印英文第七版)
[43] [美]S·P·罗宾斯著, 黄卫伟等译,《管理学》, 中国人民大学出版社, 1997 年版.
[44] [美]S·P·罗宾斯著,《管人的真理》, 中信出版社, 2003 年版.
[45] [美]S·戴维斯等著, 沈德彝等译,《2020 年》, 新华出版社, 1993 年版.
[46] [美]S·瑟罗著, 周晓钟译,《资本主义的未来》, 中国社会科学出版社, 1998 年版.
[47] [美]R·卡兹等著, 孟光裕译,《哈佛管理论文集》, 中国社会科学出版社, 1985 年版.
[48] [美]T·彼得斯等著, 管维立译,《寻求优势》, 中国财政经济出版社, 1985 年版.
[49] [美]W·大内著, 孙耀君等译,《Z 理论》, 中国社会科学出版社, 1984 年版.
[50] [美]W·J·邓肯著, 赵亚麟等译,《伟大的管理思想》, 贵州人民出版社, 1999 年版.
[51] [美]W·E·哈拉尔著, 冯韵文等译,《新资本主义》, 社会科学文献出版社, 1999 年版.
[52] [美]H·A·西蒙著, 李柱流等译,《管理决策新科学》, 中国社会科学出版社, 1982 年版.
[53] [美]波士顿顾问公司,《公司战略透视: 波士顿顾问公司管理新视野》, 上海远东出版社, 1999 年版.
[54] [美]郭士纳,《谁说大象不能跳舞》, 中信出版社, 2003 年版.
[55] [日]大前研一著,《企业家的战略头脑》, 三联书店, 1986 年版.
[56] [日]大野耐一著, 李长信等译,《丰田生产方式》, 北京出版社, 1979 年版.
[57] [英]P·乔恩特等著, 卢长红等译,《跨文化管理》, 东北财经大学出版社, 1999 年版.
[58] [英]D·S·皮尤编, 彭和平等译,《组织理论精粹》, 中国人民大学出版社, 1990 年版.
[59] [英]D·S·皮尤编, 唐亮等译,《组织管理学名家思想精粹》, 中国社会科学出版社, 1986 年版.
[60] [英]L·厄威克编, 孙耀君等译,《管理备要》, 中国社会科学出版社, 1994 年版.
[61] 曹建伟等著,《长大》, 中信出版社, 2003 年版.
[62] 陈惠湘著,《中国企业批判》, 北京大学出版社, 1998 年版.
[63] 陈松雨著,《剖析亚细亚——亚细亚商贸集团兴衰实录》, 北京大学出版社, 1998 年版.
[64] 涂平等主编,《北大工商管理论丛》, 北京大学出版社, 2002 年版.
[65] 钱学森等著,《论系统工程》, 湖南科技出版社, 1982 年版.
[66] 孙平著,《管理组织论》, 四川人民出版社, 1996 年版.
[67] 孙耀君主编,《西方管理学名著提要》, 江西人民出版社, 1995 年版.
[68] 席酉民著,《管理之道: 仙人掌集》, 机械工业出版社, 2000 年版.
[69] 朱镕基主编,《管理现代化》, 企业管理出版社, 1985 年版.
[70] 张玉利主编,《管理学》, 南开大学出版社, 2004 年版.
[71] 曾国藩著, 向志柱等注释,《曾国藩家训》, 岳麓书社, 1998 年版.

参 考 文 献

[1] 周健临. 管理学教程[M]. 上海：上海财经大学出版社，2002.
[2] 周三多等. 管理学——原理与方法（第四版）[M]. 上海：复旦大学出版社，2003.
[3] 王春利，李大伟. 管理学基础[M]. 北京：首都经济贸易大学出版社，2001.
[4] 周秀淦，宋亚非. 现代企业管理原理（第三版）[M]. 北京：中国财政经济出版社，1998.
[5] 黄津孚. 现代企业管理原理（第四版）[M]. 北京：首都经济贸易大学出版社，2002.
[6] 许庆瑞. 管理学[M]. 北京：高等教育出版社，2001.
[7] 单凤儒. 管理学基础[M]. 北京：高等教育出版社，2003.
[8] 杨杜. 现代管理理论[M]. 北京：中国人民大学出版社，2001.
[9] 侯炳辉. 企业信息化领导手册[M]. 北京：北京出版社，1999.
[10] 王利平. 管理学原理[M]. 北京：中国人民大学出版社，2003.
[11] 李鹏，袁霞辉. 一次读完 25 本管理学经典[M]. 长春：吉林人民出版社，2001.
[12] 陈忠卫，王晶晶. 企业战略管理[M]. 北京：中国统计出版社，2001.
[13] 王世良. 生产与运作管理教程——理论、方法、案例[M]. 杭州：浙江大学出版社，2002.
[14] 罗锐韧. 哈佛管理全集[M]. 北京：企业管理出版社，1999.
[15] 刘金胜. 薪酬管理实务手册[M]. 北京：机械工业出版社，2002.
[16] 刘文军，宋宏涛. 500 强成功在中国[M]. 北京：兵器工业出版社，1999.
[17] 周祖城. 管理与伦理[M]. 北京：清华大学出版社，2000.
[18] 蔡树堂. 企业战略管理[M]. 北京：石油工业出版社，2001.
[19] 张一弛. 人力资源管理教程[M]. 北京：北京大学出版社，1999.
[20] 郑晓明. 现代人力资源管理导论[M]. 北京：机械工业出版社，2002.
[21] 郭克沙. MBA 课程全新读本《人力资源》[M]. 北京：商务印书馆，2003.
[22] 陈荣秋. 生产与运作管理[M]. 北京：高等教育出版社，1999 年.
[23] 杨锡怀. 企业战略管理（理论与案例）[M]. 北京：高等教育出版社，1999 年.
[24] 宋维明. 管理学概论[M]. 北京：中国林业出版社，1999 年.
[25] 董速建，董群惠. 现代企业管理[M]. 北京：经济管理出版社，2002.
[26] 宋远方，成栋. 管理信息系统[M]. 北京：中国人民大学出版社，2000.
[27] 赖茂生. 企业信息化知识手册[M]. 北京：北京出版社，1999.
[28] [美] 迈克尔·波特. 竞争优势[M]. 北京：华夏出版社，1997.
[29] [美] 彼得·S. 潘德，罗伯特 P. 纽曼，罗兰 R. 卡瓦纳. 6δ 管理法——追求卓越的阶梯[M]. 北京：机械工业出版社，2001.
[30] [美] P. F. 德鲁克. 有效管理者[M]. 北京：中国财政经济出版社，1988.
[31] [美] 斯蒂芬·P. 罗宾斯. 管理学（第四版）[M]. 北京：中国人民大学出版社，1997.
[32] [美]哈罗德·孔茨，海因茨·韦里克. 管理学（第九版）[M]. 北京：经济科学出版社，1993.

[33] [美]安妮·玛丽·弗朗西斯科，巴里·艾伦·戈尔德. 国际组织行为学[M]. 北京：中国人民大学出版社，2003.
[34] [美]斯蒂芬·P·罗宾斯. 组织行为学（第七版）[M]. 北京：中国人民大学出版社，2002.
[35] [美]弗雷德·R·戴维. 战略管理（第八版）[M]. 北京：经济科学出版社，2001.
[36] [美]彼得·圣吉. 第五项修炼——学习型组织的艺术与实务[M]. 上海：上海三联出版社，2000.
[37] [美]D·A·雷恩. 管理思想的演变[M]. 北京：中国社会科学出版社，1995.
[38] [美]斯坦雷·M·戴维斯. 企业文化的评估与管理[M]. 广州：广东教育出版社，1991.
[39] [美]F·X·贝尔等. 企业管理学[M]. 上海：复旦大学出版社，1998.
[40] [美]迈克尔·波特. 竞争战略[M]. 北京：华夏出版社，1997.
[41] Stephen P. Robbins and Mary Coulter. Management (Fifth Edition) [M]. New Jersey: Prentice-Hall International，Inc. ，1996（清华大学出版社影印本）.
[42] 边明伟. 十二步，推动格兰仕空调自建渠道的成功[J]. 现代企业，CN61—1194/F，2007. 01.
[43] 边明伟. 变革期的领导力[J]. 销售与市场，CN41—1210/F，2008. 07.
[44] 边明伟. 导购员：永远不要对顾客说“没有”[J]. 中国商贸，CN11—3443/F，2006. 01.
[45] 张岩松，陈百君等. 现代管理学案例教程[M]. 北京：清华大学出版社和北京交通大学出版社，2009.
[46] 王成荣. 企业文化[M]. 北京：中央广播电视大学出版社，2000.
[47] [英]John Harrison，John Lambert. 资源与运营管理[M]. 北京：中央广播电视大学出版社和清华大学出版社，2003（天向互动教育中心编译）.
[48] [英]Corinne Leech，Karen Holems. 个人与团队管理[M]. 北京：中央广播电视大学出版社和清华大学出版社，2003（天向互动教育中心编译）.